Adhémar RICHARD

SOUVENIRS,

Expériences, réflexions et menus propos

D'UN PENSEUR MODERNE,

en l'an de grâce actuel.

OUVRAGE EN CINQ LIVRES :

**La Vie. — Le Sommeil. — La Mort. — L'Eternité.
Mes Conclusions.**

LIBRAIRIE H. DARAGON
30, Rue Duperré, 30
PARIS (IXe)

1908

SOUVENIRS,

EXPÉRIENCES, RÉFLEXIONS ET MENUS PROPOS

D'UN PENSEUR MODERNE,

en l'an de grâce actuel.

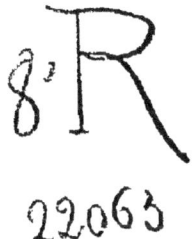

GENÈVE

IMPRIMERIE W. KÜNDIG & FILS

ADHÉMAR RICHARD

SOUVENIRS,

Expériences, réflexions et menus propos

D'UN PENSEUR MODERNE,

en l'an de grâce actuel.

OUVRAGE EN CINQ LIVRES :

**La Vie. — Le Sommeil. — La Mort. — L'Eternité.
Mes Conclusions.**

LIBRAIRIE H. DARAGON
30, Rue Duperré, 30
PARIS (IXe)

1908

SOUVENIRS,

EXPÉRIENCES, RÉFLEXIONS ET MENUS PROPOS

D'UN PENSEUR MODERNE,

EN L'AN DE GRACE ACTUEL.

INTRODUCTION.

Ami Lecteur,

Toi, que je n'ose appeler ici mon semblable, et pour cause,.. ne t'attends pas à trouver dans ces lignes, des choses ordinairement confiées ou divulguées; car celui qui prend aujourd'hui la plume, n'est pas un être à cours régulier, ayant toujours suivi le gros monceau,.. comme ses amis les moutons suivent leur troupeau, comme la vague suit une autre vague. Les traditions, pour lui, n'ont jamais eu qu'une valeur trompeuse, pleine de mirages éblouissants, et ne révélant, d'habitude, que des buts à atteindre parfaitement illusoires.

Au contraire, il a vécu son existence jusqu'à ce moment, pareil à une exception opiniâtre et désolante, en tout sincère, en rien comprise; et il en a pensé, avec la somme de ses souvenirs, hélas,.. que peut-être, la raison commune du plus grand nombre et la sienne propre, n'avaient jamais été suffisamment d'accord...

En effet, son imagination vagabonde, curieuse et hardie, poltrone et courageuse, sotte et parfois sublime,.. sans cesse ballottée,.. par les incroyables démentis de *l'expérience personnelle* contre les théories et les superstitions, généralement admises, ne pouvait faire autrement que de sombrer — dans la fatalité des ténèbres étranges enveloppant les mystères qui nous échappent,... notre vie durant; — aussi bien à ceux ayant l'agréable prétention de se faire appeler « *sages* », qu'à ceux, beaucoup plus nombreux et infiniment plus « *malheureux* », ou plus « *heureux* », suivant la manière de déterminer, qui les ignorent...

Mais, en attendant que tu puisses juger par toi-même, en pleine connaissance de cause, de la plus ou moins grande équité raisonnable des impressions que je soumets, dans ces livres, — à ton esprit d'analyse comme à l'impartialité de ta conscience, — je préfère m'abstenir d'autres élans intérieurs. D'un côté, tu pourrais les trouver intempestifs, et, d'autre part, je risquerais trop facilement de m'abandonner au besoin de jaboter à tort et à travers, en des écarts verbeux, qui mettraient ta patience à une telle épreuve de longue haleine, que le commencement de bienveillance rieuse que tu sembles m'accorder, en ce début, pourrait, très vite, se raccourcir à mes dépens;... ce dont je resterais toujours inconsolable...

Puisque j'entends souvent dire, que *les « comptes ronds font les bons amis »*, je choisirai le chemin de la franchise, partout où il me sera donné de pouvoir le distinguer, soit — tant que je ne prendrai pas « *des vessies pour des lanternes* »; — ce qui, en ces temps d'électricités diverses surtout, serait impardonnable... à un illuminé de mon genre. Et toi, tu m'accorderas l'attention nécessaire à examiner calmement, froidement même, si cela te plaît, les élucubrations nouvelles contenues dans les pages suivantes,.. que tes yeux mo-

queurs envisagent déjà, en bloc, comme un bal sérieux de
« *feux follets* », des « *naïvetés enfantines* », cravatées de
problèmes astronomiques indéchiffrables, ou des « *pensées
mélancoliques* », analogues au foin coupé, fanné, séché et
décoloré, rampant en ses mille regrets lugubres,.. aux pieds
des frais rosiers de la Nature, étincelante de vie, d'amour et
de vérité.

Donnant, donnant, je ferai mon possible pour diriger tes
regards — dans mes lunettes de prédilection, naturellement.
Si je dis juste, je les apprécierai davantage encore ; et si je
dis faux, elles me serviront d'excuse — devant ta sévérité,
ou tes doutes les plus obstinés.

Adhémar Richard.

LIVRE PREMIER

LA VIE

LIVRE PREMIER

LA VIE

Chapitre I.

CONGRÈS SCIENTIFIQUE.

A mon avis, le *balancier* de la raison humaine ressemble, à s'y méprendre, à celui des danseurs de corde. S'il penche plus à droite ou à gauche qu'il ne faut, il *perd* l'équilibre, et fait *tomber* celui qui s'en sert. La *chute* est possible dans tous les domaines, attendu qu'elle passe — de l'insignifiance d'un simple *faux pas* à la gravité d'un *brisement complet;* — en embrassant, aussi, tous les degrés intermédiaires. Elle peut être gaie, triste, sombre, éclatante, *tragique,* ou simplement *ridicule;* ou accaparer, par degrés successifs ou simultanés, toutes *ces nuances* à la fois.

Or, une fois qu'il y a chute suffisante il y a perdition; et quand il y a perdition il y a condamnation. Toutes ces lois fatales, résument — le bonheur ou le malheur, l'espoir ou le désespoir, la maladie ou la santé, la vie ou la mort; et, enfin, — le passé, le présent et l'avenir.

Et tout d'abord, — qu'est-ce que la vie ?... Grave problème, assurément ?...

Moi, pauvre petit pionnier inconnu, je suis peu en mesure de répondre à une question de cette importance. Mais, sans ambitionner des lauriers, — qui ne consentiraient jamais à m'atteindre ; très probablement, du moins, — je laisse volontiers la parole à ceux de mes sages contraires, *extraraisonnables* et *savants,* au suprême degré superlatif du contrôle humain universel !... Ceux-là même, que les trompettes de la renommée scientifique annoncent majestueusement, sur tous les tons des gammes majeures et mineures !...

En général, les choses se commencent par le commencement. C'est une idée comme une autre, et elle n'a rien d'étonnant ; — sinon, la particularité, d'être aussi commune parmi les *fous* que chez les *sages ;* étant donné,.. que les premiers ne procèdent pas autrement que les seconds, — soit pour entrer dans le monde, soit pour faire partie intégrante du domaine de la folie, dans ses manifestations théoriques ou pratiques, soit pour quitter la Terre.

Puisqu'il en est ainsi, à toi, qui me lis, et à quelque tribu ou caste que tu appartiennes, je ne puis mieux faire mon devoir de « *cicerone* », qu'en te présentant.. quelques-uns des importants personnages que je viens de te désigner plus haut. Et pour cela, autant que pour ne pas faire de jaloux, je choisis, à cet effet, double sinon spécial,... les premiers qui me tombent sous la main....

Avant de m'exécuter ici, je ne puis m'empêcher de faire une remarque personnelle, que tu feras avec moi, j'en suis presque certain : C'est que — quoique ayant tous des traits, membres et organes, en nombre pareil, aucun d'eux ne *ressemble* à l'autre, mais *diffère* de son semblable ; par tous les signes les plus évidents, de l'*inégalité ;* parfaitement définie, du reste — *infinie.* De plus, les uns sont *hommes,* et les autres, ceux qu'on appelle « *bas-bleus* », sont *femmes :* deux variétés aussi dissemblables, par leurs formes, que par leurs aptitudes spéciales et physiques.

Ils se complètent, dit-on. En *théorie,* je le crois volontiers, et je n'y vois point de difficulté. Mais en *pratique*, hélas, n'est-ce pas très souvent, — *le plus souvent même,* — le contraire qui a lieu ?...

J'en tiens pour preuve convaincante, la *guerre continuelle* que ces deux aimables sexes, — *pourtant si aimants de leur nature,* — se font, depuis qu'un premier *spécimen* de l'un a été mis en présence d'un gracieux *échantillon* de l'autre. Guerre compliquée et terrible, dans ses évolutions multiples autant que peu prévues, en la plupart des cas ; et où toutes les armes sont bonnes, — *depuis la séduction jusqu'à la malédiction,* — passant traîtreusement, de la douceur du miel à l'âpreté acide du verjus, ou l'amertume noirâtre de l'aloès !... Les doux propos, les caresses, les baisers, les petits et les gros mots, les coups d'épingles — *lardant le cœur à l'instar de la grêle, tombant menue sans se lasser ;* — et les coups de poignard, de pistolet, de fusil, comme les flacons de vitriol, ou les poisons nombreux,.. *tranchant les questions pendantes, plus ou moins tragiquement !*... Tout est bon, pour la guerre sans trêve, ni merci, que ces deux *numéros* de la Création, confectionnés « *à l'image de Dieu* », prétendent-ils (excusez leur modestie, s. v. p.), se livrent, en résumé, depuis que le monde est monde ; chacun voulant dominer l'autre, — *ou par l'esprit, ou par la ruse, ou par la force !*...

Bref, ce sont deux êtres très séparés, dans le fond, et absolument distincts l'un de l'autre — le *mâle* et la *femelle,* — faits pour s'entendre, sur cette Terre d'iniquités, au moins, semble-t-il, comme « *deux larrons en foire* », le plus souvent du *connu* encore et du *prouvé*.

Pourquoi, l'un naît-il *homme,* et l'autre vient-il au monde *femme?* Voilà, je l'avoue, une question qui m'a souvent embarrassé.

Si, par hasard, elle t'embarrasse aussi, en la minute pré-

sente, je préfère te la tirer au clair un peu plus tard,..
ne fut-ce que par convenance et respect.. de l'ordre
choisi dans cet ouvrage. — En attendant, je ne te conseille
pas de supposer que ce soit une preuve de l'*égalité*, — quoique, sous certains rapports, elle s'impose à ce titre, — telle
qu'on la comprend généralement dans le monde des *sages*
et, surtout — des *savants*.

Mais, j'oublie de te les présenter, ces chers élus, et, dans
mes digressions folles, à perte de vue, j'en viens à com-
mettre des fautes de lèse-savoir-vivre de la plus haute in-
congruité... Pardonne, ami, « *erreur ne fait pas compte* »,
et me voici à tenir ma promesse. Place-toi seulement un peu
à ma gauche et tiens ta langue au chaud, — ce sera le meilleur moyen de brider ton émotion rentrée ; — puis, ne crains
rien. A l'ombre d'un cœur qui t'aime et sous la protection
d'un chercheur, aussi original que consciencieux, tu n'auras
plus qu'à ouvrir tes jambes, tes oreilles et ta docilité, car
ton guide veille sur toi, comme sur le bouffon qui est dans
ma peau !...

Là, nous sommes arrivés, et, après l'évolution élastique-
ment correcte de ma révérence à quatre-vingt-quinze..
degrés centigrades, des grands jours, j'ai l'honneur de te
présenter :

1°. — Monsieur le docteur Ratafia, le plus grand diag-
nostiqueur de l'Espagne ; 2°. — Monsieur le docteur Sinapisme, le premier clinique de France ; 3°. — Monsieur le
chevalier du Bistouri, l'éminent chirurgien d'Italie ; 4°. —
Monsieur le doyen O'Forceps, le plus distingué des médecins-
accoucheurs d'Angleterre ; 5°. — Monsieur le professeur
Rigolo, le chef incontesté des aliénistes au Brésil ; 6°. —
Monsieur le docteur Tirepoil, ancien professeur à la Faculté de Médecine de Bruxelles ; 7°. — Je m'incline jusqu'à
terre,.. Monsieur le professeur Métacarpe, le premier

anatomiste de l'univers ; 8°. — Monsieur le pasteur Espérandieu, le grand théologien ; 9°. — Madame Eau de Roche, l'éminent docteur en philosophie de la Suède ; 10°. — Et, enfin, je me couche à plat ventre, tant sa scientifique individualité abat tous mes raisonnements personnels, — Monsieur Fulminatus, le fameux libre-penseur, qui fait grisonner les doctes chanoines de toutes les cathédrales du continent.

Comme tu le vois, ces illustres savants, qui occupent le premier rang parmi les princes de la Science, médicale, théologique, philosophique, et autres spécialités plus ou moins qualifiées ; ... qui ont pénétré tous les *rouages* mécaniques et fluidiques du corps humain et de l'esprit qui l'anime, avec les *causes* des transformations visibles et invisibles des maladies, des guérisons, des passions, des faiblesses et de la mort ; ... qui connaissent et donnent, sur réquisition, les recettes, souvent *infaillibles,* disent-ils, pour faire pousser les cheveux, la barbe, et repousser les dents perdues, à volonté ; ... combattre toutes les maladies connues, inconnues, et d'autres encore... Enfin, qui enseignent le moyen de former de nouvelles vies à ceux qui sont stériles, et de retarder la mort à ceux qui sentent son approche, — par un grand nombre *de formules en latin,* semblables aux Dragons de la Chine, — qu'elle ne peut ni deviner, ni parer, généralement, et encore moins comprendre, cela va sans dire ; ... ces Messieurs, dis-je, si gigantesquement privilégiés, dont les cerveaux ont tout dévoilé, analysé, mesuré, formulé, enseigné et publié, vont te répondre pour moi !...

Sois attentif ; tu vas apprendre le secret de ton existence et de la mienne !.... De plus, comme « *un homme averti en vaut deux* », après tu seras *double,* — et moi aussi, — ce qui fait qu'en nous unissant, dans un même sentiment de recueillement et d'admiration mutuelle, en vertu du compte

que je viens de te faire nous deviendrons *quadruples*...
Cela fera, alors, que — de simples *bipèdes* nous passerons
à l'état de *quadrupèdes;* puis, en nous animant toujours
plus, de *vélocipèdes*. Et, ainsi de suite, jusqu'à la fraîcheur
réconfortablement froide du Pôle Nord, — si les discussions
de ces demi-dieux en chairs et en os, nous échauffent le
sang au point de brûler nos consciences.. durant l'espace
parcouru!...

Une idée me vient. — Soyons prudents, afin que la chaleur qui va se dégager d'eux, à la seule pensée de l'importance
de ma question, n'atteigne pas les proportions d'un incendie
redoutable et gigantesquement néfaste, qui amènerait la
destruction *de nombreux siècles d'études, d'expériences et
de découvertes,* toutes plus précises et plus sérieuses les
unes que les autres; — souvent même, achetées aux prix de
sacrifices humains absolument innombrables, et de sommes
d'or et d'argent littéralement incalculables; — prions-les
de résumer, séparément et par ordre numérique, chacun *sa
conclusion individuelle,* convaincue, irrévocable, mais aussi
calmement que parfaitement définie. Et cela, encore, garanti
par la foi du serment le plus solennel qui puisse se prêter,
sous la voûte des Cieux si vastes qui nous dominent!...

Merci d'avance, hommes éminents, nobles élus et dieux
de la Science,.. de ce que vous voulez bien condescendre
à éclairer — *simplement et dignement* — les anxiétés, les
craintes, les préjugés, et les tourments d'un humble élève
et de son ami le lecteur. Tous deux, avec un ensemble spontané et sincère, nous jurons, à notre tour, de faire parvenir
vos jugements à la postérité, — depuis l'humanité actuelle
jusqu'aux générations futures, — afin de leur épargner,
toutes les principales déceptions motivées et les angoisses
légitimes, dont, jusqu'à présent, nous avons également tous
plus ou moins souffert!....

La parole est au numéro un, Monsieur le vénérable docteur Ratafia :

. . . .

« Mes Enfants ! »

« Doyen par l'âge et désireux de pouvoir diriger vos recherches — vers le vrai, — écoutez avec attention et respect, .. ce qu'un demi-siècle d'études et d'analyses physiologiques ont appris, au grand espagnol qui a illustré la médecine, par le nom de Ratafia : »

« La vie est *un fluide impondérable*, que la science reconnaît exister dans tous les êtres vivants, sans aucune exception ; qui se reproduit de l'un à l'autre, et dont l'origine se perd dans la nuit des temps, — sous l'image d'un premier homme et d'une première femme, appelés *Adam* et *Ève*, pour le genre humain ; et de deux premiers types initiaux de chaque insecte, ou animal terrestre, aquatique ou aérien, le *mâle* et la *femelle*, pour les bêtes . »

« Voilà, ma courte et très sincère opinion, sur le sujet demandé . . . »

« J'ai dit ! »

. . . .

Et d'*un !* . . . Quelle concision magistrale, et quelle précision, dans l'art de qualifier ce qui est, en le dégageant de ce qui n'est pas ! . . . Ah vraiment, *il fait beau être au monde et y voir clair,* pour contempler, par le cristallin de ses deux rétines, un vénérable maître de cette force ! . . . Mais, n'anticipons pas, sur tout ce que nous avons à juger, en cette occasion rarissime ; et, son successeur numérique le voulant bien, passons au numéro *deux*, Monsieur le docteur Sinapisme .

. . . .

« Jeunes Gens !... »

« Tout en appuyant mon illustre collègue espagnol, et, aussi vrai que je me nomme Sinapisme, je suis certain, que la vie est *une électricité,* dont l'essence, échappe à toutes les analyses;.. qui vient, on ne sait *comment* et va, on ne sait *où!* ... Elle existe, d'une manière générale, partout où il y a chaleur ou mouvement, dans les êtres; pour les abandonner, ensuite, quand l'un, ou ces deux facteurs disparaissent. Quelques individus vertébrés, du genre animal, tels que les *reptiles* et les *poissons,* ont le sang *froid,* comme une exception à la plus grande partie, soit, à l'ensemble des autres; mais, ils ont le mouvement et sont, presque toujours, doués d'une vivacité extrême. »

« Le sang, ce liquide précieux, est animé par la vie, qui le féconde; mais indépendant d'elle. Dès que celle-ci cesse d'être en lui, il se corrompt et se décompose en putréfaction. Injecté vivant, à un mort, il ne lui redonne jamais la vie. En résumé, on peut et on doit donc conclure, de tout ceci, — que le sang, *alimente et fortifie les organismes,* même faibles ou affaiblis, mais vivants; sans cependant, pour cela, leur donner de la vie. Et, nous ajouterons, pour compléter, — que la chimie, cette science admirable et riche, qui découvre chaque jour de nouveaux trésors, sait parfaitement, aujourd'hui, faire un œuf de toutes pièces, grâce à ses connaissances étendues; mais — qu'elle est impuissante *à le féconder,* — ce qui fait en fin de compte, que, malgré toutes les couvaisons imaginables, animales ou mécaniques, comme toutes ses autres tentatives analogues, du reste, il se putréfie de lui-même;.. absolument comme nous, et sans que nous puissions, au juste, en savoir le pourquoi. »

« D'autre part, les végétaux et toutes les plantes quelconques, sont fécondés par la vie, c'est-à-dire — par un principe *électrique.* On les appelle, facilement et communément,

« *végétatifs* », pour indiquer qu'ils ne se déplacent pas, en marchant, en nageant ou en volant, comme les êtres sanguins ; — au moins selon toutes les apparences. Mais, cette *électricité*, est-elle de la même nature que celle dont nous sommes animés ?... »

« Hélas, je ne saurais répondre, et voilà un des nombreux points, sur lesquels la science humaine.. se perd en conjectures plus ou moins risquées. »

« On objecte bien, que l'homme et la bête sont extrêmement sensibles à toutes les sensations, parce qu'ils sont plus ou moins « *pensants* » ; et que ce n'est pas le cas pour les plantes. Et pourtant, en dépit de cette assertion, — comment nier les *sensations* et même *certaines pensées,* chez les plantes ?... »

« Vous riez ?... Riez tant que vous voudrez, le rire est un excellent spécifique contre l'ennui, et ... vous faites bien d'en user ! — Nonobstant votre douce hilarité, j'en reviens à ma question : Pourquoi alors, les fleurs, les fruits, et toutes les plantes, en général, *recherchent-ils* quotidiennement le soleil ;.. de telle sorte que, quoiqu'étant dans l'impossibilité de marcher à sa recherche, — comme nous, par exemple, — ils *se tournent* positivement de son côté, aux prix *d'efforts continus,* que rien ne décourage, et que la mort seule peut entraver ?... »

« C'est donc, qu'ils *sentent,* et *reconnaissent,* en lui, l'astre qui les aime et les fait vivre ;.. qui les développe et les anime ? »

« Ne serait-ce pas aussi des pensées de *reconnaissance* et *d'adoration,* qui les font regarder à lui, dès qu'il apparaît ?.. S'épanouir et se rafraîchir *voluptueusement,* sous l'action réparatrice de la rosée matinale et des ablutions, plus ou moins fréquentes et prolongées, de la pluie, quand elles viennent ?.... »

« Tout considéré, — dans les questions que je viens de soumettre à votre examen, il est certain que l'hydrothérapie, cette puissante ressource médicale et hygiénique, véritable panacée des Cieux, — quand elle est employée judicieusement, s'entend, — n'a nullement été inventée par les hommes, mais par Dieu : Les hommes, n'ont fait que regarder, en les observant, ces spectacles continuels donnés sous leurs yeux, par la nature elle-même. Puis, par esprit d'imitation autant que par besoin instinctif,.. ils se les sont appropriés, en en analysant les charmes, les bons ou mauvais résultats et les dangers ; souvent devancés, en cela, par les animaux, qui n'ont pas besoin, eux, de *congrès* et de *sociétés de tempérance* — pour se convaincre des très réels avantages de l'eau, — prise comme boisson ; ni du savoir, si variable, des savants hydropathes, pour l'adopter, extérieurement, comme agent éliminateur et réconfortant, supérieurement qualifié,.. tel que le Créateur nous l'offre gratuitement.... »

« Mais, j'en reviens à ma déclaration principale. Toute la vie se résume donc — *dans une électricité spéciale, divine, en tous cas,* — qui pourrait bien être la même, à différents degrés, soit qu'elle anime des créatures mouvantes, ou des plantes et des produits immobiles,.. sans reparler ici de l'eau, cet élément grandiose, qui en contient beaucoup également... »

« Enfin, braves Jeunes Gens, après soixante années et plus de labeurs incessants, consacrés à la science médicale, et au moment d'être abandonné par cette *électricité merveilleuse autant que mystérieuse,* qui agit en moi comme en vous, je me fais un devoir de vous dire — que je n'ai rien découvert, en elle, que je puisse expliquer, ni analyser, scientifiquement parlant. J'ai la conviction intime, que la vie est *une électricité spéciale et divine,* et que c'est cette « *électricité* » qui régit tout ce qui existe. Mais, après cette définition, n'en sachant pas davantage, il m'est impossible de vous en dire plus ; car, tout savant que l'on me considère, je ne suis qu'un homme au savoir limité ! . . . »

« Dieu seul peut nous répondre, par *les faits*. En attendant, le souffle dont il anime ses œuvres est son secret, — le plus grand parmi les grands ! . . . »

« J'ai dit ! »

. . . .

Et de deux ! . . . Pour un numéro *deux*, sérieusement parlant, c'en est un, et d'attaque encore ! . . . De plus, comme la *moutarde* forme la base essentielle, du médicament qui porte un nom homonyme à celui qu'a hérité le vénérable docteur, que nous venons d'entendre, il faut convenir . . que la même graine, fermente dans son cerveau avec une fertilité toute . . française ! . . .

Il s'étend des *poissons* aux *oiseaux,* en passant par nos *autres frères* en vertèbres ; . . . du sang humain à l'œuf composé des chimistes ; des plantes au soleil, en redescendant, par l'hydrothérapie, sur la Terre . . . qu'elle arrose, du même coup, naturellement. Puis, il magnétise abondamment, surabondamment même, le tout, d'une forte dose *d'électricité spéciale et divine,* — inséparable de tout ce qui vit, — dit-il ; . . . absolument comme s'il aspergeait un riche *pudding* de semoule et de fruits confits, d'un tonifiant *punch au rhum* ou au *cognac* ! . . .

En attendant, pas moyen de le nier : Il a dit « *vérités sur vérités* » ! . . . Sans compter que, plus de soixante années de labeurs incessants, — consacrés à la science médicale, — comme il l'a lui-même déclaré, lui ont appris une infinité de choses difficiles ; — cela est positif ! . . . Cependant, ou j'y perds mon latin, ou je crois fermement qu'il ignore, quand même, comme le numéro un, du reste, son grand collègue d'Espagne, — *pourquoi* et *comment* il est au monde ?...

C'est égal, pour un orateur... il connaît son affaire. Mais, hélas,.. pour servir de *flambeau* à ses contemporains,.. m'est avis qu'il fume plus qu'il n'éclaire!... Bah, ne nous émotionnons pas pour si peu, déjà en commençant. Il y a encore huit autres canaux à sonder, et peut-être trouverons-nous bientôt le *lapin intellectuel* que nous cherchons, seul capable à nous permettre de consommer la *gibelotte* spirituellement nutritive qu'il nous faut!...

La parole est donc, disons-le bien haut, à l'éminent numéro *trois*, Monsieur le chevalier du Bistouri..

....

« Mes Amis !... »

« Puisque vous voulez bien interroger en moi un des plus anciens représentants de la chirurgie italienne, sur son opinion *personnelle* au sujet de la vie, je vous la donnerai très volontiers; non que cela soit chose facile, et je ne m'illusionne aucunement là-dessus. J'estime, au contraire, que la tâche est véritablement — *des plus ardues,* — surtout après l'exposé si consciencieux de mes savants collègues. Mais, je vous l'ai dit, c'est avec tout mon bon vouloir que je m'exécuterai.. »

« En ma qualité de chirurgien, la vie réside surtout, pour moi, dans l'*intégralité plénière des organes sains et normaux,* tant intérieurs qu'extérieurs . »

« Dès qu'une lésion visible ou invisible existe, la vie est altérée, en ce sens — qu'elle n'est plus *complète;* et que, dans les cas graves, elle est souvent réduite à n'être qu'un simple reflet.. »

« Pour moi, la vie est un « *magnétisme* », qui commence dès avant la naissance d'un être organisé, pour finir à sa mort; c'est-à-dire à sa dégénérescence, à sa *décomposition plas-*

tique et anatomique; ... ou, par le massacre, l'ablation, la suppression *accidentelle* ou *chirurgicale,* d'un ou plusieurs organes *essentiels* à la continuation et à la propagation de ce *magnétisme vital,* .. ainsi brusquement intercepté .. »

« Ce *magnétisme,* qui peut avoir bien des points de ressemblance avec celui que pratiquent les hommes qui en sont doués, est d'une si grande puissance créatrice, qu'il les dépasse tous, à perte de vue, — et qu'aucun d'eux n'a jamais pu l'imiter, effectivement . »

« Certes, on a vu des « *magnétiseurs* », comme on les appelle, faire manœuvrer, d'une façon incroyablement surnaturelle, le cerveau, les membres ou le corps entier de certains sujets; .. leur faire accomplir des voyages d'investigations et de découvertes, à travers tous les obstacles; .. ou encore, des tours de force inouïs, hors de proportion avec les seules ressources intellectuelles ou physiques des patients. Mais, chose affligeante pour ces *champions de la lumière humaine,* dans les hautes sciences, pas un n'a encore pu magnétiser assez fort, un œuf, — cependant, si admirablement reproduit par la chimie de l'avenir, — au point d'en faire sortir *un petit poulet quelconque,* comme l'a si bien constaté le docteur Sinapisme, il y a quelques instants ! . . . »

« Par principe, autant que par nécessité, à mon avis le plus intime, je suis exclusivement radical, et me fais un devoir de vous déclarer — que j'ignore, absolument, comment se forme ce *magnétisme,* qui engendre, ou mieux, — qui est la vie. Dans la pratique de mon métier, je le vois, chaque jour, *agir* dans la circulation du sang pur et fort, se répandant librement jusqu'aux plus lointaines extrémités d'un corps *normalement constitué,* humain ou animal; .. comme je vois, aussi, sa *disparition,* lente ou rapide, par le fait d'une altération suffisante, sur un point donné quelconque . . . »

« A tout prendre, les choses de l'Au-Delà sont indéchiffrables pour ma raison ; et ma profession même m'oblige, à ne croire, — comme jadis St.-Thomas, — qu'aux arguments *visibles et palpables*. Je respecte, à cet égard, l'opinion et les croyances diverses des autres ; mais, en ce qui me concerne, directement, je ne puis toujours les partager : Les compromis, les illusions, ne sont donc pas mon affaire, pas plus que les *théories* et les soins *à l'eau de rose* de la médecine compliquée actuelle, — à laquelle je ne crois pas davantage, — au risque de vous faire tomber à la renverse,.. d'étonnement !.... »

« A mes yeux, et soit dit encore en passant, car je ne veux pas du tout me rendre agressif, — la médecine est certainement, un *art* individuel, beaucoup plus qu'une *science* positive. Ce qui le prouve, c'est que presque chaque médecin la pratique — *à sa manière*, — et qu'il est extrêmement difficile d'en mettre plusieurs d'accord, entre eux, sur les questions qui ont quelque importance ; tous voyant et sentant diversement les uns des autres. D'un autre côté, les remèdes et les si nombreux traitements, préconisés par l'un ou l'autre, guérissent, ou, toutes choses égales — dans les conditions des patients comme dans les soins donnés, — les laissent mourir ; le tout, sans qu'ils en puissent, assez souvent, déterminer.. *le vrai pourquoi*, — ni en gros, ni en détail ?.... »

« Loin de moi, cela va de soi, la pensée de chercher à amoindrir les efforts, très souvent, habituellement, dirai-je, généreux et entreprenants, de mes collègues à la manière douce ;.. non plus que les vertus, plus ou moins diversement efficaces, des nombreux agents qui permettent parfois, à la science médicale, de se tenir.. à une certaine hauteur des circonstances qui s'imposent à elle... Mais, nous ne sommes pas requis, ici, pour nous encenser — de compliments flatteurs, autant que trompeurs, — et je dois parler, selon mes convictions et ma conscience, avant tout ? »

« Eh bien, si, dans l'art difficile de guérir, je crois à quelque chose, c'est dans celle de ses branches qui se nomme « *chirurgie* », en première ligne ; — pour ce qui est, tout particulièrement, de *voir* et de *toucher* un *changement* ou une *transformation*, comme vous voudrez, des parties atteintes... Science catégorique, j'en conviens, qui ne perd pas son temps dans les tâtonnements, et qui tranche les questions par *l'acier* ; ... qui *scie*, qui *coupe* et qui *perfore*, — quand elle ne les *brûle* pas, — les maux qui lui sont présentés. Je l'avoue sans détours. »

« Il faut, ouvertement, bien le dire ici : Le chirurgien voit surtout, dans l'être humain ou animal, *une machine*. Et c'est principalement — *comme telle*, — qu'il cherche à la réparer de son mieux, ... quand elle s'altère ou se détraque, en tâchant d'agir, en sa faveur, ainsi qu'un « *mécanicien* » intelligent. »

« Pour lui, que l'altération s'appelle : *blessure, induration, fracture, écrasement, gangrène, empoisonnement du dedans ou du dehors* ; .. *tumeur, excroissance*, etc., etc.; ... qu'elle passe de la dimension microscopique d'une *piqûre d'épingle*, ou de celle d'une *verrue*, à la rotondité élégamment exhubérante d'un *melon* ovale, ou à la circonférence plantureuse d'une *courge* ;.. de l'écrasement d'une *phalange* à celui d'un *fémur complet*, ou d'une *paire de tibias*, voire même, .. de toutes *les côtes d'un thorax* et plus ; — qu'en son for intérieur,..... Bref, ... je vous vois pâlir et je m'arrête, . dans cette longue et ennuyeuse énumération terrible, — sans grande utilité directe pour le moment, du reste, — puisqu'elle me porte loin de la question actuelle : « *Qu'est-ce que la vie ?* »... Pardonnez-moi, Messieurs, cette chevauchée opératoire à langue armée, et n'y voyez .. que l'étendard audacieux, mais loyal, d'un adversaire convaincu des demi-moyens et des lésineries, autant qu'un déserteur incorrigible des sentiers communs, battus et archi-rebattus, de l'art de guérir. »

« La vie, je le répète, est un « *magnétisme* », qui anime la machine osseuse, cartilagineuse, musculaire et charnelle, de tout être sanguin éprouvant des sensations. Elle n'est, dans son parfait développement — que par *l'intégrité normale des membres et des organes, spéciaux aux différents individus*. Et cela est si vrai, que, quoique sans jamais réussir à *remplacer réellement*, ceux qui viennent à leur être enlevés, par une cause ou une autre, la chirurgie, que j'ai l'honneur de pratiquer, après tant d'autres, s'efforce de rétablir — pour eux — *l'équilibre et la symétrie*, que sans exagération, et dans la presque totalité des cas, il leur serait impossible de conserver, sans ses nombreux secours adaptés et adoptés. »

« Et c'est ainsi, que, contrairement à ce qui se passe chez les *grenouilles*, dont les jambes arrachées repoussent d'elles-mêmes, — *à la façon des laitues et des poils cutanés, qu'on coupe,* — elle est obligée d'offrir, à l'amputé, les jambes, bras, pieds et mains, de *bois*, de *fer* ou de *caoutchouc* ;.. les seins et les mollets de *coton* ;.. les dents d'*ivoire* ; les yeux de *verre*, et les palais d'*argent* ou de *platine*, — que l'on sait !.... »

« Beaucoup de gens louent ces moyens, et beaucoup les critiquent amèrement. — Tous ont *raison* et tous ont *tort* ; car,.. « *s'il est impossible de contenter tout le monde et son père* », il ne faut pas davantage, songer à remplacer *efficacement*, ou mieux, *effectivement*, — j'insiste à dessein sur ce point, — les différentes parties remplaçables et manquantes de notre individu, par l'intervention *chirurgicale et mécanique*. Le membre perdu est définitivement perdu ; — *il ne repousse jamais*. »

« A cet égard, j'en appelle simplement, au témoignage droit et humanitaire des personnes munies de *perruques* ou de *fausses dents,* pour n'entrer que dans les péchés mignons !... »

« En définitive, que fait le chirurgien, dans les cas *bénins ?*... Tout bonnement l'*horloger-rhabilleur,* qui remplace adroitement les parties gâtées du mécanisme de l'horloge, ou de la montre, qu'on lui confie, — par d'autres ;.. avec cette énorme différence, toutefois, que l'horloger peut employer des matériaux *de même nature et énergie,* et que le chirurgien ne doit pas seulement y penser. Puis, dans les cas *graves,* il se résigne à imiter le *pompier impuissant,* devant un incendie par trop menaçant; il fait — *la part du feu,* — se bornant à préserver du mal les parties environnantes, c'est-à-dire, le *reste,* — car son raisonnement forcé est le suivant : »

« Si un mal se présente à moi sous l'aspect *cancéreux, virulent,* ou *gangréneux,* mon devoir est de l'extirper, au plus vite, afin qu'il n'empoisonne pas mon client tout entier, en essayant sur lui des remèdes, toujours — relativement, s'entend — très *lents* et *douteux,* comme résultat final ; partant, pleins de dangers imprévus. Je *coupe* donc la jambe *gangréneuse,* le sein *cancéreux,* et j'*arrache* la dent *cariée;* qui ne repoussent pas. Enfin, soit pour l'équilibre, soit pour la symétrie, je mets à la place,.. une *jambe de bois,* articulée ou non, un *coussinet arrondi,* de coton, plus ou moins élégant, et une *dent postiche,* que j'accroche le mieux possible !... »

« Et le chirurgien, Messieurs, est logique. Il ne croit pas beaucoup à la médecine, en général, parce que les effets des remèdes sont aussi *mystérieux* et *inexplicables,* pour lui, que pleins de *dangers,* très souvent ; — en même temps que *longs* et *incertains,* pour les autres... Mais il croit à la *gangrène,* qu'il voit, et au *tranchant* des lames qu'il emploie,.. pour lui couper les vivres;.. comme il croit au *feu* et la *pierre infernale,* qui brûlent et cautérisent, — en les détruisant promptement, — les plaies qui font mine de mal tourner... »

« On peut donc le craindre, car sa manière de prêter main-forte, quand on se sent en danger et qu'on lui crie « *au secours!* » est vraiment, *très forte*. Mais on ne peut lui faire un crime de son énergie professionnelle, — aussi *prompte* que *radicale,* — en face d'une conscience aguerrie et pleine de fermeté, qui ne voit que deux chemins : le *bon* et le *mauvais;* que deux grands remèdes : le *fer* et le *feu!*.. Ni de croire, le plus souvent et en dépit de ceux qui veulent bien faire exception à cette manière de voir, ni de ne considérer l'être humain ou animal, que comme *une machine,* idéale en son genre, — quand elle est complète et qu'elle possède, avec la beauté, la santé et la force; — sans chercher à expliquer, ce qu'il ne peut analyser par ses connaissances scientifiques, sur le « *magnétisme* » qui l'anime!... »

« J'ai dit! »

. . . .

Ainsi soit-il!.. Et de *trois!*... En voici un, par exemple, qui ne m'a pas rassuré du tout, avec ses histoires de couteaux, de gangrènes et de jambes coupées!... Franchement, je commençais à en avoir la « *chair de poule* » et, — sans être peureux de ma nature, — je préfère conserver entre lui et moi, une distance matérielle et respectueuse, d'une longueur suffisamment préventive!...

Dites-moi tout ce que vous voudrez;... que le sang italien *bout* dans ses veines;.. qu'il est, forcément, un peu *boucher*.. ou *charcutier,* de par sa profession;.. que sa manière d'avertir les gens est, sinon ampoulée et mielleuse, en tous cas.. *claire* et *nette* et pas du tout *clarinette!*...

Tout cela, je vous l'accorde ; mais, il n'en n'est pas moins vrai — qu'il semble ne rêver que « *plaies et bosses* », — pour s'accorder, après, la satisfaction, épouvantablement sanguinaire et féroce, à mon sens, de les couper ou de les brûler ?...

Si, au moins, il y mettait des gants et quelques précautions ;.. dans le champ scientifique, passe encore. Mais, allez donc voir, — *comme autrefois Sœur Anne du haut de sa tour,* — si les consolations vont venir *à cheval,* du fond de sa bouche méridionale et tragique !... Oui-da ?.. Que nenni !... Il vous envoie à la tête .. des *jambes de bois,* des *faux mollets,* des *perruques* et des *dents postiches,* en veux-tu, en voilà !...

Il ne croit, ni à la vie immortelle, qu'il réduit à un simple *magnétisme complet,* se dégageant d'une machine charnelle intacte ; ni à la médecine, en général, — qu'il regarde, comme une science comparable aux émanations du *patchouli,* ou de l'*eau de rose,* — je ne sais plus au juste ;.. et qu'armé de ses fers opératoires, il menace de réduire à néant, — dans ses prétentions charitables et autres, — la condamnant, en cas de résistance, à être *brûlée* par le feu, ou tout au moins, *cautérisée* à fond par la pierre infernale !..

Je félicite vraiment, aujourd'hui, mon destin, de m'avoir octroyé une constitution solide, et mon énergie habituelle de venir à la rescousse, pour m'empêcher de tomber, en cet instant, dans le cataclysme d'un *évanouissement nerveux,* ressuscité par une *danse de St-Guy,* très probable, — peut-être même .. avec accompagnement, non moins angoissant, de *palpitations affolées* et de *frissons* doublés de *hoquets funèbres,*.. sentant la « *faulx inexorable* » d'une lieue !...

C'est égal, la première émotion passée, et quand on y regarde de plus près, ce citoyen « *Coupe-tout et brûle-le-reste* » n'en n'a pas moins dit, à son tour, des vérités absolument incontestables ; — tant en ce qui regarde les profanes malheureux qu'en ce qui touche, — directement ou indirectment, — au patrimoine intellectuel des savants, aux prétentions parfois trop orgueilleuses et injustifiées ?.... Après tout, s'il est vrai que « *de la discussion jaillit la lumière* », nous pouvons presque sûrement, espérer, d'après la jalousie de métier qui se trouve partout, ici comme ailleurs, que l'un ou l'autre, des savants confrères présents, relèvera le gant et lui prouvera, — comme *deux fois deux font quatre,* et *simple comme bonjour,* — qu'il y a, pour enlever les douleurs et les dangers de ceux qui souffrent, en ce bas-monde, d'autres arguments à poigne que sa méthode, digne de l'ancienne Inquisition ;.. ne fût-ce que les prescriptions *latines,* les *sirops,* les *pilules,* les *pommades,* les *onguents, gris, verts* ou *noirs,* les *bouillons pointus* et les *purges*.. de catastrophante mémoire !...

Courage donc, et marchons de l'avant, — la revanche est à l'horizon !...Volons à sa rencontre, tant de fois provoquée déjà, à l'heure qu'il est !... Et, tant que le « *magnétisme vital* » existe en nous, ne nous laissons par marcher sur les pieds !...

En attendant, la parole est au numéro *quatre,* Monsieur le docteur O' Forceps, le célèbre médecin-accoucheur d'Angleterre.

. . . .

« Messieurs et chers Collègues ! »

« La responsabilité dont vous me chargez aujourd'hui, est une des plus compliquées qui puisse assiéger l'esprit et la conscience d'un homme, cultivé et mûri surtout, par la science. »

« L'intérêt seul, que j'ai toujours porté aux questions utiles, partant — *humanitaires,* me pousse à tâcher de répondre à votre désir, par les moyens personnels dont les Cieux ont voulu que je sois le dépositaire, ma déjà si longue carrière durant. »

« Par ma vocation même, j'ai été chaque jour, souvent plusieurs fois par jour, placé aux premiers rangs de l'observation des phénomènes, si intéressants, de la gynécologie, particulièrement en ce qui regarde l'arrivée, sur ce monde, des hommes futurs et des femmes à venir, — tamisés par l'enfance initiale... De ceux, dont les proportions minuscules sont juste assez visibles, pour constater, en eux, l'*herbe* par laquelle ils seront un jour, la *plante,* faible ou vigoureuse, apte, ou non, à se reproduire et à perpétuer, — dans une proportion plus ou moins sensible, — l'espèce humaine, qui est leur souche, et qui les nomme — « *ses produits* ». »

« Mais, comment expliquer cet événement mystérieux, à la fois divin et matériel, qui s'appelle — *la venue au monde d'un enfant?*... »

« La mère, qui s'y prépare avec bonheur, ou avec crainte, et souvent les deux à la fois, — depuis neuf longs mois de changements et de transformations divers, — est là, en proie à des douleurs grandioses, à des spasmes contracteurs instinctifs, couchée sur un lit qu'elle voit de suite entouré, non seulement de ceux qui s'y trouvent, pour l'assister et l'encourager de leur mieux, — *dans sa pénible mission spéciale,* — mais aussi,.. par les formes variées de ses inquiétudes; que ses facultés, plus ou moins inconscientes, alors, convertissent facilement en dangers de plus en plus menaçants,.. ou fantastiques... »

« Une crise finale arrive... Des cris déchirants s'échappent de sa poitrine, et, après quelques efforts décisifs,.. un petit être frêle et mignon apparaît, faisant entendre les sons émouvants de sa faible voix argentine, qui, tout en rendant la plus grande partie du calme et du bonheur à sa mère, ainsi qu'aux témoins de ce fait — *miraculeux*, il faut le dire, — n'en trouble pas moins, profondément, l'ouvrière et tous les assistants, quels qu'ils soyent, de ce drame heureusement avancé, — *en ce moment solennel ;* — absolument en dehors des choses ordinaires et compréhensibles de notre existence à tous !... »

« Que connaissons-nous de ce problème à résoudre, que je n'hésite pas à qualifier de « *surhumain* » ?.. Peu de chose, fort peu de chose, assurément... »

« Deux individus adultes ont joint leurs vœux, ont confondu leurs caresses, dans une étreinte passionnée, et, tout d'un coup, ou peu à peu, — *mystère insondable,* — un être *invisible* a élu domicile dans les entrailles qui doivent le soutenir, le développer et le faire naître . »

« A la femme fécondée sur Terre, Dieu a dit : « *Tu enfanteras avec douleur !* »... Et cet avertissement, qui est encore une des nombreuses formes d'épreuves, auxquelles la moitié féminine du genre humain est soumise, depuis qu'une première femme a commencé cette longue chaîne, — dont les anneaux innombrables remontent jusqu'à nous, — est resté intact dans ses manifestations, voulues ou non voulues !... »

« Puisque la science humaine est impuissante à découvrir.. les éléments *primaires,* qui constituent l'animation faisant — *mouvoir, penser* et *sentir* — l'enfant nouveau-né,.. déjà dans les ténèbres de sa demeure provisoire utérine ;.. puis, à son entrée dans le grand air extérieur, qui sera, — durant son existence toute entière, son élément nutritif et préféré, le plus indispensable, — à quoi bon, émettre des théories positives, sur l'apparition et le développement graduel.. d'un commencement que nous ignorons — *dans son accablante totalité comme dans les plus minimes de ses détails ?...* »

« Et non seulement, ni l'*homme*, ni la *femme*, ne donnent la vie à l'enfant, — dont ils sont pourtant responsables, presque à tous les points de vue ; — mais encore, ils n'en sont, au fond, que les auteurs « *inconscients* », . . si je puis m'exprimer ainsi. Du reste, cela est si indiscutablement vrai, que tous ceux qui, réunis et le désirant de toute leur âme, sont, intellectuellement et anatomiquement parlant, aptes à procréer des enfants, — réussite en tout probable, en rien certaine, — n'en n'ont pas toujours ; .. malgré leurs soins et leurs efforts les plus persévérants à cet égard ! . . . »

« En dehors des conditions de l'âge, des règles de la santé, des vœux du cœur, des désirs de l'esprit et des aspirations de l'âme, à ce sujet *palpitant et capital*, — sans aucun doute, il y a la Puissance *mystérieuse et invisible*, qui commande aux éléments comme à ses créatures, et dont les décrets inviolables, autant qu'impossibles à prévoir, sont ignorés, de tous les membres de la famille terrestre . »

« Messieurs et chers Collègues, ici présents. . . En face de cette si grave et si impénétrable question, qui nous est posée, à moi comme à vous, et en ces termes : « *Qu'est-ce que la vie ?*, » je ne puis répondre, pour ma part, que par l'idée des paroles suivantes : »

« La vie est « *un souffle inconnu* », que l'être humain reçoit, sans jamais le trouver par lui-même, et qu'il ne peut ni produire, ni prêter, ni donner, mais encore et assurément qu'il ne peut exclusivement recevoir — que du Créateur infini de toutes choses, — de celui que nous appelons Dieu et qui nous a faits ce que nous sommes . »

« Toutes les plus claires et sérieuses définitions, qui partiraient d'un autre principe fondamental, et qui essayeraient de s'établir, sur des données soi-disant rationnelles ou « *scientifiques* », ne pourraient être — que l'expression même de leurs *faussetés diverses* et de leurs *impuissances multiples*, à preuves chaque fois réitérées !... »

« Messieurs et chers Collègues !.. Arrivé au grand âge dont je jouis aujourd'hui, plus que je n'en souffre, et me considérant .. comme bientôt près de devoir rendre ce *souffle inconnu* qui m'anime, à celui qui, — *seul vrai savant*, me l'a confié; *seul et unique créateur*, a pu me le former, — je vous prie de croire à la sincérité intégrale de ma conviction, sur la cause de la vie ; et de la méditer, de plus en plus sérieusement et dignement, comme je le fais moi-même, chaque jour !... Et que Dieu, notre père et la source de notre vie, à tous, vous soit en aide !... »

« J'ai dit !... »

....

A la bonne heure, voilà qui est parler, mais ce qui s'appelle — parler !...

Certainement, cet homme savant et vénérable, doit être dans le vrai. — Ce qui me le fait croire, c'est qu'il emploie toute l'éloquence de ses arguments, pour persuader ses autres savants confrères — qu'il n'est que *peu de chose par lui-même*, et que, pour le reste, *il ne sait rien*, — sinon, que la question qui nous intéresse tant, à cette heure, comme tout ce qu'il voit sans pouvoir l'expliquer, ou seulement le comprendre, un tantinet,.. vient de Dieu; soit, de l'Etre suprême auquel nous appartenons, et que nous subissons — tous plus ou moins forcément, — avec ou sans notre volonté.

Je le répète encore, il est dans la bonne voie, très certainement, parce que, d'un autre côté aussi,.. ne trouvant rien de *positif*, de *stable* et de *sûr*, — dans les archives complaisantes, et souvent bien illusoires, de la science strictement humaine, — il regarde, alors, *plus loin* que le bout de son nez... Et ensuite, qu'après avoir dépassé la limite, extrêmement voisine et bornée, de la monture d'or de ses lunettes, il plonge ses regards *en haut* pour interroger l'insondable profondeur des horizons aériens,.. qui environnent la chauve et brillante rotondité de son crâne luisant, encadré, à sa base, par la couronne, — depuis longtemps blanchie, — des boucles soyeuses de ses longs cheveux de vieillard.

Entre nous, il m'attendrit, ce bon papa... Et, franchement, je ne puis voir sans émotion, la fraîcheur encore juvénile de ses joues rosées ;.. la mâle beauté énergique de son visage fin et distingué, qu'illuminent, d'une clarté vivace et rayonnante, deux yeux d'un bleu pâle, d'une douceur qui pénètre jusqu'au fond les âmes, — qu'il sait si bien scruter ; — et qui répandent un reflet irrésistible de bienveillance sur toute sa candide et rare personnalité !...

Oui vraiment, il me rappelle mon pauvre cher grand-père,.. alors que j'étais enfant, et qu'il me gâtait, tant et tant, que je ne voyais la vie.. qu'à travers une suite de bonheurs non interrompus !...

Bref,.. laissons là tous ces sentiments rétrospectifs,.. et ne nous laissons pas mouiller les yeux par leurs réminiscences mélancoliques, car nous avons besoin de voir clair ; — en ce moment surtout !..

Un *bravo* de cœur au digne docteur ; il le mérite !.. Et sachons-lui gré, de ce qu'il peut provoquer en nous de telles sensations, — *nouvelles, à force d'être oubliées,* — sans être obligé, pour cela, d'employer l'ingénieux et perplexe instrument qui porte son nom !...

Maintenant, la parole est au numéro *cinq*,.. Monsieur le professeur Rigolo,.. l'éminent aliéniste brésilien.

. . . .

« Illustres et sympathiques Confrères européens ! »

« Flatté et charmé, de me trouver pour quelque temps au milieu de vous, et de pouvoir consacrer ces moments précieux, à la recherche commune des grandes vérités scientifiques — qui peuvent surgir de nos discussions académiques et fraternelles, — je ne puis, sans une appréhension bien naturelle, aborder, devant vous, le formidable, tropical et glacial problème, veuillez en convenir, qui, sous la forme d'une question nette et tranchante, examinée à tour de rôle,.. se présente à moi en cet instant!... »

« *Qu'est-ce que la vie ?* ... Autant dire : *Qu'est-ce que le monde ?* ... »

« Après, les déjà si profondes et si claires *définitions personnelles* de mes quatre illustres confrères, ici entendus, j'ajouterai, l'appui, — si toutefois c'en est un, — de mon mode de voir, de sentir et de comprendre, le plus intime... »

« Pour moi, la vie est « *un commencement inconnu, perpétué éternellement, par une suite ininterrompue des transformations les plus étranges et les plus inattendues* » ; et cela, dans tous les domaines, relativement nombreux, qu'il nous est possible de distinguer, d'observer, d'analyser et de classer. »

« Peu m'importe, de savoir *où* et *quand* elle a commencé à se manifester, puisque ce miracle se perd dans la nuit des temps, et qu'il nous est impossible de pouvoir aujourd'hui, mettre, sans erreurs graves, *le doigt dessus,* comme l'on dit familièrement. Du reste, déjà à ce seul égard, le premier homme qui est venu, on ne sait au juste comment, c'est le cas de le dire — *tout établi,* — sur notre Terre d'épreuves, aurait été, pour le moins, aussi embarrassé que nous, devant l'énormité d'une telle question, et pour cause : Des archives mêmes de la Bible, — qui est, incontestablement, le livre d'*histoire mondiale* le plus sérieux, le plus spécial et le plus digne d'être lu, que nous possédions, — il résulte, que, bien avant *Adam,* comme ce premier homme y est appelé, du mot hébreu qui, après tout, ne signifie pas autre chose que le mot français « *homme* », il existait, déjà, des messagers célestes appelés « *anges* », et qui descendaient souvent sur la Terre pour y accomplir des missions, ... la plus grande partie à nous complètement inconnues . »

« Mais ce n'est pas tout ... Des animaux peuplaient la Terre, et il nous est même dit « *qu'ils n'étaient point malfaisants* »; et que ceux qui, de nos jours, sont considérés comme les plus féroces, étaient, alors, les *doux* et *inoffensifs* compagnons de séjour du réel, ou prétendu, « *père charnel du genre humain* » ... »

« La vie remonte donc *plus haut qu'à lui,* car, s'il est vrai que la vie est l'animation des différents êtres, et même des plantes, — *qui, tous, ont leur place et leur but ici-bas,* — nous sommes bien forcés de reconnaître, qu'à son époque, elle était déjà manifestée sous des *millions* et des *millions,* ou, pour mieux dire, des *milliards de formes;* .. que nous sommes actuellement et que nous serons peut-être toujours, presque totalement, incapables de coordonner d'une façon à peu près correcte, et surtout, — aussi véridique que compréhensible ... »

« Sans doute, beaucoup s'étonnent de voir, parfois, des hommes sérieux et érudits, établir un parallèle qu'ils considèrent, — en *aveugles égoïstes,* il me semble, — comme désobligeant pour l'espèce humaine. Cependant, tout bien considéré, je ne vois pas trop, pourquoi la vie est moins un fait accompli et digne d'intérêt, .. chez l'*animal,* par exemple, que chez l'*homme ?* .. dans la *plante,* quelle qu'elle soit, que dans l'*animal ?* .. dans l'*air,* qui vit aussi, que dans l'*eau,* qui bouge, qui glisse, qui court, qui se précipite, qui tourbillonne, qui gronde et qui mugit ? ... »

« Non, il est pour moi de la plus haute évidence, que la

vie — n'est pas une chose *isolée,* distincte d'une autre, dans le sens étroit du mot ; mais bien — qu'elle est *générale,* et qu'elle remplit, *entièrement,* non seulement la totalité de tout ce qui peut être apprécié par nos différents sens, mais encore l'univers entier !... »

« Et si quelqu'un voulait persister dans ses « *suppositions erronées* », pour ne pas dire « *superstitions d'un autre âge* »,.. comment voudrait-il, en même temps, me nier la *vitalité* de l'air et m'expliquer — pourquoi les rafales du vent retentissent avec autant de force et de puissance, dans les hauteurs, qui nous éclairent, et sur les surfaces, qui nous font craindre ses envahissements ?... »

« Comment voudrait-il m'empêcher de croire à la *vie* du feu,.. quand je vois la flamme qui détruit sa maison, sa personne matérielle, ses récoltes, pour ne laisser qu'un peu de cendres après ?.... »

« J'ai dit : « *La vie est* (sans parler du commencement inconnu), *une suite ininterrompue des transformations les plus étranges et les plus inattendues* » ; et tout est là pour nous le prouver : »

« Voyez l'enfant, la *vie naissante* par excellence. Ne devient-il pas peu à peu jeune homme, homme mûr, vieillard ?.. Que sont donc ces *changements progressifs,* sinon des *transformations ?*.. Le vieillard meurt. La vie qui l'animait, c'est-à-dire.. son *esprit,* son *caractère* moral et son *âme,* — ces trois choses invisibles, mais réelles, — s'échappent de leur enveloppe matérielle pour aller occuper une autre place, de nous tous ignorée, mais certaine,.. puisque la vie ne meurt point et qu'elle est éternelle ; — qu'elle peuple l'espace et la matière.... Puis, après, le corps charnel se décompose en myriades de nouveaux petit êtres, — *complètement organisés,* — de différents genres et grandeurs, qui vivent et grouillent sous la terre !... »

« Tous ces phénomènes graduels, ne sont-ils pas une preuve de la vie continuelle, *dans ses transformations incessantes,* non seulement étranges et inattendues, en bien des choses habituelles cependant ; mais encore — des plus inconnues ?.... »

« Il est vrai, que ma vocation d'aliéniste peut facilement faire naître quelques doutes, — au moins parmi les plus sceptiques d'entre vous, — sur le crédit que l'on peut accorder *à la manière de voir personnelle,* d'un homme qui, les trois quarts de son temps, vit au milieu des fous ; et, je le comprends volontiers. Cependant, à l'égal du plus grand nombre de mes intéressants pensionnaires du Brésil, j'ai l'intime conviction *d'avoir la raison saine,* à tous les points de vue. »

« Du reste, à ce propos, et soit dit entre nous, .. après tant d'autres déjà, hélas, — je me demande encore, à cette heure, « *où finit la raison et où commence la folie* » ?.. »

« Quel est l'homme, de quelque expérience, qui n'ait cru fermement — à la *supériorité incontestable* de ses idées, de ses doctrines, et de beaucoup de ses actions, — pour n'en reconnaître, un peu plus tard, ou trop tard même, — que la *folie* plus ou moins complète ?.. »

« Et dans ce siècle de névrosés, tout particulièrement, .. comment pouvoir considérer le monde entier, — y compris, bien entendu, les bons et les méchants, les ignorants et les savants, les inventeurs et les réformateurs, etc., etc., — autrement que comme « *une formidable agglomération de fous, qui se croyent sages et raisonnables* », .. tant la vanité et l'orgueil font mousser, à leurs yeux aveuglés et trompés, — les capiteuses émanations morbides de leurs sangs *corrompus* et de leurs cerveaux *surchauffés ;* — moi le tout premier, .. puisque j'en suis également !.... »

« Oui, Messieurs, cela est triste à dire, mais c'est — de toute justesse et de vraie justice. »

« Si, dans mon pays comme dans les vôtres, on enferme dans les *maisons d'aliénés,* tous ceux de nos frères qui ne *partagent pas* nos idées communes ;.. qui *rient* ou qui *pleurent* quand nous faisons le contraire ;.. qui ont des maladies que nous appelons « *imaginaires* », parce que nous ne les *sentons pas ;*.. des visions, que nous nions parce que nos yeux opaques ne les *voient point ;*... des bontés si *douces* qu'elles nous font *mal ;*.. des colères si *fortes* et si *dangereuses,* — pour eux et qui les entoure, parfois, — parce que notre société, essentiellement mauvaise et contagieuse, en a fait les récipients de ses venins et de ses malédictions les plus variés,.. il faut ajouter, que : — S'il fallait enfermer tous les fous qui *courent les rues,* qui *montent à l'assaut* des plumets, des médailles, des rubans, des places, des bénéfices, des millions, des paradis supposés, — bien imaginaires, ceux-là et spéciaux aux différentes races, castes et classes de notre civilisation fiévreuse et éphémère, — il serait peut-être nécessaire, de réquisitionner les neuf dixièmes des habitations construites sur la surface rugueuse et changeante du globe terrestre !..... »

« Illustres et chers Confrères !.. Si j'ai un regret, en ce moment,... c'est de vous avoir fait attendre, si longtemps, ma conclusion. Aussi, avant de vous en demander pardon, — et très sincèrement, encore, — je m'empresse d'invoquer, en vous, la faveur des circonstances les plus atténuantes ; que vous ne me refuserez pas, je l'espère,.. devant l'attrait irrésistible de cette question palpitante et grandiose : « *Qu'est-ce que la vie ?* » — qui s'est emparé de moi, presque à mon insu !.... »

« La vie, pour moi, — je le répète avec insistance, — c'est « *un commencement inconnu, perpétué éternellement, par une suite de transformations étranges et ignorées, autant qu'inattendues, et que tout ce qui existe doit subir !* ... »

« La voir autrement, ne serait — à mes yeux, du moins, — que la plus grande des folies !.... »

« J'ai dit ! »

. . . .

Pour l'amour du Ciel !... J'en suis à me demander, si je rêve,.. ou bien, si j'ai vraiment retrouvé, — par un raccord aussi imprévu qu'inespéré, — *l'introuvable et ingrate raison commune,*.. qui me fuit depuis un si grand nombre *de printemps fleuris* et *d'automnes desséchés !*.. de très regrettable et désolante souvenance !....

Comment !... je croyais être le seul de mon espèce, voyageant en Europe, et voici que, tout d'un coup, cet émouvant professeur Rigolo, ce savant rarissime, — éminemment *rigolo,* dans la limpidité de ses enchaînements *bibliques, minéralogiques, critiques, esthétiques* et autres choses en *ique,* — intellectuellement parlant s'entend,.. me fait toucher du doigt, pour ainsi dire,.. ma fraternité, *positive et similaire,* — avec tous ceux de mes semblables, également affligés par les liens charnels de la matière provisoire d'ici-bas ?...

Mais, qu'il soit béni, pour tout ce qu'il vient de dire, car, — pour ma part d'entendement, — mon cœur et tous mes sens, jadis racornis, se *dilatent,* en s'épanouissant de joie et de bien-être !..

Je ne suis pas abandonné, entièrement seul au monde, comme je le croyais le plus souvent... Des êtres, inextricables et impénétrablement nombreux, en leurs formes et manifestations diverses, sont aussi mes frères, *vivants, viveurs* et *vivifiants !*... Après quoi,.. tous les *perroquets,* qui parlent, pourront devenir un jour des *avocats* pleins d'éloquence, de malice et d'esprit !... Les *singes,* grands et petits, deviendront, à leur tour, nos *cousins germains* les plus authentiques ;.. et les *serpents*, avec ou sans sonnettes, formeront, par leurs gracieux enroulements, les anneaux mobiles, subtils et bien vivants, des *fiançailles* du genre humain, appuyé, par voie de transformation indirecte et inédite, sur l'espèce jusqu'ici définie — purement animale !....

Bravo !. Bravo ! Bravo !.. Mais, c'est alors tout à fait charmant, que d'être au monde, en chair et en os, pour s'y laisser réchauffer les *tuyaux auditifs* des tympans, par des *révélations de cette force !*..... Songez donc, — plus de malades, plus de morts ;.. plus de barrières conventionnelles, entre les divers échelons des vertébrés ou non ; des onglés, des crochus, des soiiés ou des poilus ; des *naissants* ou des *trépassés !* Mais,.. tous *vivants et bien vivants !*.. en ruptures de bans de cercueils, de pourritures et d'oublis plus ou moins navrants du destin, particulier à chacun, aussi bien que général pour tous !...

Là, quelque chose de prodigieusement magique et mirobolant, comme qui dirait, la représentation d'un immense ballet *à transformations progressivement fantastiques*, où nous pouvons voir, de nos propres yeux, — à la double condition de *savoir* et de *pouvoir* nous en servir, — les ébats joyeux et parfaitement réglés des *microbes*, qui pullulent,.. se transformant peu à peu en rhinocéros, puis en éléphants, dansant « *la faridondon* » ou « *la faridondaine* » à la façon de « *barbari mon ami* » !... Les *oiseaux*, devenant des baleines formidables et les baleines des chèvres, des zèbres, puis des chevaux de course !.. Et enfin, les *singes*, déjà si expressifs et extra-lucides, autant qu'inimitables comédiens-acrobates, de leur naturel, se transformer.. en *ténors d'opéras-comiques*, ou *classiques*, avec les élans chaudement passionnés et bien connus, qui caractérisent leurs hautes aptitudes à la mimique internationale,.. la plus parfaite, et, certainement, la mieux traduite et exécutée qu'il soit possible d'imaginer !...

Un immense « *pays de cocagne* », quoi !... sorte de vaste jardin fleuri, fruité, arrosé de nectars délicieux, et sans limites connues, où personne n'est oublié, mais où chacun trouve son compte,.. fût-il, le dernier des *poux* de l'univers ou le roi des *idiots* de l'humanité,— ratissée et savonnée, ou non, — dont nous faisons partie !...

N'importe. Bravo! Bravo! Bravo! encore une fois !... Et vive le grand professeur Rigolo !.. que le respect des convenances, la docte société universitaire qui nous entoure et le fait, — non moins à considérer, - qu'il n'est pas une jeune et fraîche demoiselle aux joues roses, à la bouche cerise et au cœur tendre, m'empêchent, seuls, d'embrasser chaleureusement et avec effusion !...

Allons, vive la gloire !.. Et, nonobstant mes petits hors-d'œuvre *sucre, sel, poivre* et *pomme de terre*, la question doit suivre son cours. — En attendant, pas moyen d'y croire à la berlue : ses progrès sont manifestes. Réjouissons-nous donc, chers amis, nous jubilerons plus tard ; quelque chose,.. qui ressemble à la mèche, ou mieux, à la « pointe des cheveux » d'un pressentiment, me le dit...

Messieurs les savants !.. En me permettant d'exprimer *illico* et *tambour battant,* toute ma reconnaissance personnelle, à Monsieur le professeur Rigolo, pour son très intéressant exposé, je crois être aussi votre interprète, le plus dûment condensé, en l'assurant, que, sous plusieurs rapports, nous partageons certainement, avec unanimité, *une grande partie de sa manière de voir ;* — puis,.. que nous continuons ce scientifique congrès, en offrant la parole au numéro *six,* Monsieur le docteur Tirepoil, de la Faculté de Médecine de Bruxelles !.....

. . . .

« Très autorisés Messieurs ! »

« Dans ma pratique journalière, il m'a toujours semblé, que, « *plus d'un chemin peut conduire à la vérité* », — quand on le veut bien. Or, c'est, précisément, par mon bon vouloir, que je veux essayer, après les savants discours que nous venons d'entendre,.. d'émettre, avec ma voix professionnelle, mon opinion d'observateur. »

« Dans ce principe et en ces qualités seulement, je ne crois pas être en péché d'erreur, ni déroger au bon sens, — malgré les vues formelles, peut-être un peu trop pessimistes, de notre maître aliéniste et ami Rigolo, — en vous confessant que cette question : « *Qu'est-ce que la vie ?* », — que je me suis adressée souvent aussi, pendant les différentes périodes de mon existence et, principalement, de mon professorat, — est susceptible d'être résolue, à mon avis, par cette simple réponse : *C'est le progrès !* .. »

« Où a commencé son point de départ, son origine ?.. Hélas ! vous me croirez sans peine si je vous dis, que, non seulement je n'en sais rien, et que je ne puis pas même m'imaginer une théorie quelconque, capable de me satisfaire, à ce sujet, — du reste, absolument incompréhensible par la raison et la science humaines ; — à mes yeux. Mais, vous ne vous étonnerez pas davantage, je l'espère, du moins, si je vous exprime *comment* et *pourquoi*, la vie, la seule, que nous pouvons parfois constater d'une manière visible ou tangible, c'est le *progrès*. »

« *Tout ce qui, en ce monde, n'avance pas, recule* » ; chacun sait cela ; ce qui revient à dire : « *Tout ce qui ne vit pas, meurt* », ou mieux, d'accord avec mon honorable devancier, — « *se transforme* ». »

« Mais, il y a progrès et progrès, comme il y a fagots et fagots. Si l'on peut progresser en *bien* on peut également progresser en *mal* ; — afin de s'en convaincre, déjà à première vue, en ce qui nous concerne, ici, il suffit de regarder, d'un œil impartial, l'histoire des souffrances humaines et de la médecine toute entière ! . . . »

« Il y a des siècles et des siècles que des malades souffrent et que des médecins leur donnent des soins. Eh bien, chose navrante à observer, dans chacune des époques de la science médicale, depuis les temps les plus reculés jusqu'à nos jours; mais il est impossible de ne pas s'apercevoir, que — non seulement *nous mourons tous, infailliblement, quand notre heure a sonné,* mais, outre cette fatalité inexorable, ce qu'il y a, peut-être de plus décourageant encore, pour la médecine en particulier, .. c'est que, — *toutes conditions de maladies et de soins éclairés, égales,* — il lui est défendu, par l'expérience même, plusieurs fois séculaire, je l'avoue et le confirme à mon tour, de pouvoir dire, le plus souvent, — *pourquoi* l'un en revient, et *pourquoi* l'autre en meurt ! . . . »

« Sans doute, la médecine s'enrichit, peu à peu, d'une foule de précieuses découvertes, *scientifiquement parlant ;* néanmoins, les malades *ne diminuent pas,* avec le temps et les soi-disant « *perfectionnements* » apportés, — tant dans la diagnose de nos souffrances que dans la manière de les combattre ! . . . Au contraire, ils augmentent, presque autant que les spécialistes et les spécialités, les médecins et les remèdes nouveaux pour ceci ou pour cela, qui pullulent aujourd'hui un peu partout ; lesquels, — remarquez-le bien, — semblent, positivement, plutôt multiplier les maux que les restreindre. . . . Et cet étrange résultat est mondial : il s'observe partout !!! . . . . »

« A mon avis, la quasi-totalité de la science médicale s'obstine, à chercher ses améliorations et perfectionnements plus ou moins qualifiés, trop exclusivement *en elle-même ;*

aussi, est-ce là, précisément, ce qui la fourvoie, — depuis des temps immémoriaux. En effet, au lieu de regarder en haut et de s'inspirer surtout de la Nature, qui est, dans son ensemble et ses détails, — la source inépuisable, l'œuvre gigantesque, avec la bibliothèque médicinale extra complète et parfaite du Créateur céleste, — elle s'amuse aux *contradictions* systématiques, aux *réclames* des nouveautés et au *maniement* des poisons !... »

« Qui ne sait, parmi vous, que pendant des temps infinis,.. certains des meilleurs Esculapes prétendaient tout guérir, par l'eau *froide;* et plus tard, — en vertu des progrès incessants, probablement, — d'autres assuraient guérir infiniment mieux, les mêmes affections, par l'eau *chaude* seulement?.. Puis, est venu le règne, encore omnipotent, de toutes les *niaiseries nouvelles,* trônant tour à tour quelques années chacune, pour être rejetées, ensuite, dans les gouffres vastes et absorbants, — fort heureusement, — de l'insuccès, du doute, de l'incrédulité et de l'oubli des foules ?... Enfin, — à notre époque actuelle, surtout, — les recherches confinées dans le cercle, si vicieux et si diaboliquement déprimant et meurtrier, des poisons !.. Cette théorie, évidemment absurde, des choses, *mauvaises et dangereuses en elles-mêmes,* devant, par *réaction chimique,* produire des bienfaits ; qu'on se complaît à proclamer, dans l'enseignement général des écoles, « *introuvables ailleurs* » !.... »

« Comme elle est tristement malheureuse, cette manie de la théorie scientifique, qui consiste à saturer un organisme malade — de *poison,* c'est-à-dire — *à l'empoisonner un certain temps,* — pour lancer ensuite à ses trousses, le contrepoison ; ou mieux, introduire *un troisième voleur* dans cette constitution éprouvée, afin qu'il dérobe ce qui lui reste encore de bon,.. sous prétexte, que le troisième voleur est *un gendarme,* — de par sa nature, assez énergique et violent,

— se chargeant *d'arrêter* et de *neutraliser* les larcins des deux premiers voleurs!.. Ce qui fait, qu'en fin de compte, — le pauvre malade, déjà privé d'une partie de sa santé par un mal quelconque, *premier voleur*, l'est d'une seconde dans ce qui était resté intact, après le poison, *deuxième voleur ;* et en terminant, d'une troisième et dernière, par le contre-poison ou antidote, *troisième voleur*, dans l'ébranlement des perturbations produites par la lutte délabrante immanquable, ou plus ou moins fatale, *du trio des trois larrons adversaires* en son for intérieur !!!... »

« Dans la pratique, n'est-ce pas, à peu près — regrettablement posséder une *souris* quelconque dans l'estomac, qui nous dévore peu à peu ; puis se voir ordonner d'avaler un *rat* vorace, destiné à détruire la souris,.. pour essayer finalement, après, d'introduire adroitement un *chat*, capable de faire disparaître le rat plein de la souris... Quitte, ensuite, à devoir conserver en soi, les débris des deux premiers avec le troisième, se mélangeant en un tout, — *plus ou moins pour le restant de ses jours*, — malgré les inconvénients et les dangers auxquels cette pénible situation,.. plus cruelle qu'humanitaire, plus insensée qu'intelligente, nous expose?.... »

« Et dire, que nos *Ecoles de médecine*, nos *Facultés*, comme nous les appelons, non contentes de décerner des *diplômes* et des *droits exagérés*, à leurs élèves apprenant jusqu'au bout, les branches contenues dans les programmes universitaires établis sur ces principes, *foncièrement nuisibles*, se rient encore et persécutent, par tous les moyens en leur pouvoir, les cœurs d'élite et les âmes généreuses, qui cherchent, — sur eux-mêmes ou sur autrui, et de préférence dans les simples ou autres agents encore peu connus, — des *vrais remèdes*, — ne présentant pas de dangers à ceux de leurs semblables atteints par la maladie?... »

« Et penser, qu'ordinairement, les dignes médecins qui réussissent à *soulager* et à *guérir véritablement,* par ces moyens *honnêtes, intelligents* et *fraternels,* n'ont pas de pires détracteurs, de critiques amers plus sarcastiques, et d'ennemis plus implacables, — que *ceux-mêmes* qui devraient les encourager, les faire connaître et aider à répandre leurs découvertes, ainsi qu'à les récompenser généreusement, — comme ils le méritent ?.. N'est-ce pas là l'histoire de tous les *Hahnemann,* de tous les *Raspail,* de tous les *Mattei,* et de tous les *Kneipp* du monde?.... »

« Tout humble que soit ma faible valeur, socialement parlant, à côté de ces *génies de lumière,* . . je suis heureux d'avoir quitté ma situation officielle de professeur, qui m'obligeait à enseigner des doctrines *auxquelles je ne pouvais plus croire,* — et dans lesquelles j'avais *encore moins à espérer ;* — ma raison et ma conscience s'y opposant ... Aussi, suis-je devenu, guidé par mes propres expériences, l'apôtre convaincu, l'ami sincère et le défenseur impartial, de tous ceux qui, réellement, et par tous les chemins qui ont *le vrai pour point de départ,* cherchent, sous le drapeau du *Bien,* à améliorer *véritablement* et non en apparence seulement, le sort des souffrants d'ici-bas !...... »

« Mais, j'en reviens à l'imposition de mon sujet initial : *Qu'est-ce que la vie?* ... Je le maintiens encore, plus que jamais : — *La vie, c'est le progrès !* »

« Dans la médecine, le *progrès,* c'est l'abandon raisonné autant que graduel, de toutes ces encore trop nombreuses erreurs, *fondamentales et accessoires,* pour en revenir — à la simplicité classique, seule idéale, des agents salubres et *inoffensifs,* — qui, lorsqu'ils seront mieux étudiés, mieux connus, et partout officiellement répandus, .. deviendront certainement, d'une grande efficacité. C'est aussi, — d'un autre côté et en même temps, — les connaissances indispensables de *l'hygiène morale, intellectuelle et corporelle,* à tous les âges et *aux deux sexes,* enseignées *dès l'enfance* dans les écoles publiques, par *degrés successifs.* Et, surtout, — le retour à l'inspiration grandiose de Celui qui nous a créés, et qui, seul, est *le Médecin des médecins,* la Source inépuisable de tout art, ou science, ayant pour base et pour but, le Bien, quelle qu'en soit la forme !.... »

« Alors, exclusivement alors, la médecine vivra sainement, d'une vie utile et bénie, — parce que, au lieu d'être dévorée par les serpents de la vanité, de l'aveuglement, de la routine, de l'indifférence ou du lucre ;.. puis, de végéter dans les ténèbres de la contradiction et de l'erreur, communes aux différentes écoles, elle aura *la vie* en elle, — la Lumière infaillible, — qui seule éclaire, qui seule vivifie, et qui, seule aussi, pourra la faire contribuer puissamment *à protéger, à développer et à embellir cette vie universelle,* — à laquelle nous appartenons tous, sans assez la connaître, au fond, ni mieux la comprendre, du reste ; — pas plus dans ses bases essentielles que dans ses évolutions mystérieuses à perte de vue !... »

« O vous, savants !.. vous, médecins !.. Vous tous qui, présents ou absents, êtes doublement mes frères de prédilection,... les compagnons spirituels de toutes mes luttes et de toutes mes recherches vers le vrai ;.. les défenseurs armés par la science, pour travailler efficacement au maintien et à l'affranchissement de la vie humaine, — *contre les souillures qui l'avilissent, et les erreurs qui l'empoisonnent de leurs méfaits plus ou moins déguisés ;* — unissez-vous à moi, pour renverser l'esclavage des faussetés, des préjugés égoïstes, des barrières jalouses et haineuses, qui sont élevées et maintenues, — *presque universellement,* — par ceux-là seuls, qui, dans le grand nombre, ne recherchent que .. des *honneurs,* des *privilèges* et des *bénéfices ;* soustraits à l'ignorance, tout autant qu'à la crédulité et à la peur contagieuse des masses !... »

« Veillez constamment, à ce que l'humanité ne puisse voir, en vous, que des *libérateurs éclairés,* des *sauveurs dévoués* et des *cœurs larges,*.. toujours prêts à tendre la main avec bonheur, aux malheureux malades ; et à ceux de vos frères plus modestes qui n'ont pas un titre médical officiel, comme piédestal de domination, pour lancer depuis son sommet, — *souvent mesquin et toujours relatif,* — leurs bonnes idées et leurs découvertes avantageuses, *au plus grand profit de ceux qui souffrent,* et se tordent dans les malédictions de toutes les douleurs de notre nature si compliquée !... »

« Et alors, oh, seulement alors, vous aurez bien mérité des lois, ainsi que de vos semblables ; et vos travaux seront agréables à Dieu, qui les bénira, de plus en plus, parce qu'il dit aussi *par les faits* à chacun de nous : « *Aide-toi et le Ciel t'aidera !*... »

« Vive le progrès, Messieurs !.. Il est *la vie !* Cette vie, je le répète, qu'il vous est possible d'épurer, de fortifier, de prolonger et d'embellir, pour votre propre contentement et pour le dégagement grandiose de la vérité, qui gémit ; de l'humanité, qui s'étiole ; et du bonheur de tous, qui nous fuit et qui nous fuira — tant que nous n'aurons pas assez de *conscience,* de *volonté* et de *force,* pour le ramener parmi nous !!!... »

« J'ai dit ! »

....

Ma foi, pour un ancien professeur de médecine, — Tire-poil de naissance, s'il vous plaît, — il faut convenir que, par son nom prédestiné déjà, il était rudement bien choisi pour devenir, un jour, un fameux « *dépilatoire* » doublé d'un... « *tire-bouchon* »,.. et d'attaque encore !..

Ah, en vérité !... il faut avouer que, quant à ce qui est de tirer proprement et *au bon endroit,* les poils de ses congénères, il s'en acquitte, avec une *maestria* qui ne manque pas plus de souffle et de vigueur que de sel !... Notez, notez encore, — c'est toujours bon à enregistrer, — qu'il leur offre un vin généreux des plus réconfortants, pour arroser toute leur histoire, y compris celle de leurs « grands-papas en pilules ou sirops amers »,.. et qui consiste, avant tout — à les abreuver avec surabondance, *de ce jus vital des grandes vérités professionnelles,* devant,.. dans un temps plus ou moins éloigné, assez proche, espérons-le, les purger radicalement — sans le concours suranné des antiques seringues à piston de leur peintre merveilleux, l'inimitable Molière, — de leurs *impuretés* académiques.. et de leurs *vices* et *défauts* scientifiques constitutionnels !...

« *Plus d'un chemin peut conduire à la vérité* », dit-il ?.. Parbleu ! je le crois mordicus, avec les tenailles de mon intellect, depuis fort longtemps ; et je partage même complètement son opinion, sur ce point capital inéluctable... Il n'en n'est pas moins vrai, que beaucoup de ses frères en le métier disent positivement le *contraire,* car ils affirment — même, parfois, sans qu'on aie besoin de demander leur avis, — qu'en ce qui concerne leur système particulier, adopté ou imaginé, « *un seul chemin peut conduire au vrai* » ; et ceci, en ayant soin de bien ajouter que ce privilégié, unique au monde, c'est — *le leur ;* — naturellement !...

Il y en a d'autres, mais infiniment moins médecins du corps que de l'histoire, ceux-là, qui assurent — que « *tous les chemins conduisent à Rome* » ; c'est-à-dire à l'ancienne capitale des César de la force ou de la foi. Et cela se comprend, d'autant plus qu'on peut en faire l'essai pratique, — de nos jours comme jadis, — depuis tous les points du Globe Terrestre.... D'ailleurs, ces braves oracles ne se compromettent point, dans leur affirmation, car ils disent seulement : « *Tous les chemins conduisent à Rome* »; ce qui est vrai; — quitte, après, à savoir si l'on y arrive, ou bien si l'on reste en route ? . . .

Bref, pour ce qui concerne notre digne, très vaillant et très honorable Tirepoil, la vie, c'est *le progrès*. Eh bien, sa définition me va ; — elle me botte ! . . Après tout, les erreurs les plus déplorables de la médecine, tant dans son *enfance*, sa *jeunesse*, son *âge mur* et sa *vieillesse*, que dans sa « *décrépitude radotante et rabotatoire* », sont, en résumé, *un progrès formidable qui va s'augmentant,* à la façon d'une gigantesque boule de neige roulée . . toujours continuant . son chemin. Elle devient ainsi de plus en plus pesante et encombrante, jusqu'à ce qu'un beau jour, ses dimensions — *phénoménales de lourdeur* — ne lui permettent plus d'avancer, malgré l'insatiable désir et l'entraînement qu'elle en a conservé ! . . .

Alors, dans cette pénible situation redoutée, survient un soleil grandiose qui la regarde de ses yeux irrésistiblement scrutateurs, et — *la fond comme une bulle de savon artistement gonflée,* — ne laissant plus, à sa place, que le souvenir de ses splendeurs vides et éphémères, dont il ne restera désormais, qu'un peu d'eau commune, sans cesse s'évaporant; . . ce que les natures sensibles et poétiques regarderont peut-être encore, charitablement, — comme *les derniers pleurs d'une femme vaine et ambitieuse,* à tout jamais trépassée ! . . .

A force d'être trompées, saignées, perforées, brûlées, coupées, sciées, empoisonnées, endormies et stupéfiées, directement ou chimiquement, les générations futures, en commençant déjà par nos enfants et petits-enfants, comprendront, enfin — qu'elles se devront *de ne plus être déçues et savamment ou inconsciemment exploitées,* comme leurs innombrables aïeules, à travers les siècles de la douleur et de l'ignorance. — Il leur appartiendra, de faire crouler — la majeure partie vermoulue de cet immense édifice de préjugés, de prétentions, de lois arbitraires et de déceptions à peu près continuelles, — qui se nomme la *science médicale allopathique actuelle ;* — non dans ce qu'elle a de bon, de précieux et d'utile, cela va sans dire, mais en tant qu'appuyée, trônant même, sur sa redoutable pharmacopée vénéneuse, et celles de ses opérations, aussi mutilantes et désespérément bêtes qu'inutiles !...

Après quoi, le règne, si contagieusement transmissible, des prescriptions *latines* et parfois *chinoises* : des préparations *ferrugineuses*, qui rouillent les organes obligés à les recevoir ;... des *poisons*, qui rongent en les émaciant, les corps et l'avenir des familles ayant le malheur de subir leur malédiction infernale ;... des *abus* dans le *boire*, et *l'immersion*, souvent ordonnés, de la plus grande partie des eaux acidulées, salées, soufrées, iodurées, minéralisées, et surtout « *monopolisées* » ;... des purgatifs *malfaisants*, qui .. nettoyent l'estomac et les intestins à la manière des ramoneurs, c'est-à-dire — *en râclant, avec les matières qui s'y accumulent, l'énergie des muqueuses et de leurs parois délicates ;* — lesquelles ne peuvent nullement se refaire, à nouveau et sur commande, comme les murs des cheminées obstruées par la suie !... Enfin, l'autre illusion, celle de l'engouement hypnotique pour les *grandes célébrités,* réputées telles, surtout parce que accablées, *débordées,* par le flot grossissant et la marée montante de *la peur irraisonnée de la mort ;* de l'espoir naïf et déplorable de *la magie du nom,* qui, par lui-même déjà, doit faire reculer le mal !... Sorte d'autocratie, hélas ! qui exige, par tarifs spéciaux, ayant force de loi inexorable, à l'ordinaire, des sommes considérables souvent, vertigineuses parfois, et communément hors de proportion

avec les véritables services rendus, pour une simple consultation ou un petit traitement, avec ou sans déplacement !...
Tout ce règne désastreux, dis-je, et riche seulement en ruines de tous genres, aura bientôt vécu !...

Oui, comme le dit justement notre cher Tirepoil, on apprendra aux enfants, dans les écoles publiques, que la *propreté bien entendue;.. le grand air; l'exercice corporel équilibrant les facultés intellectuelles,* dans leurs travaux ; la *sobriété; les habitudes réglées d'une vie prudente et simple, en tout;* la *connaissance des plantes médicinales dépourvues de dangers,* dans leur emploi ;.. de l'*hydrothérapie,* devenue familière ;.. de l'*honnêteté,* de la *morale,* de la *droiture* et de la *sincérité* des cœurs, s'unissant pour rechercher sur ces chemins, le *vrai,* exclusivement où il peut se trouver, — *dans l'inspiration en Dieu, et non en tel ou tel de ses faux prophètes,* — constituent, la plus pratique et puissante des médecines possibles, à la fois préventive et curative....

Alors, les grands Esculapes, qui nettoyent si bien les bourses les mieux garnies et si mal les intestins paresseux ; qui réparent si malheureusement les santés compromises,.. auront vécu ;... pour le plus grand bonheur des si nombreux dépouillés, anéantis ou massacrés de nos jours !...

Vive donc, notre frère et ami Tirepoil !.. Et, en continuant sa propagande *humanitaire* et *anti-universitaire,* puisse-t-il, de longues années encore, déblayer les cerveaux mystérieux et impérieux des savants, en l'art maudit du maniement des diaboliques poisons, tels que : le *mercure,* l'*arsenic,* la *belladone,* la *digitale,* l'*iode,* l'*opium,* la *morphine, etc., etc.,* et toute la satanée kyrielle de leurs *dérivants* ou *composés;* comme en celui, de se faire élever des montagnes de considération, d'or et d'argent, à la faveur des souffrances craintives ou désespérées, des ténèbres de la trop grande crédulité publique !....

Et pour terminer, donnons maintenant, et joyeusement encore, la parole au numéro *sept*, l'éminent professeur Métacarpe,.. le roi des anatomistes.

....

« Messieurs les Savants ! »

« Vous qui représentez, ici et partout, ce que la science humaine a de plus brillamment organisé, pour explorer les terrains, encore incultes et mystérieux, de l'insondable inconnu, permettez-moi de joindre ma voix à la vôtre, dans ce concert d'harmonie et d'hommages, rendus à la Création tout entière, dont la vie est le monument principal et inimitable... »

« *Qu'est-ce que la vie ?*, nous est-il demandé à chacun, aujourd'hui. Pour moi, la vie, c'est — « *la manifestation visible et invisible des corps matériels, par l'anatomie insaisissable des corps immatériels et intelligents qui remplissent l'espace, sans limites absolues; dans lequel, petits atomes, nous existons.* »

« Ma définition, un peu longue, ne me paraît pas moins vraie que celles déjà entendues à cette heure; et, toute prétention exclusive à part, je crois même que, non seulement elle s'accorde avec elles, mais encore — qu'elle les parachève d'une façon avantageuse, autant que véridique et facile à constater. »

« L'anatomie dont je parle est *invisible,* en elle-même, mais parfaitement *visible* — dans ses manifestations terrestres sans nombre. »

« Ainsi, prenez *un corps humain complet,* par exemple, *idéalement beau, fort, sain et élégant,* si vous le voulez. Au point de vue de l'anatomie matérielle, *visible,* c'est bien véritablement là que se trouve *le chef-d'œuvre du genre charnel,* celui qu'un Dieu, seul, a pu imaginer, créer et reproduire jusqu'à nos jours ; — d'autres, l'ont déjà dit et répété maintes et maintes fois, avant votre serviteur. »

« Mais, qu'est-ce encore que cette perfection de la machine osseuse, cartilagineuse, musculaire, nerveuse, veineuse, charnelle, graisseuse, humorale, cutanée et sanguine,.. à côté de son organisation vitale?.. *de l'être non moins organisé, qui pense, qui voit, qui entend, qui sent et qui parle?*.. De celui, qui, quoique étroitement attaché aux liens plus ou moins grossiers de la matière, — *qu'il occupe dans toutes ses molécules,* — s'élance constamment, à la recherche de la perfection en tout et qu'il ne trouve nulle part ici-bas?....»

« N'est-il pas *l'être vrai, par excellence,* celui qui échappe à toutes nos investigations mécaniques et analytiques, pour ne laisser entre nos mains, inhabiles et impuissantes, que son enveloppe provisoire, — quand il s'en dessaisit ; — et sur laquelle, nos microscopes les plus puissants et nos scalpels les plus ingénieux, s'escriment en vain pour trouver — ô décevante ironie — *qui* l'habitait en l'animant?...»

« Eh bien, à mon avis, la vie, manifestée par cet être, invulnérable aux étreintes de la matière et au contact des instruments cités, ne se trouvera jamais par *aucun mortel terrestre,* malgré tous les efforts qu'il fera pour la découvrir ; car son auteur, ne lui divulguera pas plus ses secrets qu'il ne le prendra brusquement pour associé... »

« C'est donc, dans les conditions spéciales de cet être *intérieur et mystérieux,* qu'il faut chercher *les insuccès les plus désespérants de la médecine et de la chirurgie;* parce que, ces dernières, — quoique sœurs dans le but à atteindre, — auront beau, prodiguer leurs remèdes et leurs opérations techniques *à l'enveloppe trompeuse et matérielle,*.. les conditions vitales, prospères ou maladives, de l'être *invisible, intangible* et *insaisissable,* leur échapperont toujours!...»

« Sans doute, le chirurgien, habitué à croire surtout *ce qu'il voit,* est logique, en faisant montre de son scepticisme à l'égard de la médecine. Puis, cette dernière, a grandement tort de s'escrimer sans relâche et même s'enthousiasmer, à rechercher ses plus sérieux spécifiques *dans les poisons, toujours nuisibles;* et dont les mauvais effets sont souvent irréparables ou funestes. Mais, avec ou sans leur concours, l'anatomiste le plus savant et le plus habile, pourra décrire et prouver, peut-être encore beaucoup d'autres *menus rouages,* ignorés actuellement : Il ne parviendra jamais — ni à *disséquer,* ni à *expliquer* la vie ! ... »

« Dans ma jeunesse, mon idéal social était de devenir un *médecin-chirurgien,* réellement efficace et utilement dévoué aux victimes de tous les maux corporels. Pour y arriver, je n'ai pas craint les longues études arides, les nuits blanches, et les différents surmenages professionnels à travers les hôpitaux, les ambulances militaires et les familles. »

« J'y ai gagné des succès partiels,.. des diplômes, des médailles, *des honneurs de tous genres et beaucoup d'or.* Mais, en même temps aussi, j'y ai vu mon idéal s'élever graduellement, à des hauteurs tellement inaccessibles, qu'il m'a été impossible de le suivre, arrêté — dès les premiers pas heureusement franchis, — par les barrières matérielles et immatérielles supérieures ; *infranchissables à tous les vrais savants,* quels qu'ils soient ! ... »

« Alors, humilié, *désillusionné et découragé,* je suis redescendu modestement au milieu des étudiants, pour leur enseigner, exclusivement, deux des rares branches véritablement *positives* et *fondamentales* de la profession de médecin, ou de chirurgien, qu'ils embrassent ; et je me suis fait — professeur d'*ostéologie* et d'*anatomie usuelle.* »

« Oui, Messieurs les savants, telle est, — esquissée dans ses lignes principales, — l'histoire de mon existence terrestre désenchantée, à ce jour !... En vous la racontant simplement, telle qu'elle s'est écoulée, j'ai l'espoir, d'y mériter votre estime et non votre blâme ; entièrement persuadé que je suis, d'avoir affaire à des hommes d'un mérite exceptionnel,... aussi grands par le cœur que par l'esprit !... »

« Pour conclure, donc,.. que l'on me dise — *ce que sont les corps immatériels qui remplissent nos corps charnels,.. leur essence, leurs rouages, leur anatomie, en un mot ;.. puis, tous ceux qui existent et l'espace illimité dans lequel ils sont placés*. — Alors, peut-être comprendrai-je, et me sera-t-il possible de vous dire, à mon tour, d'une façon plus scientifique, ce que c'est que — la vie !... »

« J'ai dit ! »

. . . .

Maintenant, je commence à comprendre *réellement*, quelque chose de plus à ma manière *d'être*, en ce bas-monde, et à me convaincre, bien davantage encore, déjà sur ce point culminant, — vrai magot à souche inépuisable, pour mon intellect comme pour ma défense personnelle,.. à savoir — que je ne suis pas *un*, mais, très certainement, *deux !*...

Au fond, en y pensant jadis, j'avais toujours cru manquer de modestie en me jugeant *double*, d'autant plus, je le répète, que je m'étais, ci et là, imaginé être *triple*, et même *quadruple*, sinon *quintuple*, *sextuple* ou *septuple*,.. dans certaines grandes occasions à jamais mémorables ;.. surtout, par les côtés *dynamo-historico-critico-analytico-sceptico* et *mécanico-bisbétique*, — ouf !.. de mon bizarre individu !....

Dès le principe, étant tout petit, je n'étais naturellement pas grand... Eh bien ! en observant parfois, machinalement, certaines choses qui avaient l'air de me faire *la nique ;* par exemple : une imposture, une menace gratuite, le défi d'un danger, l'injustice d'un jugement, d'une privation ou d'une correction imméritée,.. sur ma délicate et sensitive personne lilliputienne, en herbe,.. aussi vrai que « *nul ne prend la lune avec les dents* », tout en payant mon tribut de faible — aux larmes, *aux défaillances morales et physiques* des brutalisés de toutes les formes, — je sentais se développer, en ma minuscule *anatomie,* presque encore laiteuse. le caractère d'un homme décidé et le courage instinctif d'un lion !...

D'autres fois, plein d'affection et de tendresse, pur comme un ange qui vient de naître,.. je me sentais la douceur d'une femme pour le fruit chéri de ses entrailles ; de l'être nouveau,.. que ses regards d'amour et d'admiration réchauffent et éclairent, par les effluves du foyer incomparable de son cœur de mère !

Oui, ceci m'est expliqué aujourd'hui,.. je sentais, en moi, un assemblage de personnalités diverses, et souvent très opposées ; qui me faisait constater que, dans ces moments particuliers surtout, je n'étais pas — *un,* mais — *plusieurs !*..

Une autre *preuve* de la véracité des assertions, courageusement loyales, du très digne professeur Métacarpe, et que je trouve également dans la limite des rotondités, passablement aplaties et quelque peu desséchées, de l'étrange personnage complexe qui loge sous ma peau,.. c'est mon être *double,* manifestant clairement sa division pendant mon sommeil :

Le premier, *l'invisible,* se transportant au milieu de mondes inconnus, de pays innombrables, d'actions grandioses ou communes, en des formes corporelles normales ou inimaginables. Tandis que le second, *visible,* celui-là, sa doublure seulement (maintenant je m'oriente un brin),.. *engourdi, aveugle* et *sourd,* écrase lourdement les matelas et coussins, plus ou moins remplis de noyaux de pêches, de pierres pointues, de plumes d'acier ou d'amertume, de son lit de repos ; à l'occasion, aussi, transformé en Arche de Noé simplifiée ;... ou, ô volupté hypocrite! en couche de feuilles de roses, cachant la profondeur ténébreuse du tombeau noir qui s'y creuse!...

Mais,.. flûtes, fifres, tambourins, castagnettes et hautbois!. n'allongeons pas trop ces échappatoires allégoriques, qui ne sont point faites pour réchauffer en hiver, — quand le vent du Nord souffle des glaçons de cristal aux fontaines tremblotantes et solitaires, comme aux nez des contribuables enrhumés, et autres représentants du sexe fort, *glabres* ou *moustachus,* qui en sont victimes !..

Vos fanfares champêtres, conviennent mieux au réveil de la Nature endormie, qu'aux arguments de notre bon ami Métacarpe, et aux commentaires insensés du *pitre* double,. *plaqué* ou *doublé* — comme il vous plaira, — qui vous parle gaîment, tout en vous caressant consciencieusement les oreilles, de ses rengaines, à la fois mélodieuses et discordantes !...

Je viens, en attendant, de m'assurer, par la constatation raisonnée, — que je suis un être *à double escopette,* capable de monter dans la lune, *en esprit,* et de remplir la peau d'un *sauvage,* d'un *païen* ou d'un *chrétien* sur la Terre; — le tout, en dormant !...

Et dire, que c'est notre brave et bon ami Métacarpe,.. qui a si bien su réclaircir *les vitraux nuageux* de mes yeux obscurcis ! — d'abord, par les *injections premières* de mon éducation initiale, crédule et malheureuse; ensuite, par la *patine du temps des épreuves socialistes,* au milieu de mes frères sages et raisonnables; — candis par l'intérêt personnel, la crainte des nouveautés et les douceurs de la popotte quotidienne !..

Brave Métacarpe, va!. Un nom prédestiné aussi, dans

tous les cas !... Voilà, on dit toujours « *muet comme une carpe* » *!* Eh bien ! il n'est pas muet du tout, lui, quand il s'y met ; et, s'il n'exprime qu'à moitié ce qu'il voudrait pouvoir nous dire encore — j'en suis presque sûr, — c'est qu'il veut que nous le cherchions nous-mêmes... Absolument, comme certains actes de notre *moi* numéro *deux*, pour lesquels un autre, envoyé à sa place, ne nous satisferait nullement, — par exemple : *boire, manger,* et *jouir des biens de ce monde;*.. de ce monde de *plumeurs*, de *plumés*, de *plumeaux*, de *plumets*, de *plumassiers* et de *plumitifs*....

Après tout, s'il n'est muet qu'à moitié, avec ses fusées à pétarades, c'est que son nom même lui en fait une loi : *Méta,* ses deux premières syllabes, qui, en italien, signifient : *moitié;* puis, son nom entier : *Métacarpe*, qui désigne toutes les parties osseuses, comprises entre les doigts de la main et du poignet, de tout être humain, masculin ou féminin, véritablement « *à poigne* », dans le sens *anatomique,* ou plutôt *ostéologique* du mot... Enfin : *carpe,* soit sa terminaison, d'un autre côté, nom accordé au délicieux poisson d'eau douce que nous savourons, quand l'occasion assez recherchée s'en présente,.. et qui sert encore à désigner l'original *saut de gymnastique,* que l'on fait étant couché sur le dos, ou sur le ventre....

Dans sa manière d'envisager les choses de la vie, de se retourner *d'un temps* au milieu de l'océan, parfois orageux, de ses confrères, et de nous en narrer le menu, il y a vraiment un peu beaucoup de tout cela.

Tant mieux ! s'il en est plus heureux qu'autrefois, — parce que plus pratique et moins ambitieux. Cela contribuera aussi, à former *notre propre bonheur,* à tous.

Vive donc le brave Métacarpe !.. Notre reconnaissance intime, la plus sincère, lui est acquise de droit et de cœur !.... Et maintenant, — oh, nous avançons, *sabre de bois !* — la parole est au numéro *huit,* le très distingué et savant théologien, Monsieur le pasteur Espérandieu.

. . . .

« Messieurs et chers Frères ! »

« Sans faire aucune distinction, avec ceux d'entre vous, qui, peut-être, n'ont pas les mêmes idées religieuses que celles que je professe, je veux simplement m'adresser directement, à vos cœurs — en ami et en frère... »

« Jusqu'à ce moment, Messieurs, vous avez, surtout, parlé en représentants de la science humaine terrestre, pour *définir* et *résoudre* la question qui nous est posée. Eh bien, permettez-moi de venir, à mon tour, vous offrir le secours des *lumières célestes,* qui nous sont largement données d'en haut. »

« Dieu, notre père, à tous autant que nous sommes, ce père suprême, qui soigne avec un intérêt égal chacun de ses enfants, qu'il soit le plus infime ou le plus grand — parmi les infimes ou parmi les grands, — est aussi le père universel de toute chose, visible ou invisible à nos yeux, qui existe d'une manière quelconque. D'abord, parce qu'il en est l'*unique et génial créateur ;* puis, parce qu'il en est aussi le *seul directeur ;* — enfin, parce qu'il en est encore l'*incomparable surveillant, protecteur, défenseur et ami*. »

« Aucune science, ni force humaine, ne saurait être comparée aux trésors divins de la puissante Providence céleste, qui nous donne — la *vie,* la *force,* l'*énergie,* les *moyens de vivre,* de *penser* et d'*aimer,* — avec ses œuvres innombrables plus que merveilleuses, — Celui qui est tout, pour nous : le *passé,* le *présent* et l'*avenir*.... »

« Pour répondre sûrement à la question : *Qu'est-ce que la vie ?* il faut s'inspirer *des choses mêmes* de ce magnanime Créateur, et remonter jusqu'à *lui* pour en trouver la solution... »

« *La vie, c'est Dieu en nous, comme en tout ce qui existe* » ! . . Hors de là, il n'y a point d'explication possible, ni soutenable ; à mon sens . »

« *Dieu fit l'homme à son image et ressemblance* », nous dit la Genèse. — Cela veut dire, que, non seulement il lui donna des formes divinement belles et rayonnantes, sur tous les êtres vivants et organisés de la Création ; mais aussi, qu'il en fit *un dieu en miniature,* capable, par son intelligence, sa volonté et ses autres dons particuliers, de dominer et de commander à son entourage, suivant ses besoins légitimes. »

« *Il le forma d'un peu de poussière de la Terre, lui souffla dans les narines un souffle de vie, et l'homme devint un être vivant.* »

« Ce qui prouve, à l'évidence, que la *vie* dont nous parlons, n'est autre chose — qu'une partie infinitésimale du *souffle* qui émane de notre Créateur ; — c'est-à-dire que, si petite qu'elle soit, — elle n'en n'est pas moins *directement et exclusivement,* une partie active de notre Créateur même ! . . . »

« Puisque la vérité est ainsi prouvée, non par les théories, les doctrines ou les opinions individuelles, assez particulières à chacun, mais — *par les faits eux-mêmes,* — il me semble, que la question grandiose, difficile et mystérieuse, qui nous occupe dans la réunion de ce jour, est aussi complètement résolue qu'elle peut l'être par de simples mortels intelligents ; et que sa définition : « *La vie, c'est Dieu en nous, comme en tout ce qui existe* », est aussi satisfaisante que possible ? . . . »

« Si donc, Messieurs, vous vous rangez modestement et sagement, comme je le fais ici, sous le flambeau sacré de la vérité éclatante et pure, en vous inspirant *à la source directe de tout ce qui fut créé, dès les premiers temps,* vous vous joindrez également à moi, Messieurs et chers frères, pour concentrer, toutes vos recherches professionnelles diverses, actuelles et à venir, dans la direction de notre père commun, le seul vrai, grand, généreux et parfait, que nous puissions reconnaître et admirer ;... afin qu'il bénisse nos efforts et leur donne l'efficacité, sans laquelle tous nos travaux les plus précieux resteraient stériles. »

« La Nature est notre mère première, dans toute sa richesse et sa fécondité ; cela est manifeste — car elle est sortie de la puissance unique de Dieu, comme *Adam* et *Eve ;* — par la volonté formelle du Créateur. »

« Nous sommes donc, — malgré la variété de nos races, de nos habitudes et dissemblables croyances, — les enfants directs et voulus *de nos premiers parents divins ;* ceux qui, si gigantesquement constitués dans l'espace, à tous les points de vue, veillent, — *chacun dans sa sphère d'élection et d'action,* — à l'accomplissement de nos destinées !.... »

« Mais, Messieurs et chers frères, si nous devons reconnaître, admirer et aimer *la Nature merveilleuse, qui est notre mère matérielle,* nous devons reporter la plus grande partie de notre reconnaissance et de notre amour filial, sur *son Seigneur et Maître, notre Père constitutionnel et spirituel,* qui résume, en lui, tout ce que nous avons déjà ; et surtout, oh surtout, — ce que nous pouvons espérer, demander et recevoir encore, dans l'avenir et dans l'éternité. »

« Qu'il soutienne et transforme donc nos êtres, selon sa sainte volonté ! »

« Ainsi soit-il !.. J'ai dit ! »

. . . .

Oui, c'est cela même ; et je crois toujours mieux sentir que nous approchons du but. Ce *souffle vital,* qui nous anime, c'est bien là, précisément, *ce quelque chose intime de notre Créateur en nous,* qui nous conduit, au moyen des épreuves et des luttes de l'existence, — *à travers la félicité* ou *le martyre*, — vers la fin de notre voyage terrestre; dont, presque certainement, toutes les expériences si diverses sont — il faut le croire, — *tracées d'avance!*..

Si quelqu'un pouvait encore en douter, je lui demanderais simplement — pourquoi ce Dieu paternel, *qui est la Justice et l'Egalité parfaites,* fait naître des hommes *rois* et des hommes *mendiants;*.. des êtres pleins de *force,* de *santé,* de *beauté,* et d'autres êtres qui n'ont, pour avoir,.. que *faiblesse, maladie* ou *laideur?*..

Est-ce que les si nombreuses conditions disparates, qui excitent en nous l'admiration et l'envie, ou la compassion et la charité, ne sont pas *des écoles spéciales, que nous devons tous subir, sans exception?*.. nous préparant ainsi, peu à peu, à la perfection finale, — pour et vers laquelle, nous sommes, également, tous créés et activement dirigés; — dans notre existence actuelle sur le globe terrestre, comme après, en d'autres existences et mondes plus perfectionnés, à nous encore inconnus, tant que nos sens spirituels et matériels seront.. les très limités et vulgairement grossiers que nous nous connaissons?..

Non, rassurez-vous, craintifs, peureux, *humains tremblants et trompés,* — souvent par ceux qui devraient vous éclairer, — s'ils n'étaient, eux-mêmes, plongés jusqu'au sommet de leurs crânes timorés, dans les erreurs ténébreuses des doctrines et des traditions, assombries et dénaturées par la méchanceté des pauvres sots, qui jugent les volontés de Dieu arbitrairement, — d'après ce qu'ils seraient ou voudraient faire, à sa place : Il n'y a, certainement, pas plus de *châtiments éternels* que de *fautes éternelles!*..

La faute, quelles qu'en soyent la *nature* et l'*étendue,* ne peut être que *personnelle;* comme son châtiment, être subi *une existence* durant, ou *plusieurs;* mais non — à *perpétuité!*...

Si quelqu'un a péché et qu'il s'amende,.. alors, qu'il s'humilie devant son Créateur, en faisant, en même temps, tout ce qui dépend de sa volonté, pour réparer et se faire pardonner le mal dont il est cause. Après quoi, soyez assurés, que *Dieu, qui ne veut pas la mort du pécheur, ni son martyre en éternel, mais sa conversion au bien,* et, par là, son bonheur à toujours, le punira, peut-être aussi des mêmes maux qu'il aura fait endurer, — *en expiation;* — puis que, sa peine finie, loin de le faire torturer sans répit dans la longueur illimitée des siècles à venir, il lui reviendra, au contraire, miséricordieux comme avant.

Tel, parmi nous, — chacun l'a observé et le sait, — un père, corrige son enfant pour une ou plusieurs fautes commises, — *avec les moyens, qu'il croit les plus propres à le délivrer de son aliénation momentanée au mal;* — mais qui, après, une fois sa punition faite et son être, tout entier, revenu à de plus justes sentiments, est le premier.. à lui rouvrir ses bras et à le presser sur son cœur..... Un père veut, surtout, le *bonheur* de ses enfants, non leur *perte irrémédiable,* ni leur *supplice perpétuel ;* et il les dirige en conséquence. A plus forte raison, le Dieu de pardon et d'amour qu'est l'Etre suprême, notre Père céleste...

Une autre chose encore. Pourquoi les êtres, humains et matériels surtout, aiment-ils tant la Nature avec ses différents fruits, et toutes les jouissances qu'ils en reçoivent,.. par leurs yeux, ou autres organes et sens charnels?

C'est parce que, instinctivement, ils se sentent *ses enfants matériels,* et que l'attachement, même inconscient, qu'ils ressentent pour leur *première mère naturelle,* celle dont ils ont reçu la matière — qu'ils restitueront à son sein, un jour, dès qu'ils n'en n'auront plus besoin, — les dépasse, le plus souvent; et va, parfois, jusqu'à la *passion* ou au *dérèglement.*

Mais, ils ne doivent pas oublier, ces produits des entrailles de la Terre, que, s'il leur est permis de satisfaire, dans les limites de la raison, de la morale et du bon sens, leurs *vrais besoins charnels,* à eux légués et inculqués par notre mère plastique et commune, — *la Nature, avec tous ses trésors,* — il leur est non moins indispensable, de par leur organisation double : *spirituelle* et *corporelle,*... comme j'ai déjà dit plus haut, d'élever constamment les yeux, les sens et les forces de l'âme, — *de leur plus grandiose et vrai moi,* — jusqu'à la tendresse supérieure, infiniment riche, et perpétuelle, de notre glorieux Père céleste universel : — But infaillible et immanquable, de toutes leurs passées, présentes et futures incarnations ou transformations, dans l'incessante continuité des siècles !...

Arrivés à un tel point de réel avancement, vers ce qui peut encore élucider la question qui nous intéresse, réjouissons-nous ; mais, continuons sans perdre, en rien, notre temps précieux... Puis, avec nos fraternels remerciements au docte et sincère pasteur Espérandieu, — que le Ciel veuille bénir et récompenser aussi, — donnons la parole au numéro *neuf,* sa gracieuse et éminente sœur,.. Madame Eau de Roche, docteur en philosophie.

. . . .

« Très honorés Messieurs et Frères en Christ ».

« Si, quoique femme, je prends aujourd'hui la parole parmi vous, les savants si autorisés de la science humaine, dans quelques-unes de ses plus importantes manifestations, c'est, pour la principale raison suivante : »

« Je crois fermement, que, en dépit de tous les préjugés, qui cherchent chaque occasion d'éteindre les lumières, pouvant se dégager des organisations féminines, la femme, créée pour être — *la compagne et l'amie par excellence de l'homme,* — est, non moins digne que lui, de penser, de sentir et de formuler son opinion ; quand, surtout, il s'agit de recherches sur la vérité des questions, ayant, autant de valeur pour elle que pour lui ; dans un séjour terrestre provisoire, comme dans un avenir futur, communs aux deux . »

« *Qu'est-ce que la vie ?* » . . . Plusieurs d'entre vous ont répondu à cette question grandiose, d'une façon absolument logique et saine, par rapport à leur manière de voir, à la fois professionnelle et individuelle ; mais, à mon avis, toujours incomplète ; . . excusez ma franchise . »

« Pourquoi, dans toutes ces explications, oublier le lien puissant qui, seul et obligé, peut leur donner une valeur d'ensemble réelle ? . . Pourquoi ? . . Parce que, sur notre Terre, encore si rudimentaire, la perfection, en quoi que ce soit d'exclusivement humain, n'est pas même à espérer ! . . »

« Et ce lien précieux, c'est, précisément, dans la philosophie, qu'il faut le chercher ; c'est-à-dire — dans la connaissance des choses physiques, morales et intellectuelles, *par leurs causes véritables et leurs effets !* . . . »

« Philosophie, dont l'étymologie même du mot veut dire *amour de la sagesse,* ou, si l'on veut, *recherche de la vérité !* et qui comprend, la *logique,* la *métaphysique,* la *morale,* et a pour objet, l'*âme, Dieu* et l'*homme ;* c'est, à justement parler, — la tendance naturelle de nos esprits à rechercher les vérités premières, qui sont les causes directes, par lesquelles nous *existons,* pour lesquelles nous *vivons* et dans lesquelles nous *espérons* . . . . D'un autre côté, elle est aussi, cette fermeté d'âme, — *entièrement idéale et divine,* — qui met l'être humain au-dessus des passions, des opinions du vulgaire, . . et lui fait tranquillement mépriser les honneurs vains, les richesses matérielles et les préjugés, inutiles ou nuisibles ; — quand sans fondements sérieux . »

« Eh bien, après l'étude raisonnée des plus grands philosophes de l'antiquité, jusqu'à l'époque, peu lointaine, des premières années du précédent siècle, — soit, depuis *Thalès, Pythagore, Socrate, Platon, Aristote, Épicure, Zénon*,.. chez les Grecs ;.. *Cicéron, Sénèque, Marc-Aurèle*, chez les Romains... Ceux du moyen âge à nos jours, *Abailard, Saint Thomas d'Aquin, Bacon, Descartes, Locke, Spinoza, Malebranche, Fénélon, Bossuet, Leibniz, Kant, Condillac, Hegel, etc., etc.;* ... aucun d'eux, malgré toute la sublimité individuelle de leurs principes, de leurs théories et de leurs doctrines, n'est arrivé au point culminant et surnaturel, du plus extraordinaire et incomparable des philosophes anciens et modernes, — de *Jésus*, — le fils préféré de Dieu !.... »

« Qu'est *Jésus*, par son côté matériel ?... Un de nos frères terrestres ; mais, tellement pur et saint, qu'aucun homme quelconque n'est jamais parvenu à l'imiter complètement. Et, par son côté intellectuel, lumineux, moral, philosophique et humain, une telle et relative *incarnation de Dieu même, sur notre Terre*, qu'aucun être humain, parmi les plus saints, les plus savants et les plus lucides, n'a jamais pu atteindre ; — et pour cause... Ce sont *des faits positifs et reconnus*. »

« Ce fils de prédilection, créé et béni de Dieu, son père, au point d'avoir triomphé ici-bas, de tous les obstacles matériels et des tentations, qui nous enchaînent si formidablement à la matière et au mal ;.. puis, d'avoir réduit à néant le pouvoir irrésistible de la mort et de remonter, *ressuscité*, directement dans les Cieux, d'où il était descendu parmi nous, sur la volonté suprême de son Père divin, — *afin de nous servir de modèle parfait, de guide sûr, et de but final, dans toutes nos pensées et entreprises ;* — ce fils, dis-je, nous a enseigné, la seule vraie philosophie et précieuse science humaine, pouvant faire notre bonheur avec celui de nos semblables,.. en gravant, dans nos esprits et nos cœurs, ces deux grandes maximes fondamentales, pour le présent comme pour l'avenir : »

« *Tu aimeras le Seigneur, ton Dieu, de tout ton cœur, de toute ton âme, et de toute ta pensée*. »

« *Tu aimeras ton prochain comme toi-même*. »

« Pour nous donner un enseignement pratique, à la portée de nos intelligences et confiances si diverses, Dieu l'a fait naître *pauvre*, n'ayant qu'une crèche pour berceau,.. et de parents charnels *aux mœurs irréprochables, pieux, doux et consciencieux;* mais, je le répète, de condition sociale *extrêmement modeste*, car, son père terrestre était un simple charpentier, déjà chargé d'enfants.... »

« Oui, celui qui, bientôt, allait devenir *la lumière et le salut*, toujours plus grands, *de l'espèce humaine entière*, naquit, lui, — un descendant du roi David, — d'une façon misérable autant que miraculeuse, ne l'oublions pas ; à Béthléem, alors simple village de l'ancienne Palestine. »

« Dès son enfance la plus tendre et depuis, jusqu'à sa mort cruelle, si pleine d'abnégation et de sublime grandeur d'âme, il n'a vécu qu'avec ce seul double amour, — *son Père céleste et ses frères et sœurs terrestres;* — qui, au fond, n'en forme qu'un — *Dieu et ses créatures terrestres privilégiées*, ou encore, — *Dieu et les parcelles humaines de son amour*. — L'un et l'autre, pour bien nous faire comprendre, qu'en ce monde spécial, d'épreuves plus ou moins dures, terribles et inévitables, cet amour-là, seul, doit être *la base de l'humanité active;* et — que tout ce qui se cherche *en dehors*,.. quelqu'en soit le motif ou le prétexte, ne sert qu'à nous plonger funestement *dans les ténèbres de l'erreur et du désespoir;*.. ne l'oublions pas non plus !.... »

« Il est venu à nous, non seulement *en frère humble et modeste*, mais, surtout, *en ami sincère et en sauveur puis-*

sant, pour protéger et garantir, *éternellement,* toutes les âmes qui regarderaient à lui, implorant sérieusement et volontairement son secours . »

« Cela est si étrange, en parlant d'un homme, que cela paraît impossible. Et pourtant, c'est une des plus grandes vérités ; parce que, si Jésus était, charnellement, *un homme idéalement pur,* il était, spirituellement et moralement, je le répète, — *une relative et généreuse incarnation de Dieu, sur la Terre....* »

« Il l'a dit souvent : « *Je suis en mon Père et mon Père est en moi* »…. « *Je suis la vie éternelle* »…. « *Quiconque croira en moi aura la vie éternelle* »….

« Et c'est avec une frappante et indéniable justesse, qu'il a tracé, les lois uniques *de la seule vie et du seul bonheur vrais,* sur la Terre ;.. qui ne peuvent se trouver, exclusivement, ni dans la santé, ni dans la richesse, ni dans le savoir, ni dans la vanité, ni dans la domination, ni dans ces choses réunies. Mais, seulement, — dans l'amour de Dieu, incarné autant qu'idéalement glorifié, par la personnalité sublime de Jésus, et celui de nos semblables ; — répétons-le, autres parties divines de ce tout qu'est le Créateur même, et qui embrasse, forcément, *la pratique de toutes les vertus et de tous les devoirs,* non seulement pour notre séjour terrestre actuel, mais aussi, pour nos séjours à venir, au-delà de la mort !.... »

« *Qu'est-ce que la vie ?... C'est la confiance, dans la base et la pratique de l'enseignement impérissable du Christ, la foi, en sa puissance et en ses promesses ; parce qu'il a été et est toujours, pour nous, particulièrement, la preuve vivante et éternelle de Dieu, sur la Terre comme au Ciel.* »

« Hors de là, nul chemin ne peut conduire à la vérité. Et l'histoire de toutes les nations païennes, puissantes et passagères, comme celle de tous les individus qui ont cru *édifier sans lui, d'une manière durable,* prouve que, — dans tous les domaines, généraux ou particiels, — chacun d'eux n'a obtenu, à la fin, qu'un écroulement complet. »

« *Par lui-même, l'homme n'est que poussière et impuissance, — nous le savons à merveille; — et, sa science est mouvante comme le sable, qui ne peut être fondement !* . . . . Construire sur le sable, c'est donc s'exposer à une ruine inévitable, plus ou moins proche ou lointaine, mais — certaine ! . . . »

« J'ai dit. »

. . . .

Ah! cette fois, je crois vraiment, pour tout de bon, commencer à bien comprendre ce que c'est que la vie, cette chose, à la fois, *matérielle, intellectuelle, morale, divine et terrestre,* par ses différents côtés; et à me faire une idée, plus juste et plus admissible du Christ.

Jusqu'à présent, malgré l'immense peine que je m'étais souvent donnée pour arriver à débrouiller, dans mon cerveau, la personnalité, si étrangement mystérieuse, du Sauveur du monde, même en dépit de toutes les explications formulées sur lui et son ministère, parmi l'espèce humaine, — les unes et les autres, déplorablement remplies *de lacunes historiques, raisonnables ou doctrinales, et de mystères. . foncièrement impénétrables,* — je n'avais pu me le figurer, que — comme un homme supérieurement doué, à tous les points de vue, et possédant *une puissance magnétique unique en sa grandeur,* encore fanatiquement et superstitieusement contemplée, racontée et méditée, par ses contemporains et leurs descendants, jusqu'à nos jours.

C'était, pour moi, un mélange inextricable *de mystère, de sainteté, de perfection, de pouvoir et de sorcellerie,* qui me remplissait de crainte, d'admiration, d'éblouissement, de respect, d'épouvante et d'espoir !...

Puis, je me disais toujours — voyons, Dieu, qui est juste au point d'être *la Justice même*,.. comment se fait-il, qu'il ait donné *tant de puissance* à un seul homme ?.. qu'il l'ait fait naître, déjà en annonçant sa naissance *par l'éclat surnaturel, anormal, d'une étoile grandiose* brillant dans la nuit des Cieux ?...

Pourquoi, après l'avoir rempli d'une sagesse *géante et impeccable*, lui a-t-il permis de faire *des miracles impossibles à tous les autres hommes ;* par exemple, comme celui de la *multiplication*, presque incroyable, *des pains et des poissons ?* .. De commander *au vent, à la mer*, et *aux autres éléments ?* .. De non seulement *guérir, sur-le-champ*, des malades, abandonnés à leurs maux depuis des longueurs de temps effrayantes, souvent depuis leur naissance ; comme incurables ?.. mais encore, *de reprendre à la mort* ceux qui étaient devenus sa proie, en les *ressuscitant* parfois ?...

Toujours davantage aussi, les *pourquoi* et les *comment*, s'amoncelaient les uns sur les autres, dans ma pauvre tête, sans trouver leurs solutions !... Et, ce qui est pire, presque tous les raisonnements que j'entendais, ou que je lisais, me semblaient l'expression individuelle de la crainte superstitieuse, cramponnée souvent à la plus haute folie, chez ceux qui commentaient, *doctrinalement* surtout, la vie, la mort et la résurrection de ce Christ !...

Alors, je me disais et redisais continuellement, —ils sont dans le vrai, puisque tous voient ces choses extraordinaires dans le même sens, à savoir : *Que tous les développements sacrés, qui sortent de la bouche des différents ministres des religions, reconnaissant le Christ pour chef*, sont, — *autant de vérités*, — malgré leurs *étonnantes contradictions* manifestes ; attendu, que tous, également, se disent « *inspirés* » à la source, originale et unique, du Ciel !.. C'est donc toi seul,.. pauvre jouet de tes pensées, qui déraisonne,.. en croyant que Jésus, était une incarnation aussi partielle et charitable que visible et palpable, de Dieu, sur la Terre !...

Mais, après avoir entendu et compris les raisons, justement philosophiques, de l'éminente femme qui vient de parler, je discerne l'immense amour de Dieu pour toutes ses créatures — *jusque là, essentiellement rebelles à sa voix et à ses divers commandements,* — venant lui-même sur la Terre, en chair et en os, comme elles; pour les attacher, par l'*exemple personnel,* au seul guide, pouvant leur convenir dans leurs nombreuses, profondes et insondables épreuves et douleurs obligatoires....

Oui, *un Dieu seul existe,* et, pour la classe spéciale de notre planète, le meilleur des enseignements,.. le plus efficace, en tous cas,.. c'était un modèle à imiter et à suivre, du mieux possible, — *un modèle, qui frappât les imaginations et les âmes, d'une façon indélébile.* — C'est, en effet, ce qu'il leur a offert, sous la forme d'un fils soumis, docile, fort et puissant au point d'être *la vie* en personne, — dans l'éternité des siècles.

Il est évident, qu'une forme *normale et compréhensible,* était à donner à celui qui porterait, sur ses épaules, la lourde charge d'envoyé et de représentant de Dieu, sur la Terre. Car, il faut le reconnaître, pour la race des humains, naturellement fainéante et perverse, un Dieu extraordinaire jusque dans ses contours plastiques, n'eût pas rempli le même but de *moralisation suprême;* le modèle, lui paraissant par trop disproportionné et impossible à imiter, ou à suivre; comme, il est non moins évident, que — non un homme, même le plus supérieurement doué et béni, mais Dieu lui-même, a véritablement « *toute puissance sur la Terre et dans les Cieux* ».

Donc, soyons-en convaincus, sans parti pris d'avance,.. c'est ainsi, que Jésus et Dieu ne sont qu'une seule et même puissance !...

Et, pour finir, avec notre sympathie affectueuse, toute notre estime et notre plus sincère admiration, pour la très claire et on ne peut plus aimable Madame Eau de Roche, donnons la parole au *dixième* et dernier orateur, Monsieur Fulminatus,.. le fameux libre-penseur !....

. . . .

« Messieurs et chers Compagnons adversaires. »

« Ceux qui me ressemblent et moi, au point de vue du jugement de tout ce qui nous intéresse, les uns et les autres, sont généralement vus de mauvais œil, et, le plus souvent, non pas appelés, mais — stigmatisés, — du nom de *libres-penseurs !* ... »

« On veut par là, qualifier, ceux qui se servent *de leur raison,* pour examiner les choses soumises à leur appréciation, au lieu de les accepter, ou les recevoir, avec les yeux fermés ; telles que leurs contraires, *intolérants,* aiment à les voir, par paresse, ou crainte superstitieuse ; mais, surtout, — *à les imposer aux autres ;* — par conviction, terreur, esprit de controverse, ou de lucre . »

« Certes, dans l'état actuel de notre civilisation moderne, et au milieu des grands courants de la généralité, — en matière *de croyances intimes, d'usages ou d'habitudes pieuses,* en particulier, comme aussi en ce qui concerne *les arts* et *les sciences,* — ceux, qui se permettent de ne pas être de l'avis du gros monceau, en tout et partout, ont bien, quand ils sont sincères et plus logiquement dans le vrai que ceux qui les anathémisent, si peu charitablement, quelque mérite, à formuler, *ouvertement et sans aucune hypocrisie,* leur opinion personnelle !.. Mais, comme il est vrai qu' « *il n'y a pas de fumée sans feu »,* il ne l'est pas moins — que beaucoup de ceux qui sont ainsi désignés, cherchent, d'abord, *à nier les plus grandes vérités,* au lieu de les constater et de les admettre loyalement, quitte, ensuite, à en analyser l'existence et les effets ; et que ces derniers, méritent, *en grande partie,* le blâme presque universel, qui les sépare des avant tout « *chercheurs de la vérité sans parti pris »,* auxquels je me fais non seulement un devoir, mais un honneur, d'appartenir . »

« En effet, nier le jour, *parce qu'on est aveugle,* ou nier la nuit, *parce qu'on l'éclaire jusqu'au matin de brillants flambeaux,* ce n'est pas prouver qu'on est dans le vrai, ou qu'on a raison ; mais, tout simplement, — qu'on s'égare, ou qu'on cherche à égarer les autres. Aussi, n'est-ce pas sur ce terrain *absurde,* que je veux essayer à mon tour de convaincre ; mais bien, dans le domaine de la réalité effective . . . . »

« Loin de nier Dieu, ni l'existence et l'influence du Christ modèle ; . . loin de rejeter, comme absolument indignes, à la fois, les lumières véritables de la science et les négations, expliquées ou non, des incrédules de l'immortalité de l'âme ; . . je veux, au contraire, tâcher de mieux les faire connaître ; et cela, au meilleur profit de ceux qui cherchent — *à avancer dans le bien et la connaissance toujours plus compréhensible de Dieu,* comme je m'efforce de le faire moi-même . »

« Sans vouloir entrer dans les particularités professionnelles des vénérables savants, dont nous avons entendu ici les discours individuels, ou mieux, — *la profession de foi sincère,* — et tout en les trouvant, chacun dans sa spécialité, justes sous plusieurs rapports, je veux, exclusivement, m'en tenir aux définitions si concluantes de mes deux honorables devanciers, Monsieur le pasteur Espérandieu, et Madame la doctoresse Eau de Roche,.. qui me paraissent les plus fondamentalement heureuses. Il va sans dire — en essayant d'y joindre encore, ma *manière* de voir : celle d'un libre-penseur, débarrassé des liens tyranniques et paralysants des dogmes, des préjugés, des terreurs et des haines, qui obscurcissent les différentes sectes des croyants et des non croyants.... »

« Que de formes *imaginaires* ont déjà été données à Dieu, par ses petites créatures humaines,.. qui ne peuvent comprendre un être supérieur — *que fait à leur image et ressemblance plastiques !*.. »

« Et, encore de nos jours, il suffit de constater les nombreux ouvrages d'art imitateur : *statues, peintures* et *dessins religieux,* entre autres, pour s'en assurer ; — tellement, tous s'accordent à le représenter sous les traits *d'un vieillard robuste, extraordinairement chevelu et barbu,* habillé d'amples et longues draperies de couleurs diverses. »

« Cependant, personne ne l'a jamais vu sous de telles particularités terrestres ; et, par conséquent, n'a pu donner des renseignements sur lui, ou ses apparences, pouvant, en quelque sorte, motiver sa représentation linéaire dans de telles pauvres limites ?.. »

« Passe pour le Christ, que je suis tout disposé à croire, réellement, une créature modèle et pure de Dieu, pour être *son incarnation terrestre la plus vraisemblable et la plus logique,* ici-bas, — de par les faits eux-mêmes ;... car il a vécu au milieu de nous, dans une époque déterminée, s'est conduit et montré, comme l'unique guide moral et animique à suivre. Il a donc été vu *vivant,* par des milliers de contemporains de toutes les classes ; *mort et ressuscité,* par un certain nombre ; et, dans une certaine mesure, traditionnelle, s'entend, je comprends que tous tentent de faire son portrait. »

« Mais, celui du Dieu qui n'a jamais eu de commencement et qui n'aura point de fin !... Cela est foncièrement impossible, même allégoriquement, d'une façon tant soit peu susceptible de vraisemblance, du moins !.... »

« *Qu'est-ce que la vie?*... Eh bien, pour moi, *la vie, c'est Dieu*. Et qu'est-ce que Dieu?.. Dieu, c'est le Saint-Esprit, c'est-à-dire — *la puissance créatrice, féconde et incomparable, qui remplit l'espace dans toute son immensité imaginable et inimaginable!*... »

« *Dieu est esprit et vérité* », nous est-il constamment enseigné et démontré, par *l'expérience journalière propre,* de tous ceux qui veulent bien observer et méditer. Or, dans ce sens déjà, — qui dépasse prodigieusement tout ce qui peut être représenté, ou décrit, — il est complètement inadmissible de pouvoir arriver à faire, de lui, un portrait quelconque, vraiment digne de ce nom. »

« Si donc, ce qui existe *a la vie,* c'est que, chaque genre, chaque espèce, chaque être, possède, en lui, *une partie plus ou moins grande du Saint-Esprit;* qui lui donne, en même temps, les moyens de se développer, de se multiplier et de se perpétuer, dans la longueur des siècles — à travers l'antagonisme, si compliqué et surtout si embrouillé, des besoins, des désirs, des instincts les plus divers et des lois divines et humaines !... »

« Vouloir rechercher et analyser *la vie,* dans les chemins toujours plus nombreux de l'activité *humainement scientifique,* c'est choisir les sentiers tortueux qui vont se perdre — dans le néant des ignorances, des impostures et des suffisances multiples ; — au lieu d'entrer simplement, avec fermeté et conscience, dans la route large et droite, qui conduit *à la source unique de toutes les vérités* capables de briller sur cette Terre !... »

« Voilà, Messieurs et chers Compagnons adversaires, la

définition exacte de mes pensées, de mes convictions, et de ma ligne de conduite résumée jusqu'à ce jour !... »

« J'ai dit ! »

. . . .

Bravo ! Bravo ! Bravo !... et, que « *fulminé* » ou « *fulminant* », le sympathique et très vraisemblable dernier orateur et ami, Monsieur Fulminatus, soit entendu et compris, non seulement par les savants ici présents, mais encore, par les absents... et tous ceux qui liront la reproduction de son discours !...

Qu'il vive, oui, dans la mémoire des gens qui auront l'occasion de pouvoir méditer ses appréciations ; et qu'il soit heureux,.. par toutes les molécules du Saint-Esprit qui le font agir avec tant de bonheur, dans sa manière de voir, — particulièrement, dans la question, si extra-intéressante, qui nous assemble en ce moment !...

Oui, il a raison, mille fois raison !... Et je m'explique très bien, maintenant, pourquoi il est dit, dans la Bible, que « *Dieu fit l'homme à son image et ressemblance* » ; puisque c'est, dans le sens — qu'il lui donna l'*être*, en plaçant, en lui, soit dans chaque incarnation nouvelle qu'il crée ici-bas, *un atome* plus ou moins rayonnant de son souffle divin, c'est-à-dire — *de sa puissance ou de sa vitalité intellectuelle et physique;* mais, sans qu'il soit nécessairement obligatoire, pour cela, de la comprendre aussi — dans le sens plastique .

Il est évident que, pour un habitant plus ou moins borné de la Terre, d'un être qui, se réfugiant dans l'ombre des préjugés officiellement admis, se complaît et s'admire même, dans ce qu'il croit être — *la sagesse de ses pensées, l'ultime perfection de la structure humaine de son individu, ou des types marquant les différentes races,* qui composent ceux, qu'il veut bien consentir à appeler « *ses semblables* » ;

— ces imparfaits sont, pour lui, *le seul idéal possible*, à ses yeux limités .

Mais, comme nous voyons aussi, que, suivant les éléments dans lesquels les diverses organisations doivent vivre et agir, celles-ci sont conformées d'une manière spéciale autant que *relativement* parfaite, — *d'après les ambiants qu'elles doivent occuper et les buts qu'elles ont à remplir,* — il nous est facile d'arriver à comprendre encore, que, notre planète n'étant *qu'une des innombrables* qui, plus ou moins, brillent dans l'immensité nous entourant, tout en n'étant considérée par les penseurs les plus sérieux, que comme un lieu essentiellement rétrograde, — *les conditions idéales étant inconnues de nous*, — beaucoup des autres planètes que nous voyons de si loin, peuvent être habitées par des êtres supérieurs, en toutes choses, à ceux que nous connaissons ; et y représenter, également, quelques-uns des *incalculables échelons* qui conduisent, — *de par la volonté généreuse, juste et impartiale de Dieu tout-puissant,* — à la perfection graduelle de ses différentes créatures ! . . .

De là, à penser que d'autres instincts, besoins et appétits, y sont servis *par d'autres formes, organes et moyens modifiés,* il n'y a qu'un pas . . . . Pas d'une certaine envergure, j'en conviens, mais, non disproportionné à l'imagination élastique et sensible, de qui ne s'obstine pas, continuellement — sa vie entière, — à considérer, *exclusivement,* ceux auxquels il appartient, comme *la dernière expression* de la richesse et de la sublimité des voies mystérieuses du Créateur de la vie, en toutes ses manifestations . . . .

Bref, sans chercher à m'enfouir plus profondément dans *les coins, recoins et souterrains ignorés de l'Esprit humain,* pas plus qu'à m'élever davantage, dans *les régions inaccessibles et invisibles des transformations de la vie impérissable et éternelle,* . . je me fais un devoir, doublé d'un vif plaisir et d'une sincère reconnaissance, d'adresser mes remerciements les plus chaleureux au cher Monsieur Fulminatus, pour *sa très belle et très pure définition véridique de la vie;* — sans oublier d'en répandre aussi, une large part,.. sur tous les dignes représentants de la science humaine, ici présents,.. qui ont eu le courage et le dévouement d'affronter, résolument, les côtés si variés du problème à résoudre.

Qu'ils soient bien convaincus, ces chers amis, que le pauvre écolier qu'ils ont ainsi remis *à cheval, sur la selle voulue de la raison,* par le moyen des *étriers, brides et éperons suggérés,* et son bon ami le lecteur, — *curieux et intrigué,* sinon convaincu dans chacun des domaines examinés, — leur gardent, pour longtemps, un vivant souvenir de gratitude et de durable sympathie terrestre....

Qu'ils vivent, oui, qu'ils vivent longtemps encore,.. et que la postérité leur soit légère dans ses jugements à venir!
... Et si d'aucuns pensent, avec moi, qu'en fin de compte, ils ne sont quand même pas des oracles accomplis, *malgré la provision immense de leur science acquise,*.. tous consentiront à leur accorder, du moins, le juste tribut d'éloges mérités qui leur revient — pour leur exquise bonne volonté à tâcher de nous éclairer, dans la mesure de leurs lumières reçues!....

Chapitre II.

HIÉRARCHIE OBLIGÉE.

Et maintenant, cher ami lecteur,.. que tu sois, ou non, partisan, de l'un ou l'autre des dix orateurs et savants qui viennent de se faire entendre, il est également nécessaire, que *le son de ma cloche* frappe ensuite sur tes nouvelles impressions vibrées ; afin que, par leur comparaison même, tu puisses choisir et te fixer, à bon escient.

En jugeant les choses impartialement, il me semble, que les graves hommes de science qui nous ont honorés, ici, de leurs acquis, ont successivement *expliqué* et *complété* — tout ce que la réponse à ma question « *Qu'est-ce que la vie ?* » peut contenir d'*essentiel*. — Mais, il importe de coordonner, en les reliant ensemble, leurs opinions diverses, nos sentiments particuliers et nos forcément si variées manières de voir...

Oui, la vie est une partie *infinitésimale* du Créateur, prêtée sur notre planète, pour un temps plus ou moins long, — toujours très court, relativement à l'infini qu'est l'Eternité ; — en même temps qu'elle est aussi, comme l'ont définie *scientifiquement* nos dix savants : — 1°., *Un fluide impondérable ;* — 2°., *une électricité ;* — 3°., *un magnétisme ;* — 4°., *un souffle inconnu ;* — 5°., *un commencement inconnu, perpétué éternellement, par une suite de transformations étranges et ignorées, autant qu'inattendues, que tout ce qui existe doit subir ;* — 6°., *le progrès ;* — 7°., *la manifestation visible et invisible des corps matériels par l'anatomie, insaisissable, des corps immatériels et intelligents qui remplissent l'espace, sans limites absolues ; dans lequel, imperceptibles atomes, nous existons ;* — 8°., *Dieu en nous, comme en tout ce qui existe ;* — 9°., *la confiance dans l'enseignement du Christ, la foi en sa puissance et en ses promesses, parce qu'il a été et est toujours Dieu, sur la Terre comme au Ciel ;* — 10°., *le Saint-Esprit, c'est-à-dire la puissance créatrice, féconde et incomparable, qui remplit l'espace dans toute son immensité.*

Mais,.. elle est *plus encore !* . . . . .

Si la vie est l'incarnation du *bien*, elle est aussi l'incarnation du *mal*. Et c'est, précisément, l'antagonisme de ces deux puissances, constamment aux prises — pour se disputer la possession définitive des malheureuses créatures, — qui forme, ici-bas, les périodes déjà parfaitement esquissées et justifiées... de *l'enfer,* du *purgatoire,* et du *paradis*.

Sans entrer dans les images terrorisantes des passages de la Bible, qui ont été peintes par des hommes *primitifs,* comme nous sujets aux *cruels regrets* de leurs fautes et aux *terribles craintes* de leurs châtiments particuliers,... d'autant plus redoutables qu'ils les ignoraient, comme cela a lieu encore de nos jours, du reste, — les choses de l'Au-Delà ne devant être connues, pour chacun, qu'après la disparition de sa personnalité sur cette Terre ; — après les exagérations, plus ou moins féroces et épouvantables, de ces prophètes de malheur,.. *trompés par eux-mêmes et successivement incompris,* il peut être admis, comme certain, que les trois situations vitales ci-haut désignées, existent en partie sur notre Terre d'épreuves.

Pour tout observateur consciencieux, et non influencé par les croyances *superstitieuses,* plus que religieuses et vraisemblables, comment ne pas être frappé, *par l'immense diversité, si disparate, des conditions sociales humaines* qui se manifestent, — dès la naissance, le plus souvent ?...

Je le répète, en d'autres termes, ne voit-on pas chaque jour, sous nos yeux, tantôt dans un pays, tantôt dans un autre, des enfants qui viennent au monde parmi nous, pour être — nos *rois,* nos *princes,* nos *maîtres;* — et auxquels les dons de la santé, de la fortune, de la puissance, de la gloire et de toutes les satisfactions du bonheur, sont accordés largement ici-bas ?...

N'en n'est-il pas, de même, pour ceux qui doivent se distinguer dans les arts, les sciences, les industries et toutes les jouissances des possessions variées autant qu'enviées ?...

Et à côté de ces privilégiés, de ces *élus,* qui n'ont eu

d'autre peine initiale que de naître, ni plus, ni moins, que leurs frères marqués pour les souffrances,.. ne voyons-nous pas des êtres, qui ne viennent sur notre planète que pour — *y gémir dans l'amertume de tous les martyres et de toutes les douleurs,* — leur existence souvent entière, ou l'une ou l'autre de ses parties?...

Comment alors nier, que des uns trouvent, relativement aux conditions des autres, sur toute la surface de notre globe, — de ce globe environné partout d'air, d'astres lumineux et de mystères insondables, — soit le *paradis,* soit le *purgatoire,* soit l'*enfer* terrestres?...

Et s'il est impossible de nier, comme je le crois, tous ces faits *roulus,* pourquoi existent-ils, et pourquoi, ne pouvons-nous pas changer le sort de nos destinées; — comme nous le voudrions si souvent?

Pourquoi?.. Parce que, si, *dès avant notre naissance déjà,* nous sommes soumis à la puissance de Dieu, qui nous donne *le souffle et la vie,* nous sommes également soumis, sur la Terre, à la puissance du mal, — *avec laquelle nous sommes obligés de lutter constamment;* — et à laquelle, malgré tous nos efforts, nous n'arrivons jamais à échapper complètement?...

Eh bien, ce seul dernier fait *constant* est une des nombreuses preuves, pour moi, qu'il y a, en réalité, non pas seulement *un monde* que nous connaissons, mais *beaucoup* de mondes,.. un *nombre infini* de mondes; — et que, celui-ci, est un de ceux réservés à servir *d'écoles de châtiments* et *d'épurations diverses,* plus ou moins spéciales et limitées.

Si tous, des plus heureux aux plus malheureux, sans exception, nous avons, ici-bas, malgré la pureté d'une vie modèle, un nombre plus ou moins grand de peines à souffrir, il faut donc que ce soit *en expiation des fautes commises dans notre, ou nos existences antérieures.* — Car enfin,

Dieu, qui est la justice même, ne peut punir ceux qui, — comme nous le voyons souvent, — sont frappés d'afflictions et de fléaux énormes, quoique se conduisant avec bonté, patience, douceur, et une très persévérante recherche de la sainteté, un peu en tout, — par des expiations *démesurément grandes*, — comparativement aux infractions, *relativement minimes*, qu'ils commettent sous nos yeux ?...

En tous cas, il est impossible de ne pas constater — ce que ces calamités physiques et intellectuelles ont absolument d'*anormal* pour notre âme, notre cœur, notre esprit et toute notre raison. *Notre instinct inné de justice* s'émeut et cesse de comprendre en voyant, par exemple, les pauvres estropiés de naissance, ou les idiots, qui nous arrivent ici-bas, déjà affligés des difformités les plus monstrueuses, les plus repoussantes, les plus cruelles, — ou du corps, ou de l'entendement....

Il est vrai qu'il est dit : « *Dieu punit l'iniquité des pères dans leurs enfants, jusqu'à la troisième et à la quatrième génération* »... Mais, il ne faut pas admettre, cependant, que Dieu est un juge *aveugle* qui frappe encore comme un *sourd*, par-dessus le marché, les *innocents*, des fautes commises avant leur naissance par leurs parents !...

Il est bien plus rationnel, c'est-à-dire bien plus conforme au bon sens et à la raison, de voir dans ces faits, *constants* et *innombrables*, — une des preuves multiples et évidentes *de la pluralité des mondes* ; — comme, du nôtre, servant, essentiellement, aux uns de *récompense* ; aux autres *d'essais à refaire*, soit pour *consolider*, soit pour *compléter* des épreuves non suffisantes ;.. et aux derniers, enfin, *d'école d'expiations diverses*.

En ces différents cas, le Créateur fait naître les enfants *nouveaux*, dans les *milieux* et les *circonstances* les plus propres à atteindre son but, à l'égard de chacun d'eux. Et c'est ainsi, que nous voyons s'opérer sous nos yeux, *ses différents jugements incessants;* qu'alors nous ne comprenons point dans leur *vrai sens,* la plupart du temps, et que nous allons même jusqu'à attribuer — aux faits du *hasard,* ou aux caprices de la *Nature*.

Mais, il n'en peut plus être de même, quand nous arrivons à nous convaincre que, suivant la manière dont nous avons rempli notre, ou nos dernières existences — *avant l'actuelle,* — Dieu nous fait passer par *l'école* qui nous sera la plus profitable, pour entrer dans *celle* à laquelle il nous destine directement après.

Est-ce que cette manière de voir, plus expliquée et prouvée *par tout ce que nous voyons,* que par les doctrines et les superstitions contraires, diminue la puissance et l'immensité de Dieu en quelqu'une de ses parties?... Non, c'est l'opposé qui a lieu, puisqu'elle les agrandit encore, de plus en plus, dans notre esprit d'analyse et de comparaison... Ce qu'elle amoindrit, — justement, il faut le dire, — c'est *la mesquinerie des prétentions humaines* à cet égard, avec la *paresse,* qui leur fait naïvement espérer une perfection subite, *instantanée,* et une béatitude éternelle;.. comme aussi, la connaissance de toutes les choses à elles inconnues, après avoir passé — *un seul petit stage de quelques années* — sur notre planète de misères plus ou moins frappantes, visibles, ou voilées des apparences trompeuses de l'illusion.

Tout ce qui nous entoure, comme tout ce qui se rattache à notre existence intérieure et extérieure, nous démontre, quotidiennement, que Dieu prépare avec soin et constance, chacun des enchaînements spirituels et matériels qui concourent, plus ou moins lentement, — mais sûrement, — au but qu'il veut leur faire atteindre. Naturellement, ces si longues préparations souvent, endorment parfois notre perspicacité, à tel point, que nous arrivons à n'y plus rien comprendre du tout, et à n'y voir que des faits inexplicables ou dépourvus de toute conséquence ultérieure ; — à espérer ou à craindre.

En effet, rien n'arrive ici-bas comme qui dirait « *une improvisation électrique* », sans que la chose n'ait eu un commencement plus ou moins lent et caché, et n'ait, aussi, une fin plus ou moins proche ou tardive, quoique dissimulée ; puis, que le tout, — l'*avant,* le *pendant* et l'*après,* — ne soient, en définitive, qu'autant de périodes d'un principe vital, qui suit le cours des transformations qui lui sont imposées par son Créateur même . . . .

C'est ainsi, qu'une foule de miracles, non contraires aux lois habituelles de la Nature, mais, qui n'ont lieu cependant que par l'intervention, — soit, la volonté divine, — arrivent à et autour de nous, se répétant depuis que le monde est monde ; — sans, pour cela, qu'il nous soit possible d'en comprendre le mécanisme, ou même, d'en expliquer, à fond, les différents états particuliers . . . .

Par exemple, . . la *graine* d'un arbre quelconque, un *gland* de chêne, si vous voulez, qui n'est guère que de la grosseur maximum de la petite phalange d'un des doigts de nos mains, . . mis dans la terre, produit — un certain nombre d'années après, — un *chêne gigantesque et fort,* dont les racines s'enfoncent profondément en tous sens, autour du point où le *grain* ou *germe* initial a été déposé. Le tronc robuste s'élève puissant, vers le Ciel, et la ramure feuillée occupe un espace considérable, dans l'air qui le vivifie et qu'il assainit, à son tour.

Et, de même, pour la formation et les développements de l'*œuf,* en général, et pour les phénomènes de notre établissement en ce monde, — tous *commencements* et *transformations* qui sont chaque fois créés, sans que nous en sachions le *comment* et le *pourquoi,* jusque et y compris la mort, — dernier changement visible, qui nous décompose....

Si donc, Dieu nous montre, en tout, la sage lenteur calculée de ses préparations, *pour les moindres détails qui existent dans l'univers,* comment oserions-nous, raisonnablement, prétendre à ce qu'il nous fasse brusquement passer d'une vie misérable et ignorante — au savoir étendu, véritablement inouï, des choses innombrables que nous devons tous connaître, un jour, — pour être admis en sa présence, par sa grâce, dans la perfection définitive, en tout aussi,.. qui est l'apanage de ceux qui ont *beaucoup vécu* et *beaucoup appris* dans toutes leurs existences antérieures et transformations; c'est-à-dire, en un mot, — qui ont gravi tous les échelons graduels, voulus et permis aux *élus* de sa puissance et de sa gloire ?...

Comment supposer, que le fait d'avoir consciencieusement et honnêtement rempli la peau d'un charbonnier, d'un palefrenier, d'un coiffeur ou d'une piqueuse de bottines, par exemple, pour spécifier un peu, — quelques années durant, plus ou moins, n'importe, — puisse nous faire espérer fermement, qu'après la putréfaction de la matière organique visible, ce petit séjour spécial passé sur la Terre, nous suffira, à *nos propres yeux comme à ceux de notre Créateur,* pour nous établir ailleurs, égaux des savants de tous les genres, des talents exceptionnels et des génies des différents âges et pays du globe;.. pour ne parler que de notre planète ?...

Comment penser et rêver, encore, que nous serons acceptés et reçus — *tels quels,* — au milieu de *la noblesse suprême des anges,* qui sont la plus haute personnification de la pureté, du savoir et de l'amour divins ?...

Non, non,.. de telles espérances sont absolument dépourvues de logique, de vraisemblance et de modestie. Et,

.. quoiqu'il soit infiniment plus commode et agréable d'envisager, en bloc, tous nos perfectionnements à venir, sous l'image vaporeuse et riante d'une transformation *aussi douce et flatteuse qu'instantanée,* il faut en rabattre énormément — sous le rapport des illusions ; .. de ces chimères poétiques qui accompagnent, en les remplissant, nos années les plus actives et souvent notre vie toute entière ! ...

La Bible, qui contient les textes sacrés, nous tromperait-elle à ce sujet, dans ses enseignements laconiques et sentencieux ?

Nullement. Mais, précisément à cause de sa concision et de son manque de détails, nous devons nous servir de notre *raison,* de notre *conscience* et de notre *équité,* — ces dons, qui sont mis à notre disposition pour diriger les pas de nos recherches, en tous genres ; — afin de rétablir la continuité de la filiation des choses, dans ses si nombreuses et regrettables lacunes.

Puisqu'il y est dit : « *Il te sera fait suivant ton cœur* », n'est-ce pas pour nous apprendre que nous devons nous efforcer d'améliorer notre cœur, — *ce point de départ de toutes nos pensées et de toutes nos actions,* — en le dirigeant, par les moyens en notre pouvoir, vers les grandes vérités dont nous avons besoin pour progresser ; .. nous acheminant de plus en plus vers l'idéal suprême?

Si oui, alors, éclairons ce cœur précieux, ce moteur unique et incomparable, qui nous est donné pour activer nos efforts vers tout ce qui est le bien, comme pour résister, en même temps, aux multiples tentations du mal.

Pour cela, au lieu de nous endormir dans la paresse des ignorances variées, — supposant, *faussement,* je crois, que nous n'avons rien à faire de mieux qu'à nous repentir — pour mériter *la bienveillance, le pardon et les faveurs* de notre Créateur et Maître, — réveillons-nous courageusement, sous le souffle consolateur et vivifiant d'une activité *intelligente* vers l'infini ; . . auquel, nous aspirons tous plus ou moins fortement, du reste, d'après nos conformations spirituelles particulières, encore embryonnaires, ou déjà avancées .

Puis, marchons en avant, dans ce principe honnête, en y acquérant, jour par jour, l'assurance que, du moins, nous aurons fait — ce qui dépendait *de nous,* pour rendre *efficaces* les situations terrestres respectives qui nous sont imposées ici-bas, — par Celui qui, grandiose et magnanime, offre à ses créatures leur amélioration constante et non leur destruction vengeresse.

Sans doute, après tous nos efforts les plus persévérants et leurs meilleurs succès cherchés, voulus, — *gagnés, dirai-je même,* — ce sera encore par grâce souveraine divine que nous arriverons tous, peu à peu, à être sauvés définitivement des atteintes du mal, aux formes variées et subtiles. Mais, plus nous y mettrons de bon vouloir, de soin et d'ardeur, plus vite, aussi, nous atteindrons le but, — et dans ce monde et dans ceux à venir, encore inconnus .

Tout nous dit et nous crie : « *Humains, enfants d'un même père collectif, à vous de vous perfectionner les uns par les autres et les uns avec les autres, dans l'école terrestre où il vous place avec ce devoir ; vous avez tout à y gagner* » ! . . .

Et, enfin, le pur esprit de l'Evangile, parfaitement d'accord avec l'expérience humaine, ne donne-t-il pas, en résumé, ce clair enseignement, comme un ordre formel adressé à chacun de nous :

« *Aide-toi d'abord et le Ciel t'aidera ensuite* » ?

Chapitre III.

LUTTE CONTINUELLE.

Un autre point de vue erroné, est celui qui consiste à considérer la vie comme devant être — une suite variée et non interrompue *de plaisirs,* depuis la naissance à la mort, — tant dans le domaine *spirituel* que dans le domaine *charnel;* et formant, ou ne devant former — qu'une plus ou moins longue chaîne de *jouissances*.

A cet égard, il est à supposer, que, sans le règne permanent du mal, qui s'exerce sur toute la surface de notre globe, sans en excepter la profondeur des eaux et la transparence de l'air, nous serions environnés et remplis de tous les bonheurs que nous pouvons comprendre et désirer raisonnablement, d'après nos facultés et moyens individuels.

Mais, le mal est là, épiant, guettant, hypnotisant et subjugant par les séductions, ses innombrables et fatales victimes malheureuses; . . . « *rugissant comme un lion affamé qui va, cherchant parmi elles qui il pourra dévorer* »; — lorsque celles-ci tâchent de lui échapper . . . .

Et comme il est partout et dans tout, — nous l'avons vu, — nul ne peut éviter suffisamment ses atteintes pour s'en défaire entièrement.

Il est l'ennemi volontiers invisible, qui nous porte ses coups funestes, caché lui-même sous les apparences les plus diverses. Quand nous croyons en avoir paré un certain nombre, que nous pensons être tranquilles et pouvoir vivre un peu à l'abri de ses tentatives, il se retrouve, de nouveau, sur notre chemin, sous les dehors les plus charmants, les plus séduisants, peut-être, qui se puissent improviser ; ou, dans les situations les plus décisives, les plus rigoureuses, ou cruellement tragiques, qu'il soit génialement donné à notre imagination de craindre et de redouter instinctivement.

Par ce seul fait déjà, la vie, à tout considérer, ne peut donc être, de son commencement à sa fin terrestres, *qu'une lutte de chaque jour*. Lutte inégale et souvent, sinon toujours, d'aspects changeants, c'est-à-dire une guerre constamment active — où, naturellement, toutes les armes sont employées, quelles qu'en soient la provenance et le caractère ; — et, de plus, ce qui est pire, à laquelle tous les êtres, *humains* ou *animaux,* n'importe, sont, avec ou contre leur gré, forcés de prendre part ! . . . . .

Dans les combats où les animaux agissent ou sont menacés, nous les voyons recourir à leurs moyens naturels de défense, dès les premiers signes du danger : — leur *instinct,* leur *adresse,* leurs *forces,* — appuyés sur l'association des éléments qui peuvent leur être favorables.

C'est, paraît-il, leur destin, sur cette Terre d'iniquités, et ils le subissent, car l'intelligence générique leur enseigne, et très rapidement, tout ce qu'ils ont à faire dans les différents cas, sans l'avoir jamais appris par des théories.

En cela, il faut reconnaître qu'ils sont infiniment plus malheureux que nous, parce que — n'ayant pas l'intelligence spéciale que nous possédons, l'étendue infinie de nos moyens multiples, l'élasticité puissante de notre réflexion, qui nous permettent d'écrire et de conserver ce qui nous intéresse, — ils ne peuvent presque jamais, en principe, profiter de l'expérience des autres. L'habileté que l'un d'eux acquiert, sa vie durant, n'est utile qu'à celui-là seul, sans qu'elle puisse être mise à contribution par ses congénères ; à venir, surtout.

Pour les humains, c'est plus et mieux ; mais autrement. Les moyens naturels, mis à leur disposition, — *dont ils usent et abusent même jusqu'à extinction,* — ne sauraient leur suffire, ni pour se défendre, ni pour triompher.

Leurs expériences acquises, par les vies les plus lointaines de leurs devanciers, leurs propres talents et forces réunis en associations variées, n'arriveraient jamais à combattre, *efficacement,* le mal qui les poursuit — *pour les forcer à lutter,* — et qui les dépasse tous, prodigieusement, à lui seul ;.. sans l'intervention des forces divines qui viennent à leur secours, — non seulement *à leur appel direct,* très souvent, mais encore *à leur insu,* — et malgré leurs superstitions ou incrédulités diverses.

Donc, par son évidence même, la vie constituée de notre planète est, sans aucun doute, *une véritable lutte continuelle,* je le répète ; qui a pour point de départ précis l'entrée des vivants sur cette Terre, et pour limite charnelle ultime leur sortie.

Il est certainement triste de penser, que, même sans le vouloir, nous sommes fatalement destinés à *lutter, à combattre,* et cela, pas uniquement contre les éléments qui nous font toujours plus ou moins souffrir ; mais encore, et bien davantage, contre nos semblables. Parfois, aussi, contre les membres de nos propres familles, et, ce qui semble le comble le plus décourageant dans ce genre d'amertume et de malédiction, toujours, infailliblement, contre *nous-mêmes.*

Si, au moins, nous pouvions nous réfugier en notre for intérieur, — dans l'isolement des autres et la solitude de nos pensées, — pour échapper au mal et à ses perfidies ; mais non. Le *hic,* est encore... que nous avons beaucoup plus de peine à refréner nos mauvais instincts et passions individuels, qu'à morigéner ou restreindre ceux des autres. Et ceci, parce que — l'égoïsme, qui est le fond écœurant et lâche de notre nature, à tous, — nous empêche d'être aussi fermement sévères avec ce qui nous concerne directement, qu'avec ce qui intéresse plus particulièrement nos semblables....

N'a-t-on pas dit : « *Celui qui sait vaincre ses passions est plus grand que celui qui gagne des batailles* » ; — justement pour en faire ressortir l'énorme difficulté ?

S'il est également vrai, que « *tout le mal ne vient pas pour nuire* » ; il est aussi consolant de penser que, pour atténuer et diminuer sa pernicieuse influence, sur et autour de, comme en nous, nous possédons, heureusement, une arme puissante et à la portée de tous, — la prière !...

Oui, cet acte de soumission, de repentir, de confiance et d'espoir, qui s'adresse à la Direction suprême des êtres et des choses, — *à la Puissance céleste souveraine*, — pour nous, croyants ou chrétiens, incarnée en Jésus lors de son séjour sur la Terre, — quand il s'accomplit avec entière sincérité et ferveur, nous donne des forces surhumaines pour nous aider à faire reculer notre ennemi acharné. Et cela, d'autant mieux, que nous y apportons plus de sérieux et de persévérance.

Mais, une nouvelle question s'impose à ce sujet : Devons-nous penser que ce secours d'en haut est accordé aux seuls chrétiens, ou croyants en Christ ?

Oh non !.. Ce serait faire une bien grande injure au Créateur de tout ce qui existe, que de supposer, un seul instant même, qu'il n'entende et n'écoute pas les appels et les prières de ceux de ses enfants et de celles de ses créatures, qui, — quoique ignorant encore la venue et la mission de son représentant divin, parmi nous, — recourent du fond de leur cœur à sa protection, à sa puissance et à son amour de père !.....

« *A l'impossible nul n'est tenu* ». Donc, ceux qui s'appliquent à pratiquer en tout — *le bien, l'amour de leur Créateur et de leurs semblables,* — même sans connaître le christianisme, en tant que foi ou doctrine, sont certainement sur le chemin de la vérité et du salut, c'est-à-dire — du perfectionnement et de la grâce ; car, bien qu'inconsciemment, ils vivent, eux, en vrais chrétiens ! Et, ce bonheur, pour autant, si ce n'est plus, que ceux qui s'imaginent *lourdement,*... que le fait de croire et pratiquer scrupuleusement une des différentes confessions, ou sectes, chrétiennes, suffit à leur faire accorder, *à eux seuls,* ces faveurs ; — en même temps, qu'aux frères et sœurs ayant d'autres convictions et besoins plus larges,.. des disgrâces d'outre-tombe irrémédiables.

En résumé, avec ou sans notre assentiment, nous sommes tous des lutteurs, — aussi variés que nos conditions mêmes, — et nous luttons — *pour apprendre à vivre.*

Cependant, afin d'arriver à améliorer nos moyens combatifs et vaincre peu à peu, en gagnant du terrain, nous devons toujours avoir, gravés en nos cœurs, la carte routière avec l'ordre de marche suivants : Le bien, c'est l'ordre : Il vient de Dieu. — Ce qui n'est pas le bien, est désordre : Il provient du mal ;.. c'est-à-dire — de notre ennemi le plus implacable et le mieux doué pour nous détourner du vrai bonheur.

Après cela, je sens que cette phase de la *lutte obligée* me fatigue, et je vais m'octroyer quelques heures d'un repos devenu urgent, à bien des titres.

En mon absence expliquée, que chacun s'en accorde aussi à cœur joie, si ma proposition lui agrée, — ou me juge à sa guise ; — se rappelant, toutefois, que la conscience individuelle est libre ; puis, que l'infaillibilité, très exigente de sa nature et fort difficile à loger, même provisoirement,.. n'a encore jamais pu réussir jusqu'ici à se caser sous le crâne d'un simple mortel.

Chapitre IV.

ESPOIR INDESTRUCTIBLE.

Mais la vie, même considérée comme lutte constante et souvent plus triste qu'attrayante, est encore cette chose infiniment précieuse et douce — que les illusions et les déceptions n'arrivent jamais à détruire complètement, — *l'espoir*.

Ce sentiment inné, qui existe en chacun de nous, est le flambeau qui nous anime, nous éclaire, nous dirige et nous accompagne toujours, — *sans s'éteindre jamais;* — en même temps qu'il est l'attrait, le parfum suave et le guide fidèle du mieux idéal de notre moi tout entier,... son existence durant.....

Que ferions-nous sans *l'espoir,* ce trésor de l'enfance, de la jeunesse, de l'âge mûr, de la vieillesse et des mourants ?...

N'est-ce pas *lui* qui est le mobile de toutes nos croyances et de toutes nos actions, dans la vie comme aussi pour la mort et au delà ?...

En effet, que de peines nous endurons dans *l'espoir* d'atteindre les différents buts provisoires et éphémères que nous poursuivons ici-bas; soit pour y acquérir les objets de nos ambitions diverses, soit encore, hélas,... comme les plus malheureux de nos frères et sœurs qui abrègent leurs jours par le suicide, chaque fois dans *l'espoir* de trouver, — le repos à leur agitation, le remède à leurs maux, ou l'aurore d'une vie meilleure !...

Pour ces derniers, *ces déserteurs des périodes les plus*

terribles du combat, que nous devons plaindre et non mépriser, — à cause de leurs grandes souffrances, morales surtout, et de leur égarement, — qu'il est regrettable de ne pas les voir retenir, dans leurs derniers moments suprêmes, avant de mettre à exécution de tels projets navrants, . . cette idée, simple et suffisamment explicative : — Que Dieu les a lui-même chargés de leur croix si lourde, si écrasante, comme une expiation, ou une épreuve ; et que, dès lors, s'ils n'accomplissent jusqu'au bout la tâche qui leur est assignée, « *pour leur avancement* », nous est-il constamment suggéré, démontré et assuré, il est à redouter, qu'il en fera achever, ou peut-être, par punition, prolonger la durée fixée, au delà du suicide et du tombeau ; — ses volontés devant être accomplies et personne ne pouvant espérer lui forcer la main ! . . .

Mais laissons là, ce côté sombre et poignant de ceux d'entre nous qui se découragent ; de ceux qui, trop douloureusement sensibles, rejettent de leurs épaules, le fardeau pesant *qu'ils n'ont plus le courage de continuer à porter encore,* car ils nous font saigner le cœur, . . en l'inondant des reproches muets de leur silence, — de ce silence accablant qui, dans bien des cas, . . s'adresse à la société humaine entière ; — et revenons aux autres travaillés et chargés . . .

Oui, pour eux tous, c'est *l'espoir,* mieux raisonné, qui les console et les soutient jusqu'au bout. C'est lui qui brille, *seul,* d'un pur et radieux éclat de promesse à échéance certaine, formé et alimenté d'un avant-goût exquis de la part de bonheur qui leur est réservée et qui les attend; — *ici ou ailleurs,* — d'une façon ou d'une autre ! . . . . .

Dans son ensemble universel, la vie de notre planète ressemble à *un immense Jardin,* qui a *l'humanité* sur la Terre entière, pour argile fertilisante ; les rivières et les fleuves des *intentions,* pour ruisseaux d'arrosement ; les lacs et les mers des *résolutions,* pour réserve des facultés ; *l'espoir général* et si varié des humains, pour arbres fruitiers et fleurs aux doux parfums; les *chagrins* et les *épreuves* pour épines, plantes vénéneuses et mauvaises herbes ; comme enfin, *l'égoïsme,* pour couche rocailleuse, stérile et souterraine, de fondement.

Ce Jardin grandiose est constamment ravagé par le feu intérieur du *mal,* qui dévore ses entrailles profondes ; rafraîchi et calmé de ses fièvres journalières, par la rosée quotidienne et les pluies si précieuses des larmes du *regret* et du *repentir,* qui le caressent après le souffle brûlant, ou glacé, du vent des passions ; . . éclairé joyeusement, par l'éclat du chaud soleil de *l'amour,* qui le réchauffe et l'illumine de ses rayons multiples et dorés, le jour . . . Puis, la nuit, revêtu de la couverture gigantesque des ténèbres de *l'ignorance,* et silencieusement gardé, veillé et observé dans son repos, par la sollicitude maternelle, savante, inquiète et calme, tout à la fois, de la lune pâle et mystérieuse des *souvenirs* successivement endormis, du passé . . . . .

Ce Jardin, qui est l'œuvre du Créateur et son champ d'activité le plus à la portée des yeux de notre intelligence et de ceux de notre corps, est encore entretenu et renouvelé par lui, d'après les besoins qu'il y constate, avec un soin merveilleux et jaloux.

Depuis les premiers temps de sa création, nous le voyons, sans cesse, occupé de sa *culture progressive* et du maintien constant de son *équilibre,* au milieu des planètes qui l'environnent, — des myriades d'étoiles, qui sont les *diamants* incomparables et innombrables de ses trésors ; — des *influences* transparentes, ô combien lointaines, de l'air, qui lui convient spécialement, . . et du rôle si étrangement *magique* des saisons, — se succédant, chaque fois, obéissantes et actives sous son œil de Maître.

A son gré et suivant un plan caché, — *à nous impénétrable,* — il *sème* les fleurs de sa prédilection, comme il les *fauche* . . au moment opportun ! . . . Il leur parle le langage de la douceur, de la patience ; puis, réclame d'elles, celui du repentir avec le désir ardent du pardon, quand — *presque toujours,* — elles se mélangent au contact de l'ivraie qui cherche à les séduire pour les perdre. Et, parfois, . . sa colère éclate sur les rebelles — à la recherche des moyens de se coaliser ingratement — contre son amour et tous ses dons les plus généreux. Alors, il fait entendre les sourds grondements du tonnerre de ses *avertissements,* les gémissements *indignés,* ou *furieux,* des vents de la tempête des *tribulations,* comme aussi, le *déchirement* des nues de l'indifférence, ou de l'hostilité systématique, par la foudre de ses *décrets punisseurs,* . . qui viennent les frapper du haut du Ciel ! . . . .

Et tous tremblent, à l'ouïe de la fureur, terrible et géante, *des circonstances cruelles et des éléments excités,* parce que, tous aussi, du dernier des ignorants au premier des savants, sentent et comprennent, — *instinctivement déjà,* — que les malédictions de tous genres et les éléments déchaînés, ne sont que les fléaux, à instruments grandioses, de la Toute-Puissance créatrice céleste ; et qu'ils n'agissent de la sorte, qu'en exécutant les ordres qui leur sont donnés par elle.

Comme des soldats invincibles répandent inévitablement la terreur et la mort autour d'eux, sur le commandement de leur chef suprême, sans le discuter, ni chercher à lui résister, ils obéissent aveuglément et passivement, aux devoirs rigoureux qui leur sont imposés. Puis, leur mission remplie, ils rentrent dans le rang, soumis et prêts à recommencer, — au premier appel, ou au moindre signe ! . . . .

D'où il découle, — que pour obtenir la saine réalisation possible de nos espérances les plus diversement légitimes, il ne suffit pas de les posséder en soi, ni de les croire désirables et méritées ; — mais — qu'il faut encore savoir les placer à bon escient.

Or, dans chaque cas particulier, nous serons toujours plus sûrs du succès en nous adressant au Jardinier même, pour leurs placement et meilleur rendement permis, qu'aux menus outils dont il se sert, au besoin ; lesquels, n'ont d'autre valeur que celle de l'impulsion qu'il sait leur donner, à l'occasion.

En d'autres termes, mettons la confiance *de notre espoir, aux faces multiples,* quand susceptible d'être exaucé, s'entend, dans la Banque colossalement riche et pleine des plus formidables garanties, du Créateur ; et non, à cet égard dans les mains trop faibles et inexpérimentées de ses microscopiques et trompeuses créatures.

Chapitre V.

AMOUR PRÉCIEUX.

L'*espoir,* c'est l'attente d'un bien qu'on désire. Et ce bien, qui revêt tant d'expressions et de formes, plus ou moins bien ou mal qualifiées et comprises — autant qu'acceptées, — c'est, au fond, *l'amour*.

La vie est donc aussi *l'amour ;* — en premier lieu, parce qu'elle est née de *l'amour ;* deuxièmement, parce que *l'amour* engendre *l'amour ;* et, finalement, parce que son but est et reste éternellement *l'amour !* ...

Toute créature aspire — *à aimer et à être aimée,* et cela,

dès ses premières manifestations de vitalité ; c'est, du reste, un fait aussi constant que reconnu.

Il est vrai que *l'amour*, envisagé d'une manière générale, est encore le *drapeau,* qui guide nos qualités comme nos défauts ; le *fluide,* qui grandit nos forces et les éteint ; la *flamme,* qui nous réchauffe et *celle* qui nous brûle ; — *l'aliment,* qui nous fait prospérer et le *poison,* qui nous dévore..

Mais, comment en serait-il autrement, si l'on pense, que le mal règne en maître et en tyran, sur cette Terre, — qui a été mise en sa possession pour nous y former à la lutte ; — comme je l'ai démontré au cours de ces dernières pages?

Eh bien, malgré tout, bénissons ce bien immense, qui nous est offert et donné en partage, au milieu du réseau inextricable de toutes les difficultés qui nous assaillent, pour nous être, en même temps — et le *but* à atteindre, et le *moyen* à employer ; — avec le vaisseau insubmersible, qui doit nous conduire au port voulu et tant désiré ; nous portant sûrement, à travers les flots de l'adversité et des écueils, sur l'océan des abîmes qui nous menacent !.....

Qu'il est beau d'aimer,.. qu'il est bon et doux d'être aimé, de ne plus se sentir seul et de tout partager dans un amour réciproque!...

Et c'est pourquoi — nous devons *aimer*. Naître, vivre, mourir en *aimant,*.. c'est un devoir d'heureuse gratitude, — parce que, celui qui nous a créés nous a, le premier, aimés ; — en nous donnant, déjà tout premièrement, l'être et la vie.

Il a mis, en nous, un impérissable besoin de *sociabilité,* de *perfectionnement* et d'*idéal,* afin que, peu à peu et toujours avec mesure, suivant les forces reçues, — nous puissions arriver à progresser sur la route infinie qui nous est tracée, — et qui doit, *moralement, intellectuellement* et *physiquement,* nous conduire à la patrie définitive et suprême, qu'il réserve à *chacun* de ses enfants, dans un temps plus ou moins long. Mais, je le crois, du moins, ce temps peut être abrégé *dans une certaine mesure,* par nos efforts persévérants *individuels ;* car, s'il en était autrement, .. à quoi servirait de nous donner de la peine ?...

L'amour est beau et il est bon, parce qu'il est l'attachement qui nous lie à ce que nous aimons ; — qu'il reste dans ses manifestations calmes, comme la *sympathie, l'amitié,* — dont se composent la plus grande partie de nos affections, — ou qu'il atteigne la plus haute limite du sentiment qui en fait la plus puissante de nos passions nobles, de celle qui, entre toutes, est la plus capable de nous élever.

La passion du bien et le culte du beau, .. que de soins, d'études et de travaux, pour remplir *l'amour de toute une vie,* .. utiliser les dons qui nous sont prêtés, .. et poétiser la matière qui nous enveloppe !...

Chapitre VI.

TRAVAIL NÉCESSAIRE.

Et puis encore, comment essayer de décrire la vie, sans dire quelques mots de son côté remuant le plus visiblement actif, c'est-à-dire — du *travail ?*

Le Créateur a imposé le *travail* à l'homme, comme aux animaux, du reste, afin que tous les êtres s'occupent et s'intéressent eux-mêmes, directement, de leur subsistance, de leur entretien et de leur développement.

« *Tu gagneras ton pain à la sueur de ton front* », a-t-il

dit à l'homme, dans les commencements. Mais, depuis bien des siècles, hélas, cet ordre, le plus sain et le plus efficace pour la santé du corps, de l'âme et de l'esprit, a été transgressé de toutes les manières possibles, aux dépens des fainéants eux-mêmes et de leurs victimes, en développant peu à peu à travers les âges, — en petit comme en grand, — toutes les horreurs, toutes les iniquités, et tous les fléaux de la rapacité et des différents vices qui se puissent concevoir.

La loi du *travail,* qui s'adresse, en s'étendant, — d'une façon proportionnelle, à toutes les intelligences et à toutes les forces, pour le bien des individus ainsi qu'au profit de la société entière, nous est donnée — non seulement par l'ordre du Créateur, mais encore par son exemple constant, — surtout, pour notre perfectionnement.

Par le maintien et le développement régulier de ses œuvres, ne le sentons-nous pas, et quoique indirectement, il est vrai, ne le voyons-nous pas — chaque jour et pour chacune des choses de ce monde, — sans cesse occupé de leur accomplissement suivant ses volontés ?..

S'il en est ainsi,.. pourquoi tant d'êtres se rendent-ils, volontairement, réfractaires au travail qu'ils pourraient et devraient accomplir, — *dans la mesure de leurs forces et moyens;* — eux, qui ont été créés pour l'apport fraternel de leurs facultés diverses, pendant tout le temps de leur vie terrestre susceptible de rendre efficace leur concours — à l'amélioration générale, en même temps qu'à leur organisation individuelle ?

Pourquoi ?.. Parce que l'oisiveté, la cupidité et la jouissance égoïste des différents biens matériels et intellectuels, soit, — la *volupté des indignes,* dans ce qu'elle a de despotique et de criminel, vis-à-vis des autres, qui se trouvent ainsi dépouillés de leur part des douceurs permises de notre séjour ici-bas, au cumul abusif *des opprimeurs de la faiblesse,* en toutes ses nuances, — est la fille infernale du mal ; et qu'elle corrompt plus ou moins, toutes les consciences et tous les cœurs qui ne lui interdisent pas leur accès !..

La pratique croissante et toujours inassouvie de la volupté défait l'homme, en le réduisant aux plus grandes lâchetés ; car elle le *déforme,* — sous toutes ses faces, — qu'elle rend semblables à la boue . Tandis que l'amour progressif et jamais entièrement satisfait du travail, le forme, le préserve des grandes souillures, l'améliore constamment et le conduit, presque sûrement — *vers les sources vives du bonheur,* déjà, par la satisfaction du *devoir rempli,* et du sentiment intime de son *utilité individuelle,* au milieu de ses semblables .

Si, au lieu de rechercher, fiévreusement, des jouissances qui compromettent, avec notre propre santé, la part qui est due à chacun de nos frères malheureux, de par la charité et l'équité, nous mettions notre bonne volonté à travailler, aussi généreusement qu'utilement, — *à l'avancement du progrès et du bien-être de tous,* — sans distinction de *nationalité,* de *race* ou de *classe,* — suivant les dons et aptitudes à notre disposition, — oh alors,.. le nombre illimité des mauvaises actions et des souffrances terribles, qui empoisonnent notre vie commune et particulière, serait considérablement et de plus en plus diminué !

Attachons-nous donc, *à travailler avec ardeur,* tous tant que nous sommes, riches, pauvres, savants et ignorants ; en nous plaçant, résolument, sur le chemin de la vérité, qui est celui du bien ; et le seul capable de nous amener, graduellement, à la connaissance de notre Créateur, — par la méditation et la contemplation studieuses de ses œuvres et de ses bienfaits incessants .

N'essayons jamais, de rivaliser d'intelligence et de génie

avec sa puissance créatrice, par le sot exposé de prétendues sciences positives, qui, — parties des brouillards, dont sont envahis les cerveaux des esprits ambitieux et vains, autant qu'égarés, — prétendent construire et édifier dans les nuages des diverses incrédulités.

Bornons-nous, *à simplifier nos exigences, à détruire nos vices et nos maux volontaires, et à répandre le parfum du bien, au dedans comme autour de nous,* en nous inspirant, pour notre labeur, non plus des hommes assez malheureusement habiles, qui tâchent, parfois, de supprimer ce qui peut révéler l'existence de Dieu, pour mettre, à sa place et dans presque tous les domaines, .. leurs regrettables personnalités, soi-disant « *scientifiques* » ; — mais, en puisant nos lumières — dans le livre riche et vrai de la nature, comme dans les enseignements, la protection et l'inspiration de son glorieux et immuable auteur.

Alors, seulement, nous commencerons à mieux apprécier les trésors réels, qui nous sont offerts par *le travail ainsi compris et exécuté,* avec les bienfaits dont nous sommes chaque jour comblés, de ce chef. Quittes, après, — à ne pas connaître, en détail, *les différentes recettes, trompeuses et blasphématoires, des savants en vanités de toutes les sortes,* qui les inventent, effrontément, — surtout pour la grande raison, toujours la même, .. que les mystères journaliers de la création de tout ce qui existe, ne mettent pas dans leurs confidences — les petits atomes pensants, aux cervelles et facultés minusculement limitées, forcément, qui se révoltent contre leurs grandeurs et leurs générosités les plus incontestables.

LIVRE DEUXIÈME

LE SOMMEIL

Chapitre I.

GÉNÉRALITÉ ET BIENFAITS.

On dit que l'hiver est « *le sommeil de la nature* », c'est-à-dire — son *repos*, sa préparation à une périodique et nouvelle activité productrice ; — et cela est vrai, dans tous ses aspects comme sous tous les points de vue.

En partant de ce principe immuable et mystérieux, qui se voit, se comprend et se sent, — *mais, que nul ne peut expliquer*, — nous pouvons aussi comparer, non seulement notre vieillesse à *l'hiver* de notre vie, notre enfance à son *printemps*, notre jeunesse à son *été*, notre âge mûr à son *automne ;* mais encore, chacun de nos *jours* aux quatre phases successives de notre existence ; — et, chacune de nos *nuits* à la cinquième de nos périodes vitales, celle, naturellement voulue, du repos.

Le jour brille donc, pour nous, dans tout l'éclat de sa splendeur ; et la nuit, chaque soir, vient l'entourer, maternellement, des plis calmes de son vaste et soporifique manteau noir, — pour le reposer en l'endormant.

Tous les êtres de la création, comme toutes les plantes, du reste, ont besoin de cet état journalier *d'abandon, de détente et de relâchement général,* qui les prive, *momentanément,* du travail de leurs volontés, ou de l'accomplissement de leurs instincts divers, pour leur faire retrouver *de nouvelles forces à dépenser*, — dans le labeur qui leur est tracé ici-bas.

Et le repos est une telle condition obligée, pour la vitalité et la santé des créatures, qu'aucune d'elles ne peut s'y dérober longtemps, sans en souffrir ; et, en prolongeant disproportionnellement cette privation, sans en mourir.

Le Créateur même, de tout ce qui existe, prend aussi *des temps de repos,* qu'il ne nous est pas possible d'apprécier ; car la Genèse nous apprend — « *qu'il fit les Cieux et la Terre en six jours, y compris tout ce qu'ils contiennent, avec l'homme et la femme. puis, qu'il se reposa le septième jour* ».

Il faut croire, ici, que les sept jours dont il est parlé sont une allégorie, et qu'ils expriment, réellement, sept longues périodes de, probablement, plusieurs milliers, ou centaines de milliers d'années, chacune.

Si les jours sont proportionnés à la puissance et aux forces des êtres et des choses, nous pouvons comprendre, sans peine, que ceux du Créateur sont infiniment plus longs, soit incomparablement plus longs même, que ceux de ses créatures ; — lesquelles, n'ont que des proportions plus ou moins microscopiques, — relativement, surtout, à son immensité sans limites....

Néanmoins, il se peut, aussi, que les sept jours de la Genèse ayent été des jours ordinaires, quant à leur durée, des jours de notre petite vie actuelle, c'est-à-dire — des espaces réguliers de chacun vingt-quatre heures ; — tout étant possible à la puissance incompréhensible de Dieu. Mais, ainsi que j'en exprime un peu plus haut la croyance intime, je pense que Celui qui nous montre, depuis des temps immémoriaux, — sa patience infinie et la longanimité des transformations matérielles, ou intelligentes, dont nous faisons partie, — n'a pas tout fait surgir *instantanément,* comme un magicien du bout de sa baguette ; pour ne plus rien créer *anormalement* ensuite ?

Il me semble bien plus rationnel, d'admettre, au contraire, que tout s'est développé peu à peu, en suivant une sage lenteur, ayant les mêmes caractères mystérieux et réguliers des lois dites *naturelles,* qui, -- *sans interruptions connues,* — se sont succédées jusqu'à ce jour ; et qui, aussi, paraissent beaucoup plus conformes à tout ce qu'a fait et fait encore leur glorieux auteur, en ce moment.

Quoi qu'il en soit, en réalité, je ne veux retenir de l'affirmation suivante, que l'indication précise de son repos : « *Il fit les Cieux et la Terre avec tout ce qu'ils contiennent, en six jours ; puis, il se reposa le septième jour !* » . . .

Or, qui dit *repos* dit *sommeil,* au moins dans un sens partiel ; ou, *inactivité relative d'une partie de soi-même,* sans cesser de penser et d'agir *d'une autre façon.*

Si la grande âme de Dieu est toujours vigilante, comme aux premiers jours de la Création, il ne déploie plus la même activité matérielle. Les choses et les êtres qu'il a voulus, sont créés ; et leur seule direction, vraisemblablement confiée à des anges spéciaux, lui laisse, quant à notre globe du moins, — car nous ne connaissons pas les autres, — ses temps de repos.

Les forces gigantesques dont il dispose, peuvent sommeiller, à son gré, être mises par lui en non activité, s'il le juge opportun ; tandis que son âme et son esprit, — une seule et même chose, sans doute, — peuvent agir continuellement, sans une seconde de relâche.

C'est, en effet, par analogie, que nous pouvons penser ainsi.

Puisque nous sommes créés à l'image de Dieu, c'est-à-dire et bien qu'en petit, — *intelligents et immortels,* ayant à notre disposition, *un esprit, une âme et des forces diverses,* actuellement au service d'un corps provisoire, nous n'avons qu'à observer, à cet égard, ce qui se passe en nous — dans le *sommeil*.

D'une façon sommaire et générale, les forces matérielles sont inactives et elles goûtent le repos ; mais l'esprit et l'âme n'ont point d'arrêt, point de trêve, car ils agissent toujours.

Notre âme est constamment soumise à toutes sortes de sensations, pendant notre repos, ou *sommeil,* comme notre esprit toujours occupé à mille choses diverses, qui l'intéressent plus ou moins, l'agitent en bien, ou en mal, et l'accaparent, tout entier, presque constamment ; ce qui tend, déjà, à prouver — que notre moi *intérieur* est immortel, — car, quoique ne se reposant jamais, *durant toute notre vie terrestre,* il n'y meurt et ne s'y décompose point, — comme notre moi *extérieur*.

Mais, laissons là, ces pauvres petites comparaisons avec le grand Auteur de nos êtres, infiniment mesquins relativement, attendu que, totale modestie à part, elles sont par trop à notre désavantage ; et le formidable de leurs différences, en tout et partout, nous réduit en poussières impalpables, — *au simple premier coup d'œil superficiel de notre raison,* — même quand elle veut, à toute force, nous donner de l'importance.

La modestie théorique et, surtout, pratique, ne sont pas, le plus souvent, des trésors naturels de l'homme ; mais, à l'inverse, deux de ses pauvretés natives ou éducatives.

Quand on songe, à la bonne opinion qu'ont d'eux-mêmes les humains, qui rappellent, à tout propos, qu'ils ont été créés *à l'image et à la ressemblance de Dieu,* il n'y a vraiment plus qu'à tirer l'échelle des vertus, qui mène au sanctuaire chevelu, ou dénudé, de leur *critérium ;* car la modestie la mieux cuirassée, refuserait infailliblement d'en gravir les échelons ! . . .

Bref, ces considérations, ont pour nos réalités en miniature des côtés pénibles, — *décourageants pour nos faibles forces,* — et qui ont encore le double inconvénient de nous écarter du sujet traité. C'est pourquoi, je crois préférable de les abandonner, en qualité .. *d'incurables* . . . . .

Abordons plutôt le *sommeil,* dans la race humaine.

Il est étrange, de constater, si l'on n'y apporte aucun parti pris, que la vive lumière du soleil appelle, fait naître, et maintient en l'homme, presque tant qu'elle dure, *l'activité des sens, de l'esprit et du corps;* tandis que l'obscurcissement de la nuit, apporté par la disparition du premier, à nos regards, arrive à nous plonger *de plus en plus dans le repos,* puis dans l'état spécial nommé *sommeil* .

L'être qui agit durant le jour, sent ralentir son activité quand vient le soir ; et, non seulement ses pensées perdent graduellement à ce moment, plus ou moins avancé ou retardé, — *leur énergie du jour ;* — mais, tous ses sens et les forces de ses membres s'engourdissent peu à peu, — jusqu'à une torpeur douce et lourde qui l'appesantit, — le rend progressivement inconscient, et le maintient sous la domination, agréable et nécessaire, *de l'immobilité relative voulue,* un certain nombre d'heures . . . .

Il est là, *appuyé* et surtout *étendu,* allongé dans le sens horizontal, plus ou moins droit, ou replié sur lui-même. Les yeux sont *voilés* par l'épaisseur des paupières, qui les recouvrent ; les traits *légèrement étirés et pâlis* . La poitrine *se soulève et s'abaisse,* dans un mouvement de *va et vient* régulier, qui laisse entendre, à distance parfois, *le bruit de la respiration,* plus ou moins faible ou accentué, sourd ou bruyant .

On dit alors, qu'il *dort,* ce qui signifie qu'il est plongé dans le repos complet de ses diverses forces *physiques,* mais non de ses facultés *psychiques;* car, si le corps est envahi par le fluide magnétique réparateur qui circule dans ses membres et organes, il n'en n'est pas de même de l'âme.

L'âme, au contraire, semble positivement *s'agrandir et se dédoubler,* en se détachant insensiblement du corps qui est son sanctuaire.

Avec la rapidité de sa pensée, elle va, dans l'immensité infinie, visiter ou retrouver d'autres âmes, d'autres êtres, — souvent inconnus et conformés de toutes sortes de manières; — passant parfois du sublime au grotesque, ou au terrible, ... de l'idéal de la pureté et de la douceur à toutes les colorations de la vie et du mouvement combinés, manifestés par les sentiments et les situations les plus bizarres, ou inexplicables.

Puis, dans ce monde ou en d'autres, — impossibles à concevoir et à comprendre par nos facultés actuelles, — elle voyage, avec la facilité éblouissante de l'éclair, qui jaillit d'un point à l'autre de l'horizon, la légèreté de la plume, qu'un vent fort fait s'enlever au ciel comme en planant, sans la laisser de longtemps redescendre sur la terre!...

L'âme ne dort point; elle ne dort jamais: elle veille et agit sans cesse. Et ce fait seul, je le répète, nous prouve, — par avance et dans une sérieuse mesure, — son *immortalité.*

Oui, comme je l'ai dit, dans l'analyse des caractères de la vie, notre immortalité s'explique *par le don reçu et existant en nous,* — d'une partie infinitésimale de notre Créateur, — qui, non seulement est partout, mais aussi est éternel.

Le corps visible et la matière se reposent, tandis que l'être invisible et sa puissance se dégagent des liens de leur captivité charnelle, pour voler vers ce qui les attire le plus, ou leur convient le mieux.

Mais, que de phénomènes dans ces tableaux, dans ces

apparitions, dans ces actions innombrables — qui se déroulent avec ou sans notre concours individuel ; — dans ces choses *vues, senties et vécues,* que nous appelons nos *rêves,* nos *songes,* nos *visions !* ...

Malgré la grande habitude que nous en contractons, avec le temps, comment ne pas être frappés de tout ce qu'ils ont d'*étrange,* de *réel,* de *visible, d'insaisissable, d'incompréhensible* et *d'attirant* vers l'inconnu, vers l'insondable,.. qui se révèle, presque toujours diversement, à notre imagination et à nos sens positifs, en ces cas mystérieux et spéciaux ? ...

Si beaucoup cherchent, à repousser, mais — *en les niant seulement,* — toute valeur, tout fondement et toute vérité, dans nos rêves, comment ne pas rester *troublés, perplexes* et parfois *inquiets,* sur les choses et les êtres avec lesquels ils nous mettent en rapport,.. dans les *enseignements,* que très souvent ils nous donnent, les *prédictions,* réelles, ou fausses, en apparence, qu'ils nous font ; et, en général, sur *l'influence directe ou indirecte* de tout ce qu'ils nous apprennent ?....

On dit souvent : « *la fortune vient en dormant* » *;* et cela est juste, — pour tout ce qui concerne les dons qui nous sont faits par la Providence.

En commençant par celui de la santé, c'est-à-dire de l'équilibre qui fait se maintenir toutes nos facultés et moyens vitaux naturels, dans un état *normal et prospère,* n'est-il pas vrai, que c'est précisément et tout particulièrement — par le *sommeil,* qu'elle reçoit ses provisions de forces nerveuses et autres, à dépenser ?..

Or, quelle est la fortune, si brillante soit-elle, qui puisse être comparée à celle d'une santé forte, exhubérante et belle ?

On dit aussi : « *qui dort dîne* » *;* et cela est encore vrai — pour ceux qu'une impossibilité quelconque met dans l'obligation de se priver d'un repas, — par le même effet de *nutrition invisible et réparatrice ;* à la condition, bien entendu, qu'ils ne soyent pas trop souvent privés des bienfaits *palpables* du repas substantiel, qui leur est nécessaire, sous peine de dépenser plus de forces de résistance, qu'ils n'en reçoivent dans l'acte de dormir.

Mais, le sommeil n'est pas seulement un *repas* constant et une *fortune* continuelle, tant qu'il dure ; il est souvent, en plus, une *trêve* à *beaucoup de nos maux physiques et de nos souffrances morales* ...

Oui, pour le souffrant, pour l'affligé, pour le prisonnier de tous les genres, qui gémit sous la contrainte de la force ; . . pour le captif des oppressions et des misères humaines, qui pleure sous les malédictions qui l'étreignent, il est encore et surtout — la *consolation,* le *baume* et *l'oubli* momentanés des tourments et des inquiétudes.

Il est, alors, quelque chose comme notre transport rapide et mystérieux, dans *un monde de délivrance et de délivrés*. Monde souvent étrange, je le répète, et parfois bizarre, cela est certain ; mais où, presque toujours, nous nous sentons affranchis *des obstacles* qui nous retiennent et des *plaies venimeuses* qui nous rongent et nous dévorent...

L'homme, brisé par la lutte quotidienne, par les maladies et les déceptions ; . . la femme, victime de ses illusions, ou de sa condition d'épouse malheureuse ; . . . l'enfant, abandonné, repoussé, ou maltraité, par les circonstances comme par la société égoïste et brutale, qu'il voit, sans cesse menaçantes envers sa faiblesse et son manque d'expérience ; . . trouvent, dans le *sommeil, l'allégement* de leurs fardeaux, la *disparition* provisoire de leurs soucis, . . le *calme* apaisant après l'orage ou la tempête . . .

Et puis, que de douceurs, même dans les illusions parfois si agréables que nous y trouvons, — le plus souvent sans les chercher ! . .

GÉNÉRALITÉ ET BIENFAITS

Tel, par exemple, qui est *malade*, s'y retrouve sain, plein de force et de santé, goûtant les bienfaits d'une vie active et productive !..

Tel autre, qui poursuit un *but difficile* à atteindre dans la vie pratique, les sciences, les arts, ou l'industrie,.. s'y voit réussir, parvenir et jouir de son succès, chèrement acheté au prix d'efforts longs et pénibles !..

Un troisième, qui a *perdu* un père, une mère, un parent, ou un ami,.. revoit les traits aimés de l'âme qui a franchi la grande porte de sortie de ce monde. Il entend sa voix, le langage cher à son cœur, celui qu'instinctivement il recherche et affectionne !..

Un dernier enfin, qui, pendant des années, longues comme des siècles, s'est vu *seul*, isolé du bonheur et de l'affection des autres, s'y voit lié tendrement à l'âme sœur, ou à ceux qui lui manquent... Il se sent aimé, apprécié, sympathiquement entouré et soutenu. La satisfaction et la joie débordent en lui, et facilement il croit que le paradis a envahi son être !.....

Que de choses réconfortantes, enfin, ne devons-nous pas à ce trésor inépuisable, à la fois terrestre et divin, et qui se nomme — le *sommeil* ; — cet acte de *prévoyance*, de *générosité*, de *sollicitude* et de *tendresse* de la nature, à notre égard ; — à nous plus spécialement, pauvres petits souffrants humains, si souvent déshérités, ou meurtris, de tant d'autres côtés !...

Et, certainement, puisque nous ne pouvons, malgré les divers efforts de la science à ce jour, pénétrer et discerner les rouages intimes qui le provoquent en nous, — *depuis notre naissance à notre mort*, — ce que nous avons de mieux à faire, en face de son impénétrabilité infailliblement *endormante*, c'est de le bénir, en nous inclinant — devant la magnificence de Celui qui nous l'a accordé !....

Chapitre II.

LA PHYSIOLOGIE.

Le *sommeil* est d'autant plus inexplicable, que la physiologie n'a encore rien pu nous en dire, ou présenter, de suffisamment compréhensible, si ce n'est les considérations suivantes :

Les premières causes naturelles connues du *sommeil*, sont : — la *fatigue*, le *silence*, un *bruit monotone*, *l'inaction*, *l'ennui* et la *faiblesse*.

Elles le provoquent, sur toute la surface du globe et dans les divers climats, sans qu'il soit possible d'en indiquer le *pourquoi* et le *comment* ; ce qui est assez humiliant pour la science humaine, en même temps que décevant pour la curiosité, légitime, il me semble, de chacun de nous.

Dernièrement, des physiologues de talent ont émis l'opinion, que pendant l'activité des muscles, à l'état de veille, il se forme dans la circulation sanguine, *une substance liquide*, ayant beaucoup d'analogie avec le chloroforme ; et que, lorsque celle-ci est assez abondante, elle provoque une espèce d'engourdissement et de torpeur, qui sont le commencement du *sommeil*.

D'autres physiologues, non moins célèbres, prétendent que cette torpeur et cet engourdissement, ne sont pas l'effet d'un « *liquide endormant* », mais bien, de « *gaz narcotiques* », qui se dégagent d'une certaine somme d'activité, à l'état de veille ; sans, toutefois, pouvoir arriver à fournir des preuves convaincantes de ce qu'ils avancent.

Un des plus entreprenants a eu une idée géniale. Voulant analyser à fond, le, ou les motifs, du *sommeil,* il s'est adressé à la créature qui tient le record en l'art de dormir, la marmotte, ce petit quadrupède rongeur, intéressant et énigmatique au possible, — à ce point de vue spécial.

Chacun sait que les marmottes dorment tout l'hiver, sans se réveiller; ce qui, sans aucun doute, peut s'appeler — *savoir dormir*. Mais, personne n'a encore pu découvrir *pourquoi* elles réussissent, si complètement, à prolonger, — phénoménalement, il faut le dire, — cet acte réparateur par excellence, *là* où tous les autres êtres de la création, en général, échouent.

En effet, malgré tous leurs instincts divers, leurs besoins et leur amour du repos, du *dolce far niente,* sans en excepter les humains, — savants, ignorants, médecins, apothicaires, ou simples profanes végétatifs, — aucun, n'a jamais pu indiquer une telle bonne recette pour refaire ses organes, ou ses esprits, endommagés!..

Bref, le savant en question, a mis en coupe réglée un certain nombre de marmottes, l'hiver et l'été, pour les soumettre à toutes sortes d'expériences. — Après avoir dûment analysé leurs mœurs et leur sang, il a trouvé que ce dernier contient, pendant l'hiver, une forte dose *d'acide carbonique* et *d'hydrocarbure d'acétone;* d'où il en a conclu: 1°. — Que ces deux substances pouvaient bien être la cause du *sommeil,* chez les marmottes; 2°. — que les autres animaux et les êtres du genre humain, en possédant infiniment moins, ne peuvent, par conséquent, dormir que beaucoup moins aussi.

Quant à leurs mœurs, il n'en n'a pas parlé; et, pour ma part, je le regrette sincèrement. Mais, il est fort probable, que leur simplicité même et leur peu d'ambition — en ce qui concerne leurs besoins et la curiosité de chercher à découvrir les mystères du monde qui les entoure, — et dont elles font partie cependant, sans qu'on puisse être en droit de croire qu'elles en ont manifesté le désir, — y contribuent, aussi pour quelque chose,.. qui peut bien avoir sa valeur.

Il reste maintenant à savoir si, en inoculant de certaines doses d'acide carbonique et d'hydrocarbure d'acétone, soit *progressives,* soit suffisamment *copieuses* du premier coup, on pourrait rappeler le *sommeil* qui s'égare — loin de ceux qui souffrent d'insomnies plus ou moins prolongées; — et dont, le plus souvent, la chronicité, rebelle aux soporifiques ordinaires et extraordinaires, fait le désespoir des *agités* et des malades de tous les genres, qui en sont affectés.

Quoi qu'il en soit, et en attendant qu'on essaye de nous inoculer, sous une forme quelconque, non seulement assimilable mais efficace, ces deux substances, vraies, ou supposées; ou, peut-être,.. tout simplement, du sang de marmotte, — puisque la mode est aux inoculations et aux injections, — voici, les seuls faits positifs que la science a pu enregistrer, sur le sujet qui nous occupe:

Si l'homme, use de ses sens et de son activité intellectuelle, ou musculaire, *trop longtemps,* cette dépense excessive de forces *lui nuit,* et *hâte la fin* de son existence.

Pour empêcher un tel abus, contraire aux voies providentielles comme au but de son organisation spéciale, particulièrement douée, la nature *suspend,* chaque jour plus ou moins, *l'action de ses membres, facultés et organes;* pour lui permettre de réparer ses forces générales, au moyen d'un assoupissement profond et quotidien, qui est — le *sommeil*.

Tant que celui-ci dure, les fonctions de relations sont *en repos,* car la circulation et la respiration sont, elles-mêmes, légèrement assoupies; mais, les fonctions de l'assimilation continuent, néanmoins, *quoique doucement alors,* leur travail incessant, pour l'entretien normal de l'individu.

Assez *long* chez l'enfant, qui se dépense énormément, — à cause de son sang jeune et plein de vivacité, — et aussi chez l'adolescent, pour les mêmes motifs, — il l'est *moins* chez l'adulte, — plus calme et rassi, plus fort et résistant ; — lequel, se contente, généralement, de six à sept heures. Tandis que le vieillard, — plus calme encore et lent, dans toutes les manifestations de sa faiblesse, désormais croissante, — n'en jouit souvent qu'en *petite mesure, légèrement,* ou par intermittence.

Jamais, il n'engendre un repos *complet,* des idées, des organes, des sens et des mouvements. Il y a toujours, en eux, une quelque agitation latente, de la *préoccupation* et du *déplacement.* Ainsi, tel qui se couche avec *certaines pensées,* ou une *position quelconque,* se réveille avec ses pensées et sa position plus ou moins *modifiées,* ou même changées complètement.

Beaucoup *parlent* en dormant, d'une façon assez distincte pour qu'on les comprenne. D'autres, *se lèvent,* s'habillent ou non, restent dans ou sortent de leur maison, *en ouvrant et fermant soigneusement les portes ;* puis, — après avoir fait ceci, ou cela, durant leur promenade, — retournent se coucher et se réveillent, plus tard, sans garder *le moindre souvenir* de leurs faits et gestes pendant qu'ils dormaient . . . . .

Ces derniers, *très sensitifs,* sont doués d'une faculté merveilleuse, extraordinaire entre toutes, et qui s'appelle le *somnambulisme.*

Ils possèdent *une lucidité particulière,* qui perfectionne et qui complète, — d'une façon vraiment troublante, — leurs sens intellectuels ; si je puis m'exprimer ainsi. Ils voyent, par exemple, non seulement tout ce qui les entoure, quoique dormant et les yeux fermés, — même *impénétrablement bandés et couverts ;* — mais, très souvent encore, ils décrivent, *avec justesse et précision,* des objets dissimulés, *cachés,* renfermés et invisibles aux non lucides,.. ainsi qu'une foule *d'actes, de pensées et de faits,* parfois absolument ignorés des autres mortels !...

Ils se transportent, avec la rapidité d'une *idée,* dans les pays *les plus lointains,* ou *d'autres mondes* à nous inconnus ; en racontent *des scènes* et en font *des descriptions,* souvent justes, quand on va aux preuves, dans le premier cas ; — extrêmement curieuses et remplies d'imprévu, dans le second.

Ils semblent, très vite, distinguer nettement — à travers l'épaisseur des obstacles *les plus épais et les plus durs,* tels que les murs, les portes, les terrains, nos membres, nos organes, etc., — *ce qui s'y trouve;* et lisent souvent en nous, je le répète, *jusqu'à nos sentiments les plus intimes et secrets.*

Ce genre de *sommeil,* encore plus mystérieux que l'ordinaire, — le commun à tous les êtres vivants, — peut aussi être obtenu *artificiellement,* par des manœuvres connues, désignées sous le nom de *passes magnétiques.*

Du reste, on peut également provoquer le *sommeil* simple, par l'absorption de certains liquides, ou émanations *soporifiques,* tels que l'*opium,* l'*éther,* etc., etc.. Mais, outre que leur continuation, un certain temps, n'est pas sans quelque danger pour l'économie, leur usage provisoire, même bénin, en apparence, n'est pas dépourvu d'inconvénients particuliers aux divers individus ; tout en ne réussissant qu'à moitié, ou pas du tout, sur d'autres, en un grand nombre de cas.

Puis, il y a la *léthargie,* provenant de différentes causes, dont la plupart ne sont point encore expliquées ; surtout celles qui, tout en donnant à l'être humain un repos absolu, allant jusqu'à *l'apparence de la mort,* le plongent dans une immobilité complète, non seulement des *jours* et des *semaines* consécutifs, mais même des *mois* entiers !...

On raconte à ce sujet des histoires presque incroyables ; et, cependant, le merveilleux des cas authentiques les dépasse encore.

Pour ce qui regarde la *léthargie,* produite par le *froid,* et qu'on nomme *léthargie frigorifique,* on sait, qu'elle est amenée par le refoulement du sang vers les organes thoraciques, par la congestion pulmonaire et les obstacles considérables apportés à l'hématose.

Cette dernière est un *sommeil* des plus dangereux, car celui qui se livre à l'assoupissement causé par *un froid exceptionnellement rude,* comme cela arrive dans les hivers très rigoureux, — au milieu des neiges *éblouissantes* et des lieux *déserts,* — ne s'endort, généralement, que pour se réveiller dans un autre monde.

Les pauvres voyageurs, les piétons égarés, les soldats malheureux, comme on en a vu des cas terrifiants, pendant la désastreuse retraite de Moscou, par exemple,... toutes ces victimes des privations, du surmenage, mais surtout — de la *température glacée,* en sont autant de preuves cruelles.

Enfin il y a encore le *coma, ce sommeil* lourd et profond, qui jette dans une torpeur sinistre, ceux dont la mort va s'emparer.

Dans ces moments d'angoisses suprêmes, les moribonds, la gorge obstruée d'épaisses mucosités, le visage amaigri, les tempes et les joues creusées, ont les yeux enfoncés, et leurs lèvres inertes pendent, relâchées, en faisant entendre le râle pénible, qui indique la venue imminente de la faux inexorable.....

De tous les *sommeils,* il est, bien certainement, celui *qui trouble le plus* ceux qui en sont les témoins, parce qu'ils sentent, *instinctivement,* qu'il prépare l'*agonie* et la *défaite* du corps matériel périssable :

Le naufrage d'un corps humain, dans les entrailles

humides de la terre, est toujours un drame poignant, qui émeut, ceux qui en voyent se dérouler les tristes et mystérieuses péripéties, .. devant leurs impuissances diverses ; — dont le tombeau, hélas, reste la preuve constante et absolue.

En résumé, la physiologie, décrit *certains phénomènes se rapportant au sommeil;* mais, reste muette, quant à leur explication réelle la plus sommaire.

Elle sait, que certaines circonstances le favorisent, ou le déterminent. — Comment ?... C'est ce qu'elle ignore. — Que différentes substances liquides, ou gazeuses, le provoquent. Pourquoi ?... Elle attend, constamment aussi, qu'on veuille bien le lui dire .....

Néanmoins,.. le Créateur de tout ce qui existe, allume les lampes de nos vies et les fait brûler, dans l'activité de nos jours. Il en restreint la flamme, pendant l'obscurité nécessaire de nos nuits, pour en ménager l'huile; et, une fois qu'elles ont rempli *la mission à laquelle elles sont destinées,* il les éteint, — simplement.

Voilà, le plus clair de la science humaine, .. sur ce problème, comme sur tant d'autres.

Chapitre III.

VISIONS, RÊVES ET MYSTÈRES.

Si le sommeil est *un magnétisme divin et bienfaisant,* comme je le crois, sans essayer de le disséquer, au scalpel, ni de l'analyser inutilement, au microscope, à l'instar de beaucoup de savants déçus, — malgré toutes leurs connaissances spéciales et leurs théories, multiples autant qu'imaginatives,

— force nous est donc, jusqu'à meilleure information, de le considérer — un profond *mystère*, actuellement insondable pour nos facultés terrestres — et de chercher à en jouir, comme d'un bienfait, ou d'un don précieux, véritablement extraordinaire et inestimable.

Puisque, ainsi que je l'ai dit dans le livre de la vie, nous sommes tous des êtres *doubles*, c'est-à-dire, composés — *d'une âme et d'un corps, agissant ici-bas l'un par l'autre*, — ne négligeons pas cette occasion d'observer, dans la mesure de nos lucidités individuelles, les faits et gestes de la première — quand elle est, quelque peu, débarrassée de l'animation pesante et soutenue du second.

Comme un prisonnier sous les verrous, aspire, sans cesse, à sa délivrance, l'âme, retenue par les liens lourds et grossiers de la matière, recherche, sans trêve, ni repos appréciables, la liberté idéale et pure — *qui est, son essence vitale même, avec son but graduel, le plus forcément immuable*, — sur le chemin de toutes les perfections qu'elle désire, et doit, s'assimiler.

Or, nous pouvons déjà, juger de *son amour de l'indépendance*, par les *rêves* que nous faisons, pendant que nous dormons plus ou moins profondément, brièvement ou longuement.

Le sommeil délivre en partie l'âme du corps, car il défait, provisoirement, une certaine quantité des chaînes qui la font captive, à l'état de veille; et, tout tend à nous faire supposer, que, tandis que nous dormons, nous sommes, *un peu*, ce que nous serons *beaucoup*, après la perte de notre corps matériel terrestre.

Si nous pouvions toujours, comprendre un grand nombre de nos *rêves*, ils seraient souvent des plus instructifs, des plus encourageants au bien, des plus consolants pour le présent et des plus édifiants pour l'avenir.

Mais, cela est presque impossible, en général, aux natures les plus droites, les plus saintes et les mieux douées sous tous les rapports; et il ne faut donc pas y songer, pour le commun des mortels surtout.

Il est certain, cependant, que quand nous voyons, en *rêve,* des lieux à nous inconnus, des êtres sympathiques ou antipathiques, des scènes auxquelles nous n'avons jamais pensé, ou dont nous n'avons jamais entendu parler, ces choses ne sont pas des *illusions,* dans le sens vide du mot, — car elles se sont *réellement* manifestées devant nos esprits, — qui en ont été les témoins et les spectateurs.

Vouloir obstinément soutenir le contraire, serait aussi *illogique* que, *à l'état de veille,* de rencontrer, par hasard, quelqu'un qui nous est inconnu et *de lui parler un certain temps;* puis, le soir venu, ou le lendemain, de nous dire, à nous-même, que cette entrevue n'était qu'une *hallucination?*...

Il est donc toujours plus vrai, plus profitable et plus digne, de dire bien plutôt, — que tous ces phénomènes existent, *d'une façon continuelle;* qu'ils se reproduisent, chez tous les êtres *qui dorment,* puisque les animaux, eux aussi, nous en donnent, journellement, des preuves évidentes; — mais, en ajoutant, pour être justes et sincères, — *que nous ne les comprenons pas,* et qu'il nous est *impossible de les expliquer, scientifiquement*.

A tout prendre, le *rêve* est *un ensemble d'idées, d'images et de faits,* qui se présentent à notre esprit, avec ou sans son concours; durant notre sommeil.

Mais, croire que ces idées, ces images et ces faits, ne sont qu'un *mirage,* qu'une *vaine fumée,* ou *rien du tout,* constitue une grande, bien grande erreur;.. quelque chose comme nier, *malgré toutes les preuves les plus convaincantes,* l'existence de ce qui se manifeste, en nous et autour de nous, — d'une façon aussi étendue et constatable, que positive !...

Naturellement, il ne faut pas conclure, de tout cela, que des êtres assez perspicaces, peuvent et arrivent à nous dire, ainsi, la *bonne aventure,* sur une base infaillible ; non. — Rêver d'une chose, n'est point toujours le *présage,* ou *l'annonce,* que cette chose doit nous arriver ; mais bien, qu'elle est *vue,* — puisqu'elle a *lieu* et qu'elle est *constatée* par l'esprit, — sans toutefois avoir, pour nous, avec une certitude régulière, l'effet matériel et terrestre que nous en espérons ;.. si nous ne le redoutons.

Les *visions* du sommeil, à tout prendre, sont, plus spécialement, des relations *de notre esprit avec d'autres esprits,* qui appartiennent — soit à notre monde terrestre, soit à d'autres mondes plus ou moins ignorés.

Dans l'action de dormir, il n'y a vraiment que le corps matériel qui se repose, l'esprit et l'âme restent toujours en éveil ; nous l'avons vu.

Or, ces derniers retrouvent, dans ces moments précieux, je l'ai déjà dit aussi, *une partie* de leur liberté ; et ils en profitent, pour *aller à leurs affaires* et parcourir l'espace qui s'ouvre devant eux.

Ils s'élancent, peut-on dire, à la rencontre des autres intangibles, de ceux vers lesquels la sympathie, l'affection, ou quelque autre intérêt de ce genre, les *attire,*.. ou leurs passions, leurs vices, leurs défauts, les *poussent ;*.. comme vers les lieux qui leur sont chers, ou qu'ils redoutent, — soit dans ce monde connu, soit en d'autres encore ignorés. — Et ils préparent, ou entretiennent, *de la sorte,* les relations qu'ils ont déjà, ou auront plus tard, dans leurs vies futures...

Les cas de *pressentiments* et d'*avertissements,* établis par des *rêves,* ne sont pas rares ; *ils pullulent,* au contraire.

Souvent, des personnes voyent très distinctement leur

apparaître, *en songe,* des parents, des amis, ou des inconnus, qui viennent les *aviser* de ce qui les concerne ; et cela, notez-le bien, parfois à des distances considérables des dormeurs, comme aussi, — sans qu'ils y ayent pensé le moins du monde, à l'état de veille.

Et quand, après, soit que les preuves en arrivent bientôt d'elles-mêmes, soit qu'on fasse une enquête rigoureuse, — on découvre que les faits sont exacts, n'est-il pas évident, alors, que ce qu'on a vu et entendu *a réellement eu lieu,* et que l'imagination n'y est point seule en cause ?...

Dans le même ordre d'idées, il arrive, communément, que toutes sortes de pensées nous viennent — *après avoir dormi;* et cela est si fréquent, si régulier, même, qu'on en a fait un proverbe : « *La nuit porte conseil* », dit-on.

Eh bien, ces pensées et ces conseils, nous sont *suggérés* par les esprits que nous *entendons,* ou *rencontrons,* dans nos *songes, rêves* et *visions ;* et, le fait n'a rien d'étonnant, sinon — que, généralement, on se refuse à l'admettre, sans cependant le pouvoir expliquer *autrement;* — ce qui est un non-sens pur et simple.

Toutefois, en établissant ces faits intéressants, qui se produisent en chacun de nous, il ne s'ensuit pas, nécessairement, que toutes nos relations avec les différents esprits sont bonnes ; parce que, en admettant l'existence de beaucoup d'autres mondes, *tant inférieurs que supérieurs à la Terre,* — la plupart d'entre eux, n'ayant point encore la perfection idéale en partage, — il est facile de comprendre qu'ils ont, comme nous, du reste, des esprits plus ou moins *bons,* ou *mauvais,* — pour habitants.

Et je pense, à cet égard, que nos propres esprits, sur cette Terre, attirent et recherchent, généralement, — des *bons esprits* quand ils sont *bons* eux-mêmes, et des *mauvais esprits* quand ils sont eux-mêmes *mauvais*.

Pourquoi, dans ce domaine, ne dirait-on pas aussi : « *Qui se ressemble s'assemble* » ? . . .

Maintenant, aux personnes timorées et aux âmes craintives, qui voudraient encore essayer de repousser ces manifestations, — *ayant lieu depuis que le monde est monde,* — sous le fallacieux prétexte qu'elles ne peuvent admettre 1°. — *l'existence des esprits,* — je leur ferai observer, que, pourtant, elles se croyent immortelles elles-mêmes, quant à leurs propres esprits .

Si donc, elles croyent à l'immortalité de l'âme, en ce qui les concerne *directement,* pourquoi refuseraient-elles d'y croire, *en faveur de tous les autres êtres humains;* comme elles, venus *sur* et sortis *de* ce monde ?

Et en y réfléchissant un peu, . . *où,* pensent-elles, que ces centaines de milliards et centaines de milliards d'esprits, ayant perdu leurs corps et positions matériels terrestres, *sont occupés,* . . en attendant leur perfectionnement idéal ? . . . . .

2°. — Puis, si leur éloignement de ces croyances positives est, pour elles, *un reste de superstition religieuse,* et qu'elles estiment bien faire, en se bouchant les yeux et les oreilles de l'intelligence et de l'entendement spirituel, afin de nier encore, jusqu'à l'évidence, de peur de se mêler à des mystères qu'elles ne croyent, ou ne veulent comprendre — que *diaboliques,* — je leur dirai, simplement, . . que le sommeil de tous les êtres humains, sans aucune exception, *est constamment rempli des relations d'esprit à esprit,* — qu'ils le veuillent, ou non ! . .

De plus, que c'est, — paraît-il, — une nécessité voulue par Dieu, dans sa sagesse et ses vues providentielles ; et que ce phénomène perpétuel, — malgré ses côtés impénétrables, — n'est pas plus mystérieux que ceux de la *naissance,* de la *vie,* de la *mort;* ou encore, des *étoiles* et des *planètes,* qui nous contemplent, tenus dans l'immensité de l'air on ne sait trop comment?....

A tout prendre, n'est-il pas mille fois mieux, pour nos craintes les plus légitimes — à l'égard de l'ensemble des détails, et du total formidable, de ce qui a trait à notre avenir, — d'arriver, par le raisonnement impartial des faits, à admettre — *la pluralité des mondes et l'activité constante des esprits?*...

Pour ma part, je ne puis me figurer un esprit, plein d'animation durant une vie passée ici-bas, occupé, sans cesse, à la direction du corps qui a été placé sous son vouloir, de sa naissance à sa mort matérielles terrestres; et se fixant ensuite, *immobile,* comme *pétrifié,* dans *un point quelconque* de l'univers, pour y attendre, — *qui sait combien de milliers ou millions d'années encore,* — le grand jugement final dont il est tant parlé?..

Il me semble, beaucoup plus vrai, plus juste, et incomparablement plus avantageux, pour lui, de le voir suivre les voies multiples *de tous les progrès à accomplir,* pour son avancement et son perfectionnement constants vers l'idéal, — *qui est son but* — et celui de son Créateur généreux et infini.

Cependant, chacun est libre de penser, avec sa tête, ou celle des autres, devant ces problèmes grandioses. Il y a des faits, en ces matières, qui sont jugés *insignifiants,* par le plus grand nombre; *troublants, intéressants et instructifs,* au suprême degré, par beaucoup aussi...

Certes, la liberté est une belle chose, en principe tout d'abord; — mais, en réalité, *elle ne se trouve nulle part, d'une façon absolue,* et, encore moins dans le sommeil qu'ailleurs; — puisque le corps est *prisonnier sur place,* et que l'âme ne suit que les *ordres* qui lui sont *dictés,* ou *tracés* — par les *instincts,* les *besoins* et les *devoirs,* auxquels elle est *obligée* de se soumettre!....

Chapitre IV.

ENGOURDISSEMENTS VOULUS.

Le sommeil, c'est encore la *paresse intellectuelle, morale* ou *physique*.

Le manque *d'énergie* d'une âme, pour *s'assimiler* les choses de l'esprit, ou du corps, qui lui font défaut, une ou plusieurs vies durant, peut-être, est une torpeur léthargique qui doit être voulue, — *par son Créateur même*, — soit pour y acquérir une certaine dose nécessaire de *longanimité,* de *patience* ou de *calme,* vis-à-vis des tentations diverses, qui restent alors vaines sur son indifférence, soit pour y remplir et combler d'autres lacunes ou attributions.

Ainsi, l'être qui, dès son enfance déjà, ne sent décidément aucune attraction pour l'étude des choses *intellectuelles,* et qui, souvent encore, arrive en ce monde non muni *des dons spéciaux* qui lui seraient cependant indispensables, pour y atteindre un résultat profitable et efficace, est, sûrement, destiné à s'occuper d'autres observations et travaux; sans doute, non moins puissamment avantageux à son élévation *réelle* et *continuelle*.

Celui qui, par contre, donne, dès les premières années parfois, des signes évidents de capacités vers les choses de l'esprit, — plus ou moins, naturellement, — prouve, *par les dons mêmes qui brillent lumineusement en lui,* qu'il est venu y accomplir un stage spécial.

Que sont donc les *génies,* les *esprits transcendants* de tous les genres, .. sinon, des âmes qui ont beaucoup reçu, c'est-à-dire — *longtemps vécu et beaucoup appris,* — et qui doivent, ici-bas, servir à leurs contemporains moins avancés et plus faibles, de *maîtres,* de *moniteurs,* d'*exemples,* et de *guides?*...

Dieu est juste. Il ne donne pas presque *rien* à l'un et *tout* à l'autre. Mais, il répartit *graduellement* et peu à peu — ses dons avec les devoirs, — les peines et les plaisirs, — d'une existence à l'autre.

Ce qui manque le plus, à l'homme — *pour être heureux,* — sur cette Terre de toutes les épreuves imaginables, c'est la *patience*.

Et, de toutes les choses à acquérir, c'est encore celle dont nous avons le besoin le plus urgent, celle qui nous est, certainement, la plus indispensable, — dans tout ce que nous nous efforçons de faire ; — et qui nous est, ordinairement, la plus difficile, la plus longue et la plus pénible à apprendre.

Pour nos désirs, pour nos souffrances, pour tous les efforts qui, de l'un à l'autre, sont exigés de nous — dans tous les domaines, comme sous les latitudes variées et leurs diverses exigences sociales, — le seul *levier,* qui peut nous faire avancer, sûrement et avec gain palpable, quand bien dirigé, — c'est, ce sentiment indéfini, que son élasticité la plus étendue transforme en *vertu héroïque,* capable aussi de tout accepter sans murmure, au besoin, et qu'on nomme — la *patience*.

En effet, si nous sommes malheureux, extrêmement malheureux parfois, c'est souvent, d'un côté, parce que nous nous trouvons dans *une fâcheuse situation quelconque;* et, de l'autre, parce que nous manquons de la *patience nécessaire* pour pouvoir la *supporter,* l'*améliorer* ou la *transformer* à notre satisfaction; suivant ce que nous en avons et voyons de *possible* et de *désirable*.

Nous gémissons, presque toujours, sur les maux de notre destinée; et cela est très compréhensible, — puisque *souffrir* n'est pas *jouir*. Mais, que de *patience* il faut à Dieu, pour nous supporter dans toutes nos imperfections, méchancetés, souillures et autres abominations,.. et pour nous aimer encore, quand même, *envers et contre tout;* — malgré nos désobéissances continuelles !....

Puis, il y a la *paresse*, ou *faiblesse innée, du physique*, qui est le *sommeil* des forces matérielles.

Que de gens viennent au monde, avec des instincts et des aptitudes absolument contraires à tous les travaux, comme aux durs efforts, qui ont pour moyen général, presque continuel, les *forces physiques* en action?..

Eh bien, ne prouvent-ils pas, ceux-là aussi, qu'ils sont sous le joug d'un sommeil *particulier*, qui leur interdit, en quelque sorte, *le choix, la facilité, ou l'usage des travaux rudes ;* de ceux qui réclament l'aguerrissement, obtenu, peu à peu, par l'exercice *de la force des membres et organes matériels* ?..

Donc, si l'un vient au monde, avec une constitution dans laquelle prédomine l'intellectualité, la *spiritualité,* et où manque la force, le besoin et le goût d'agir matériellement; et si l'autre naît avec une charpente musculeuse très accusée, herculéenne, une activité toute poussée vers les *efforts corporels,* avec une négation et une aversion marquées, pour tout ce qui regarde les études de la pensée ; il est évident, que le premier a *un travail d'esprit à accomplir,* et que le second, est appelé à *un travail de corps*.

Et, je crois pouvoir ajouter, — que toutes les autres organisations participent, plus ou moins, de l'un ou de l'autre, de ces deux types-exemples, ou de tous les deux à la fois; — dans la mesure précise, du volume de leurs dons individuels.

Le sommeil particulier, dans lequel chacun de nous est ainsi plongé, ici-bas, — indépendamment du sommeil ordinaire, commun à tous les êtres de la création, — est, nous devons le reconnaître, *un engourdissement voulu, obligé, nécessaire,* à notre avancement progressif et continuel.

Toutes les forces dont nous possédons des *réminiscences,* ou des *velléités,* mais non l'usage *facultatif, immédial et volontaire,* sont des forces acquises réelles, — *endormies.* Leur développement et leur exercice, ont eu lieu dans une, ou des existences antérieures; leur sommeil, peut leur être imposé pour une, ou plusieurs vies; — soit, depuis la, ou les dernières; l'actuelle, ou une, ou d'autres, à venir; — et leur réveil surviendra plus tard, — *en temps et lieu* — dans ce monde, ou un autre.

Tous les dons du Créateur sont répartis, avec générosité et justice parfaites, entre ses créatures; qu'il déclare, lui-même, — *égales, devant son amour de Père.*

Or, puisque nous ne pouvons pas mettre en doute, ses déclarations formelles, ses promesses grandioses et sa paternité, à notre égard; comment, quand nous voyons tant de souffrances et de lacunes constantes, dans nos propres vies d'ici-bas, — *de notre naissance à notre mort,* — pourrions-nous ne pas croire à d'autres vies *antérieures* et *futures?*

Et cela, d'autant plus, que, chacune de nos diverses et innombrables expériences individuelles, nous montre et nous prouve, chaque fois, que rien ne s'acquiert sans peine; mais, au contraire, que tout mûrit *en son temps,* c'est-à-dire — ne se développe que peu à peu?...

Ces considérations, prises sur nos individus isolés, me paraissent d'autant plus vraisemblables et justes, qu'elles s'appliquent également, aux familles et aux nations.

En suivant l'histoire des *peuples,* comme celle d'un très grand nombre de *familles,* parmi les puissants de la Terre,— *de l'antiquité à nos jours,* — ne voit-on pas, chez eux, des *hauts* et des *bas;* et, non rarement aussi,.. des *fortunes* et des *gloires* extraordinaires, remplacées par des *misères* ou des *hontes*, non moins extraordinaires?..

N'en voit-on pas, qui, après avoir brillé comme autant de soleils de différents genres, pour l'humanité, se sont éteints silencieusement ou tragiquement, par un dernier rejeton, terminant une plus ou moins longue série de race, ou d'aïeux illustres ?..

Qu'est-ce donc que ces cessations d'activité, d'utilité et de direction, survenant dans l'histoire prolongée, ou mouvementée, de ces nations et familles, sinon — un *sommeil spécial,* qui les détache du commandement des choses de ce monde, où leurs missions voulues ont été *accomplies;* — *quand,* et, peut-être, malgré les apparences, *comme* elles le devaient ?....

Maintenant, si, par eux-mêmes déjà, les individus sont *immortels,* qui pourrait, actuellement, nous prouver que les familles, — quoique peut-être sous d'autres formes, qu'il nous est impossible de prévoir, — n'ont pas aussi leur *immortalité collective ?*

Certes, il n'est pas facile ici de répondre; et je préfère passer à d'autres arguments, soit — d'autres questions — à présenter au lecteur.

Si l'on jette un simple coup d'œil rétrospectif, sur les destinées connues de toutes les nations de la Terre, à ce jour, on est obligé de constater — qu'elles ont été frappées de *coups, analogues* à ceux portés aux familles.

Ainsi, nous voyons, aujourd'hui, *perdues dans la nuit des temps,* les splendeurs grandioses des Égyptiens, des Israélites, des Romains, des Chinois, des Grecs, des Arabes, etc., etc., *comme nations gigantesques;* — tant pour la puissance militaire, la domination de la force matérielle, que pour celles du génie, de l'esprit et des mœurs civilisées, de la culture générale et des progrès extrêmement avancés, — déjà avant l'époque de Jésus-Christ...

Et le sort de tant d'autres *empires,* ou *républiques,* jadis si prospères, il y.a seulement quelques siècles ; qu'est-il, de nos jours, — comparativement aux fastes brillants d'autrefois ?

Hélas, quelque chose comme une *grande trace effacée, perdue, oubliée,*.. et qui ne fait plus guère penser — qu'à l'évocation d'un *souvenir légendaire,* ou *historique;* que la curiosité, ou la susceptibilité exagérée, des modernes, se plaît, parfois, à rappeler plus ou moins poétiquement, ou martialement!..

Il n'y a pas à s'y tromper, ces forces collectives disparues, ces grandes et formidables puissances des temps anciens, ont été tour à tour décimées ; puis, *endormies, dans le néant alternatif des grandeurs et des vanités terrestres ;* après avoir vécu leur activité d'ensemble.

C'est aussi, une des formes visibles et tangibles de la justice divine, qui veut, que toutes ayent leurs époques de formations, de progrès, d'élévations voulues ; puis, qu'elles rentrent ailleurs, par — *le sommeil et l'oubli des choses de la Terre,* — pour faire place à de nouvelles familles nationales.

Du reste, tous ces mêmes phénomènes sociaux, s'observent également, je le répète, dans le renouveau continuel de la vie des individus, des familles et des peuples : *Naissance, développement, apogée;* enfin, *déclin, repos* et *disparition ;* c'est-à-dire — *sommeil approprié et oubli des choses matérielles ;* — une fois parvenues à leur intensité nécessaire.

Dans toutes les manifestations de la puissance humaine, — sous toutes ses faces et à quelque point de vue que l'on se place, pour les regarder, — on voit — des temps *d'activité* et des temps *de repos.*

Chacune d'elles, est appelée à accomplir le travail qui lui incombe, pour se reposer, ensuite, par le sommeil; que, d'un autre côté, ses dépenses de vitalité exigent.

L'industrie, les sciences, les arts, n'échappent pas plus à ces lois constantes, que les simples mortels, sensés ou insensés.

Et ce n'est pas autrement, que nous voyons des *industries,* se développer de plus en plus *pendant des siècles,* pour s'endormir après; dans l'oubli des avantages réels qu'elles ont, cependant, procurés à leurs initiateurs et artisans.

Des *sciences,* qui ont certainement élargi et dévoilé, en grande partie, *l'horizon* des connaissances humaines, durant *les progrès glorieux de leur avancement, un peu dans tout;* et qui, — non comme des marmottes l'hiver entier, mais,.. pour la longueur de plusieurs centaines d'hivers intellectuels, peut-être, — s'endorment, profondément, sur leurs acquis valables, de mémoire antérieure.

Des *arts,* peu à peu devenus brillants, pour avoir été éclairés par les flambeaux lumineux *de quelques génies hors ligne,* qui restent végétants, ensuite, de grands espaces de temps; endormis dans leurs anciens lauriers, non ravivés à nouveau par la succession, relativement monotone, des médiocrités appelées et non.. des élus véritables!...

Puis, il y a aussi le sommeil des *sentiments,* des *instincts,* de la *justice;*.. ces longues alternatives *d'abaissements* et *d'élévations,* de *cruautés* et *d'adoucissements,* qui se propagent et se transforment, mystérieusement,.. à travers les ténèbres des convoitises vulgaires et les lueurs de l'idéal.

Que de choses à dire, encore, sur tous ces sommeils-là, plus ou moins prolongés,.. ces sommeils rendus souvent sinistres et presque invincibles, — par *l'égoïsme des cœurs, l'étroitesse des esprits* et le *peu de bonne volonté,* comme le *manque de bienveillance;* — *ce. plaies hideuses et maudi-*

tes, — qui ont rongé les sociétés anciennes, et qui rongent encore les sociétés modernes !...

Mais, l'admettant ou non, ces sommeils sont *voulus;* d'une part, par le *souverain Maître* de toutes choses, et, d'autre part, par la *rébellion contagieuse* de ses créatures, inintelligentes autant que désobéissantes ; dans ce qui concerne leurs efforts, — *sans cesse renaissants,* — pour se soustraire, aux lois naturelles de sa bonté incomparable à les faire progresser, *toujours plus,* dans leurs meilleurs changements et intérêts.

Cependant, *ces différents et multiples sommeils,* ne doivent pas effrayer nos imaginations faibles et craintives, non plus que nos caractères, en formation continuelle ; parce que, si longues que soyent parfois leurs durées respectives, elles aboutissent toutes à un *réveil* plus ou moins tardif, mais — obligé.

Qui dit *sommeil* indique aussi l'idée d'un *réveil;* et plus le premier aura accumulé *de forces réparatrices et de fluides générateurs,* plus le second *sera efficace et mieux avisé* dans la reprise de ses travaux, provisoirement suspendus.

Et c'est ainsi, que, non seulement l'humanité, mais avec — *tout ce qui existe dans la nature* — avance peu à peu... Il y a des hésitations, des pas timides, suivis d'autres, plus assurés et convaincus, en avant; quelques pas de doute et de désespérance, en arrière. Puis, des temps de *repos,* ou *sommeils;* suivis, après, de leurs *réveils* et de la reprise de la marche en avant.

Tout cela doit nous être précieux, très précieux même, pour modérer nos impatiences individuelles et nous consoler, de ce que nous croyons être du temps perdu, gaspillé par les atteintes du néant ;.. du néant, qui n'existe pas.

Du reste, chacun des phénomènes que nous ne comprenons pas encore, a, malgré notre ignorance à son sujet, *une cause intelligente perpétuelle,* qui n'est pas produite par le hasard. Et, chaque cause, appréciable ou non, engendre des effets voulus, — guidés et amenés, chaque fois aussi, par la volonté suprême, qui en fait surgir la cause initiale génératrice.

Rassurons-nous donc, sur les mystères du sommeil, examiné sous toutes ses formes, car ils sont établis — pour le plus grand profit de tout ce qui existe, — en général comme en particulier.

Et, puisque c'est en dormant que, nous spécialement, les humains, — *toujours si longtemps et si souvent inhumains,* — nous avons l'occasion de nous familiariser, un peu, *avec les esprits et les mondes invisibles,* desquels nous ferons tous partie, chacun en ses temps et lieux fixés ; profitons-en ; au moins, pour commencer d'apprendre à nous connaître nous-mêmes, aussi exactement que possible.

Nos efforts, dans l'école terrestre où nous sommes actuellement placés, en seront d'autant plus sérieux, plus profitables à notre raison, à nos cœurs et à nos âmes, prisonniers, ici-bas, des tyrans matériels.

LIVRE TROISIÈME

LA MORT

Chapitre I.

APPRÉHENSIONS.

Après la vie et le sommeil, envisagés par leurs différents caractères, nous voici arrivés à la *mort*.

Quelle chose pénible et lugubre, que l'idée de la *mort* inexorable, de cette justicière, venant trancher nos liens matériels, au moment voulu, et qui revêt toutes les formes imaginables pour nous frapper d'*anéantissement,* — quand la minute fatale a pour chacun de nous sonné ; que nous y soyons préparés, ou non !...

Y a-t-il vraiment, — *au monde que nous connaissons,* — des êtres raisonnables et pensants, des esprits forts, assez calmes, philosophes et indifférents, pour y songer toujours sans appréhension, sans crainte secrète et sans tremblement intérieur ?..

Je ne le crois pas, mais je suis presque sûr du contraire ; tant ses côtés mystérieux et horribles sont, pour nous, redoutés et redoutables !...

Comment voir, par exemple, le corps idéalement beau et animé d'un enfant, d'un jeune homme, d'une jeune fille ou d'une femme ;.. d'un homme plein de force et d'ardeur,..

et même,.. d'un de ces dignes vieillards remplis de douceur, de bienveillance et de majesté sereine ; — tout à coup, s'écrouler, sous *le souffle glacé du nauséabond putréfacteur,* — sans être effrayé des spectacles, positivement indescriptibles, qui s'offrent peu à peu à nos regards ignorants ?

Malgré tout ce que la science des hommes peut nous apprendre, à cet endroit, tout ce que l'habitude peut calmer dans nos sens, et encore, tout ce que le courage moral peut nous inspirer de sang-froid et d'impassibilité, ces réalités *impénétrables,* ne sont-elles pas quand même terrifiantes, à nos si variés points de vue individuels ?

O, ami lecteur, c'est avec sincérité et dans *l'intacte simplicité véridique* de ton cœur, qu'il te faut ici répondre, mentalement, à mes questions,.. que tu sois un savant, un soldat, un médecin, un juge, un prêtre, un peintre, un poète, un amoureux, un matérialiste, un chrétien, un bourreau, un malade, une victime,.. ou un autre acteur quelconque de l'existence terrestre.

Et alors, j'en suis certain, tu me diras : « *Oui, la mort m'effraye, elle m'épouvante, parfois; et, le plus souvent, je tâche d'éloigner de mon esprit, les souvenirs qui l'évoquent macabrement en moi* ».

Ami lecteur, en tout cela je te comprends, parce que le *fait* d'appartenir à la grande famille humaine, c'est-à-dire — d'avoir Dieu pour *père,* la Nature pour *mère* et la Terre comme *habitation commune,* — nous rend tous *frères;* quelles que soyent nos conditions respectives.

Oui, tu as raison, mille fois raison, dans tes inquiétudes concernant la *mort,* qui nous abattra l'un et l'autre, *à l'heure marquée;* car,.. ce que nous en savons est capable de nous faire dresser les cheveux sur la tête, de frayeur, même si nous sommes chauves; et,.. au fond, ce que l'on nous en dit de consolant, n'a absolument rien de rassurant....

A la santé, à la force, à l'animation, aux fraîches couleurs chaudes et aux beautés multiples, qui caractérisent la vie, — dans ce qu'elle a d'agréable, pour ses privilégiés, et aux yeux de ses admirateurs spirituels et matériels ; — la *mort*, fait succéder l'impuissance froide et rigide, la pâleur cadavérique et la putréfaction !...

A l'esprit des enfants, déjà, on inculque des terreurs folles, en parlant de la *mort*, dans la soi-disant pieuse intention de les éclairer — *sur leur conduite à tous les âges*, comme pour mieux préparer leur avenir d'outre-tombe.

C'est ainsi qu'on leur enseigne, qu'il y a — un *enfer* et un *paradis*, — mais qu'ils iront, presque certainement, en *enfer*; tout ce qui existe dans les instincts naturels, étant autant de péchés mortels pour l'âme ;.. que le diable est maître de la Terre, où il nargue le bon Dieu et lui arrache les âmes de ses enfants — pour les faire rôtir *éternellement*, — avec son propre consentement ;.. dès qu'ils ont commis, une, ou quelques fautes un peu graves.

Puis, d'un autre côté, on leur dit également : « *A tout péché miséricorde* » ; « *Dieu est souverainement bon et juste* » ; « *Il ne veut pas la mort du pécheur, mais sa conversion au bien* » !...

Au premier abord, cela paraît illogique. Mais, quand on en demande la raison et l'explication, aux théologiens de chaque couleur, ils ne sont pas embarrassés pour si peu, et ils répondent : 1°. — « *Pour ce qui est écrit dans la Bible, c'est la vérité même, et elle ne doit pas être mise en doute* » ; 2°. — *Quant à l'explication exacte de ses déclarations, images et paraboles, il y a des mystères nombreux et insondables* » ; 3°. — « *L'intelligence des évangiles est un don de Dieu* » !...

Bref, ils ont réponse à tout ; et, à défaut de preuves, — qu'ils ne savent où prendre, du reste, — ils ont l'éternelle menace, celle faite exprès, comme les chiens pour aboyer et pour mordre, pourrait-on dire,.. des « *flammes de l'enfer* »...

La simple disposition d'esprit, même, qui consiste *à chercher à s'instruire dans ces choses solennelles,* en la mesure du possible, est encore et toujours, — à leurs yeux, du moins, — un *péché mortel :*

« Croyez tout ce qui vous est dit et enseigné, dans nos religions disparates, chacune étant — *la seule vraie,* — pour ceux qui y croyent et la pratiquent sincèrement ; car, si vous aviez, par disgrâce, la malchance de ne pas croire, — *sur parole, et malgré toutes les contradictions qui vous renversent,* — vous seriez infailliblement voués à servir de biftecks, ou de rosbifs, sur le gril éternel du roi des enfers ».

Qu'on le veuille, ou non, l'*essence pratique* même, de toutes les religions et sectes religieuses systématiques établies, est l'*affreuse* indiquée ci-dessus. Or, il arrive qu'en grandissant les enfants deviennent instruits, et que, quand ils atteignent leur maturité d'hommes, ou de femmes, une partie d'entre eux, — *ceux qui ont le plus de jugement,* — ne peuvent admettre de telles perspectives, aussi fausses, idiotes et dénaturées, qu'impitoyables, et qu'ils deviennent alors, trop souvent, hélas, *athées,* ou *matérialistes*.

Et c'est de cette façon stupide, pas autrement, qu'on les amène à croire — qu'en dehors de la vie présente il n'existe plus rien.

Dans une autre partie, composée des très nombreux, qui ont conservé les *funestes impressions superstitieuses* de leur jeune âge, et de ceux qui ont la *tête faible, maladive, ou peureuse,* ils redoutent — « *la grillade sans fin* », — dont ils sont menacés à leur mort ; ce qui les fait malheureux,.. déjà toute leur vie terrestre, — pour commencer et en attendant.

Mais, laissons là ces considérations angoissantes, dans toute leur triste réalité; elles sont désolantes au premier chef.

Comme que fasse l'être humain intelligent, homme, ou femme, peu importe, il n'arrivera jamais à croire, *entièrement,* qu'à la manière de St-Thomas; c'est-à-dire — qu'avec des preuves *irréfutables, ou palpables,* en garantie de ce qu'on lui avance.

Il tient surtout, au fond, inconsciemment et instinctivement, sans aucun doute, *à la vie qu'il possède et qu'il connaît plus ou moins ;* parce que, soupçonneux de sa nature, en ces matières, il préfère, à cet égard — un « *tiens* » *passable, ou même mauvais, à dix bons* « *tu l'auras* ».

On a beau lui dire qu'il ressuscitera, qu'il ne mourra plus après; et qu'il verra des merveilles, en débutant par la sienne : — *sa transformation glorieuse en toutes sortes de perfections,* — que nul ne connaît, mais que tous les théologiens lui prédisent, — avec plus ou moins d'assurance et de bonne volonté; — il reste *méfiant,* en son for intérieur, et pas du tout désireux d'aller y voir de près, .. en en faisant l'essai . . .

Et cela se comprend, voyons. Il juge de la vie par ce qu'il en *sait,* par ce qu'il en *sent,* ce qu'il en *voit,* ce qu'il en *entend* et ce qu'il en *goûte,* matériellement et intellectuellement.

Malgré ses déceptions et ses souffrances, il se sait vivant, entouré de ses semblables, comme d'une foule d'autres êtres et de choses, qui remplissent sa pensée et son activité, de sensations diverses; qui l'empêchent d'être seul, isolé dans un néant de solitude et de ténèbres muettes.

Nul de ceux qui sont morts n'étant revenu, en chair et en os, perfectionnés ou non, pour se montrer à lui en exemple *certain,* il ne se sent pas plus enthousiaste que rassuré, à l'idée de se voir *trépasser*, enfoui sous terre, dans la profondeur des eaux, peut-être ; ou converti en marmelade par une explosion, un écrasement, un coup d'assommoir, ou tout autre accident tragique quelconque !... Ce dont on ne peut raisonnablement lui en vouloir, il me semble ?...

Dans ces cas épouvantables, ordinaires ou extraordinaires, il va de soi que, ou par l'effet du débordement de l'« *instinct de la conservation* », ou par la « *peur bleue* », ou par l'*impossibilité de s'y soustraire*, ou par le *manque absolu de curiosité*, ou par *toutes ces choses à la fois*;... chacun, au moment suprême, ne se sentant décidément pas amateur, — s'il n'a un motif grave pour fausser compagnie à ses semblables, — laisserait, plus que volontiers, la place et l'*honneur de l'emploi* à son ennemi le plus dangereux, ou quelque autre candidat mieux préparé.

Il est vrai, oui, qu'il y a des situations particulièrement insupportables, comme des *souffrances atroces*, par *trop aiguës*, ou *interminables*, au moral autant qu'au physique, nous le savons ; qui font désirer, et même rechercher, le silence profond du tombeau,... qu'on croit, alors, le seul remède possible à tant de douleur.

Mais, ce sont plutôt des *cas*, ou des *moments exceptionnels*, et c'est de la généralité que je veux parler ici, soit — des pensées qui nous assaillent quand, quoique bien portants, nous songeons à la mort, — *pour nous ou pour d'autres;* ou encore, quand nous sommes dans un état de maladie, de danger, de faiblesse, ou d'impuissance, qui nous en fait craindre, ou prévoir, la *venue*, lente ou rapide.

Si l'on pouvait connaître, exactement, les pensées intimes de tous les humains, sur la *mort*, on verrait qu'elles se concentrent, unanimement, sur un seul point à double face : La *peur* : 1°. — du *connu*; 2°. — de l'*inconnu*.

Si l'on pouvait contrôler leurs plus grands désirs, on remarquerait, forcément, qu'ils se trouvent résumés en un seul, constamment entretenu dans leur for intérieur, par deux formes unies et indissolubles : *Vivre sur cette Terre :* 1°. — le *mieux* possible ! 2°. — le plus *longtemps* possible ! . . .

Cependant, nos goûts naturels, ne sont point nécessairement partagés, et encore moins, toujours pris en considération, par Dieu, qui nous dirige et nous oblige à le servir, parfois, autrement.

Il nous *donne* la vie *en éternel ;* oui. Mais il nous *prête* seulement, et pour un très court espace de temps, relativement, *le corps terrestre, avec les si cherchées et grossières jouissances matérielles,* — toutes attachées à autant de fatigues, ou de souffrances ; — qui sont le centre même, imposé, où gravitent nos ambitions les plus innombrables. Ceci est un fait constant et indéniable.

Donc, il reste entendu, que, de tous les biens terrestres, le plus ardemment ambitionné, recherché, soigné et cultivé par l'être humain, c'est — *la vie heureuse et prolongée sur cette Terre.*

En définitive, l'être humain est très excusable et très logique, dans ses vœux et soins de longue vie savoureuse, sur le sol auquel il est adapté. Et j'estime même, que, contrairement à ce que certains fanatiques vont prêchant, un peu partout, mais non toujours le pratiquant, — *en ce qui les concerne personnellement, surtout,* — toute son organisation fragile et spéciale lui en fait un devoir impérieux, voulu par son Créateur.

Sans doute, nous aurons tous des corps, des organes, des sens, des facultés et des occupations magnifiques, *un jour ;* et il est doux, — *à nos esprits comme à nos cœurs,* — de vivre ici-bas en l'espérant de toutes nos forces. Mais, en attendant d'être obligés de franchir la grande porte noire, qui se nomme la « *Mort* », pour nous essayer après à gravir, doucement, les degrés *de l'Echelle infinie,* — qui constituent les échelons hiérarchiques de l'Univers sans limites, — il nous est bon, sain et agréable, *de goûter et de savourer,* en les analysant, nos sensations terrestres.

Celui-là, seul, qui sait se contenter du *peu* qu'il possède, si misérable soit-il, goûte le *bonheur ;* puisque le malheur commence, presque toujours, par le désir d'obtenir ce qu'on n'a *pas,* ou ce qu'il est *impossible* d'avoir.

Mais, si c'est facile à dire, c'est extrêmement difficile à mettre en pratique, — dans la vie de tous les jours, particulièrement.

En effet, nos yeux, nos oreilles et notre nez, sans oublier notre peau, sont des organes renfermant quatre sens tentateurs : *vue, ouïe, odorat* et *toucher,* — qui multiplient à l'infini les désirs qui nous harcèlent — *le jour et la nuit,* — de toutes les convoitises et de toutes les bénédictions et malédictions imaginables !...

Pourquoi faut-il, que, tout en étant nos associés et nos amis les plus intimes, ils nous *trahissent* continuellement, en nous faisant tomber, à qui mieux mieux, dans les pièges multiples et toujours renaissants, des faiblesses, des passions, des vices et de toutes les possessions du mal !...

Oh ! si notre vie, sur le Globe Terrestre, n'était pas sans cesse *menacée* de tous les dangers, et *empoisonnée* de tous les venins physiques et moraux ;.. qu'elle ne soit pas *assujettie* aux accidents, aux souffrances et aux déperditions de jeunesse, de santé, de vigueur et de force résistante ; ... et que la *mort* ne soit qu'une *transformation douce,* opérée dans le bien-être d'un profond sommeil dernier, par exemple, pour nous réveiller, ensuite, plus épurés et plus avancés, *dans un monde meilleur, à tous les points de vue ;..* elle serait considérablement plus belle et plus enviable, autant qu'encore beaucoup plus enviée.

Il nous est dit : « *Que nous sommes tous condamnés, à perpétuité, aux travaux forcés, aux souffrances et à la mort; parce que nos premiers parents supposés, Adam et Eve, ont un jour désobéi à Dieu, leur Seigneur et Maître, en mangeant le fruit d'un arbre auquel il leur avait défendu de toucher* ».

On précise même le fruit, en disant que c'était « *une pomme* ».

Eh bien, j'avoue que je suis très perplexe, sur *la nature de cet arbre et de son fruit;* car il faut, nécessairement, qu'il ait totalement disparu de notre planète, puisqu'on n'en a jamais retrouvé la plus faible trace ; ou, que *la science du bien et du mal, avec le secret de la vie,* ayent cessé d'être confiés aux pommes !...

Est-ce une figure, comme il y en a tant, dans l'histoire sainte et la Bible toute entière ?

C'est possible, fort possible même ; mais, alors, je ne la comprends pas ; et, plus j'y réfléchis, plus je m'y perds, au lieu de m'y orienter...

J'admets, sans peine, une défense de Dieu à ses enfants, — *ses créatures les mieux raffinées,* — de manger du fruit d'un arbre quelconque, pour une raison ou pour une autre; qu'il ne nous appartient pas de discuter, cela va sans dire : son autorité, sa perfection et sa puissance, faisant loi.

Mais comment, lui, un être si incomparable et si grandiosement juste, miséricordieux et bon, peut-il maudire et punir *à perpétuité*, dans les centaines de milliards et de milliards de nouvelles créatures, représentant la seule postérité d'Adam et d'Eve,.. tous ceux qui — *n'ayant point encore commis de faute, de désobéissance et de péché,* — semblent n'arriver au monde, que, pour y souffrir les mêmes peines des travaux forcés, des douleurs morales et physiques; puis, de la *mort?*...

Dans le même ordre d'idées, la Bible nous apprend, que « *Dieu punit l'iniquité des pères dans les enfants, jusqu'à la troisième et à la quatrième génération* ». Cela est vrai et reconnu, en premier lieu par la médecine qui observe, en effet, les dégénérescences et conséquences de certaines maladies, ou encore leur reproduction directe, sur de malheureux enfants, qui en souffrent jusqu'à cette distance ; déjà cruellement considérable . . . . .

Mais, vouer inexorablement à la malédiction, et *à perpétuité* encore, la race humaine toute entière, pour une désobéissance commise par un homme et une femme, — *nouvellement créés sur la Terre, seuls de leur espèce, sans expérience et presque sans instruction,* — n'est pas admissible de la part d'un Dieu si inimaginablement grandiose et magnanime ; d'un Etre, inexplicablement Créateur de tout ce qui existe et qui est la perfection même .

Pourquoi, ne pas admettre, plutôt, que, — quoique s'inspirant des choses du Ciel, pour y formuler et y recueillir les enseignements de Dieu, à notre égard et meilleur profit, — les *hommes,* plus ou moins éclairés, qui ont *composé* les divers écrits de la Bible et *ceux* qui en ont été les *traducteurs,* — à différentes époques ; — ont parfois *exagéré,* ou *mal compris et mal traduit,* les formes énigmatiques qui y abondent ?

Pourquoi, rapetisser notre Dieu grand, bon, miséricordieux et parfait ? . . Quel bien véritable espère-t-on, en semant dans les âmes, la terreur, le désespoir et la confusion ? . . .

Quand, sur Terre, un homme savant et instruit traduit dans *sa propre langue,* l'ouvrage d'un autre homme, — écrit dans une langue *étrangère* à la sienne ; — sa traduction, pour correcte et impartiale qu'elle soit, contient toujours *des différences notables,* comparée à l'original .

A plus forte raison, quand il s'agit de *plusieurs hommes*

et de *différentes époques,* — comme c'est le cas pour les livres sacrés ; — qui prennent la tâche d'expliquer et de traduire les œuvres, les volontés et les enseignements d'un Dieu immuable et invisible, — *qu'ils ne connaissent guère mieux que nous,* — n'a-t-on pas beaucoup de motifs, pour nous défier des énormités qui se dressent devant notre entendement et toutes nos facultés d'assimilation ?..

A force d'y avoir pensé, il s'est formé dans mon esprit, la conviction — que les deux premiers êtres du genre humain, parus sur la Terre, à une époque qu'il est de toute impossibilité de fixer, même approximativement ; de même, aussi, que tous les animaux et les différents spécimens des innombrables plantes et végétations, qui y ont également leur place, avec nous, — ont toujours été créés en vue d'un séjour *provisoire;* c'est-à-dire — pour y accomplir *un temps de développement spécial,* nécessaire à leur perfectionnement constant, comme à leur avancement vers l'idéal, variable à infini ; — qui doit être leur but, à tous.

L'idée de Dieu, « *ayant peur, que l'homme ne se remisse à manger du fameux fruit de l'arbre de vie, et n'en retirasse l'existence éternelle, sur cette Terre* »; crainte, pour laquelle, soi-disant, il le chassa du jardin d'Eden,.. ne peut être qu'une *fable,* inventée par les hommes ; probablement, pour se donner, malgré la profondeur du mystère, *une explication sans preuve possible;* mais, toutefois, susceptible d'être admise par leur crédulité superstitieuse et enfantine.....

Quoi qu'il en soit, la *mort,* que nous connaissons et que nous craignons, existe : C'est celle *du corps matériel;* — *de la prison mobile, plus ou moins élégante ou grossière, où nous sommes enfermés; de la tyrannie charnelle, à laquelle nous sommes intimement attachés;* — par et pour lesquelles, nous devons — avant tout, — souffrir.

Chapitre II.

PUTRÉFACTION ET RENAISSANCE.

De toutes les images, qui essayent de représenter *l'idée de la mort* du corps matériel, c'est celle, du *squelette humain,* qui frappe le plus notre imagination ; presque à tous les égards.

L'être humain, ayant assisté à la délivrance de son âme et à l'évaporation, comme au rongement incessant de ses chairs, humidifiées de lymphe, de sang et d'humeurs, ne laisse plus, sur cette Terre, qu'un souvenir temporaire *osseux,* — celui, de sa *charpente friable* et mince.

Puis, peu à peu, par les lois obligées de la décomposition plus ou moins lente, ses os s'écroulent, eux aussi ; et ne montrent, à leur place, qu'un peu de *poussière phosphatée,* qui s'éparpille au souffle du vent ; et qui rentre, elle-même, dans les principes chimiques de la matière première...

Etre humain, qui que tu sois,.. homme, femme, enfant,.. roi, savant, fort, faible, riche, vaniteux, humble, mendiant,.. heureux, ou malheureux : « *tu es poussière et tu retourneras dans la poussière* »!..

Voilà, dans tous les cas, une vérité quotidienne, — aussi incontestable qu'incontestée, — de par les faits.

Ceux qui, dans l'entraînement des ambitions matérielles terrestres, mènent une vie extrêmement agitée, pour arriver, à toujours posséder et accaparer davantage, — comme s'ils devaient ne jamais quitter leur corps charnel et la Terre, — n'ont qu'à se représenter, mentalement, le volume définitif *de leur personnalité charnelle, réduite à ce zéro obligé;* et ils auront, en même temps, le *total* des richesses matérielles qu'ils pourront emporter, dans le monde futur et inconnu où ils seront envoyés.

« *L'homme est mortel, par rapport au corps, mais il est immortel, par rapport à l'âme, qui constitue l'homme essentiel. Comme immortel, il a autorité sur toutes choses; mais, relativement à la partie matérielle et mortelle de lui-même, il est soumis au destin* »,.. disait déjà, au IIe siècle, Pimandre d'Hermès.

Et, j'ajoute, son destin *matériel,* ici-bas, est de disparaître *matériellement*.

La fin de notre existence terrestre n'a jamais de limites générales fixes, car, les lois qui nous maintiennent en vie sont mises en *désaccord,* avec leur harmonie d'avant, par tous les faits imaginables et non imaginables qui surgissent, *lentement,* ou *instantanément*.

Les causes les plus naturelles, les plus explicables, de notre mort terrestre, se trouvent dans les maladies, les accidents, les famines, les guerres et les épidémies ; mais elles se présentent, aussi, dans nos sentiments excessifs.

Si nous voyons un *anémique,* qui marche jour après jour, à la rencontre du moment où son organisme appauvri, ne possédera plus assez de sang pour vivre, nous comprenons sans peine — que sa constitution physique mourra d'inanition, comme une lampe allumée s'éteint faute d'huile.

Dans un terrible *accident* quelconque, si le spectacle navrant d'une malheureuse *victime* se présente à nos yeux consternés, le corps écrasé, perforé, brûlé, etc., etc., nous ne faisons pas de difficulté à admettre, que, des organes essentiels à la vie animale ayant été dangereusement, cruellement, irrémédiablement atteints et ravagés, — il ne lui est plus possible de conserver la vie.

Pour ces cas, au moins, des *changements*, ou des *lésions*, plus ou moins *appréciables*, se manifestent à notre *vue*, ou à notre esprit *d'observation* et *de comparaison*. Tandis que, pour ceux qui meurent subitement, à la suite d'une *joie* inattendue, d'un grand *chagrin*, ou d'une vive *frayeur*, nous n'arrivons pas à nous expliquer, de quelle façon, le départ *instantané* de la vie a pu avoir lieu, chez eux.

Nous ne pouvons donc pas toujours dire, que nous mourons — par la destruction d'une partie essentielle, *visible et matérielle*, de notre organisme. Mais bien, qu'aussi, parfois, la cause de notre mort est simplement, ou mieux, *mystérieusement*, — la rupture de l'action mutuelle qui existe, *entre l'activité sensitive de l'âme et celle de la matière;* — aucune altération *constatable* n'existant, en ces cas....

De tous les signes de la mort, un *seul* est absolument certain, et c'est, précisément, celui qui s'appelle — la *putréfaction*.

Comment, alors, se fait-il, que la médecine officielle de nos jours, continue encore à donner des *certificats de décès*, des *permis*, ou des *ordres d'enterrer*, — d'ensevelir à jamais, sous les profondeurs ténébreuses et abandonnées du tombeau, — d'après.. les seules *apparences* de la mort, et non, exclusivement, après avoir obtenu la preuve de sa *réalité, dûment établie?*

Que signifient, ces arguments, soi-disant décisifs, tels que, par exemple, la *rigidité* cadavérique, *l'agrandissement* et la *fixité* des pupilles oculaires, la *chute* des lèvres et de la mâchoire, la *cessation* de tout souffle respiratoire, le *silence* absolu du cœur, *l'insensibilité* complète,.. et la *flexion* du pouce dans la paume de la main?..

Est-ce que l'expérience ne démontre pas, tous les jours, que plusieurs de ces prétendus morts *reviennent à la vie*, soit au moment où on les place dans leur cercueil, soit pendant leur convoi funèbre, soit quand on les descend dans la tombe;.. où.. après plusieurs — *jours, semaines,* ou *mois,* — on voit, avec horreur, en ouvrant leur cercueil, qu'ils se sont *brisés* les ongles, *tordus* les membres et même *retournés* plus ou moins complètement,.. pour s'échapper de leur trop étroite et asphyxiante prison funèbre?...

Pourquoi donc, cette hâte de diagnostiquer, sur de *simples apparences,* je le répète, et de faire enfouir un si grand nombre de victimes — des *ignorances,* des *indifférences,* des *lâchetés,* ou des *cupidités,* qui les entourent, — en ayant l'air de les assister — *scientifiquement, religieusement, affectueusement* et avec *dévouement?*

Allons, recettes scientifiques, et vous, magistrats passifs, — *autorités modernes de tous les pays,* — améliorez votre science en la rendant sincère, facile, humaine et compréhensible à tous, dans ces choses pénibles et incertaines qui concernent la mort; et refaites, avec *crainte* de Dieu et amour *véritable* du prochain, vos lois cruelles sur ce sujet, si palpitant d'intérêt général!...

Au lieu de dépenser, follement, tant de sommes énormes pour édifier des écoles *luxueuses,* des palais *inutiles,* remplis de vanités et d'impostures;.. des casinos, pour y laisser écrémer, *sombrer,* ou même draguer les fortunes et le goût du travail;.. des théâtres trop nombreux, souvent encore foyers de démoralisation morale et physique;.. des arsenaux formidables, chargés jusqu'au faîte d'engins meurtriers et de poudre homicide, perfectionnés par tous vos génies *sataniques;*.. construisez plutôt des « *établissements mortuaires* », où les familles frappées par le malheur, apparent, ou véritable, pourront faire transporter leurs morts, afin qu'ils y soyent sérieusement examinés et surveillés; et d'où ils ne sortiront que — revenus à la vie, ou munis du permis d'enterrer *infaillible*, donné par la Nature, notre mère matérielle et savante, le *seul véritable :* celui . . de la *putréfaction !* . . .

Vraiment, l'idée de ce qui se passe, depuis si longtemps et encore à l'heure actuelle, pour la facilité indifférente avec laquelle — on ensevelit les morts après deux ou trois jours d'attente, au plus, — fait frémir.

Impossible de ne pas frissonner, en songeant à toutes les erreurs, produites par les cas *d'asphyxies* et ceux des *léthargies*. Situations critiques, qui, les premières surtout, réclament *des soins rapides, assez longtemps continués;* et les secondes, beaucoup de *patience, d'attention* et de *dévouement;* non seulement des *jours,* mais souvent des *semaines* et parfois des *mois!* . . .

Les fakirs des Indes, après s'être fait boucher hermétiquement tous les orifices naturels du visage, avec de la cire, se font enterrer dans toutes les règles, et y restent un temps déterminé. — *trois à douze semaines;* — cela se voit. Puis, on les déterre, et, après leur avoir enlevé la cire des orifices en question, — au moyen d'onctions et de pratiques spéciales, — ils sont rendus à la vie animée.

Voilà des phénomènes peu compréhensibles, pour les profanes et même pour les non profanes; il faut l'avouer. Mais, si ceux qui sont volontairement cherchés demeurent presque inexplicables, aux yeux de la science, à combien plus forte raison restent indéchiffrables et trompeurs, ceux qui se produisent involontaires ? . . .

Il n'y a pas à dire, enterrer *des gens vivants,* . . cela fait peur ; . . révolte l'esprit, l'âme et le corps. Eh bien, pour se convaincre que cette effroyable cruauté a lieu de temps à autre, d'une façon *reconnue,* il n'y a qu'à parcourir les journaux des différents pays, qui en racontent des histoires vraies, absolument dignes de foi.

Je parle ici des erreurs *découvertes,* à temps ou non, pour ceux qui en sont les victimes. Mais alors, puisque de tels faits peuvent arriver, un peu partout, que doit-on penser — du nombre de ceux qui, n'ayant *pu* attirer l'attention *avant* d'être ensevelis, restent ignorés,.. pour longtemps, ou pour toujours?...

Quoi qu'il en soit, les maladies, les accidents, les causes prévues, *comprises,* comme celles subites et *inexpliquées,* de mort, arrivent toutes — à *l'anéantissement des sensations du cerveau, des poumons, du cœur et des sens;* — comme si nous disparaissions totalement, et que les choses qui nous entourent s'éclipsaient avec nous.

L'esprit *se trouble,* et notre vie entière *nous apparaît,* en cette minute suprême... En même temps, les oreilles *cessent d'entendre,* les yeux *de voir,* et notre toucher *devient de plus en plus insensible*... Le *froid,* se développe graduellement, dans notre être et, enfin, le cœur *cesse* aussi de battre — *après une dernière expiration,* — qu'on nomme.. le « *dernier soupir* ».

Alors, bientôt, commence la disparition des *fluides,* la décomposition des *liquides,* des *solides* et des *couleurs.* Les odeurs, *fades* d'abord, puis *nauséabondes,* qui s'échappent du corps *glacé,* annoncent, — déjà sans le concours de la vue, — le développement des *transformations matérielles* qui s'opèrent.

Après un temps plus ou moins long, — suivant l'état des corps et des terrains, — *des infiniment petits et des vers de plusieurs dimensions,* grouillent, dans les liquides corrompus; perforent, en tous sens, les restes des solides, déjà considérablement *diminués* de *poids* et de *volume,* pour n'en laisser que la charpente osseuse.

Enfin, le temps, se charge aussi de dessécher et de décomposer celle-ci, jusqu'à ce qu'elle tombe en poussière:

Être humain, ton corps n'était que poussière,.. et il est retourné dans la poussière, d'où il a été tiré !....

Mais, rassure-toi, tu n'es pas perdu pour cela : *Dans l'univers sans limites, rien ne se perd.*

Tout ce qui existe, fait partie d'une substance universelle, *qui est la même dans tous les corps ;* et ce sont ses atomes, qui, influencés et condensés à des degrés divers, — forment les *agrégations* multiples et les *divisions* qui les séparent, — que nous constatons en, et autour de nous.

Il n'y a, en tout et partout, *que des combinaisons diverses, de la substance une, génitrice des choses de l'univers,* plus ou moins solides, liquides, gazeuses et fluides.

Donc, non seulement ton *corps,* ton *sang,* tes *humeurs,* tes *aliments,* l'*eau* que tu bois et l'*air* que tu respires, appartiennent à cette substance *primitive ;* mais, ton *intelligence* aussi.

L'intelligence est une force comme la matière, car elle fait agir visiblement les molécules palpables, autant que les molécules palpables lui permettent de, et la font, se manifester.

Il n'y a rien, dans tout ce que nous pouvons imaginer, qui ne soit *un composé de la substance universelle ;* et la force, comme l'intelligence, ne sont que *des propriétés particulières de cette substance,* dans ses différentes manières d'être.

L'intelligence est une force appartenant à la substance universelle, sois-en assuré ; mais, tellement *fluidifiée et spiritualisée,* que nous l'appelons esprit, ce qui signifie *essence supérieure animée.*

C'est elle qui *pense,* qui *veut,* qui *décide* et qui *fait* commencer l'activité de la matière ; en l'*animant* et en l'*ébranlant.*

Tout, ainsi, se produit par un mutuel enchaînement, par un concours intime des divers états de la substance mère ; par le jeu, soit l'engrenage plus ou moins libre, des molécules, qui agissent — *les unes par les autres et les unes sur les autres ;* — après en avoir reçu l'impulsion première, *télégraphiée,* c'est vraiment le cas de le dire, par la force raffinée et supérieure de l'esprit.

La transformation est *la loi fatale* de notre monde terrestre ; car, tout s'y renouvelle, continuellement !...

Chaque chose, chaque être, animal, végétal ou humain, y apparaît, s'y développe ; puis y décline, pour en disparaître après.

En résumé,.. tout naît, tout vit et tout meurt, *visiblement ;* mais pour se transformer *invisiblement,* c'est-à-dire — *pour renaître ailleurs et en d'autres conditions ;* — car, la vie générale, qui est une, à des degrés allant à l'infini, pour la raison qu'ils en font également partie, — en montant ou en descendant l'échelle de ces degrés, — est *un recommencement incessant,* — qui marche dans l'éternité, de perfectionnement en perfectionnement.

La concentration *trop abondante surtout,* des *voluptés matérielles,* produit, dans l'être humain — *le règne du mal : exagération, mensonge, injustice, fraude, vol, luxure, paresse, égoïsme, meurtre.*

La concentration, portée vers les choses *spirituelles et élevées,* développe la recherche de la perfection en tout, et y détermine — *la culture du bien,* sous ses formes principales : *vérité, justice, droiture, équité, équilibre des forces, activité désintéressée, bienfaisance, générosité, amour pur.*

L'âme s'exerce et se façonne, de la même manière que le corps : par la *volonté* et les *efforts persévérants*....

C'est pourquoi, pendant notre vie terrestre, nous devons

tous, *faire raisonnablement,* ce qui dépend de nous pour nous spiritualiser, à notre avantage ; car c'est *l'animalisation à outrance,* dont nous sommes généralement affligés, qui cause la plus *grande partie* de nos maux.

Nous sommes *doubles,* parce que nous sommes un *composé* mixte de *matière* et d'*esprit ;* je dois y revenir forcément et le répéter ici.

Il y a animalisation en nous, à cause de notre union à la matière ; ce que prouvent, à la fois, les éléments qui composent nos corps charnels et nos besoins grossiers les plus impérieux, — *analogues à ceux des animaux,* — comme il y a spiritualisation en nous, par les fluides supérieurs, qui nous donnent, sur eux, la suprématie de l'intelligence particulière, dont nous sommes favorisés.

Mais, si, pour bien des choses, presque toutes les choses, nous dépassons de beaucoup sur la route du progrès, les animaux, — *qui appartiennent à des ordres inférieurs que ceux où nous sommes arrivés,* — ils nous donnent, par contre, et souvent encore, des leçons de sagesse, de patience, de tolérance ou de modération, montrant parfois, moins de bestialité que nous en conservons nous-mêmes.

Ainsi, à part les très rares exceptions, les bêtes, en général, mangent et boivent à leur faim et soif, cessant une fois qu'elles ont absorbé le *nécessaire ;* de même, qu'elles cherchent à satisfaire leurs autres besoins, sans les outrepasser au delà des exigences *naturelles.*

Pour les humains, les *insatiables* des satisfactions purement bestiales, c'est-à-dire — ceux qui ne vivent guère que pour *manger,* en se remplissant le plus souvent possible ; *boire,* jusqu'à ce qu'ils tombent, ou rendent ; *jouir* des voluptés de la chair jusqu'à la maladie, la folie, ou la mort ; .. *médire, haïr, tuer,* sans nécessité aucune, souvent sans motifs, — pour employer leurs diverses facultés à *faire du mal,* à se *repaître des souffrances des autres*, etc., — *l'animalisation dépasse considérablement la spiritualisation ;* — à ce point moral faible, qu'ils ne semblent guère être autre chose que des « *animaux féroces à forme humaine* » ? . . .

Et dans certains cas, il faut penser que l'être humain cache en lui, l'imitation du singe, la trivialité du porc, l'orgueil du cheval, la vanité du perroquet, la férocité de la hyène, ou du tigre, le venin de la vipère, la dissimulation du serpent, la lasciveté du coq, du pigeon, du lapin, ou la cruauté meurtrière de tous les monstres de l'animalité la plus abjecte.

Qu'on songe, un peu, à tous les actes révoltants et à tous les crimes infâmes, commis par des *représentants de l'espèce humaine*, qui arrivent à notre connaissance, et l'on verra que je ne noircis rien, à leur égard . . . .

Mais, ne nous étendons pas davantage sur ces côtés, *déplorables* autant que *redoutables*, de notre race ; et, revenons-en à la généralité des êtres humains, — ceux, qui ne sont animaux qu'*à moitié*, par leur enveloppe et leurs besoins *matériels ;* et esprits pour l'autre moitié, par leur *intelligence équilibrée* et leur soif de *perfectionnement idéal*.

Nous verrons, que tout n'est pas de leur faute, dans ce qu'ils sont obligés d'*accepter* et de *rendre* ici-bas ; où ils sont placés pour apprendre, *par expérience*, ou *acquitter*, d'anciennes dettes probables ; gagnant ainsi un peu de leur perfectionnement continuel, tout en contribuant, — *chacun pour sa petite part*, — à l'édification du progrès général et à l'extinction des erreurs communes.

On a souvent comparé l'être humain à une *trinité*, composée de l'âme, de l'esprit et du corps ; pouvant être représentée par un *cheval* (l'âme), conduit par un *cocher* (l'esprit), et traînant une *voiture* (le corps).

En supposant que l'esprit et l'âme sont deux choses différentes, ce dont, après tout, — on n'a jamais donné de preuves, — cette figure est juste. L'âme est ce qui anime le corps, et l'esprit ce qui dirige et conduit l'âme, en bien, ou en mal, par le moyen du corps.

Mais, à mon avis, il est plus sensiblement vrai, de ne voir qu'une seule et même chose dans l'âme et l'esprit, —l'*intelligence;* et l'autre chose dans la matière, — le *corps*.

Si l'on veut bien admettre cette répartition, il sera facile, alors, de la représenter simplement, par un être humain quelconque, conduisant une brouette, plus ou moins grande et proportionnée à ses forces.

L'être humain c'est *l'esprit,* et la brouette qu'il dirige, *son organisation terrestre,* plus ou moins remplie de matériaux matériels et intelligents; qui sont l'obole de son labeur, bon, ou mauvais, ou les deux, apportée par lui à la société, au profit des deux, et malgré les apparences contraires.

Etre humain,.. homme, femme, enfant,.. « *tu n'es que poussière, et ton corps desséché retourne à la poussière* »; car — c'est fatal aussi, ne l'oublie pas non plus, — « *ce qui se ressemble s'assemble* »!...

La poussière, c'est la terre *desséchée,* — morte!.. Pour qu'elle revive il lui faut le secours de l'*eau,* comme — « *à corps nouveau il faut esprit nouveau* ».

Petit atome de l'univers,.. « *en vérité, en vérité, je te le dis,... si tu ne renais à nouveau d'eau et d'esprit, tu n'entreras point dans le royaume de Dieu* »!.....

Chapitre III.

LES INVISIBLES.

Pour bien comprendre ces mémorables paroles du Christ, il faut abdiquer tout parti pris systématique, tout empêchement fanatique, intellectuel et volontaire quelconques, pour ne considérer, raisonnablement, que les faits, — dans leur enchaînement logique et perpétuel.

Nous mourons, sur cette Terre; oui, c'est vrai. Mais, répétons-le encore, — *c'est pour renaître à nouveau,* — parce que tout nous prouve, jusqu'à l'évidence, que la mort, que nous craignons tant, n'est qu'un *enfantement* qui produit une *renaissance*.

« *Que ceux qui ont des yeux voient et que ceux qui ont des oreilles entendent* ».

Ceux qui ne croyent pas *à la perpétuité des esprits,* ne croyent pas à *eux-mêmes;* mais, à la matière seulement; sans, toutefois, s'en rendre compte, le plus souvent.

Et ceux qui ne croyent pas à la *coopération* et aux *manifestations* des esprits des trépassés, soit — de ceux qui nous sont devenus supérieurs, dans la hiérarchie des écoles, que nous avons tous à subir, — nient, par cela même, *les légions des anges,* qui existaient déjà avant l'apparition d'Adam et d'Ève, et qui étaient, à cette époque, *des esprits supérieurs, assez avancés en pureté et en perfection* pour vivre dans la grandiose et sublime présence de Dieu, exécuter ses ordres directs et, en certains cas, descendre *visiblement* sur la Terre pour y accomplir des missions; comme la Bible même nous le rapporte plusieurs fois !....

Des anges sont *apparus* à beaucoup de personnages de

l'histoire sainte, semblables à nous, par les formes et proportions; comme aussi, parlant le langage qui, seul, pouvait être compris de ceux auxquels ils se manifestaient. Seulement, au dire de tous, *ils descendaient de l'air* et se mouvaient avec la plus grande aisance, agissant, dans l'atmosphère, comme s'ils étaient sur la terre ferme.

Leur beauté majestueuse était idéale à contempler, leur voix d'une harmonie et d'une puissance toute céleste; et cependant, ils semblaient être formés d'une *transparence lumineuse* éblouissante, dont la phosphorescence éclairait autour d'eux?...

C'étaient des *anges,* c'est-à-dire des esprits infiniment supérieurs et parfaits, relativement aux meilleurs habitants de la Terre; des gloires de sainteté, de pureté et de science; — des *élus,* — en un mot,.. au service immédiat du Créateur suprême.

Beaucoup de sceptiques, de savants de différents genres, et d'autres humains, qui ont des yeux et des oreilles intellectuels, pour voir et entendre *spirituellement,* mais, ne le veulent point, parce que cela leur paraît troublant, compliqué ou absurde, c'est-à-dire — *contraire à la raison et au sens commun,* — nient ces faits; comme ils nient aussi ceux, *innombrables,* qui se sont passés dans tous les temps et se répètent constamment, encore de nos jours.

Et cependant, nier obstinément la possibilité et l'existence des phénomènes de cet ordre, qui s'imposent à nous, *matériellement,* ou *immatériellement,* parce qu'on ne les comprend, ou qu'on ne les voit pas, traitant ainsi, *a priori,* d' « *hallucinations* », les impressions, ou traces diverses, laissées à ceux qui ont — *vu, senti et entendu,* — c'est quelque chose comme, je le répète, être aveugles et nier l'éclat du jour qui éclaire, sans qu'ils en doutent un instant,.. au nez, ou à la barbe, de tous les voyants du monde?...

La preuve, que pas seulement des *anges* sont venus et viennent peut-être encore, de loin en loin, sur la Terre, pour y accomplir des missions spéciales, — en dehors de l'exclusivisme étroit et jaloux, des religions, tributaires de leurs propres erreurs, — c'est que, presque tous les différents esprits de la hiérarchie spirituelle nous apportent, aujourd'hui comme avant, dans tous les lieux habités, *des communications et des enseignements d'outre-tombe,* dans le but *évident* et *formulé,* de nous éclairer sur nos *seuls vrais devoirs de candidats à la félicité suprême éternelle ;*... qui est, également, notre attente, d'après les promesses mêmes de la Bible.

Il y a des *bons* et des *mauvais* esprits, après la mort terrestre comme avant ; cela est de toute évidence, pour qui observe leurs si différentes manifestations.

Mais, en quoi cela doit-il *étonner, surprendre* et faire craindre ?... En rien !.. Puisque nous savons, *par les esprits de toutes les époques et de tous les genres,* que nous ne pouvons rien changer à la chose ; que nous avons tous, un très grand nombre d'existences à accomplir, et cela, dans plusieurs mondes, — pour nous corriger de nos vices, de nos défauts, comme pour nous assimiler, peu à peu, *toute la science divine qui nous est nécessaire, — afin d'avancer dans notre perfectionnement continuel voulu.* Comment, sérieusement, pourrions-nous conserver la prétention de nous voir devenir — *purs, savants et parfaits en tout,* — après notre seule misérable vie terrestre, *animale et spirituelle ;* et, comme je l'ai déjà fait observer, souvent beaucoup plus animale que spirituelle ?...

D'un autre côté, ceux qui ne nient pas la *possibilité* et encore moins *l'influence directe, considérable, du monde invisible qui remplit, forcément, l'espace* qui nous entoure ; qui *pénètre nos sens cachés* et qui *marche ou agit, continuel-*

lement, à nos côtés charnels, essayent d'insinuer, ou s'imaginent, véritablement, — que, seulement le diable, a le pouvoir d'organiser *de semblables apparitions, ou manifestations quelconques ;* — et qu'on doit se boucher les yeux et les oreilles, de toutes ses forces, pour ne rien savoir de ce qui, précisément, est de première importance pour notre vie présente, comme pour celle voisine à venir !...

Pour la même raison, citée plus haut, rassurez-vous paisiblement, en vous détrompant aussi, braves gens timorés, car — *vous ne pouvez rien contre les lois de Dieu ;* — lois, qui nous sont *mystérieuses*, il est vrai ; mais qui, malgré nos opinions plus ou moins disparates et en dehors de la vérité,.. *régissent notre monde et l'univers entier !*...

D'après ce que Dieu permet de nous apprendre, et non le diable, il existe un nombre considérable de planètes, dont les principales, à partir du Soleil, sont : *Mercure, Vénus,* la *Terre, Mars, Vesta, Junon, Cérès, Pallas, Jupiter, Saturne* et *Uranus* .

Puis, chacune de ces planètes en a un nombre plus ou moins grand d'autres, dites *secondaires*, qui tournent autour d'elles. Ainsi, la Terre est accompagnée dans son mouvement de translation par la Lune. Jupiter a *quatre* lunes, Saturne en a *sept* et Uranus *six* .

Tout cet ensemble, forme ce qu'on appelle le *système planétaire,* sans compter les *myriades d'étoiles,* séparées les unes des autres par des distances qui effrayent l'imagination, et dont *chacune* est, à son tour, un soleil, centre *d'un autre système planétaire,* et qui achèvent de peupler l'espace, en dehors de notre système solaire connu !....

Les onze planètes voisines, relativement, citées ci-dessus, se meuvent autour du Soleil, en reçoivent la lumière et la chaleur, ont un mouvement de rotation sur leur axe et, par suite, une égale succession de jours et de nuits, qui en font, déjà, autant de mondes distincts ayant, — *sous plusieurs aspects,* — beaucoup d'analogie avec la Terre, qui est le nôtre actuel.

Mais, si l'on arrive à bien comprendre, une fois pour toutes, ce qui est facile, par l'étude des lois auxquelles, comme la Terre, ces mondes sont *soumis;* et par les révélations précieuses *voulues,* de tous les esprits, nos devanciers et nos frères, plus ou moins perfectionnés, on aura vite la persuasion acquise, — *sur toute une série de preuves,* — que chacun de ces mondes : *planètes, satellites, étoiles,* sont habités par des êtres qui sont spécialement conformés, pour y vivre selon les besoins appropriés ! . . . . .

Tous les êtres humains ont des raisons particulières, bien légitimes, pour faire des réflexions sur le *Soleil* et la *Lune,* qu'ils distinguent mieux que les autres *soleils;* qui leur sont, en très grande partie, inconnus, et dont ils sont aussi, d'ailleurs, par trop éloignés, matériellement parlant s'entend.

Voici quelques renseignements sommaires, pouvant aider les comparaisons, pour toute chose concernant les myriades d'autres mondes :

Le *Soleil,* produit la lumière du jour et la chaleur; et il est le principe vivifiant de tous les êtres organisés, qui subissent son influence. Il est *un million quatre-cent-mille fois plus gros que la Terre,* ce qui lui permet d'exercer son action bienfaisante sur nous, depuis l'énorme distance qu'il garde entre lui et notre planète, soit, environ *trente-huit millions de lieues !* . . .

Sa lumière met *huit minutes et treize secondes* pour nous arriver, et on a de bonnes raisons pour supposer que, parmi ses habitants, — en tous cas, privilégiés sous les rapports spéciaux de la chaleur et de la lumière, — les marchands de *combustibles, d'appareils de chauffage* et *d'éclairage* y sont totalement inconnus . . . .

Enfin, si, depuis des temps immémoriaux, il a constamment été *un objet de culte et d'adoration* pour presque tous les peuples primitifs, comme encore de nos jours, chez certaines tribus sauvages, —*primitifs actuels*,— il faut avouer, que, — n'ayant rien de mieux, — ils n'étaient déjà pas si mal tombés en s'emparant de ce véritable *œil de Dieu*, afin de lui témoigner — toute la reconnaissance et l'admiration sincères qu'ils ressentaient, pour sa réjouissante, vivifiante et fortifiante présence.

Et dire, que le Soleil n'est qu'*une* des innombrables étoiles fixes, connues!......

Quant à la Lune, qui nous éclaire pendant la nuit, elle est une épouse modèle du Soleil; parce que créée, essentiellement, du genre féminin.

C'est pourquoi, quand il ne nous éclaire pas lui-même, elle reprend sa tâche, ... dans ce qu'elle a de moins pénible et de plus en harmonie avec ses faibles forces, relativement à son puissant époux.

Par rapport au soleil, elle paraît extrêmement mignonne, physiquement parlant, car elle est *quarante-neuf fois plus petite que notre Terre,* dont elle n'est éloignée, du reste, que de *quatre-vingt-cinq mille lieues*. Mais, sa bonne volonté et son amour, pour son seigneur et maître, sont grands; ce qui ne doit surprendre personne, ces deux sentiments n'ayant pas besoin d'un développement matériel aussi formidable, pour s'épanouir efficacement.

On a appris, — que c'est par l'influence réciproque et toute *magnétique* de ces deux époux gigantesques, que *les marées ont lieu;* et les marins, qui connaissent leur métier, sont très au courant des phénomènes qui sont dus, parfois *à l'un,* ou *à l'autre,* ou *aux deux réunis,* — sur leur élément salé, — et qui occupe, à lui seul, près *des trois quarts de notre globe*.

Comme toutes les femmes, la Lune aime *l'élégance* et les *changements* de parures. C'est ainsi, que, déjà gracieusement *ovale* de sa nature, elle se montre à nos regards interrogateurs, sous *quatre aspects différents,* pendant *chacun* des douze mois de l'année.

Enfin, les astronomies terrestres affirment, qu'elle est ornée de *vallons,* de *montagnes* et *de volcans;* ce en quoi ils ont raison. Mais les esprits ajoutent — qu'elle possède des *mers,* des *lacs,* des *fleuves,* des *rivières* et des *habitants,* avec lesquels beaucoup parmi nous iront probablement, à leur tour, faire connaissance après leur départ d'ici-bas —...

Etre humain terrestre, petit atome de l'univers, toi, forcément, mon frère, ou ma sœur, dans le destin qui nous sépare et nous disperse, peut-être pendant la longueur, qui sait,.. *de quelques milliers, ou millions d'existences,* à travers l'espace insondable qui nous environne,... nous nous retrouverons un jour, — parfaits, semblables en beaucoup de choses, et unis dans l'idéalité.

En attendant, occupe-toi, avec toute l'attention dont tu es capable, de ton si court séjour ici-bas, pour te rendre *sincère, vrai, bon* et *fraternel,* — dans tout ce que le *bien* t'enseigne — par les voies *multiples* qui le composent.

Ne crains plus la mort charnelle terrestre, avec l'épouvante du néant, de l'anéantissement de tes organes physiques et de ton intelligence; car, *tu ne mourras que pour renaître,* et tu n'abandonneras ton corps périssable que pour en reprendre un autre; *le mieux approprié à ton avancement,* sous tous les rapports.

Que t'importe la Terre, après tout, si des milliers de mondes, plus ou moins ignorés, mais *progressivement supérieurs à elle,* t'attendent — pour t'instruire, *t'enrichir véritablement,* et te favoriser de tous leurs perfectionnements suprêmes?...

Crois-moi, ami lecteur,.. laisse-là tes superstitions laïques, payennes, ou religieuses, — si tu en as ; — et repousse calmement, mais avec fermeté, les épouvanteurs des âmes simples et crédules, avec les peintures fausses et accablantes qu'ils leur font, trop souvent, de la mort de malédiction qu'ils imaginent.

Le diable, chauffeur et carnassier-enfourneur insatiable, autant qu'*éternel* pour les mêmes âmes, cet être fantastique, *cornu, crochu, poilu, muni d'une queue de serpent et armé d'une fourche aiguë*, est un *croquemitaine-rôtisseur* de première classe, inventé par les hommes méchants, rusés, ou craintifs, — à l'usage des petits et des grands enfants qui leur ressemblent...

Où loge-t-il?, où agit-il?... Nulle part et partout. Il est une *légende terrifiante*, déplorable et malheureuse, qui nous a paralysés de crainte, d'erreurs, d'abominations, de monstruosités sans nombre, et de retard immense, dans tout ce qui concerne notre école terrestre à ce jour.

Nos *vices*, nos *défauts*, nos *mauvaises passions* et nos *innombrables ignorances et égoïsmes cruels,* voilà, sur la Terre, lieu *de toutes les imperfections* et séjour constant *de milliers de démons de tous âges et des deux sexes,* tant *visibles* qu'*invisibles,* — incarnés en nous, ou à l'état d'impondérabilité, autour de nous, — ce qui, un peu dans tous les cœurs, donc aussi *dans les esprits et dans les corps,* constitue, démontre et limite, le champ d'activité réel, attribué par Dieu pour notre épuration forcée, au moyen — *du diable et des enfers,* —.. la plus grande appréhension de la mort, toutes les tortures morales, avec la plus sombre et angoissante partie de nos maux physiques!..

A bon entendeur, salut!

LIVRE QUATRIÈME

L'ÉTERNITÉ

Chapitre I.

CONTRADICTIONS.

L'*éternité*, quelle parole longue et énigmatique, dans sa signification : *une durée qui n'a ni commencement, ni fin !* . . . .

Est-elle au moins *compréhensible* pour nos intelligences humaines, sur la Terre, la demeure actuelle qui nous est assignée — par la volonté suprême, que nous ne connaissons point au juste ; — et pour cause ? . .

Non, nous ne pouvons la comprendre ; parce qu'elle dépasse, si prodigieusement, nos moyens d'investigations diverses et tous nos calculs, . . qu'après avoir, bien consciencieusement, analysé le *pour* et le *contre*, le *pourquoi* et le *comment*, . . nous en revenons, forcément, à notre point de départ : *Le mystère, expliqué par nos nombreuses ignorances !* . .

Si l'on entre dans les vues des *matérialistes*, c'est le *néant* : Perspective décevante, qui n'engendre que l'abandon de soi-même au travail de la putréfaction, . . soi-disant — à la fois, *de l'âme et du corps* . . .

Si l'on s'adresse aux *philosophes*, c'est le *repos définitif* et fatal, après les fatigues de la lutte, les déceptions et les amertumes du sort ; la *délivrance* des prisons qui nous retiennent et des jougs qui nous oppressent.

Si l'on s'appuye sur les doctrines *religieuses,* généralement admises, c'est, à peu près, les mêmes situations matérielles qu'on en obtient, — à titre *provisoire,* cependant ; — car, en parlant spécialement du christianisme, *au jour du jugement dernier, tous les corps seront reconstruits et se lèveront de leur tombeau, pour répondre à l'appel nominal et être jugés*.

Une fois jugés, les *bons* seront *admis dans la béatitude, la contemplation, et le chant des louanges divines;* tandis que les *mauvais* seront *précipités dans le gouffre brûlant des enfers;* et les deux catégories — *pour l'éternité ;* — ni plus, ni moins ! . . .

Heureusement, ces différentes manières de voir sont fausses, et nous savons pourquoi. Mais, cependant, elles contiennent toutes, une part plus ou moins grande, de vérité.

Pour ce qui est du corps *charnel* terrestre, il est certain qu'il se décompose, — *chimiquement* et *physiquement*.

En ce qui concerne, *l'arrêt fatal* de la lutte commencée et poursuivie, moralement, intellectuellement et matériellement, il est, non moins évident, que le passage de vie à trépas, *l'oblige à un repos forcé;* qui peut être envisagé, — à n'importe quel point de vue, et surtout philosophiquement, — comme une *délivrance*.

Et pour ce qui regarde le christianisme, on comprend facilement, aussi, que ceux qui ne veulent admettre — *qu'une seule vie pour chaque individu,* — *passée au milieu d'un seul monde habitable, la Terre,* — n'ont point de peine à croire que leurs corps, ensevelis n'importe où, attendront un jour dernier, fixé pour tous, et qui sera celui de la résurrection générale.

Mais, si chacune de ces conceptions particulières, contient une parcelle plus ou moins sensible de vérité, ou mieux encore — *un commencement de vérité,* — il ne s'ensuit pas, — fort heureusement pour nous, je le répète, — qu'elles renferment *la vérité toute entière*.

Dans le fond, c'est toujours la même histoire de fausse et personnelle interprétation : des choses *claires*, rendues *troubles ;* des choses *tristes*, rendues *fatales ;* des choses *métaphoriques* et simplement *emblématiques*, rendues — non selon *l'esprit*, mais — d'après *la lettre*.

Et je n'en veux, pour preuve, que les *si nombreuses contradictions à ce sujet,* qui s'observent dans les paroles *sentencieuses* de la Bible, presque du commencement à la fin ;... les dispositions naturelles *innées*, apportées par les humains dès leur naissance ;.. leurs existences si *variées ;*... leurs sentiments divers, *proclamant, presque toujours,* — même en cherchant à prouver le contraire, — leur *immortalité active,* et, au-dessus de tout, la *justice idéale* de Dieu.

Tous ces débats, matérialistes, philosophiques, ou religieux, laissent au plus profond *du cœur* de chaque être humain,.. cette préoccupation, constamment obsédante : « *Ma vie présente peut m'être enlevée d'un moment à l'autre ; que deviendrai-je, après l'heure fatale de ma mort ?...*

Cette inquiétude, sans exception, est absolument *rationnelle et légitime*, sous tous les rapports ; car, qu'on le veuille ou non, on sent, *instinctivement,* qu'il s'agit d'une *transformation* qui conduit à toujours, sans jamais revenir en arrière.

Pour aller habiter un pays *étranger*, nous cherchons, autant que possible, à savoir *quel genre de situation* nous pourrons y trouver. A plus forte raison, quand ce pays est *l'inconnu mystérieux*, qui ne s'atteint que par le *grand voyage*, et que nous devons y rester *éternellement*, avons-nous toutes les raisons imaginables de tâcher d'orienter, au moins, *nos pensées,* — sur ce que nous y pourrons *être,* ou *devenir,* vraisemblablement.

La question, n'est pas d'une curiosité malsaine, comme d'aucuns le prétendent; bien au contraire. Elle est des plus profitables, pour le présent d'abord, pour l'avenir ensuite; et, en tous cas, il est impossible de ne pas *en sentir l'énorme gravité;* partant, de ne la point prendre en sérieuse considération.

Parlant de la *mort* pour en arriver à *l'éternité,* ceux qui disent: « *après moi le déluge* », ne sont pas sincères; tout en croyant l'être.

Ils sont inquiets, pour ce qui regarde leur vie actuelle, mais ils sont encore plus inquiets, en songeant à ce qu'il adviendra d'eux, — *de leur personnalité;* — après leur départ d'ici-bas.

Il n'y a pas à dire, l'intuition d'une *vie meilleure,* plus *parfaite sous tous les rapports,* est dans *l'âme* de tous les humains; et cette soif *de bonheur et d'idéal* n'a pas été mise en eux, seulement pour les tourmenter; mais, essentiellement, pour les stimuler à en faire la recherche constante.

L'homme le plus grossier, ou le plus malheureux, *espère* quand même. Quoi, il ne le sait au juste; mais, tout lui insinue, — qu'il a encore plus à *voir,* à *apprendre* et à *savoir,* — que ce qu'il a déjà *vu, appris,* et qu'il *sait.*

La pensée du néant succédant à la mort charnelle, qui est notre terminaison fatale, obligée, — d'après les matérialistes, — est une chose désespérante que tout vient démentir.

Non seulement, l'être humain a *l'intuition native* de son immortalité, de *son moi intérieur impérissable,* mais, les anges de la Bible et particulièrement les esprits de tous les temps, qui viennent, pour ainsi dire, chaque jour, nous faire toucher du doigt nos erreurs, — *à leur sujet comme* sur tant d'autres, *ayant rapport à notre perfectionnement constant,* — sont là, pour démontrer, *victorieusement,* la continuation de l'existence au delà de la tombe.

On peut ne pas croire au *monde invisible,* et même en rire; c'est ce que font beaucoup de gens légers et de sots. Mais, ayant connaissance de ses différentes manifestations, il est impossible de ne pas le prendre au sérieux, — *comme il le mérite;* — quand, surtout, on arrive à se rendre plus ou moins compte de *l'importance inouïe,* qu'il a, véritablement, — sur et en nous.

Les matérialistes peuvent donc cesser de s'abandonner — *corps et âme,* — à la putréfaction du néant; ils peuvent avoir, facilement, la preuve qu'ils vivront toujours; car, comme tous les êtres : *ils ne mourront que pour renaître,* — d'une existence à l'autre.

Les philosophes, par contre, ont des idées tellement dissemblables, qu'il est presque impossible de les grouper, en une phalange compacte et unie.

Il semble, toutefois, qu'un grand nombre d'entre eux, acceptent le matérialisme et la mort, comme deux fatalités rigoureusement exclusives, que nous sommes obligés de subir, ainsi; et que nous devons accueillir avec *calme et reconnaissance;* sans nous en émouvoir autrement.

Presque tous ont des systèmes *personnels,* sur la manière de vivre et de mourir, qui, eux aussi, cherchent l'idéal en s'appliquant à découvrir la vérité, partout où ils croyent pouvoir la trouver. Mais ils conservent, trop souvent encore, l'idée du repos presque illimité de la tombe, ou celle d'une vie à venir dans un monde parfait, difficile à saisir; je veux dire — à *comprendre* et même à *imaginer.*

Ce qui semble ressortir clairement, de tous les enseignements remplis de beautés différentes qu'ils nous offrent, — dans leurs doctrines, parfois sublimes, comme par leur exemple personnel, assez fréquent, — c'est, la nécessité et le meilleur profit, pour nous, d'accepter et d'adopter, en tout et partout, la *résignation ;* seul moyen de supporter plus facilement nos épreuves et nos tribulations.

Ils sont souvent dans le chemin de la vérité. Mais, ils s'en écartent, quand, ne le cherchant que par leurs seuls yeux, ils méconnaissent les lumières des autres et ignorent, par trop, les faits du monde invisible.

Les religieux chrétiens, eux, ne voyent, c'est entendu, — qu'*une seule vie sur un seul monde,* — le globe terrestre ; puis, un *repos* après la mort, qui doit se prolonger jusqu'au grand jour final du Jugement dernier ; pour y être transformé, après, en une *béatitude perpétuelle,* ou en un *tourment éternel.*

Si la doctrine, ainsi comprise, est simple et à la portée de tous ; si elle est sublime de beauté morale et d'idéal social, quant à ses maximes ; de charité et d'amour, dans ses enseignements fraternels ;.. il n'en n'est plus de même pour ses conclusions, — après la mort.

C'est donc, surtout en cela, que le monde invisible qui remplit l'espace nous est précieux, puisqu'il attire notre attention *sur les nombreuses erreurs* dans lesquelles nous sommes tombés ; — par et pour lesquelles, toujours à nouveau, d'autres retombent !......

Je l'ai dit et je le répète, nier la bonté suprême et la perfection idéale de Dieu, serait un blasphème insensé ; mais, ternir son amour, à l'égard de tout ce qu'il a créé, en voulant le faire passer pour *vindicatif et jaloux* (de qui ou de quoi, s. v. p. ?),.. cruellement *injuste et féroce,* dans la manière de récompenser et de punir ses enfants, — *tous plus ou moins bons, méchants et imparfaits,* — est une injure grossière faite à sa divinité véritable,... puissante au delà de notre compréhension humaine.

La *crainte de l'inconnu* et celle *de l'enfer*, avec la force *de l'habitude*, en ces choses particulièrement, sont, je le sais, des obstacles non indifférents pour examiner avec *calme, équité* et *raison*, les côtés imaginaires des enseignements que, pour ainsi dire, nous suçons avec le lait de notre enfance.

Mais, il ne s'en suit pas, nécessairement, qu'il n'y ait, en tous lieux, beaucoup d'esprits et de cœurs qui cherchent à s'instruire, partout où ils le peuvent ; dans ce qu'ils n'arrivent jamais à comprendre par eux-mêmes, ou par les développements qu'ils entendent d'ordinaire.

Pourquoi repousser la vérité, quand elle se présente à nous, sous prétexte qu'elle nous vient du — *monde invisible ?*...

Est-ce que Christ et Dieu ne sont pas des êtres invisibles, faisant partie, et quelle partie !.. la plus colossalement grandiose et inimitablement brillante, de ce même monde invisible, que nous avons l'air de mépriser ?..

On me dira peut-être : « *Christ a vécu sur la Terre, il a été vu en chair et en os, comme il a été entendu, par des milliers de ses contemporains* ».

Eh oui, c'est vrai. Mais, c'est aussi le cas des esprits supérieurs, *illustres et populaires*, qui se manifestent toujours à notre humanité, de temps à autre. Ils ont eu, de même, une existence charnelle sur Terre, et pourtant, ils y reviennent quand ils y sont envoyés en mission, — pour nous aider et nous fortifier dans le bien qui est le vrai ; — seulement, ils ne s'y représentent, désormais — que comme esprits ;.. ce qu'ils sont.

Ils n'appartiennent plus à notre catégorie *matérielle et demi-animale*, parce qu'ils ont franchi d'autres degrés importants, que nous avons encore à atteindre, Dieu seul sait après combien d'autres existences....

D'autres refusent de voir et d'entendre, parce que les *superstitions* de l'enfance leur font voir *le diable et ses cornes*,.. partout où ils éprouvent quelque difficulté à admettre les phénomènes, *naturels* cependant et *voulus*, qu'ils appellent « *surnaturels* » ...

Leur peur est certainement très compréhensible, dans un certain sens, — *celui de leurs superstitions;* — mais, le fait qu'ils s'obstinent à ne vouloir rien écouter, ou voir, par leur propre raison et leurs moyens intellectuels divers, préférant ainsi se couvrir d'une triple cuirasse d'aveuglement, composée: d'*ignorance,* d'*injustice* et d'*absurdité,* est parfois incompréhensible.

Le progrès marche vers le perfectionnement de jour en jour, lentement, il est vrai; mais sûrement. Pourquoi, au lieu de lui créer sans cesse de nouvelles entraves, ne pas chercher à s'orienter et à se mettre d'accord avec son courant le plus humanitaire, — *donc, fraternel et divin;* — au moins, dans ce qui ne dépend que d'*un peu de réflexion et de bonne volonté,* de notre part?...

Pourquoi?... Parce que la crainte de la « *grillade sans fin* », touche à son paroxysme, dès les premiers mots qui s'élèvent à son sujet, et que ce n'est pas sur des cerveaux affolés, *paralysés de terreur,* qu'il est facile d'agir efficacement dans le sens de la raison, de la mesure et du jugement; qui doivent, cependant, nous mettre à même de pouvoir distinguer le *vrai* du *faux!*..

Ah, il est difficile de revenir de ses plus chères erreurs ; particulièrement, quand elles sont admises et pratiquées depuis l'enfance, comme autant de vérités !..

Mais il est dit : « *aide-toi et le Ciel t'aidera* » ; « *cherche et tu trouveras* ». Or, « *sans la lumière de la raison, la foi s'affaiblit* ».

Que les peureux se rassurent, car les êtres du monde invisible n'agissent que par *la volonté de Dieu*, pour nous aider à comprendre et à mieux exécuter nos mandats terrestres; nous exciter à chercher la vérité, à la dégager des ténèbres et à nous en servir; c'est-à-dire — pour *éclairer* notre foi *au bien et à Dieu*, — de toutes les lumières qui peuvent y être fournies et utilisées,.. par notre intelligence et nos progrès successifs.

Ils ne viennent pas renverser, ou affaiblir, les enseignements du Christ; mais, bien au contraire, — les *expliquer*, d'une manière tellement *rationnelle et convaincante*, que tout ce qui en paraissait *énigmatique, parabolique* et *imagé*, jusqu'alors, en ressort, aujourd'hui, absolument *clair, limpide et positif;* — à tous les points de vue.

Pour se faire comprendre de ses contemporains, Christ était obligé de leur parler un langage *allégorique*, destiné *à frapper leurs imaginations et leurs cœurs primitifs*. Tout d'un coup, il ne pouvait leur révéler, *en détail et dans leurs immenses développements infinis*, les vérités célestes; qu'ils n'eussent pu comprendre, ou admettre facilement, à leur époque.

C'est pourquoi, même avec ses apôtres, il est resté *mystique* sur certains points; prouvant, par là, qu'il était venu pour jeter, en tous, *la semence du bon grain,* — *en montrant d'abord, à chacun, le chemin de la vie éternelle;* — laissant sagement ensuite, au temps nécessaire, le soin de faire *mûrir* son œuvre, *d'en cultiver et d'en récolter les fruits*, de génération en génération.

En y réfléchissant, on arrive à comprendre et à se convaincre, solidement, — que c'est pour *perfectionner*, et non pour punir, l'être humain, que le Créateur lui a fait une loi *du travail du corps et de l'intelligence;* — parce que, sans ce travail, obligatoire à chacun, les membres et organes *s'atrophieraient*, et l'intelligence ne dépasserait pas les limites de *l'instinct*; aussi limité qu'insuffisant à nos progrès voulus.

Et il arriverait, alors, pour les humains, ce qui se produit et s'observe chez les animaux, — depuis l'apparition des deux premiers types et représentants de chacune de leurs races ; — dont les actuels, ne *savent* et ne *font* pas autre chose que ce qu'ont *su* et *fait*, instinctivement, leurs devanciers ; ce que j'ai déjà expliqué ailleurs.

En résumé, tous ces faits, même contradictoires en apparence, prouvent — la *sagesse divine*, la *vérité lumineuse autant que bienfaisante*, et la *fausse interprétation* des hommes qui enseignent, ou croyent le *contraire ;* — en dépit des *preuves indéniables* et *quotidiennes* à eux données.

Chapitre II.

BÉATITUDE ET TOURMENT PERPÉTUELS.

Parmi les nombreux penseurs anciens et modernes, beaucoup se sont fait, ou se font encore, une idée singulière de ce que peut être l'Eternité.

Mais, ceux qui se la représentent comme une *béatitude continuelle* pour les bons, et un *tourment perpétuel* pour les mauvais, oublient, certainement, que le Dieu grandiose et unique de tout ce qui existe est, souverainement, *juste et bon*.

S'il est, vraiment, le Dieu magnanime et parfait qu'on nous enseigne, comment pourrait-il être, en même temps, — *exagéré* et *vindicatif*, dans ses récompenses, comme dans ses punitions ; — en abandonnant les gentils à une béatitude *sans limite*, et les méchants à un feu dévorant *sans fin*, sous la puissance infernale d'un dieu particulier du mal ?...

Comment, encore, le déclarer « *souverainement juste et bon* », et dire, en matière d'explication, que lui, « *qui sait tout* », « *qui aime toutes ses créatures d'un amour égal* », et « *qui ne veut pas la mort du pécheur, mais sa conversion au bien* »; que lui, enfin, « *qui est un trésor inépuisable d'amour et de pardon* », fait naître deux classes d'humains : *des bénis, et des maudits ; à perpétuité ?* . . .

Voyons, il faut pourtant être logique, partout où on le peut, et ne pas dépeindre notre Créateur — comme un père miséricordieux, doublé d'un bourreau ; — car c'est l'encenser et l'insulter gravement, — du même coup ! . .

N'est-il pas, plus vraisemblable et même, certain, suivant sa divinité trois fois sainte et notre conscience propre, de penser — qu'il nous punit, plutôt, chaque fois que nous le méritons, en petit comme en grand, pour nous pardonner ensuite nos fautes, — dans la mesure de notre repentir et de nos efforts à les réparer ? . . .

Non, non, impossible d'associer la Perfection suprême, l'Amour incomparable et sans limites, la Toute-Puissance unique et sans rivale, avec l'injuste partialité, la jalousie, la férocité et la vengeance, en éternel .

Puisqu'il nous veut tous parfaits, comme lui-même est parfait, nous est-il dit, c'est-à-dire : *purs, saints, bons, savants, utiles, forts, beaux, puissants et universels*, ne sommes-nous pas presque obligés d'admettre, déjà par nous-mêmes, qu'une *pauvre petite existence* passée sur notre Terre, . . est incapable de nous donner un tel degré d'*avancement*, sur le chemin de la *perfection divine* ; et que, forcément, ce qu'il nous est impossible d'acquérir ici-bas, nous devons l'acquérir ailleurs ? . .

Or, si, comme je le crois, cela est, peut-on penser, que l'âme s'enrichira de tous ces dons précieux et le corps d'une aussi grande puissance, en restant, — la première, fixée dans la *béatitude éblouissante,* le second, réduit en poussière impalpable au *fond d'un tombeau ;* — ou les deux réunis, chauffés à blanc dans une fournaise ardente, à perpétuité ?..

Il en est, de ces figures symboliques, comme des paroles mémorables prononcées par Jésus, et que je viens de rappeler dans leur essence : « *Soyez donc parfaits, comme votre Père céleste est parfait* »; paroles, qui indiquent un *modèle idéal,* tout en exprimant le désir — que les êtres humains s'appliquent à l'*imiter* de leur mieux.

Mais, même parmi les plus saints,.. lequel, d'entre nous, arrivera jamais à atteindre la perfection infinie du Créateur ?..

Aucun, disons-le nous bien, de suite; parce que, si les êtres humains pouvaient arriver à se faire les *égaux* de Dieu, ils deviendraient autant d'*autres dieux,* rivaux de leur modèle; ce qui est irréalisable et absurde.

Notre perfection, à nous autres, pauvres petits atomes de l'univers, ne sera jamais que relative et misérable, comparativement à celle du Maître suprême.

Comme que nous nous y prenions, nous aurons toujours des *chaînes et lacunes d'impossibilités morales et matérielles,* pour nous rappeler — les diverses impuissances, auxquelles nous sommes et serons, plus tard, fatalement liés : « *Prendre la lune avec les dents* », et « *devenir parfaits comme Dieu* » sont de ce nombre; pas de doute loisible, à cet égard.

Et, ces impossibilités, sont encore une des innombrables preuves de la sagesse idéale de Dieu ; car, si la nécessité d'un *chef unique* se fait sentir, partout où il y a beaucoup de choses à observer, à apprendre et à exécuter, — *déjà dans chacun des pays de la Terre,* — à plus forte raison, quand il s'agit de la *Direction Suprême* de l'Univers !...

Non, l'Eternité n'est point et ne sera jamais, un arrêt

définitif, de la marche des nécessités du *progrès incessant*, c'est-à-dire — de la *vie en éternel ;* et, penser ou croire, le contraire, c'est prêter, au Créateur, les moyens extrêmement limités, pauvres et impuissants, avec toutes les grandes imperfections de ses créatures terrestres.

Le dogme de la « *résurrection de la chair* » est enseigné par le christianisme, comme une des plus importantes vérités, une de celles qui, déjà à elle seule, suffit à démentir la déception cruelle du néant. Mais, au lieu d'en comprendre la réalisation *continuelle,* qui s'y montre à nos yeux impartiaux, — *de jour en jour,* — par les *naissances,* ou mieux, *renaissances* d'esprits, qui, — quoique ayant vécu souvent un grand nombre d'existences antérieures, — sont tour à tour, envoyés, ou renvoyés, sur Terre ; il ne l'admet qu'à un jour final déterminé, — celui du Jugement dernier.

Grande erreur, que celle-là !... Erreur qui embrouille tout et mélange, en nous, la notion du raisonnable, du juste, du vrai et du faux !...

Et il en est de la « *résurrection de la chair* » comme du « *péché originel* » *;* cette autre écrasante énormité superstitieuse !...

Je l'ai déjà dit, comment seulement supposer, que le Créateur, *idéalement bon, puissant et parfait,* notez-le bien, — *parfait,* — ait jamais eu la pensée de maudire toute la postérité à venir d'Adam et d'Ève, dans les milliards de petits enfants qui devaient voir le jour à cause d'eux, matériellement parlant ; parce que ces premiers parents, supposés uniques, ont commis une désobéissance, amenée par la curiosité jointe à la gourmandise ?...

Voyons, cet Eternel gigantesque, ce Père de tout ce qui a existé, de ce qui existe et de ce qui existera, ce Père absolument incomparable, dans sa science, sa bonté, sa beauté, sa puissance et son amour, aurait puni *d'avance* ces milliards d'êtres, *non encore nés,* parce que leur première mère et leur premier père généalogiques, se seraient permis — de manger une pomme, d'un arbre auquel il leur avait dit de ne pas toucher ?...

Mais, il faut, vraiment, l'*ignorance* et la *méchanceté* des hommes, pour attribuer à Celui auquel ils doivent tout, de tels sentiments *de basse, vulgaire et exécrable vengeance,* quelque chose comme la férocité cruelle de leurs mauvais cœurs mesquins, unie, par leur esprit d'imitation orgueilleux et vain, à la puissance formidable de leur Créateur et Maître !...

Le monde invisible est partout, pour nous mieux expliquer et nous prouver — que la « *résurrection de la chair* » s'opère tous les jours ; et cela, depuis que les mondes charnels existent.

Et, du même coup aussi, il nous fait comprendre ce qu'est véritablement le « *péché originel* », — dont nous avons tous à souffrir longuement des conséquences directes et indirectes, — ce qui est une révélation consolante, vraie et grandiose :

Avant de venir sur la Terre, nous avons, tous, un plus ou moins grand nombre d'existences antérieures sur la conscience, vécues en d'autres mondes charnels, qui lui sont graduellement inférieurs. Notre âme, en se réincarnant sur le globe terrestre, y apporte encore une certaine partie de ses défauts à corriger, qui doivent passer par l'épuration des épreuves et des maux qui lui sont propres.

Donc, le « *péché originel* » est juste, — dans son point de départ *individuel* et *commun à tous,* comme dans ses *conséquences* étreignant chaque être humain, — sans aucune exception.

Mais il est faux, considéré en l'idée *révoltante et inique* d'une désobéissance curieuse et gourmande, commise par deux premiers êtres incultes et peu expérimentés ; puis, punie avec une sourde et implacable barbarie, sur tous leurs *innocents descendants à venir*, .. dans la perpétuité de leurs générations.

Dieu, qui est la justice même, ne crée pas, d'un jour à l'autre, des êtres *parfaits* et des êtres *imparfaits*, pour se donner, ensuite, — comme le feraient beaucoup d'hommes méchants, — la satisfaction *vraiment diabolique et non divine*, de les placer tels quels et ensemble, sur Terre; en proie aux redoutables disproportions d'une semblable partialité.

Non, il aime toutes ses créatures d'un amour *égal* ; et il les entoure, *toutes*, de ses soins prévoyants et paternels, au suprême degré.

Il crée les âmes des humains avec une *égalité parfaite*, et il les fait toutes partir du *même point de départ*, pour commencer leur apprentissage, à travers les innombrables mondes habitables et habités de l'univers; c'est-à-dire — leur éducation et leur perfectionnement graduels, dans les ambiants qui leur sont nécessaires.

Dans chacune de ces écoles d'avancement, — comme, du reste, dans toutes les écoles imaginables, — il y a des écoliers et écolières, qui sont studieux et travaillent avec fruit, à côté d'autres écoliers et écolières, qui se donnent moins de peine et font leurs devoirs en paresseux; ou, même, se refusent parfois à les faire.

La volonté s'y manifeste, naturellement, pour *avancer*, ou pour *stationner*, — plus ou moins *rapidement* ou *longuement*. De là, l'*inégalité des situations et des êtres*, qui s'observe en tout et partout, et qui est, aussi, *un* des côtés frappants de la liberté, ou libre arbitre, dans une certaine mesure individuelle, laissé à la disposition de chacun.

Tout cela, n'a rien que de très naturel, même pour nos intelligences terrestres, prévenues, ou non; à condition, pourtant, qu'elles veuillent bien se donner la peine d'entendre, de voir, de méditer, et de conclure, avec dignité ; partant, — *avec justice impartiale et bonne volonté* — à dégager la lumière vraie des ténèbres de la science fausse . . . .

Quelle différence, entre la justice providentielle, qui dit : « *A chacun selon ses œuvres* », faisant, ainsi, dépendre la durée des récompenses, ou des peines, des efforts du juste, pour le rester, ou du coupable, pour s'améliorer ; . . à celle des humains terrestres, qui dit : « *Béatitude éternelle, à ceux qui auront assez bien passé leur école sur Terre* », — une, cependant, des si nombreuses qu'ils auront à parcourir dans l'échelle des mondes : — et « *Tortures sans fin et sans espoir, pour ceux qui y auront commis, une, ou quelques fautes graves* » ? . . .

Dire que Dieu est idéalement juste, mais *que nous ne pouvons comprendre sa bonté à notre égard*, est encore une absurdité gratuite ; parce que, s'il ne nous donnait pas les moyens intellectuels et matériels, de comprendre sa justice, il ne pourrait pas, non plus, nous imposer *la loi de l'observer ;* au moins pour ce qui concerne notre vie actuelle .

L'Eternité n'est donc, pas plus une *immobilisation* des êtres dans un milieu enchanteur, qu'un *supplice* qui, une fois commencé, devra durer toujours.

Nos fautes et nos épreuves continuelles, ces barrières, qui retardent, un peu en tout, notre félicité parfaite dans les mondes, qui, comme notre Terre actuelle, — *sont encore plongés dans les abîmes de l'orgueil, de l'égoïsme et de la violence,* — sont déjà, suffisamment amères et efficaces pour nous dégoûter peu à peu du mal et des erreurs; sans encore chercher à inventer, des châtiments — *aussi barbares et injustes qu'insensés,* ou des récompenses, *aussi partiales que disproportionnées et anti-divines.*

Non, l'Eternité, c'est la créature commençant par la *molécule, déjà existante,* de la substance première, génitrice des transformations à venir ; *fécondée et perfectionnée, sans cesse,* — par la volonté de l'Intelligence suprême, qui la dirige et la protège, sans jamais l'abandonner.

Puis, c'est la réunion de *plusieurs molécules,* formant des êtres graduellement plus distincts et plus résistants.

Ces êtres reçoivent, par là, des *besoins* et des *jouissances* à satisfaire, tout en se reproduisant pour se multiplier — *à l'infini ;* et ils vont, ainsi, de petites vies en petites vies, *enrichissant* leur individualité, *progressant* en organes, en instincts et en savoir.

Ils forment des *types* qui créent les *races,* et des races qui rivalisent entre elles, — dans la recherche inconsciente du *mieux ;* — jusqu'à ce que l'*instinct* devienne l'*intelligence* en herbe, et le corps un *être humain,* ou *animal*.

L'être humain, est celui où domine l'intelligence la plus riche, comparativement à ceux qui n'ont encore que l'intelligence rudimentaire, — l'instinct.

Un besoin de *perfectionnement, toujours inassouvi,* éclôt et reste permanent, dans l'essence du premier ; qui, mieux que les arriérés relativement à lui, — tous ceux qui composent les races encore purement matérielles et animales, — observe, retient, essaye d'imiter, puis de créer, tout ce qui lui paraît *bon* et *avantageux,* à son profit, ou à celui des autres.

De génération en génération, il fait *des progrès,* petit à petit ; dont ceux qui naissent de lui, *apprennent* à se servir, par l'enseignement *verbal,* ou *noté,* appuyé de l'*exemple* surtout, qu'il leur en donne.

Les mondes *innombrables* qui constellent l'espace où, à notre point actuel, nous avons aussi notre *place marquée,* lui fournissent tous les *ambiants* et les *matériaux* nécessaires à ses *transformations graduelles* successives; jusqu'au moment où,.. qui sait après combien de milliers d'années,.. il est envoyé sur notre Terre, ou un autre monde à peu près équivalent.

A partir du *commencement* de la pérégrination initiale, c'est déjà un progrès énorme, *gigantesque* même; quand on essaye de songer à toutes les *agglomérations diverses* réalisées. Mais, quand, avec nos moyens acquis de comparaison et de déduction, nous nous efforçons de nous imaginer l'*idéal* en tout — *qui nous fait rêver et souffrir,* — que de *chemin* et d'*écoles,* nous avons encore à faire, pour en approcher d'une façon sensible!...

Malgré l'immense outillage moral et intellectuel, de notre avancement relatif, actuel,.. que nous avons de peine, à nous affranchir des liens animaux de la matière, qui nous retient — *captifs de ses exigences et de ses tyrannies,* — jusqu'à notre départ terrestre!...

C'est une lutte sans répit, presque forcément inégale, entre l'âme et la chair, l'élévation et l'abaissement!...

Et ce monde terrestre, dont nous sommes si fiers, souvent, — il doit être permis de se demander pourquoi, puisqu'il n'est pas plus notre œuvre que nous ne sommes la sienne, — est encore *plongé,* dans tous les caractères de l'infériorité et de l'imperfection.

Le mal y *pullule,* en millions de formes, toutes plus subtiles, ou cruelles, les unes que les autres; et ses grandes divisions fondamentales y règnent en permanence, en petit comme en grand: *égoïsme, violence, erreur,* qui sont, à n'en pas douter, la redoutable *trinité infernale* du diable et de ses cornes, au milieu de nous...

Nous en sommes encore, *à démêler la vérité d'avec l'erreur,* — dans les choses les plus importantes de notre séjour sur Terre. Et si, bribe par bribe, nous distinguons, par des efforts longuement soutenus, les *parcelles de vérité* dont nous nous emparons, — avec orgueil et vanité, bien plus qu'avec satisfaction et générosité, — nous attrapons, le plus souvent, les *fleurs trompeuses* de l'erreur pour celles de la vérité ; nous gardant bien d'en examiner les racines, plus difficiles et pénibles à découvrir et à extirper.

C'est, surtout, à notre paresse *morale et intellectuelle,* que nous devons, le renouvellement constant des *maux* qui empoisonnent notre école terrestre, des *purgatoires* et des *enfers* qui nous y consument, d'une année à l'autre ;.. c'est-à-dire — *à la lâcheté égoïste de nos cœurs,* — encore trop animalisés et pas assez spiritualisés !....

Cependant, le progrès marche et il avance, — dans son invasion lente autant qu'irrésistible : — lente, parce que nos mauvaises volontés paralysent ses développements désirés, et irrésistible, parce qu'il est impossible de repousser son impulsion divine.

La patience, qui se montre à nos yeux, dans tout ce que nous savons et voyons, de la Création, est d'une telle douceur et sagesse idéales, qu'elle nous répète, sans cesse :

« Ô humains, *soyez doux et patients,* dans tous les actes de votre vie terrestre, en vous efforçant d'en bannir les secousses brutales, les découragements et les abandons volontaires, qui vous brisent avant le temps de vos progrès possibles et voulus ».

« Toutes vos *paresses* et *faiblesses,* morales surtout, prolongent la longueur de vos peines d'écoliers arriérés. Vous êtes les premiers, à en souffrir et vous étendez vos maux, à ceux qui vous entourent ; tandis, qu'avec la continuité — *de l'énergie du bien, partagée et cultivée par tous,* — vous vous affranchiriez, de toutes les pesanteurs qui vous écrasent les uns et les autres, avec beaucoup moins d'angoisses, de tourments et de difficultés !... »

« *Avec rien, on ne peut rien faire* ». Prenez donc, le *quelque chose* qui vous manque et qui gît, *inanimé* et *atrophié*, en vous, parce qu'inutilisé. Cherchez-le — *dans votre cœur*, — où il se cache, sous le manteau funeste de l'égoïsme personnel ; et vous le trouverez, composé des trois parties égales qui le forment, sous les noms distincts, de — *patience, douceur, amour !*.. »

« Alors, par son moyen, vraiment efficace, vous progresserez — *d'une manière réjouissante, conforme à ce qui vous est raisonnablement demandé ;* — et vous vivrez votre vie terrestre, en *frères* et *sœurs,* dans le contentement du *bonheur réel* de l'âme et du corps !...... »

Chapitre III.

PERFECTIONNEMENT INCESSANT.

Ce que nous connaissons de mieux, dans notre vie terrestre, c'est le monde que nous voyons, — *minéral, végétal, animal et humain,* avec la décourageante impénétrabilité des grands et innombrables mystères, — qui le protègent de nos regards avides, de nos faiblesses, morales, intellectuelles et autres, comme de notre pénurie d'aptitudes spéciales à le comprendre, exactement.

Habitués que nous sommes, dès la période embryonnaire et notre première enfance, *à tout partager et goûter, ou supporter, avec la matière,* nous avons peine à nous imaginer, que *l'absence* des jouissances purement *matérielles,* c'est-à-dire celles de la bête, puisse permettre, à nos êtres intérieurs, des félicités dignes de ce nom.

Eh bien, il paraît, que dans les mondes très supérieurs à la Terre, au point de vue hiérarchique des perfectionnements, les habitants, — qui y résident des temps d'existence plus ou moins longs, mais infiniment plus étendus que ceux généralement passés ici-bas, — y ont des formes *analogues aux nôtres particulières,* avec la santé et la beauté idéales, en plus.

Leurs personnes, sont comme diaphanisées, en ce sens — qu'elles ont perdu *la matérialité grossière et plus ou moins bestiale,* qui nous distingue, dans ses effets terrestres; et leurs mouvements, s'exécutent avec une grâce, une facilité et une élégance, — dont nous ne pouvons que nous faire une idée à peine approximative.

Ainsi, ces êtres privilégiés, nos frères et sœurs aînés, ne s'acheminent pas lourdement, *péniblement,* comme nous sur Terre, pour marcher, monter, descendre, etc., avec toutes sortes de précautions et d'efforts fatigants, pour conserver leur *équilibre* et leur *point d'appui,* sur les surfaces, plans, obstacles, ou distances, qu'ils veulent franchir.

Ils se déplacent et se meuvent, sur le sol, l'eau et l'atmosphère, sans aucun effort apparent, — *par le seul effet de leur volonté.*

Et c'est, comme enlevés par des ailes invisibles, qu'ils n'ont pas, du reste, qu'ils se transportent *sur,* ou *dans l'espace,* qu'ils veulent parcourir ; avec un bruit si léger, qu'il ne ressemble, en rien, à la résonnance des pas et au froissement des vêtements, que nous avons l'habitude d'entendre.

Quand ils le veulent, ils *pénètrent,* avec la même facilité, dans les *eaux* et les *corps durs* résistants, tels que le *bois,* la *pierre* et le *fer*... Ils ne souffrent pas de *traverser* le *feu,* ni les *cristallisations* des *glaces ;* parce que, ces éléments, eux aussi parvenus à un degré suprême de *perfectionnement,* de *légèreté* et *d'éthérisation,* ne sont plus nuisibles à ceux qui savent et qui peuvent s'en servir, agréablement et utilement.

Pour mieux dire, ces esprits supérieurs *volent*, au gré de leurs désirs, — occupés à mille travaux utiles, destinés à l'avancement de leurs frères et sœurs plus arriérés, — des mondes inférieurs.

Ils ne pratiquent que *le bien,* dans toute *sa pureté,* et les passions mauvaises et violentes leur sont inconnues ; car ils n'ont — ni égoïsmes, ni haines, ni jalousies, ni vols, ni adultères, ni meurtres, ni révolutions, ni désertions, ni suicides, ni contestations, ni combats, ni guerres, — d'aucune sorte.

Leurs pensées s'unissent, toutes, dans un sentiment — *de coopération générale à l'amélioration, individuelle et sociale,* — des différents degrés intermédiaires de l'échelle humaine ; qui, à partir d'eux, descend jusqu'à la petite *molécule initiale,* de la substance universelle primitive.

Esprits supérieurs, — mais non encore parfaits de l'extrême limite, — ils voyent, cependant, la majesté du Créateur souverain, et le servent directement, en sous-ordres des esprits parfaits ; comme autant de *serviteurs zélés,* qui n'ont d'autres volontés que celles de leur Maître bien-aimé.

Leurs voix pures et sonores chantent ses louanges, dans des hymnes de grâces, qui font retentir les voûtes célestes de flots d'harmonies, impossibles à traduire ; et qui répandent des parfums de bénédictions de tous genres, sur l'espace considérable qu'ils occupent !....

Que de choses à dire encore, sur eux, d'après les révélations qui nous sont faites, avec les déductions qui s'en imposent, un peu partout, sur Terre !...

Ils naissent et meurent — *sans souffrir, ou faire souffrir ;* — presque comme par enchantement, c'est le cas de le dire.

A ce degré de perfectionnement, la naissance est une

fête d'arrivée, sans mélange d'inquiétude, d'impatience, ou de douleur; et l'enfance, une période relativement courte, quoique fournissant des progrès extrêmement rapides, d'une année à l'autre, pour le développement de l'intelligence et du corps.

La vie s'écoule *calme et heureuse, sous tous les rapports,* — du commencement à la fin, occupée aux œuvres et missions qui lui sont confiées. Plus de besoins matériels du genre de ceux de la Terre,... de *maladies,* de *chagrins;*... plus de *maîtres,* ou *d'esclaves,* dans le sens pénible de ces mots; de *privilégiés,* ou de *favorisés.* La supériorité *morale et intellectuelle,* seule, fait varier les positions,... car l'épuration des mondes antérieurs a tout idéalisé.

Et quand la mort arrive, elle n'a rien qui la fasse craindre, ou éviter. Au contraire, elle se présente comme un sommeil réparateur, *véritable repos temporaire,* qui n'occasionne aucune putréfaction; mais *un départ envié,* pour un monde encore plus élevé dans la perfection, — celle où tous savent, qu'à leur tour, ils se trouveront — plus heureux et plus solidaires que jamais !....

Dans les mondes *primitifs,* par contre, les habitants, qui y possèdent la forme humaine *rudimentaire,* n'ont que l'instinct des besoins animaux, pour se diriger; et ils passent leur temps à les satisfaire.

Chez eux, l'industrie, le commerce, ou l'échange, n'existent pas; et, — *comme chez les bêtes,* — le sentiment du juste, de l'injuste, y est remplacé par la *force,* — qui y fait loi.

Mais, cependant, au fond de leur être, ils ont la vague *intuition* d'un Maître invisible, qui plane sur eux; et cette *lueur* suffit à préparer leur passage ascendant à leur prochaine vie à venir, déjà un peu plus manifestement intelligente.

Entre les mondes humains, *primitifs* et *supérieurs*, il y a des mondes *intermédiaires* innombrables, qui facilitent la progression *graduelle* — de la molécule *initiale* à l'être *parfait* définitif, — qui compose les légions angéliques.

Les anges mêmes subissent des transformations hiérarchiques et progressives, que nous ne pouvons, ni avec le secours de nos intelligences réunies, ni avec celui des esprits, — qui l'ignorent, ou ne peuvent nous les dévoiler ici-bas, — connaître, ou supposer ; parce que là, s'arrêtent les révélations permises.

Tout ce que nous pouvons savoir, c'est, que l'humanité entière, c'est-à-dire — non les seuls habitants de la petite Terre, mais avec, *ceux de tous les milliards des mondes existants dans l'espace,* comme aussi, *les éléments, matériaux, plantes et animaux de ces globes,* plus ou moins gigantesques, — ne sont que des transformations lentes et graduelles qui vont à l'infini,.. sans s'arrêter jamais...

Dieu seul, est *immuable en éternel,* et les anges suprêmes, malgré toute leur science et leur sagesse transcendantes, n'ont pas le pouvoir de l'expliquer, parce qu'il est, pour toutes ses créatures, sans en excepter les plus parfaites et les plus bénies, divinement — *insondable !* . . . . .

L'Eternité est donc, véritablement — « *une durée qui n'a ni commencement, ni fin appréciables* » ; mais, qui demeure — « *la manifestation certaine de la vie initiale dans le progrès relatif, à perpétuité* » !...

C'est une pensée consolante, réconfortante et encourageante, en même temps, que celle qui nous fait comprendre — qu'une fois que nous existons, c'est pour toujours ; — et que notre vie *matérielle, spirituelle et morale,* n'est qu'une suite non interrompue, en éternel, de progrès et d'épurations.

Plus de putréfaction définitive ;.. de néant muet ;.. de

récompenses à quelques rares élus, triés sur le volet ;.. de tortures incessantes, réservées à la presque totalité des enfants de la Terre... Mais tous, *graduellement améliorés et sauvés ;* — sauvés en éternel !...

Ah ! comme on sent bien, après toutes ces révélations du monde invisible et la voix intérieure de nos consciences, qui est celle de notre Créateur même, qu'elle est vraiment juste et sublimement grandiose, cette parole du Ciel qui est descendue jusqu'à nous, pour nous instruire et nous fortifier :

« *Dieu ne veut pas la mort du pécheur, mais sa conversion au bien* » !.. Puis, comme pour mieux l'expliquer : « *A tout péché, miséricorde* » !..

Et enfin, Christ, n'a-t-il pas annoncé cette bonne nouvelle en plusieurs circonstances, dans son langage idéal, autant qu'imagé et divinement majestueux ? :

« *Il y a plusieurs demeures dans la maison de mon Père* ».

Or, qu'est la maison de son Père, sinon *l'univers ;* et que sont les demeures différentes de cette maison, sinon *les mondes* qui brillent dans le firmament, de tout l'éclat de leur grandeur et de leur rtance providentielles ; les mondes successivement *progressifs* qui y développent les êtres humains, — d'après les *vrais besoins,* comme pour le *but* de leur avenir le plus avancé, — et parmi lesquels *plusieurs* sont destinés, je le comprends aujourd'hui, à servir de transfert direct aux mortels terrestres ?...

Tout cela n'est-il pas clair, simple et logique, infiniment plus vraisemblable, grandiose, généreux et divin, que l'étroitesse sentencieuse et vindicative, autant qu'injuste, de ceux qui veulent à toute force nous immobiliser, *inutilement,* dans les flammes sans fin des fournaises de l'enfer, comme autant de mannequins à la broche, à la fois sensibles, désespérés, mais incombustibles ?....

Puisqu'il y a plusieurs demeures, déjà fixées d'avance à notre égard, dans la maison du Créateur, il est évident, que plusieurs chemins aussi, conduisent à ces demeures, — *très distantes les unes des autres, parfois,* — comme nous venons de le voir, principalement en ce qui concerne leur degré d'avancement, dans la perfection.

Beaucoup de réflexions s'imposent à nous, sur ces choses, encore si mystérieuses ; et que les esprits ne nous dévoilent pas suffisamment.

Une des premières, est celle-ci : Pourquoi, l'Etre suprême, — qui peut tout, — ne nous crée-t-il pas d'emblée — *purs, beaux, savants, forts,* . . *parfaits,* en un mot ?..

Quelle réponse certaine, donner à cette question intime, posée à *chacun* par son *moi ?*..

Pour ma part, je crois qu'il est impossible d'en formuler une définitive, car, ce qui reste bien établi, c'est qu'aucune créature, raisonnante, ou non, n'est consultée sur l'opportunité de sa formation et de son maintien, par telle, ou telle voie.

Toutes sont formées et se développent, par les soins supérieurs de la divinité ; qui ne les abandonne point.

Rien ne meurt, dans le sens absolu du mot, mais, *tout se transforme et revit incessamment, sous d'autres formes et aspects ;* et cette loi constante, de la transformation, n'est autre que la manifestation perpétuelle du progrès, c'est-à-dire — de la vie sans fin.

C'est, du moins, tout ce que nous pouvons dire de la théorie et, surtout, de l'activité créatrice, qui se montre à nos yeux ; à la fois, par sa mise en œuvre, que nous constatons, en ce qui concerne les êtres et les choses, notre existence durant ; et, encore, tout ce qui nous en est dit, par le fond même de la Bible et les organes du monde invisible, unanimes dans leurs révélations, sur tous les points du globe.

Il faut, cependant, établir une dernière remarque, qui a aussi son importance ; et ce, au sujet de ce qui doit s'entendre, ici, par résurrection.

Littéralement parlant, résurrection signifie plutôt — *se relever ;* soit, en parlant de la mort, *voir retourner à la vie un cadavre*. Mais, l'enchaînement continu des choses, d'un côté, et, de l'autre, les constatations acquises de la science, sanctifiées par les déclarations uniformes des esprits, sont là, pour nous détourner de cette autre erreur.

En effet, la décomposition chimique des corps, qui en disperse les agents, transformés par elle en nouvelles molécules, aux quatre vents, n'en laisse, à proprement parler, qu'un vague souvenir. Tous les atomes, fluides, gazeux, ou solides, — qui formaient son unité, comme son caractère et ses traits distinctifs, — sont éparpillés dans l'air ; c'est-à-dire, — rentrés dans la composition d'autres éléments et d'autres êtres....

Il n'est donc plus possible, matériellement, de voir se relever — *un corps humain qui n'existe plus,* — et dont les molécules ont été *changées, détachées* et *disséminées,* un peu partout.

Aussi, est-ce dans le sens de *renaissance,* et mieux — de *réincarnation,* qu'il faut entendre, véritablement, la résurrection ; et ce, — par la *transformation continuelle* de notre état progressif.

Le bon sens l'indique également, car, tout nous dit et nous fait comprendre — qu'*à monde nouveau il faut corps nouveau ;* — aptitudes spéciales, à occuper une organisation qui doit être *autre* que celle connue sur Terre.

Enfin, il est encore nécessaire de se convaincre, entièrement, par toutes les considérations émises dans ce livre de l'Eternité, qu'il n'y a pas moyen d'expliquer autrement les *inégalités,* les *injustices apparentes,* et, en général comme en particulier, tout ce qui nous frappe — *en bien, comme en mal,* — sur cette Terre d'épreuves et d'expiations diverses; au moral, à l'intellectuel et au physique !....

La vérité doit être affranchie, en tout et partout, des fausses croyances et des préjugés, c'est-à-dire — des erreurs.

« *Il n'y a pas de religion plus élevée que la vérité* », disent les maharajàhs de Bénarès; et le caractère fondamental, par excellence, de la vérité, c'est d'être synthétique et non sectaire.

Malheureusement, chacun, se sachant plus ou moins coupable, se cramponne à sa religion native, ou adoptée, — la croyant toujours la plus parfaite et la seule capable de le sauver; — ce qui est encore et à la fois, — une des si nombreuses formes de l'ignorance, de la peur et de l'égoïsme humains, sur Terre.

On s'habitue trop, par la mauvaise entente des gens qui devraient être tous frères et sœurs, — *quant aux bons procédés réciproques,* — à regarder ceux qui ont d'autres idées, ou d'autres pratiques religieuses, que les nôtres propres, — comme des *insensés,* ou des *maudits* de par le Ciel, — sans plus de procès !...

Pourquoi ?.. Hélas, parce que — la charité la plus élémentaire et la morale divine, si bien et si clairement enseignées par le Christ, dans sa doctrine céleste appuyée de son exemple idéal, — sont presque constamment oubliées, à l'égard du prochain, jusque par ceux mêmes qui prétendent suivre ses traces !...

Le *bien,* est exalté, dans toutes *les manifestations du culte des créatures pour leur Créateur;* et c'est là, le principe *d'espoir et d'amour divins,* mis en elles. Mais, *l'erreur* y est encore souvent et officiellement prônée, regrettablement; car il est de plus en plus certain et prouvé, que l'imperfection règne ici-bas, et qu'elle ne doit en disparaître que peu à peu, par *la raison et la science* ; soit — la découverte admise et toujours plus étendue des différentes vérités actuelles et à venir, reconnues par l'esprit loyal, — au lieu d'être niées, ou combattues, par l'aveuglement d'une foi édifiée sur la base du mystère perpétuel !...

Après avoir lu ce livre, que chacun juge et en fasse son profit — pour le *présent* et les temps *futurs:* — C'est là le vœu intime de mon cœur.

LIVRE CINQUIÈME

MES CONCLUSIONS

Chapitre I.

TRAIN UNIVERSEL.

Mes conclusions personnelles, voilà, ami lecteur, où j'en suis arrivé à ton intention, sans savoir, cependant, si ton attention soutenue a eu le courage de me suivre — *dans le voyage vertigineux des pérégrinations célestes*, — à ce lieu de rassemblement de mes idées éparses.

Néanmoins, « *à défaut de grives on mange des merles* », et, sans en avoir la preuve, je veux l'admettre de bonne foi : « *on croit si facilement ce qu'on désire* » ; puis que, redescendu en ma compagnie, sur Terre, tu es là, devant moi, et prêt à me donner la réplique ; peut-être même, qui sait, à me gratifier d'un coup de trique !.. tous les goûts étant dans la nature, en général, pour y être savourés, ou manifestés, par l'homme, en particulier....

Quand je dis l'*homme*, comme ça, tout simplement, il va sans dire que je n'en éloigne pas la *femme*.

Au contraire, après avoir fait mon possible pour bien expliquer, dans le livre de la Vie, qu'ils se complètent *l'un et l'autre et l'un par l'autre*, en disant — qu'«*ils s'entendent en ce bas monde comme deux larrons en foire* », — je me garderais bien ici de les séparer; car, malgré tout le sucre qu'ils se cassent sur le dos, ou ailleurs, avec une réciprocité parfaite, du reste, l'expérience de près de six mille ans, ou plus, a aussi prouvé, reprouvé et rereprouvé,.. qu'ils sont *inséparables :*

On a beau dire qu'ils n'ont jamais, ni l'un, ni l'autre, toutes les qualités, toutes les vertus, toutes les attributions; il n'en n'est pas moins vrai qu'ils possèdent remarquablement cette *propriété,* étonnante autant que naturelle, au suprême degré; et cela à tel point, que, positivement, — un *aimant irrésistible* les attire l'un vers l'autre et suffit à les réunir, — de telle sorte, qu'on en a fait cet ingénieux et véridique conseil : « *pour trouver l'homme, cherchez la femme* ».

D'habitude, j'aime à me servir, comme expression, de l'« *être humain* », parce que ces deux mots, qui s'appliquent également aux deux sexes, définissent mieux ma pensée. Mais, l'amour du changement et la variété des sons ont aussi des attraits, auxquels il est permis de céder parfois; ne serait-ce, que pour rompre le ton monotone d'un dialogue un peu prolongé.

Dans mon premier livre, à propos des deux spécimens de notre race, j'ai fait cette question : « Pourquoi l'un naît-il *homme* et l'autre vient-il au monde *femme?* », me réservant, ensuite, de la résoudre, au moment opportun.

Pourquoi?.. Parce que la Providence, qui nous établit tantôt dans une existence, tantôt dans une autre, une fois, ou plus, sur un monde et peut-être, une, ou plusieurs fois, sur un autre, veut que, graduellement, nous apprenions et sachions — *théoriquement* et *pratiquement,* — tout ce qu'il nous est nécessaire de connaître entièrement, pour notre perfectionnement obligé et continu.

Elle veut, ne t'en déplaise, ami lecteur, que nous soyons

tous, chacun à son tour, bien entendu, — *homme,* ou *femme,* — afin que nous puissions bénéficier, d'une façon *impartiale,* de tous les effets de sa Justice *idéale* et de son Amour *parfait!* . . .

Voyons, si drôle que semble cette déclaration, sous forme d'aphorisme paradoxal, ou mieux — de fatalité opaque et dure à avaler, liquéfiée après, en transparence limpide et douce, qui rafraîchit l'entendement, inné, que nous avons du « *chacun sa part* »; — en y réfléchissant, trouverions-nous divinement juste que les hommes soyent *toujours hommes,* dans toutes leurs existences, en éternel ; et les femmes *inexorablement femmes,* à perpétuité ? . . .

Non, n'est-ce pas ? . . Et non encore, même pour ceux, que l'éblouissement magique de la *simplification des choses,* porte — à persister dans la supposition d'une seule vie de quelques années, passée sur un seul monde, la Terre; et d'une seule vie au delà de la mort, mais éternelle, celle-là ; et devant s'accomplir immuablement — ou dans l'extase du paradis, ou dans les flammes de l'enfer ? . . .

Dans l'une comme dans l'autre des deux situations, du monde à nous invisible, où serait, alors, cette *égalité parfaite,* avec laquelle tout nous dit et nous répète, à satiété, que nous sommes invariablement traités ? . .

N'est-il pas plus sage et infiniment plus juste, au contraire, d'admettre, déjà par le raisonnement du bon sens et de la logique, que l'homme qui, - durant une existence, — aura possédé les facultés *de la force et de l'énergie,* toujours plus ou moins égoïstes, des êtres mâles, en général, devra aussi acquérir — dans la suivante, ou une autre, — *la douceur, la grâce, le charme et l'abnégation voulue,* de la femme ? . .

Pourquoi, un homme resterait-il toujours, plus ou moins distinctement, un *maître,* un *chef,* un *roi ;* . . et une femme demeurerait-elle, constamment, une sorte d'*aide en sous-ordre,* de *servante,* de son seigneur, de *suivante,* ou d'*esclave,* à perpétuité?..

Serait-il équitable, enfin, que l'homme soit *toujours* destiné à commander, à agir dans les travaux les plus fatigants du corps et de l'esprit; et que la femme reste, *à jamais,* la gouvernante de la cuisine et du pot-au-feu, en consacrant, en même temps, la meilleure part de sa vie, au maniement du biberon et à l'élevage pénible et ingrat des enfants?...

Non, non et non; je ne le crois pas. Malgré le rang secondaire, souvent presque effacé, dans lequel l'être homme maintient l'être femme, sur Terre, il peut tenir pour certain, que le prestige de ses moustaches, s'il en a, ceux de son esprit dominateur, de ses formes vigoureuses et hardies, .. des pantalons, dont il est si fier, .. devront, — *bon gré, mal gré,* — se métamorphoser .. en une créature féminine aux longs cheveux, à la patience résignée et douce, au costume et aux prérogatives spéciales attachées à l'être femme, .. du monde où il sera à son heure envoyé!...

Et il en sera, de même, pour celles qui sont appelées « *la plus belle moitié du genre humain* »; — qu'elles désirent, actuellement, rester toujours des *lunes* gracieuses et douces, gravitant amoureusement, ou capricieusement, autour de leur *soleil* d'adoption, dans les demeures confortables, ou coquettes, qu'elles se plaisent à parer de leurs mains infatigables;.. qu'elles n'aspirent.. qu'à gâter leurs enfants, jusqu'à leur âge adulte, par toutes leurs caresses et menus soins de *mère;* ... ou qu'elles s'impatientent.. de voir proclamer leur suprématie et leur indépendance *contre nature,* vis-à-vis des hommes....

Il y a des lois *mystérieuses,* mais constamment *agissantes,* auxquelles ni les hommes, ni les femmes, ni leurs enfants n'échappent; et qui s'observent, principalement, dans leurs différentes *apparitions* et *disparitions* des mondes, qu'ils sont appelés, tous, à habiter un certain temps.

Ces changements fréquents, qui continuent à se répéter sans cesse, durant l'éternité entière, et dont nous pouvons constater les deux qui ont lieu, pour chacun de nous, sur notre Terre, s'appellent: *naissance* et *mort;* c'est-à-dire: *arrivée* et *départ*.

Dans le fond, nous sommes tous destinés à accomplir un *immense voyage,* voyage qui, une fois commencé, n'a pour ainsi dire point d'arrêt, ni de fin; car, en cette même éternité, nous descendons *à chacune des stations qui nous sont imposées,* pour nous y instruire selon leurs *mœurs, usages et coutumes;* y entrant, avec la *flexibilité* de l'enfance, *participant* à leur vie, une existence plus ou moins longue, — suivant le *besoin* que nous en avons véritablement; pour n'en sortir, que *saturés* de ce qui nous manquait le plus, — et être, ensuite, totalement *séparés* de nos frères et sœurs de la station quittée.

Le *chemin de fer,* sur lequel nous glissons ainsi, d'un monde à l'autre, s'appelle: l'*espace;* et le *train* qui nous porte si sûrement, nous et notre bagage, se nomme: l'*électricité*. Quant aux innombrables *stations* où nous sommes forcés *de descendre, de nous arrêter plus ou moins longtemps, pour les quitter inexorablement après,* elles portent les noms de tous les *mondes* si différents qui les composent, dans l'immensité sans limites de l'éther; et dont la lueur phosphorescente nous indique, pendant la nuit, la place exacte des plus rapprochées de nous.

Le voyage est *long,* oh *extrêmement long,* puisque, je le répète, il n'a pas de fin; et les *wagons* y sont souvent encombrés de voyageurs déplaisants, gênants au possible, et même parfois dangereux, car ces *wagons* ne sont autres que les *classes* et *agglomérations* de la société humaine, en compagnie desquelles nous devons *arriver, nous arrêter et vivre plus ou moins,* — avant de partir dans une autre direction.

Et puis, non seulement les compagnons de route ne sont pas tous *teints,* ou *vêtus,* couleur de rose, ni *parfumés* des senteurs morales qui embaument le cœur et l'esprit ;... mais, il faut, encore, compter avec les nombreux accidents que leur *légèreté* de caractère, le *minimum* de leur conscience, leur *égoïsme* despote et leur *orgueil* meurtrier, font surgir ; — on dirait, à seule fin d'alterner un peu, avec l'engrenage fatal de leurs *ignorances* les plus autoritaires, ou les plus enveloppées de la *suffisance* imperturbable des sots, des incomplets, des désœuvrés et des ratés de tous les genres !...

Des *déraillements intellectuels* surviennent alors, par leur fait, et leurs terribles *contre-coups* s'abattent sur la matière charnelle, *qu'ils déforment en la dégradant ;..* autant dans ses aspirations de nature, que dans ses besoins les plus humainement élémentaires !..

Des *défauts d'entente mutuelle* y produisent les rencontres sanglantes, qui s'opèrent aux chocs des masses déchaînées ; de ces masses *folles et aveugles,* qui se laissent costumer avec des couleurs choisies d'avance, pour se mieux distinguer dans la mêlée, — *la mêlée horrible,* — qu'elles voyent.. seulement au travers des fumées traîtresses de la gloire fausse et criminelle !....

On y voit encore, les *échauffourées,* les *révolutions* et toutes les *révoltes imaginables et inimaginables,* de ceux — qui maudissent le *compartiment* dans lequel ils se trouvent, non *placés* en égard à leurs mérites, d'après eux ; mais *parqués* à l'instar des bestiaux les plus immondes. Puis, les *haines* implacables des *incompris,* des *dépouillés* de la bonne place qu'ils occupaient, pour un temps, et qu'ils s'imaginaient devoir leur appartenir, à perpétuité;... et enfin, les *représailles cruelles,* et les *vengeances féroces* des *opprimés* sur leurs *opprimeurs!*....

Oui, il est grandiose le *train* de la vie,.. et ses *voitures humaines* de *première, deuxième, troisième, quatrième,* etc., etc., peut-être jusqu'à je ne sais combien de *milliers de classes,*.. sont extraordinairement spacieuses; comme aussi, ses *vagons-salons,* ses *vagons-restaurants* et ses *vagons-lits,* autrement dits « *sleepings-cars* », y renferment beaucoup *d'avantages, de facilités et de douceurs matérielles*. Mais, précisément, à cause de ces douceurs et de ces facilités matérielles, il y développe, jour après jour, l'égoïsme tranchant, *des repus de toutes les jouissances,* que leur dureté d'âme fait pressentir, déjà à plusieurs pas de distance, bien avant, que *l'abus de leurs voluptés diverses* aie fait reconnaître leurs traits; galvanisés par les *impostures omnipotentes,* ou par les *infériorités grondantes et pleines de menaces sauvages*...

De suite, après les dimensions gigantesques des *vagons à voyageurs,* ce sont celles de leurs *fourgons à bagages,* plus que surchargés de leurs innombrables *paquets, valises, caisses, malles et coffres bardés de fer,* — aux serrures et secrets très difficiles à faire jouer, ou à deviner; — qui sont les plus impossibles à pouvoir imaginer, tant elles *dépassent les mesures* tracées par l'Organisateur et Directeur suprême de ce train, conduit par la *locomotive invisible,* qui nous amène sur notre Terre et nous y reprend, lorsque nous la quittons.

A les écouter tous, chacun d'eux voudrait prendre avec soi, *des monceaux de butin, des trésors d'esprit et de bonheur, des fortunes d'or et de renommée, des montagnes de provisions et de marchandises les plus variées;* puis,.. encore par-dessus le marché, *toutes celles de ses proches pa-*

rents et amis éloignés, ou voisins, à son plus grand profit, cela va sans dire ; sans aucunement songer — ni à l'irréalisation d'un tel projet, nuisible et insensé, — ni à essayer de se mettre en mesure d'en payer, — par ses ressources et forces personnelles, — les *frais de transport,* plus qu'inabordables !

C'est ce qui explique, pourquoi, les *chefs du train* et tous les *préposés* à sa marche régulière, — d'après les ordres formels de son Propriétaire et Ingénieur inimitable, — en excluent, *impitoyablement et sans aucune exception,* tous les colis *vaniteux* et *dérisoires,* de même que ceux matériels, décidément par trop *inutiles,* ou *encombrants* .

Ils ont — pour consigne inexorable, — l'obligation de les faire passer à la *douane de la station de départ,* laquelle est toujours commandée par un couple d'une vigilance extrême, soit — deux *génies spéciaux:* l'un du sexe *masculin,* l'autre du sexe *féminin,* parfaitement au courant de toutes les fraudes et insubordinations de *l'âme* . . . De sorte, qu'aucune espèce de *contrebande* ne peut avoir lieu, sous leur contrôle rigoureux, sévèrement exécuté, — par leurs *agents* aussi innombrables que vraiment indescriptibles, — d'après la science terrestre actuelle, du moins . . . . .

Ces deux *génies-chefs,* faits pour se comprendre et se mettre d'accord, en chaque circonstance comme pour tout individu quelconque, sont, la *Putréfaction* et *l'Oubli* .

D'après ce qui précède, que nul ne s'étonne donc plus, comme cela lui est peut-être souvent succédé, dans ses réflexions intimes en particulier, d'être *arrivé,* en descendant *du train invisible,* parfaitement *nu,* sur cette Terre ; et de devoir, à l'égal de ses devanciers, du reste, en partir, sans même pouvoir prendre avec lui *son propre corps,* condamné à servir de *prix de passage* à sa prochaine station décrétée .

Il aura beau s'ingénier à donner le change, aux agents irrévocablement chargés de le palper, en tous sens, et de séquestrer ses produits animaux, ou autres, *à tous prohibés;* il n'en sera pas moins, *infailliblement et entièrement débarrassé* — de toutes celles de ses marchandises, puantes, ou dorées, que la haute Administration Planétaire met en interdit, dans son train allant vers l'infini; et dans lequel, tout bien considéré, le strict nécessaire utile est seul admis à voyager....

Tel est, dans ses grandes lignes, l'image vaporeuse, — mais vraie, — de notre interminable *parcours aérien;* dans l'espace duquel nous faisons, presque imperceptiblement, partie, et auquel nous appartenons.

Puisque nous sommes en plein *trajet vital,* souhaitons-nous tous un bon, excellent même, et productif voyage. Cela ne changera en rien nos destinées finales respectives; mais, du moins, aura l'avantage de nous mettre *en rapports aimables, les uns avec les autres,* ce qui sera toujours autant de gagné.

En attendant que le *grand train* qui nous porte s'arrête, pour laisser descendre, à leur moment, quelques-uns de ses voyageurs, nos compagnons de route, — connus, ou inconnus, peu importe, — causons, tandis qu'il roule encore. Nous éviterons l'ennui et nous apprendrons peut-être, l'un et l'autre, des choses précieuses...

Dans mon premier livre, j'ai parlé de la vie, et, pour mieux me faire comprendre, tout en m'éclairant — à d'autres flambeaux que la lumière fumeuse de ma petite lanterne sourde, — j'ai convoqué, pour ce but, doublement important, une réunion extraordinaire des principaux savants actuels, en vue.

Il faut dire, tout d'abord, qu'ils ont fait preuve d'une grande *bonne volonté,* à mon égard; et, aussi, d'une *rare franchise,* dans la manière d'émettre — chacun son opinion et ses convictions personnelles.

Chose étrange, et qui a toujours pu s'observer dans le monde des savants, — aucun d'eux n'est d'accord avec ses confrères ; — et, cependant, tous ont raison !

Tous disent *vrai,* et, pourtant, tous manifestent des idées qui sont plutôt *opposées* entre elles ; tant, parfois même, qu'elles semblent se contredire !..

Est-ce que la vérité, cette essence exquisement pure et sublime, ne serait pas *une et indivisible,* par hasard ; c'est-à-dire — *l'unité d'un tout absolu* — qui ne peut se diviser en parcelles, sans être déchue à nos yeux, en même temps qu'anéantie dans sa propre puissance ?...

Eh bien, il paraît que non ; et les savants du livre de la Vie nous en ont donné une nouvelle preuve ; parce qu'en examinant, avec attention et impartialité, tout ce qui peut être défini plus ou moins heureusement, par nous, nous sommes obligés de reconnaître.. que la vérité se trouve partout, — *même dans l'erreur*...

Même dans *l'erreur* est beaucoup dire. Mais il faut être sincère, en parlant de la vérité surtout ; et si c'est *beaucoup* dire ce n'est, en tous cas, pas *trop* dire.

Au fond, la grande distinction à établir, n'existe que dans la plus ou moins appréciable *quantité existante ;* ce qui ramène le jugement à une question, non plus de base fondamentale, mais de simple *proportion*.

Naturellement, il ne faut pas confondre, ici, *erreur* avec *mensonge ;* autrement,.. souvent *parcelle de vérité* serait égale à *fausseté*.

Si tu le veux bien, ami lecteur, analysons quelques exemples, pris dans le langage des faits :

Il y a des sauvages qui adorent le Soleil, comme le dieu de tout ce qui existe dans la Nature ; et ils lui attribuent toutes sortes *de propriétés bienfaisantes*. Ils sont persuadés, de plus, que, sans sa présence, ils n'existeraient pas ; que, sans sa lumière et sa chaleur vivifiantes, ils mourraient bientôt.

Ils savent, très bien, que c'est lui qui *développe* également, la vie à la végétation et aux animaux, au milieu desquelles autres créations spéciales, ils se trouvent placés ; et que c'est lui encore, qui rend *enchanteur,* le monde qu'ils connaissent, par l'éclat joyeux et brillant de ses feux resplendissants.

D'un autre côté, ils *ignorent* complètement l'histoire primitive, ou générale, du genre humain ; donc, aussi le Christ, la Bible et les autres manifestations divines, qui pourraient leur révéler l'idée plus juste du Dieu de l'univers.

Ont-ils entièrement *tort* dans l'erreur qu'ils commettent, inconsciemment, en adressant leurs actions de grâces à cet astre, si important pour notre existence terrestre ; en l'admirant et en le bénissant, — parce qu'ils le *voyent* et qu'ils le *sentent* — *supérieurement puissant et bon,* — avec leurs yeux comme par tout leur être ?...

Non, ils ne se trompent pas *totalement ;* car leur idée du Soleil, comme dieu, contient de grandes *parcelles* de vérité, sans aucun doute.

Ce qu'ils ne comprennent pas, — attendu qu'ils l'ignorent et que rien ne le leur dévoile, — c'est qu'il y a un Créateur suprême qui a formé le Soleil, et que ce dernier n'est qu'un des nombreux instruments *colossaux* du premier.

Mais là où ils ont raison, faute de mieux, de s'attacher à lui comme dieu, c'est dans le sens — *des bienfaits incomparables* qu'ils en reçoivent tous, avec les différents éléments et êtres si multiples de la Nature ; — et qu'aucun autre astre ne leur fait éprouver.

Une autre considération, qui a aussi son importance, c'est qu'ils regardent ce grand *disque de feu,* qui leur paraît se lever chaque matin.. pour les voir, les écouter et leur donner une nouvelle provision *de santé, de force, d'entrain, de bonheur de vivre et — d'y voir clair,* — c'est le cas de le dire ; pour se coucher, chaque soir, après avoir parcouru, à leurs yeux non prévenus, du moins, une grande étendue de Ciel.

Ils puisent, dans ces diverses constatations, la *règle même* de leur existence de fils de la Terre ; en se levant *avec* le Soleil, pour vaquer à leurs différentes occupations, et en se couchant encore *avec* lui ; afin de suivre docilement son exemple.

N'est-il pas vrai, qu'en cela déjà, ils ont plus de *bon sens* et qu'ils bénéficient d'une plus grande *vérité sanitaire,* que les nombreux peuples qui se croyent entièrement civilisés, et qui font de la nuit un second jour ; aussi *anormal que destructeur* de l'*harmonie* et de la *durée des forces naturelles,* de la *paix* et du *bonheur* de tous ?....

Pour deuxième exemple, regardons, calmement, ceux que leur religion excite à des jeûnes prolongés, des pratiques répétées successivement, un nombre invraisemblable de fois ; des pèlerinages lointains, souvent dispendieux, ou extrèmement pénibles à accomplir.

Dans le fond, il est de toute évidence que Dieu *n'exige pas* — de tels sacrifices de santé compromise, ou de temps et d'argent, consacrés en pure perte, — pour s'occuper du salut de ses créatures ; puisqu'il autorise, toutes *les jouissances honnêtes naturelles et légitimes,* sur cette Terre, quand elles ne sont pas entachées, d'*excès,* d'*égoïsme,* d'*impureté,* ou d'*injustice*.

Que les seules renonciations qu'il *veut,* de ceux qui cherchent, ou se refusent encore, à lui obéir, sont, uniquement, celles qui concernent leurs *péchés,* leurs *fautes ;* et, en général comme en particulier, tous leurs *manquements* à sa loi universelle et individuelle du bien, sous toutes ses formes ; — les plus cachées comme les plus apparentes.

Cependant, nous voyons tous les jours, des gens qui ne se rendent pas compte du *rabaissement* du culte de Dieu, dans lequel ils se plongent jusqu'au *fanatisme,* de bonne foi ; et qui sont entièrement persuadés, qu'ils suivent l'unique voie, le seul vrai chemin, qui peut leur faire trouver, dans sa clémence, le *pardon* de leurs fautes et l'*effacement* de leurs péchés ! . . .

Assurément, ils se trompent ; et ils se donnent énormément de peine, pour se maintenir dans l'*erreur* où ils sont enfouis, sans le savoir ; car je ne parle ici, je le répète, que de ceux qui sont sincères dans leurs croyances et convictions. Mais, néanmoins, leur *erreur* contient *de grandes parcelles de vérité* . . .

Dieu est souverainement bon et juste. Il voit et connaît, à fond, la *fausse pénitence* que ses enfants repentants s'imposent, ou se laissent imposer ; et, malgré l'*erreur* qui les fourvoie, il tient compte de ce *qu'ils supportent et endurent volontairement,* dans le but d'obtenir de sa miséricorde toute puissante, la *grâce complète* de leurs diverses insubordinations .

Sans doute, il a été dit : « *celui qui se sert de l'épée périra par l'épée* » ; et l'épée, signifie grandiosement, en un seul mot, *toutes les manifestations perpétrées, du mal qui souille et détruit*. Mais, quoique ne voulant, en vertu même de sa Justice radieusement impartiale et idéalement parfaite, absoudre *totalement* les coupables, qu'après d'autres réparations plus *vraies,* il leur tiendra compte, avec entière équité, des grands efforts sacrifiés, ce qui leur fera plus ou moins considérablement diminuer, le *reste* de leur impôt divin à payer ; à tel point, parfois, qu'ils en seront très probablement quittes, *plus tard,* — avec la simple explication de ce qu'ils n'avaient pu comprendre *avant ;* en ce qui concerne les cas légers, s'entend .

Et, c'est précisément en ceci, que consiste la part de vérité contenue dans cette erreur spéciale; heureusement pour ses victimes particulières : La réparation est *faussement* dirigée, mais l'intention sera valable *dans une certaine mesure;* en ce sens, surtout — qu'elle servira d'*acompte* sur le total plus ou moins élevé, encore en litige . . . . .

Comme troisième exemple, choisissons ceux, qui, sur toute la Terre, sont persuadés qu'ils marchent constamment *les pieds en bas et la tête en haut;* . . . quand bien même, c'est souvent, et pour une grande partie, tout le contraire.

Naturellement, si l'on regarde nos pieds, on s'aperçoit, en même temps, que le terrain sur lequel ils sont posés est situé *dessous* et non *dessus;* comme en regardant le Ciel, on voit qu'il *domine* grandiosement nos personnes, par le fait — qu'il *plane* d'une manière prodigieusement haute, sur nos têtes.

Mais, en dépit de ces constatations, la réalité des choses renverse, en tous sens, nos positions respectives, *dans les différents pays du globe terrestre;* et cela, tellement, que, la boule gigantesque qui nous porte, étant maintenue dans une certaine liberté rotatoire, on ne sait comment, dans l'immensité de l'air, c'est-à-dire du Ciel, il s'ensuit, *qu'aux mêmes heures,* — des uns marchent *les pieds en bas et la tête en haut,* d'autres *les pieds en haut et la tête en bas,* tout comme des troisièmes, les milieux des deux extrêmes, marchent dans *la position horizontale!* . . . .

Or, pour mieux définir notre situation individuelle et collective, la plus réelle, nous marchons tous, *les pieds en haut et la tête en bas;* attendu, que l'immensité n'ayant ni commencement, ni fin, donc, ni haut, ni bas, et l'attraction aimantée si connue de la Terre, pour tous les êtres et objets à elle confiés, *les ramenant, sans cesse et sans exception, à sa rotondité absorbante et accaparante,* il en découle —

que nos corps se plongent de plus en plus dans le vide, des pieds allant à la tête ; et, qu'en définitive, nous ne marchons, tous, qu'à la manière *des mouches* qui parcourent un plafond ferme et mobile, ou des murs, ou mieux — *une énorme sphère quelconque,* — le corps avancé dans l'air ambiant ! . . .

La Terre est notre *plafond solide et rotatif,* celui, auquel nos pieds se cramponnent forcément — *parce que nous manquons d'ailes ;* — et l'air insondable, qui forme le Ciel, l'*ambiant* dans lequel nous vivons et agissons ; . . . combien de fois *à l'envers,* sans même nous en douter, le plus souvent et, surtout, sans vouloir toujours honnêtement en convenir !

Ceux donc, qui vivent dans l'*erreur,* de croire que nous marchons, constamment, *les pieds en bas et la tête en haut,* commettent une balourdise contenant *sa part de vérité,* elle aussi. Pour s'en rendre compte, il suffit de s'appuyer, par l'examen, sur la forme même de la Terre ; laquelle, servant *de point de contact et de comparaison,* à ceux qui sont sensés ignorer les autres mondes, placés dans tous les points de l'espace, donne raison *à tous,* en général, et, du même coup, à *chacun* d'eux, en particulier.

Et pour finir ces exemples, pris sans ordre, un peu au hasard, admettons, sans autres, qu'en règle fondamentale — « *toute erreur contient une part de vérité* ».

Chapitre II.

LES SAVANTS.

Une des plus grandes faiblesses de l'homme, tant au moral qu'à l'intellectuel et au physique, est de ne considérer — *comme supérieur* — que ce qui vient de sa personne ; qu'il croit presque toujours privilégiée d'une façon particulière, — sur le commun des mortels.

Ainsi, chacun s'imagine, avec une facilité surprenante, il faut en convenir, qu'il sent *mieux*, les diverses et si mélangées sensations de la vie, .. que ceux des semblables qui l'entourent.

Il pense toujours — mieux *voir*, mieux *sentir*, mieux *comprendre* et mieux *définir*, ce qu'il *voit*, *sent*, *comprend* et arrive à *définir* plus ou moins, — que ses compagnons masculins et féminins de la boule terreuse ; ce qui est, à n'en pas douter, une marque authentique de la fatuité native, sous la forme, parfois très déguisée, de l'égoïsme étroit et jaloux propre à notre race.

Puisque ce sentiment de supériorité, souvent imaginaire et enfantine, se trouve si facilement développé, dans la généralité banale des simples mortels, comment devrions-nous nous étonner, en le rencontrant, plus fortement accentué et nettement tranché, ci et là, chez les petits hommes qui sont devenus grands — de par leur science acquise?..

Non seulement, chacun d'eux est, d'habitude, *légitimement fier* de ce qu'il a appris, — qui sait toujours au prix de quels efforts, de quels renoncements temporaires, ou même de quels sacrifices douloureux et définitifs, rien ne s'obtenant ici-bas sans peine ; — mais encore, il est involontairement entraîné, *hypnotisé et mené*, par le courant spécial de ses propres idées.

Ses pensées sont les fruits, ou les résultantes, du *fluide personnel* qui l'anime, pour le maintien et le développement perfectible duquel il doit travailler, produire et combattre. C'est pourquoi, sans toujours s'en rendre compte, il les garde précieusement, il les soigne avec amour, il les défend envers et contre tous, et il veille à leur plus grand et plus profitable épanouissement possible, en commençant, d'abord, par *son intérêt palpable, charnel,* ou *glorieux,* ce qui les fait se répandre avec une efficacité relative, *sensible et réelle;* comme aussi, il se perfectionne d'une façon quelconque tout en stimulant — la *discussion,* l'*analyse,* l'*imitation* et le *perfectionnement* chez autrui.

Chacun est donc, ainsi, *l'esclave servile et absolu de ses propres pensées* et, plus un être humain sait, ou croit savoir, de choses, plus il s'en sert comme autant d'armes propres à combattre et à vaincre — ceux qui pensent *autrement,* ceux qui lui opposent des idées *contraires,* comme ceux qui se revêtent *d'indifférence,* ou *d'inaction,* — dans la marche en avant.

Le *savant,* c'est-à-dire celui qui, relativement à un certain nombre de ceux qui apprennent à le connaître, sait plus de choses, ou est beaucoup plus avancé qu'eux, dans une branche quelconque de l'arbre aux nombreux rameaux de la science humaine, devient, par ce fait même, un *chef naturel.*

Chef qu'on estime, qu'on apprécie, qu'on écoute, qu'on choisit et qu'on suit, en le secondant par une obéissance volontaire ; ou dont on s'éloigne, en le déconsidérant ; dont on se moque, alors, — en le raillant par des sarcasmes plus ou moins spirituels et acérés, sinon justes, — et qu'on ne se gêne pas à traiter, franchement ou hypocritement, de *fou,* à l'occasion !....

Comme tout être a, naturellement, ses amis et ses ennemis, il arrive, fréquemment aussi, que le même *savant* est qualifié de *génie,* par les uns, et de *fou,* par les autres ; tant les admirateurs et les détracteurs ont besoin de se rallier et de se grouper, séparément, sous un mot décisif, qui leur sert de fanion conducteur et de profession de foi.

Dans ces cas partagés, où le jugement se divise en deux formes opposées, le *fou* est souvent un *incompris* de ceux qui lui octroyent ce qualificatif ; et le *génie,* un *élu* de ceux qui arrivent à le comprendre, à le deviner seulement, peut-être ; ou simplement encore, à l'acclamer et à le proclamer — de confiance.

Cependant, comme, nous le savons, la plus gigantesque et la plus continuelle manifestation de l'esprit humain, sur la Terre, étant sa propre *bêtise,* il s'ensuit, parfois, qu'il couronne de la palme du génie — ce qu'il *ne comprend pas,* ce qu'il lui est *impossible d'analyser et d'approfondir ;* partant — ce dont il est *incapable de juger*.....

Que de fois, l'engouement fanatique et irraisonné des foules est, c'est le cas de le dire, *subjugué* par un *nom ;* ... celui d'un *artiste,* par exemple,.. d'un *soldat,* d'un *politicien,* ou d'un *spécialiste* quelconque !...

Ne voit-on pas assez, ou mieux, trop souvent, des *œuvres d'art,* des tableaux, des statues, etc., qui excitent l'admiration enthousiaste de la presque totalité d'un public et surtout, de ses amateurs, ou initiés, quand bien même ces peintures, sculptures, etc., etc., n'ont, à vrai dire, rien de *justement* remarquable ; si ce n'est, de temps à autre, leur *nullité anodine,* ou les *horreurs morales,* ou *matérielles* qu'elles représentent ?..

Mais voilà, elles sont signées d'un *nom connu,* qui a brillé une ou plusieurs fois, antérieurement, ou qui a provoqué du *bruit,* un éclat de *bizarrerie* plus que de géniale originalité, peut-être même du *scandale ;* .. et alors, l'énorme majorité de croire aussitôt qu'un tel *nom* ne peut, forcément, que transformer n'importe quelle croûte, plâtre, ou devant de cheminée quelconque, etc., etc., en œuvre de *valeur réelle et de prix*.

Ô la *magie* du nom, quel talisman, quel « *sésame, ouvre-toi !*... » Par elle, un obscur *traîneur de sabre,* pourfendant quotidiennement l'existence monotone de son grade stationnaire, se trouve, tout à coup, élevé sur un piédestal de gloire — par *les trompettes de la renommée!*

Est-il toujours un *guerrier,* ou un *chef,* supérieurement qualifié?.. Oh non, tant s'en faut; et, à cet égard, il reste, souvent, dans *le gros monceau du commun des autres mortels,* ses collègues d'un peu partout!...

Mais alors, qu'a-t-il fait, pour s'entourer du prestige flamboyant qui partout l'accompagne?..

Quelquefois, *peu* de chose; *presque rien* même. Certaines circonstances, ou événements, se sont dessinés à ses côtés; il a été poussé et soulevé par eux, et,.. ah, voilà son mérite: il a eu la bonne idée de *se laisser faire;* ce qui lui a réussi.

Ce *plumet distingué* ressemble, en bien des choses, à un nageur qui, brusquement, s'est trouvé entraîné par la force *irrésistible* d'un courant imprévu, contre lequel, dans son indifférence, ou impuissance, il n'a pas même essayé de résister; se bornant à diriger ses aptitudes spéciales un peu « *au petit bonheur* », à seule fin de se maintenir intact sur l'eau,.. le plus avantageusement possible.

Puis, par une chance, peut-être même encore inespérée, que lui réservait en cachette sa bonne étoile, il a été conduit, involontairement, par le bouillonnement des ondes déchaînées, sur un promontoire, dont l'ascension et le parcours graduels l'ont mis *en possession d'un terrain,* plus ou moins riche et solide; mais qui, outre le mérite qu'il a de passer pour l'avoir *découvert,*.. ce que, pour un peu, ses admirateurs diraient *créé,*... reste, en tous cas, son sauveur — et des *dangers* qui le menaçaient, et de *l'oubli* dans lequel, vraisemblablement, il serait resté coiffé toute sa vie; — absolument comme une chandelle qui n'aurait jamais été allumée, sous un éteignoir!....

Pour la plus grande partie des « *politiciens* », n'est-ce

pas encore la même histoire *de circonstances et d'événements créateurs,* souvent avec le travestissement en plus ?..
Et ici, on peut ajouter un fait certain, c'est que les hommes qui font de la politique une *carrière,* ou un *métier,* ne cherchent généralement *pas,* avant tout, ce qui est avantageux *à leurs semblables* du même pays, mais, surtout, ce qui profite directement *à eux-mêmes,* pour s'élever au-dessus des contribuables ordinaires ; — soit en s'enrichissant de *considération, d'honneurs,* de *privilèges,* ou de *traitements dorés.*

Ceux qui, par pur dévouement, non appuyé sur l'intérêt personnel, consacrent leurs facultés et leurs forces individuelles, aux seuls bénéfice et bonheur possibles de *leur patrie,* sont excessivement rares. Ils le sont même à un tel point — qu'on essaye, instinctivement, de les assimiler, ici, et spontanément, aux fameuses « *mouches blanches* », que l'on dit pourtant exister, nous l'avons vu ; sans toutefois jamais désigner avec quelque assurance, le lieu où elles se trouvent; hélas, nous le savons aussi !..

En attendant, les « *mouches noires* » — les plus coupables, de par la force des choses, — pullulent partout et nous les connaissons tous, plus ou moins agréablement et désagréablement. Mais, si l'une d'elles parvient à se tellement distinguer de ses sœurs innombrables, qu'elle puisse réellement adopter, comme source intérieure et vêtement extérieur, *la couleur blanche de la pureté, de l'innocence, du désintéressement absolu et de la générosité parfaite,* elle éblouit si fortement ceux qui la considèrent, qu'ils ne la regardent plus.. que comme — un mythe, ou une légende.

Evidemment, il y a souvent des « *fines mouches* », qui, pour mieux triompher des obstacles menaçant *le but de leur cause d'adoption* la plus intime, n'hésitent pas *à blanchir, au moment propice,* leurs noirceurs diverses, dans l'absolution impalpablement poudreuse *d'un sac de farine* d'une blancheur immaculée. Mais, ces *arlequines* d'un nouveau genre, *enfarinées* à la façon *des pierrots de la comédie incessante,* n'en deviennent nullement saintes et admirables pour cela;.. bien au contraire.

Il est donc probable, que beaucoup de « *politiciens* » imitent l'habileté des dites *mouches,* en s'enfarinant suivant les besoins de leurs causes, sans cesse redisant *in petto:* « *chacun pour soi et Dieu pour tous* »; ce qui, au fond, n'est pas dépourvu de logique, mais malheureusement, terriblement entaché de l'égoïsme féroce dissimulé et commun à tous les mortels....

Du reste, si l'on pouvait analyser et remettre à leur véritable place,.. les prétendus mérites des hommes qui attirent l'attention dans ces données, — *depuis le fond de la corbeille jusqu'au dessus du panier,* — que de piédestaux, même solidement construits et entretenus, s'écrouleraient;.. et que d'esprits dominateurs et dirigeants, cités comme des astres de gloire, des génies nationaux, ou locaux, des modèles de vertus civiques et patriotiques, s'aplaniraient sous le scalpel du *metteur au point!*... Que de noms sonores et resplendissants redeviendraient ternes et assombris — *par cette seule et double opération,* — inévitablement suivie, aussi, de la tristesse, ou du dégoût, des anciens fanatiques et admirateurs!....

O le nom, qui *plane,* ou *résonne,* quel prodigieux *moulin à vent,* pour attirer à son profit, toutes les eaux susceptibles de l'apercevoir, ou de l'entendre;.. quelque éloignées qu'elles soyent!...

A ce sujet, regardons encore ce que la plupart des *acclamés,* ou des *élus,* en tous genres, lui doivent.

Il me revient que, dans ma jeunesse, me trouvant à Paris au milieu d'une cohorte de « *rapins* » et de « *ciseaux à froid* », mes camarades d'études artistiques, — tous futurs *Raphaëls* et *Michels-Anges,* s'entend, — nous étions très friands des « *brioches* » et des « *chaussons aux pommes* » de là-bas ; principalement les jours, assez nombreux, hélas, où nos porte-monnaie ne contenaient plus que quelques sous.

Initié à cette étrange, autant qu'attrayante et ingrate, « *vie de bohême* », par la nécessité et quelques « *anciens* » de mes amis, nous allions souvent fort loin, pour acheter ces pâtisseries populaires de nos délices, — non toujours volontaires.

Pourquoi ?.. Parce que la *renommée* entourait, alors, certains noms, insignifiants par eux-mêmes, d'une *auréole* enluminant ces raffinements gastronomiques, qui, — *comme par l'effet d'un miroir tournant sur les alouettes,* — attirait dans et devant leurs boutiques, un encombrement de gobe-mouches et d'acheteurs friands, depuis tous les coins de la capitale ; mangeant sur place, ou bourrant leurs poches et paniers, des spécialités délicates en question...

Tout en partageant la haute opinion des clients, — formant queue, du matin au soir, pour obtenir ces pâtisseries exquises, — sur leur *aspect,* leur *odeur* et leur *goût,* véritablement tentants et séducteurs ; il m'arrivait, soit par paresse, économie de temps, ou manque de persuasion absolue, de faire aussi ces petits achats dans d'autres boutiques, beaucoup moins achalandées ; partant — non consacrées par la *renommée* injuste, exagérée, ou capricieuse.

Eh bien, à la réhabilitation de ces excellents *virtuoses du pétrin et du four,* méconnus de leurs contemporains aveuglés, je dois dire que, rarement, leurs produits étaient en quelque chose inférieurs à ceux de leurs confrères, accapareurs des yeux doux de la grande *magicienne* aux mille trompettes !...

Presque tous, au contraire, pouvaient supporter *avanta-*

geusement, une comparaison impartiale et réparatrice de l'irraisonnée et injuste faveur, dont jouissaient les *élus,* dorés et archidorés sur toutes les coutures, par la Fortune, cette autre fée capricieuse. Mais,.. ils n'avaient pas le *nom,* rendu sympathique et irrésistible, par l'hypnotisation sensuelle de *l'habitude,* de *l'entraînement* et de la *mode!*...

Ceci est aussi le cas d'un grand nombre de spécialistes, accaparés par le fanatisme impérieux, *offrant* ou *suppliant,* des flots de la clientèle moutonneuse et foisonnante des naïfs, des inquiets, des peureux et des désespérés de toutes les espèces.

Tel dentiste, autrefois très remarquable, a vu sa clientèle s'augmenter dans une si grande disproportion, — relativement à ses forces et moyens limités, — qu'il a été obligé d'appeler à son aide *trois, quatre praticiens commençants,* payés au mois, ou à l'année ; et qui font les *trois-quarts* de ses fameuses opérations, ou remplacements.

Lui-même, débordé par l'excès grandissant.. des demandes et des exigences d'une situation, peu à peu devenue *anormale,* n'a plus la possibilité de toujours accorder le temps, l'étude et les soins, nécessaires aux *difficultés techniques* qui lui sont présentées, jour après jour. C'est pourquoi, il *choisit,* — éliminant le plus possible du côté de ses sous-ordres, — abrégeant les préparatifs, brusquant même son travail, parfois ; énervé, dépassé constamment de la tâche qui lui est préparée, quotidiennement, par la *renommée* envahissante....

De sorte, qu'en réalité, on n'est, le plus souvent, pas mieux traité chez lui que chez beaucoup d'autres de ses confrères moins fréquentés, moins luxueusement installés ; mais plus calmes, consciencieux et tout aussi intelligents et capables *d'arracher des molaires,* de *plomber des incisives,* et de *poser les dents artificielles* qui font *l'orgueil* des vieilles femmes, en même temps que le *désespoir* de tous ceux qui sont obligés d'en porter, — avec la *fortune* des dentistes de toutes les catégories . . . . .

Chez le spécialiste de grande *renommée,* on paye cher, très cher, non pas chaque fois le travail ; mais surtout — le *nom !*

Et, n'en déplaise à ces privilégiés de la Fortune, qui sont quelquefois si injustement portés aux nues par la Renommée *exagérée,* ou *folle,* il en est, de même, de bien des grands médecins et grands chirurgiens des villes colossales, lesquels, sont continuellement cités dans leurs guérisons et opérations — quand elles réussissent ; — et dont on excuse facilement les insuccès, en disant : « *c'était impossible, paraît-il !* » . . . Tandis, qu'il n'est et ne peut pas toujours être prouvé, — qu'en ces circonstances, — ces hommes spéciaux, *grandis par la Renommée,* ont été à la hauteur de leur réputation, comme *talent,* comme *soins,* comme *conscience* et comme *dévouement* . . . .

Le tailleur, la modiste, le carrossier à la *mode,* avec tous les autres arrivés qui jouissent d'une grande *vogue,* procèdent, généralement, aussi de la même façon : D'abord, *ils se distinguent* de leurs confrères dans l'art qu'ils pratiquent ; puis, portés par le courant de la faveur entraînante, ils finissent souvent, en résumé, par ne *pas mieux servir* les clients que leurs anciens égaux. Mais, cramponément, le prestige du *nom acquis* agit à un tel point, sur l'imagination du plus grand nombre, qu'il sauve encore les apparences et les maintient, *quand même,* dans les nuages de la gloire et de toutes les satisfactions procurées par la fortune ! . . . . .

Bref, ne nous éloignons cependant pas trop de nos fameux types de *savants,* en question ; et, laissant de côté les « *chaussons aux pommes* », les « *dents en ivoire* », les « *complets dernière coupe* », les « *chapeaux indescripti-*

bles », et les « *breaks* » ou les « *landaus* » extra chics, des meilleurs faiseurs, etc., etc.,.. revenons à l'autorité plus que variée, — reconnue, ou méconnue, n'importe, — des esprits supérieurs qui s'agitent à l'abri de leurs crânes dénudés et luisants, ou de leurs chevelures embroussaillées...

Evidemment, l'homme qui, comme le vénérable docteur Ratafia, du livre premier de la Vie, a mis cinquante ans de sa précieuse existence, pour trouver.. que la vie est « *un fluide impondérable* », est un être à part; devant forcément trouver de l'impondérabilité dans tout ce qui apparait à son critérium, même dans l'admirable cacao *Van Houten,* qu'il déguste avec la plus entière conviction, du reste, à son premier déjeuner de chaque matin !..

L'illustrissime docteur Sinapisme, suit la même force de raisonnement, en déclarant.. qu'elle est « *une électricité* » ;... l'éminent chirurgien Bistouri, qu'elle est « *une intégralité plénière des organes sains et normaux, actionnée par un* « *magnétisme* » ;... et le candide et consciencieux doyen O'Forceps, qu'elle est simplement « *un souffle inconnu* ».

Si nous sommes quelque peu étonnés de voir, qu'au premier abord déjà, ces hommes, si intelligents et instruits, ne se trouvent pas d'accord sur les résultats de leurs recherches scientifiques; nous ne serons pas moins surpris, en écoutant les définitions de leurs autres *savants* et, est-il besoin de le dire, « *infaillibles* » collègues.

Nous verrons, que le professeur Rigolo y discerne, en toutes lettres : « *Une suite ininterrompue des transformations les plus étranges et les plus inattendues* »; le sincère et éloquent Tirepoil, un seul principe: « *Le Progrès* »; le très estimé Métacarpe: « *La manifestation visible et invisible des corps matériels, par l'anatomie insaisissable des corps immatériels et intelligents qui remplissent l'espace, sans limites absolues ; dans lequel, imperceptibles atomes, nous existons* » ; le pasteur Espérandieu : « *Dieu en nous, comme en tout ce qui existe* » ; Madame Eau de Roche : « *La confiance dans l'enseignement du Christ ; la foi en sa puissance et en ses promesses* ». Et enfin, l'étincelant Fulminatus : « *Le Saint-Esprit* », soit « *la Puissance Créatrice, féconde et incomparable, qui remplit l'espace dans toute son immensité* » ! . . . .

Ah! sans doute, c'est une belle chose que la *science*, c'est-à-dire le développement incessant de cet échafaudage merveilleux qui, par le bout de chacune de ses poutres innombrables, enfante plus ou moins continuellement des légions de *savants*, d'*érudits* et d'*esprits supérieurs*, aux cerveaux de dimensions ordinaires, mais de qualité surfine ; — lesquels, pourtant, n'ont guère d'autre moyen naturel de locomotion qu'une paire de jambes . . .

Et, combien sont admirables les *savants*, par eux-mêmes, en tant qu'archives parfois inépuisables autant qu'insondables ? . . Malgré ce beau privilège, quel dommage que, si souvent encore, ils se rendent, volontairement, ou involontairement, impossibles à *comprendre* et même à *aborder*, de leurs contemporains moins éclairés ! . . .

Si, au moins, ils se tenaient tous par la main, pour se mettre d'accord, entre eux, sur les questions qui les *agitent* et qui nous *troublent ;* les causes qui les *divisent* et nous *épouvantent ;* . . au lieu de les unir . . et de nous en faire profiter — avec plus d'efficace et d'avantages humanitaires réels ! . . .

Malheureusement, un tel désir, est presque la demande . . de l'impossible. Pourquoi, exiger des savants la *perfection*, qu'ils n'ont pas ; par la bonne raison — qu'*elle n'existe nulle part, sur la Terre?* . . .

Il y a cependant, je le sais, des gens qui, prétendant le

contraire, vont jusqu'à voir et à décrire, cette perfection tant cherchée, tant ambitionnée surtout.

Et bien, s'il est vrai qu'elle ne se trouve jamais *entière et complète,* il n'est pas moins certain que, jusqu'à un certain point, — un peu en tout, oui, — on la voit se *manifester et grandir* plus ou moins, au milieu de nous, cette insaisissable rebelle. Et, pour ne pas faire mentir totalement ceux qui s'en portent garants, c'est, précisément, dans le domaine de l' « *imperfection* », que chacun peut se rendre compte — aussi bien de sa *formation naissante* que de sa *croissance générale,* sur notre globe.

Seulement, comme ici-bas tout se balance, que *rien* n'y est absolu et encore moins définitif, toutes considérations également prises, pour être sincère, on peut en dire autant, — fort heureusement, — sur le développement de la perfection de tout ce qui est *bon, beau, grand, juste* et *noble*.

Quoi qu'il en soit, de cette idée, qui nous porterait trop loin ici, et malgré ce qu'on pourrait encore y ajouter, en bien, ou en mal, le « *savant* » reste quand même une bien belle invention !...

Pensez donc, un homme qui en sait beaucoup plus qu'un très grand nombre d'autres, sur *un sujet quelconque,* et, parfois, sur *plusieurs sujets non quelconques.* Soit, un être humain, possesseur d'un trésor intime, contenu de tous points dans les méninges de sa boîte crânienne, et qu'il peut transporter, facilement, avec le concours de son *seul et précieux vouloir,* presque partout où il veut !...

Il est vrai, qu'il n'a pas toujours le loisir satisfait, de l'exhiber avec la même autorité, dans tous les pays de la Terre ; mais qu'importe,... le privilège d'un tel diamant, vaut bien quelques relativement petits inconvénients à supporter. Et puis, après tout,.. la Terre est si grande, que, si une première demeure choisie n'est pas favorable, il en reste encore une quantité extraordinaire d'autres pour la remplacer.

Que ferions-nous, chers frères et sœurs, amis terrestres en chair et en os, sans les véritables *phares lumineux* du savoir — qui nous éclairent, nous orientent et nous dirigent, dans nos *tâtonnements enfantins* et nos *courses d'écrevisses,* — à travers les labyrinthes de la civilisation et de l'incivilisation actuelles ; .. je vous le demande ? ..

Qu'importe, encore, qu'il y ait, parmi eux, de grands *éteignoirs,* si leur plus grand nombre est composé de formidables et invulnérables *flambeaux,* qui allument dans nos esprits obtus, en passant par nos cœurs inflammables, le feu sacré de la *science,* du *devoir,* du *progrès,* de l'*amour* et de l'*espoir !* . . .

Savant, c'est un beau titre, surtout quand il s'applique — aux premiers et aux meilleurs d'entre ceux qui savent beaucoup, dans ce monde, — pour l'avancement intelligent d'un peu tout ce qui existe. Mais, à la fin du compte, nous sommes tous plus ou moins *savants,* sur notre planète ; car, .. même ceux que nous appelons « *ignorants* » restent des maîtres supérieurs, savants aussi, à leur manière : .. celle d'*ignorer*. . .

Au reste, *savant* en tout, ne serait pas un avantage plus assuré que désirable, mais bien plutôt, un danger permanent ; attendu que ce fait impliquerait, malheureusement — aussi la connaissance très étendue du mal. Tout considéré, le mieux est donc encore, de pouvoir être qualifié de « *savant* » dans le bien et d'« *ignorant* » dans le mal.

Et cette remarque seule prouve, que — si d'aucuns recherchent avec une noble ambition, appuyée sur une grande et infatigable ardeur, le titre pompeux de « *savant* » ; d'autres, égaux en la loi universelle de *naître, vivre et mourir,* font, avec un mérite qui dépasse les éloges et surpasse les hommes, de non moins dignes efforts, pour mériter le titre glorieux d'« *ignorant;* » — au vu et au su des entendements divers.

Savants, de toutes les espèces qui ont le bien général pour but, je vous salue et vous honore du plus profond de mon cœur, avec affection et humilité sincères, parce que je vois, en vous, les *pionniers choisis* de l'épuration sociale, qui se manifeste dans les degrés arides que, peu à peu, vous nous faites franchir — vers l'idéal de toutes les splendeurs !..

Trop souvent, il faut l'avouer, on vous accable de l'excès de vos qualités comme d'autant de points noirs, destinés à assombrir l'auréole du génie, qui brille sur vos fronts pensifs, fidèles reflets de vos âmes d'élus !..

Mais, ne l'oubliez pas, les Cieux et la Terre se servent de vos œuvres — pour le bonheur de tous. Et, à cause de cela même, le dire des méchants, l'envie des jaloux, la critique des sots, comme aussi l'opposition des aveugles et des sourds de toutes les pesanteurs intellectuelles, ne pourront jamais entraver entièrement, ni partout à la fois, votre belle marche en avant !..

Vous êtes mortels, c'est-à-dire changeants, faits pour être transformés, vous aussi, par la loi grandiose du perfectionnement qui n'a point de fin ; et vos *dons personnels* comme encore vos *travers obligés,* sont tous justiciables de la nature charnelle et faible de vos organisations passagères, un moment sorties des ténèbres et, ainsi, aider les impuissances qui vous entourent — à *reprendre haleine,* à *se raffermir* et à *s'entendre,* — pour continuer, efficacement, l'ascension des difficultés et des devoirs imposés.

Vous êtes donc, bien clairement, les *précurseurs de la délivrance,* de la joie et des rayonnements célestes, après les temps nécessaires de l'accalmie, des essais timides et des craintes troublantes!.. Aussi, c'est en bienvenus que tous, vite, vous accueillent, dès qu'ils comprennent que vous êtes véritablement, pour eux, des *gages d'amour,* des *trésors de foi* et des *jalons d'espoir!*...

Savants, nobles et chers bienfaiteurs, qu'à votre départ d'ici-bas l'ombre de la mort vous soit légère,.. que votre mémoire bénie ravive et parfume nos pas vers le bien,.. et que l'infini, suavement, couronne vos énergies les plus diverses!...

Chapitre III.

L'ENFANCE.

Que de *doux et tendres souvenirs,* ce mot magique et familier, n'éveille-t-il pas en nous, qui avons été soumis à l'empire de sa puissance et de ses premières impressions graduelles!..

L'*enfance,* c'est, à bien dire, le *commencement* et *l'espoir* de toute chose, comme aussi, la manifestation de la *vie naissante,* de l'être, qui prend possession de la place qui lui est assignée dans l'existence universelle, celle qui se perpétue indéfiniment, à travers toutes les transformations terrestres, comme dans celles, innombrables, de l'Au-Delà et qui nous attendent!...

Après le *chaos* des pensées tumultueuses de *l'esprit,* qui vient sur cette Terre, pour y faire le stage qu'un décret divin lui impose, et auquel il se prépare lentement — *dans la profondeur des ténèbres charnelles de la matière,* — il lui arrive un jour de délivrance, qui le dégage de ses liens et le fait sortir de sa prison temporaire, obligée.

Cette prison *voulue* n'est pas une punition infligée ; mais, seulement un *asile,* destiné à protéger, ses *faiblesses initiales,* contre tous les principaux dangers qui, autrement, annuleraient ses développements successifs.

Le petit être, cloîtré vivant dans un asile vivant, a déjà la conscience de sa captivité nécessaire, mais limitée ; et, sur la fin surtout, il attend, avec impatience, le moment propice à faire son entrée *dans le monde visible du grand air,*.. qu'il sait l'entourer de toutes parts....

Ses idées sont *confuses* et tout son moi infime plein de langueur. Aussi, est-ce bercé des rêves extrêmement doux de *l'affectivité* et du *sensitivisme,* qu'il passe les derniers temps de sa préparation mystérieuse, dans une vie — *végétative* par force, *langoureuse* par nécessité ; mais, non dépourvue d'une *somnolence béate et sensuelle,* — qui le remplit d'un magnétisme latent et exquis....

Il s'habitue, peu à peu, à dormir, ses sommeils prolongés, qui sont ses plus grandes jouissances. Et, dans ses phases de réveils et d'action limitée, s'il attend, son introduction *sur la scène terrestre de la lumière du jour,* qu'il voit déjà, du reste, — comme à travers un épais brouillard à la densité chaude, ayant, pour ses sens engourdis, toute la torpeur animée d'une longue et incessante vision vague, — il n'en n'est pas moins vrai, qu'il se cramponne, craintivement, à sa vie faible et paresseuse de parasite.

En dépit des défauts et des rigueurs systématiques de son habitation, *ballottante et transportable sans son consentement,* il a, comme tout bon petit bourgeois, dont les uniques soucis se réduisent — *à dormir aussi longtemps que possible, à manger et à boire à satiété,... sans se presser; et à se rendre compte du temps qu'il fait,* — des baisses, ou des hausses, de la température ambiante, avec ses habitudes prises et vécues, malgré leur monotonie.

C'est pourquoi, dès qu'il se sent brusquement introduit dans, ce qu'avec raison alors, il peut qualifier, — matériellement parlant surtout, relativement à ses proportions minuscules, — de « *grand monde* », il s'agite et se démène, le plus souvent, de même qu'un possédé qui crie comme un perdu, et qui pleure désespérément comme un damné !.....

Pauvre petit bonhomme !.. il y a de quoi: L'*air vif* et puissant le *fouette,* tel qu'un souffle envahissant de l'immensité, dont il a, en ce moment solennel, le sentiment suffisamment net; le *froid* qu'il ressent, par le changement trop rapide d'atmosphère, le *mord* un peu partout ; et la *grande lumière* naturelle, ou artificielle, trop brillante, *comprime,* elle aussi, son petit cerveau en révolution ; en l'*aveuglant* encore, le plus désagréablement possible, — par dessus le marché !...

Il se plaint, il proteste, il se lamente et il a raison, mille fois raison ;.. car ces effets, — *qu'il n'attendait pas et qu'il avait encore moins demandés,* — s'imposent à sa faiblesse impuissante, semblables à autant *de bourreaux géants et implacables,* qui le torturent *brutalement, méchamment,* en le remplissant, de toutes sortes de douleurs et de craintes plus menaçantes les unes que les autres .

Hélas, un proverbe très juste le dit, « *tout commencement est difficile* » ; et, bien qu'il l'ignore absolument et que, par conséquent, il se soucie, à cette heure orageuse, des proverbes comme d'une guigne, il n'en fait pas moins, *à ses dépens,* la très antipathique et insupportable expérience obligatoire .

Mais, fort heureusement, tout a une fin, et le petit acteur et sujet principal de ce drame palpitant,.. plein d'angoisses inexprimables, — *en un acte décisif et plus ou moins de tableaux prévus et imprévus,* — entré, *nu* comme un *ver* sur

L'ENFANCE 231

la scène grandiose du monde terrestre, se sent, bientôt, entouré de grandes mains et d'énormes visages amis, qui viennent à son secours...

Sa peau fine, extrèmement *rouge* et *délicate*, son petit corps *grêle*, ses petits membres exquisement *potelés*, sa tête relativement *grosse*, ronde comme une boule expressive, délicieuse;.. et tout le *répertoire*, assez complet, de ses émotions et de ses cris d'appel, sont prestement enveloppés de langes, appropriés à sa situation critique la plus initiale.

Aussi, grâce à ce renfort extérieur, qui agit immédiatement sur son intérieur, c'est un peu *roulé, entouré et ficelé* — à l'instar d'un saucisson, ou d'une mortadelle de Bologne, gros calibre, — qu'il se reprend un brin, et que le calme renaît dans ses esprits en ébullition !...

Il ouvre, alors, *de grands yeux étonnés et curieux*, qu'il porte tantôt sur les objets, tantôt sur les personnes qu'il voit; et son examen, qu'il opine constamment à continuer à la ronde, lui montre.. un tas d'énigmes pas faciles à résoudre.

Des idées *de possession absolue et de domination despotique* s'emparent, sans tarder, de son imagination vacillante et enivrée; — parce que tous les soins, dont il se sent l'objet, le diapason radouci, des grosses voix sonores qui barbottent à ses oreilles nouvelles, des *pst, pst, pst volants*, des *modulations endormantes*, ou des *chansons de poupées* qui le font danser en cadence, lui mettent en tête qu'il est, très certainement, le « *roi de la situation* »; — ce qui ne manque pas de logique innée et de sens pratique ?..

Enthousiasmé, et rempli du besoin de mettre en *coupe réglée,* les hommages volontaires et les caresses spontanées de tous les sujets animés, ou inanimés, qui font cercle autour de lui, il agite *sa personnalité royale* avec *une autorité im-*

périeuse, qui lui fait brandir, *droit au but,* ses petits bras en herbe, et attrapper *au vol* tout ce que ses doigts fins et menus, les plus lilliputiens qui se puissent rêver, lui permettent d'*accrocher* au passage, furibond, ou capricieux, de ses décrets improvisés...

Dans son âme et conscience, *tout lui appartient;* et il dicte ses lois en conséquence. C'est pourquoi, il jette son dévolu — aussi bien sur la *lampe* qui brille, que sur la *main* qui le caresse, les *cheveux* qu'il peut saisir, ou les *moustaches* du papa qui l'embrasse!..

Prendre, lancer, ou arracher, c'est tout un — *pour la foule de ses désirs ainsi manifestés;* — et il fourre ses *menottes*.. dans les lunettes de sa grand'mère, dans le nez de sa nourrice, dans l'œil, ou la cravate, du bon docteur, qui l'examine, — avec la même désinvolture...

Si on cherche à paralyser ses mouvements *les plus intempestifs,* il s'irrite et s'obstine à les compléter, *le plus énergiquement possible;* à la fois étonné, du mauvais vouloir roturier de ses sujets d'occasion et convaincu, de la valeur irrésistible de ses droits...

Pauvre petit roitelet!.. A peine est-il au monde qu'il est déjà la proie *de tous ses moindres besoins,* et la victime *des mille et une illusions* de ses sens en miniature!....

Mais, c'est bien une autre affaire quand il s'agit de la *toilette quotidienne,* générale et partielle, de la petite majesté volontaire.

C'est par des *gigottements* et des *grimaces inénarrables,* accompagnés de *cris de paon* et de véritables *déluges de pleurs,* que le petit monarque compromet toute la dignité de son prestige royal. Quand il se sent désaffublé de ses longs *oripeaux traînants,* du *petit bonnet rond percé de trous et garni de fine dentelle* qui lui sert de calotte,.. et maintenu dans des positions changeantes, — renversées suivant les circonstances, — mais qui ne sont pas toutes précisément *académiques*,.. il se *débat* avec un courage digne d'une meilleure cause, en faisant des *efforts inouïs,* pour rétablir l'*équilibre des situations* qu'il entend, lui, *envers et contre tous,* conserver dans leur première intégrité !...

Puis, quand une *éponge impitoyable* vient, remplie d'*eau* et d'*irrévérence,* inonder son enveloppe cutanée et verser des flots ruisselants, sur les rotondités charnues de sa personne, *si particulièrement mignonne et sensible,* alors, sa fureur et son courroux n'ont plus de bornes ; et il éclate en protestations, en sommations, comme en cris de désespoir, que l'imprévu de la catastrophe rend encore plus sonores et perçants....

Heureusement, la vérité des proverbes lui offre un secours précieux, — malgré la sage lenteur calculée, qu'elle met à réparer les effets multiples du désastre de chaque jour ; — et, au moment propice, « *après la pluie le beau temps* »... vient à point lui prouver, par a + b, qu'elle n'est, nullement, une constatation imaginaire fondée sur une bulle de savon !...

Oh, le *savon !*.. voilà encore une découverte qui n'est pas du tout de son goût, et que, s'il le pouvait, il condamnerait *sans aucun recours*.. à l'emprisonnement, ou mieux, plutôt,.. à la déportation à perpétuité !...

Mais, songez donc,.. un *animal de couleur suspecte,* à forme ovale ou carrée, qui fond et jaillit dans les grosses pattes qui le frottent, semblable à une forme de beurre dans la poêle ; et, le monstre, comme une baleine sous l'eau de mer, vous crache des *bouillonnements d'écume grasse et visqueuse,* laquelle, sans même crier gare, remplit les yeux, le nez et la bouche de principes *irritants, acides, salés, huileux* et *répugnants !*...

Oh, le *savon abhorré !*.. quelle peste insidieuse et perfide!.. quel raffinement de cruauté *glissante et perverse,* dans l'opinion de bébé pris à l'improviste, par le foisonnement indescriptible de sa mousse frétillante aux mille yeux *piquants et investigateurs,* de toutes les nuances de l'arc-en-ciel le plus traître!....

Bref, le royaume éphémère du poupon humain a *ses crises et ses revers de médaille,* de plusieurs genres, et qu'il est peut-être préférable, ici, de passer sous un silence discret, assez copieusement voilé et recouvert, pour n'en pas laisser transpirer les émotions regrettables et humiliantes, les humidités involontaires et les feux d'artifice avec bouquet final, aussi inconvenants et naturels, que regrettables et on ne peut plus compromettants......

Mais, d'un autre côté, — *le bon, celui-là,* — il a aussi ses joies, ses contentements, et ses satisfactions intimes : juste retour des choses à deux faces d'ici-bas.

Ainsi, quoi de plus *consolant* et *réjouissant,* même, pour cet amour, pétri de blanc et de rose, quand ses grands yeux clairs et profonds voyent s'approcher de ses lèvres sensuelles, le sein rebondi maternel; les autres lèvres, chéries, de ceux qui l'adorent, lui sourient et le mangent de baisers,.. ou seulement, le vulgaire mais délicieux *biberon laiteux,* qui parfume son palais gourmand et rassasie son estomac glouton des charmes les plus variés?...

Quoi de plus *doux,* que les caresses de la maman, qui est tout, pour lui : sa *vie,* sa *tendresse,* l'*être* et l'*objet* préférés de tous ses désirs ; la *providence* de tous ses moindres besoins et le *trésor* presque inépuisable de toutes ses gâteries?.. Et puis, les visages aimés de ceux qui, journellement, le contemplent et l'admirent,.. des nombreux, qui le gâtent et le font joyeux tant qu'ils peuvent?...

Quel *bonheur,* sans cesse nouveau, que les petits amusements auxquels les grands se livrent en son honneur, et dont il est toujours le *héros* — *sans peine,* — tant qu'il daigne leur accorder l'encouragement de sa faveur ingénue ?... Quelle *volupté,* que la plus grande partie de ses promenades triomphales, à travers les grandeurs étincelantes de la nature ensoleillée, aux couleurs si éloquemment belles et séduisantes, aux odeurs variées et suaves, à l'air pur et embaumé des senteurs qu'il aime quand, majestueusement, *il trône,* tout enrubanné, ou confortablement habillé, sur les bras robustes d'une « *nounou* » complaisante et jalouse de son bien ; ou mieux, sur le cœur sûr et chaud *de sa mère,* qui en est fière au-delà de toute expression ?...

Et puis encore, quelle autre *volupté charmante et réconfortante,* tout à la fois, il trouve dans les « *nanas* » fréquentes et prolongées, qui réparent ses dépenses d'attention visuelle et de gestes corporels, quand, enfoui jusqu'au menton et à la moitié du crâne et des oreilles, dans les édredons mollets de son berceau, il se sent, peu à peu, plongé dans les jouissances nombreuses d'une suite de sommeils doux, qui lui font vite oublier, en même temps, *et la Terre, et son royaume et ses sujets ;* pour se retrouver, ensuite, — après une série de soupirs et d'étirements de bonbonnière satisfaite, — au milieu de ses plaisirs et de ses désirs sans cesse renaissants ?...

Petit poupon humain, *l'inconscience* et *l'insouciance* mêmes dans lesquelles, jour par jour, tu vis et te développe, sont la source capricieuse et trop rapide du bonheur des mortels. Tu en jouis, comme un *goulu,* et tu ne sais pas même apprécier, à sa juste valeur, le trésor énorme que tu possèdes !.. Ah !... « *si jeunesse savait et si vieillesse pouvait !* »....

Mais, le temps nécessaire de la mamelle exquise, ou du biberon délicieux, a ses limites, parce que les *cagnettes* poussent, blanches comme l'émail ; et, après elles, bien à regret, c'est sûr, il faut dire adieu aux plaisirs vanillés et confits de la *sucette* continuelle !

Du reste, la machine entière fait des progrès, et les petites jambes commencent à esquisser des pas *timides et chancelants,* qui remplissent d'émotion, non pas seulement le petit acrobate improvisé autant qu'inexpérimenté, mais, encore, les auteurs de ses jours et tous les spectateurs des pantomimes, curieuses au suprême degré, qu'il exécute journellement, au moyen de ses *faits* et *gestes* les plus inédits.

C'est la période *inimitable* où il commence à *tout imiter :* les sons, les cris, les appels, les syllabes, puis, les mots faciles les plus souvent répétés ;.. des fragments de de phrases intraduisibles, mais, insensiblement compréhensibles, pour les proches qui y sont forcément initiés — par ce fait même, — renforcé, considérablement, par la peine incroyable qu'ils se donnent à chercher à deviner et, surle-champ, traduire, *l'« hébreu-chinois-patoisé »* du langage ambiant, qui ricoche aux oreilles avides du petit orateur babillard...

Dépeindre le plaisir, l'amusement, les fous-rires et la jubilation qui, parfois, s'emparent des auditeurs formant habituellement la galerie de ce *conférencier haut comme une botte,* qui parle par soubresauts, entrecoupés de sons étranges et rapides comme un tour de dévidoir ;... s'aidant de mines de *pierrot sentimental* ou *éméché,* de passes *d'arlequin* ou d'écartés de *polichinelle en ribotte,* est chose difficile ; car, malgré le décousu de ses harangues improvisées et toujours nouvelles, il n'en reste pas moins, — comme les célébrités du barreau et de l'appendice lingual, — un *avocat à succès,* désopilant et captivant par tous les bouts !..

Bientôt enfin, il commence à comprendre les principaux « *comment* et *pourquoi* » les plus préliminaires de la vie de cocagne des enfants-joujoux... Il grandit et grossit, un

peu dans toutes les sphères, intelligentes et plastiques;..
son sexe se dessine de plus en plus grassement et visiblement, ce qui, par contre-coup direct, détermine les modifications opportunes, si importantes, s'imposant à sa *garderobe extérieure* la plus en évidence.

C'est ainsi, que poussent, — un peu à la façon des champignons précoces, si appréciés des gourmets, — les premiers *petits pantalons sans poches,* munis d'une fente *de sûreté* à la partie postérieure longitudinale;.. les *petites vestes, rondes comme des pains mollets,* avec cols rabattus jusqu'aux reins;.. les *casquettes vernies,* à *soupape* ou en *côtes de melon,* avec gros bouton au sommet, fabriquées sur le modèle des tomates les plus gonflées, relativement énormes, de par les dimensions crâniennes exagérées de la première enfance, — *toujours plus ou moins encéphaliques,* — mais entièrement rassurantes, par leur légèreté de ballons soufflés, que le moindre vent emporte au loin, si elles ne sont retenues par une élastique douce passant sous le menton....

Puis, pour les petites Eves en germe, ce sont les *petits jupons gracieusement raides,* de toutes couleurs, aux dimensions rétrécies, comparables à nos luxueux *abat-jour de lampes,* en papier-soie des nuances les plus fraîches et les plus séductrices; aux plis ondulés de *volants,* avec large *papillon tranchant,* en guise de tournure aussi visible et attirante que possible, posé en manière de.. *cravate,* ou de.. *parachute*... Puis, encore, les *petits nœuds rose, bleu pâle, crème, héliotrope,* que sais-je moi?.. crochés, épinglés, cousus, frisés, crêpés, tordus, relevés,.. dans les cheveux, sur la nuque, les épaules, etc., etc.... Et, encore aux mêmes places, ou ailleurs,.. les *fleurs,* les *dentelles,* et tout le tremblement naissant des attifages féminins, dans l'essence même de ses principes aimantés et troublants!...

Les caractères propres des deux sexes *s'affirment graduellement,* mais de plus en plus, dans leurs attributions respectives. C'est alors, que le petit garçon fait montre de ses aptitudes *masculines,* de ses goûts *entreprenants* et *belliqueux;* de son besoin incessant d'agir, — *avec ses forces physiques surtout;* — de les imposer à la matière, aux obstacles et aux résistances qu'il rencontre à chaque pas.

Tandis que la petite fille développe ses prérogatives *féminines,* par la pratique journalière de ses *goûts affectueux les plus naturels,* et qui sont, en quelque sorte, le *fluide moteur* de ses pensées et de ses actes. En tout et partout, nous la voyons, en général, très précocement déjà, infiniment plus douce, plus tendre, plus sensible, plus délicate, plus aimante et plus caressante que son petit frère terrestre du même âge.

Chez le premier, les amusements *bruyants, fanfarons,* les *armes* et les *instruments* avec les *costumes militaires,* les *chevaux* et les *voitures,* comme jouets, témoignent de ses tendances instinctives, de ses facultés *combattantes et dominatrices.* Mais, chez la seconde, les *poupées,* les *berceaux* et les *petits ménages,* de Nüremberg ou d'ailleurs, comme aussi, les *petits morceaux d'étoffes et de rubans divers,* qu'elle s'amuse tant à découper et à coudre, pour en former des vêtements appropriés à ses poupées, prouvent, que l'*instinct maternel* a déjà ses racines en elle.

Cette période, déjà avancée, du jeune âge, est aussi celle des premières études de l'*école élémentaire,* faites à la maison, sous la direction d'une maman, d'une sœur ou d'un frère;.. à la classe primaire enfantine du quartier, ou dans quelque jardin d'enfants privé « *système Frœbel* », qui, moyennant une petite rétribution mensuelle, mâche peu à peu aux petits bonshommes et mignonnes fillettes, mélangés, la science *épineuse et cabalistique de* l'a, b, c;.. celle de marcher *deux à deux*, de *se lever*, de *s'asseoir, d'étendre les bras et de les ramener au corps,* en cadence, à la voix du commandement.

Après, ils *épèlent* les syllabes des mots décomposés, lettre par lettre, puis ils *prononcent* les syllabes et enfin les mots *entiers*, en chantant le tout — avec des intonations d'ensemble qui résument, en les accordant, les vibrations ingénues, claires et argentines, de leurs petites voix mal assurées, mais dociles.

Ils y apprennent, aussi, les simples et toutes *petites prières angéliques* des chérubins sans ailes;.. les *chants courts et faciles,* allant droit à leurs cœurs confiants et naïfs... Puis, armés d'une ardoise encadrée de bois et d'un crayon *ad hoc*, ils s'exercent aux dessins divers de la calligraphie, en imitant, tant bien que mal, les traits *droits, arrondis, inclinés,* avec les *pleins* et les *déliés* des lettres qui leur sont moulées à la craie et en grand, sur le grand tableau noir....

Leur mémoire poétique n'est pas inactive non plus, car ils s'y imprègnent, graduellement, des ingénieuses poésies primitives du célèbre *La Fontaine;* ce qui, dans les grandes occasions, — *fêtes* et *anniversaires*, — leur procure les petits succès déclamatoires que chacun sait, près de leurs parents, grands-parents et amis de famille, — souvent étonnés,... toujours charmés.

Les jeux nécessaires ne sont pas oubliés et, chaque jour spécial a pour eux des heures fixées : « *Cache-cache* », les « *danses en rond* », « *colin-maillard* », « *pigeon-vole* », ont des attraits toujours nouveaux, pour l'ardeur et la vivacité enfantines de ces petits êtres mobiles, sous tous les rapports.

Six ou sept ans arrivent. Alors, le stage charmant des premières grâces de l'enfance initiale s'efface doucement, pour se transfigurer — sous les traits et formes plus sérieux du *garçonnet,* ou de la *fillette !* . . .

On devient plus exigeant et plus sévère avec eux. On leur inculque le *sentiment* des *convenances,* des *bonnes manières,* du *respect* qu'ils doivent aux grandes personnes, à leurs parents, et aux maîtres, ou maîtresses, auxquels ils sont, d'un jour à l'autre confiés ; pour la suite naturelle et logique de l'éducation sommaire commencée auparavant.

Ils ont des *instituteurs,* ou *institutrices,* chez eux ; ou, ils commencent *à fréquenter les écoles,* — dont tant de genres différents s'offrent au choix, d'année en année. Ils deviennent plus forts, plus savants, plus propres à chercher et à satisfaire les objets multiples de leur curiosité, toujours quelque part à l'affût. Dans le bien, c'est, surtout, par les *conseils* comme par les *exemples* qui leur sont imposés, généralement partout ; mais, malheureusement, .. aussi dans le mal, — là où la faiblesse, l'ignorance, l'indifférence, ou le *manque de surveillance,* indigne cependant des parents, ou préposés à ce titre, existent trop longtemps.

Bref, de toutes les manières, les connaissances spéciales se développent et s'étendent à des branches jusque là inconnues.

Les caractères se dessinent toujours plus, les dons particuliers et intimes se révèlent — d'une façon distincte et frappante, — marquant du sceau caractéristique et souvent indélébile, les volontés, les paresses, les facilités, les incapacités, les *eaux dormantes* de la banalité commune ; .. les *sources vives* des talents et, parfois, des génies futurs ; .. les sentiments naturels, les passions naissantes, la *vulgarité* des idées et des actes, comme enfin, la *noblesse* et l'*élévation* des pensées et des actions, .. si différents chez les uns et chez les autres ! . . . .

Années peut-être les plus *importantes* et les plus *décisi-*

ves.. que celles de l'enfance; lesquelles, depuis la naissance à l'âge de quinze ans, environ, impriment et étampent comme à l'emporte-pièce, c'est-à-dire — presque sans retour, — les saillies, les creux et les dépressions de l'existence adulte future et entière !...

Si l'on peut dire justement « *comme on fait son lit on se couche* »,.. c'est avec autant de vérité qu'on peut ajouter, pensant à notre vie terrestre, « *comme on prépare son chemin on le marche* »: *Droit et sûrement,* s'il est droit et solide; *incertain et trompeur,* s'il est inégal et mal construit; *sincère et honorable,* s'il est formé de vérité et d'efforts utiles; *faux et humiliant,* s'il est fait de pierres roulantes et de boue; *brillant et glorieux,* s'il est composé de vertus et de nobles qualités. Et ceci, aussi bien dans la pauvreté que dans la richesse, dans la médiocrité intellectuelle, ou physique, que dans la supériorité du talent, du génie, ou de la force matérielle.

Beaucoup d'enfants, un trop grand nombre, — nous semble-t-il, du moins, — ne peuvent continuer *assez longtemps* la fréquentation des écoles. Ce sont particulièrement ceux des paysans et des ouvriers, forcés qu'ils sont, dès dix à douze ans, d'*aider* leurs parents à gagner le *pain quotidien;* ce qui, souvent encore, les prépare *mieux que les études d'autres,* plus privilégiés sous ce rapport, au combat efficace de la vie.

Puis il y a les *pauvres,* les *indigents,* les *orphelins,* les *estropiés* et les *maladifs,* auxquels la généralité des humains — combien, parfois, très inhumains, en ces cas, — s'applique à faire pratiquer *un métier manuel quelconque,* aussi vite que possible; d'abord, pour les mettre en état de se tirer d'affaire par *eux-mêmes* et, en même temps, quand faire se peut, ce qui est logique, du reste, se *débarrasser* des charges de leur entretien.....

Mais, à part et malgré ces tristes et regrettables exceptions à la règle commune naturelle, l'*enfance* reste bien *la période dorée de la vie;* celle, où l'on goûte le plus le bonheur *d'être aimé, soigné et protégé par les siens,* ou qui à leur place;... de vivre *de tout ce qui l'entoure,* sans connaître les grands soucis de l'existence;.. où *les plaisirs et les jouissances* des principaux sens ont tout leur *attrait,* toute leur *fraîcheur* avec leur *saveur* et *leurs plus douces illusions*....

Et, en dépit des *leçons à apprendre,* des *devoirs à remplir,* des *punitions* variées et des « *pensums* » plus ou moins fréquents, — *on ne peut plus mérités,* — cela va sans dire, ce « *printemps de la vie* » n'en reste pas moins la genèse attrayante de ce que nous sommes devenus et de ce que nous deviendrons encore.

Oui, *heureux temps,* que celui où les horreurs terrestres nous sont *étrangères,* parce que nous les ignorons;.. où nous savourons, en *gourmands,* tout ce qui est mis à notre disposition;.. où l'on s'amuse d'un *rien,* ne demandant qu'à *rire* et à *chanter;*.. où l'on est capable de *digérer* avec un estomac d'autruche; *de dormir à poings fermés* sa longue nuit, tout d'un somme, en rêvant des merveilleux contes de fées, auxquels on croit avec un plaisir intense, assaisonné de crainte mystérieuse; et où l'on se réveille, chaque matin, *joyeux de la nouvelle journée qui commence,* sans même savoir pourquoi!....

Lointaines années de mon enfance, de suite surmenée, trop studieuse, trop courte, mais regrettée,... vous qui m'accordiez, cependant, le tendre amour inexpérimenté de parents chéris, les soins prévoyants et dévoués avec les égards et l'admiration de beaucoup, les joies pures de l'âme docile — qui se soumet,... et qui me refusiez, presque toujours, les jeux récréatifs, si nécessaires à la santé et au bonheur des petits,.. en entretenant constamment mon cœur *ému,* des rares premiers petits amis et amies que j'aimais, comme autant de frères et de sœurs d'adoption ;.. et surtout, de *la fièvre des naïfs projets de bel avenir, et du mirage enchanteur de toutes les beautés* qui existent, — sous la lumière étincelante du soleil qui resplendit et du ciel à l'azur incomparable, — qui plane toujours ;... pourquoi, m'avez-vous fui ?.......

Chapitre IV.

LA JEUNESSE.

Sans pouvoir fixer, invariablement, le moment précis où commence l'« *été de la vie* », on peut dire, cependant, que, sous presque tous les rapports, il montre son aurore d'une façon générale — *aux environs de seize ans,* — tant pour les garçons que pour les filles.

Seize ans, c'est déjà toute une vie préliminaire parcourue, la pratique consommée de beaucoup de choses, — *d'un monde de choses même;* — si l'on se reporte aux débuts passés, en tous genres, depuis la naissance à ce jour ! Mais, c'est encore, c'est toujours et quand même — l'*inexpérience personnifiée,* — symbolisée par le fait même de la *jeunesse,* qui ne sait, en réalité, que ce qu'il y a d'appréciable pour elle dans les commencements de son être ; et qui en ignore, forcément, la suite et le but réel, tant ils sont voilés par le mystère et les illusions.

A cet âge, — qui tient encore à l'enfance par tant d'attaches non rompues, mais qui touche déjà, par bien des côtés aussi, à la fraîche maturité de l'homme ou de la femme futurs, — les jeunes gens des deux sexes éprouvent des difficultés, — grosses d'inquiétudes et de chagrins impuissants, — qui les tourmentent en les obsédant de mille manières.

Ces obsessions, gâtent les jouissances nombreuses qu'ils pourraient savourer avec plus de paix intérieure, si elles n'existaient pas véritablement. Hélas, il faut compter avec elles, et non seulement les jeunes gens de cette période en souffrent plus ou moins longuement; mais, ils en font souffrir aussi ceux qui les entourent, — par l'*embarrassé* et l'*embarrassant* de leur situation *changeante,* — équivoque souvent, autant que mal définie...

Qui ne connaît ce moment pénible et si ennuyeux, qui s'appelle l'« *âge ingrat* », et dont les frottements sont, parfois, si difficiles?..

Le tout jeune homme, l'*adolescent,* se sent humilié des brides et des redevances de l'enfance, dont il sort à peine; froissé dans la généralité de ses rapports avec les grandes personnes; qui, naturellement, ne peuvent en aucune façon le traiter absolument — *d'égal à égal,* — malgré toute leur bonne volonté et les ménagements spéciaux dont elles l'enveloppent.

Puis, il constate également, son *infériorité expérimentale* vis-à-vis d'elles;... ce qu'il *ne peut être,* à cet âge; mais, ce qu'il *voudrait être* ou, tout au moins, *paraître*... Alors, aigri par l'impuissance obligée qui l'opprime, la faiblesse enfantine et la timidité naturelle qui le paralysent; sollicité par le besoin incessant de s'affirmer et de réagir à son avantage, — dans le désir continuel et intime qu'il a, *par amour-propre surtout,* d'être considéré comme une personnalité militante, — il se raidit contre lui-même, se rend la vie désagréablement forcée et — déplacée de son milieu véritable, le plus souvent.

Il est très facilement *vaniteux*, tout en s'efforçant de rester dans les apparences de la modestie ; *audacieux*, quand il tâche de secouer le joug de sa timidité ; *exagéré*, en bien, ou en mal, autant par ignorance particulière des choses, qu'il croit pouvoir juger à vol d'oiseau, que par manque de pratique appropriée à chacune d'elles ; *poltron*, là où le danger se grossit démesurément dans son imagination inflammable ; *courageux*, où il se sent assez à l'abri ; *téméraire*, là où on ne lui résiste pas énergiquement ; *égoïste, généreux, bon* ou *méchant*, enfin, suivant qu'il retire de ces sentiments, seuls ou mélangés, — la part qu'il ambitionne à son profit.

Sa nature *oscillante* ressemble beaucoup aux *girouettes*, qui obéissent à l'impulsion des vents les plus contraires qui soufflent sur elles ; et ses instincts le dirigent encore plus promptement que sa raison, parce que son cœur est le maître, presque absolu, de toute sa personne. En un mot, il est, tout particulièrement, *sensitif ;* ce qui explique beaucoup de choses.

De plus, ses formes plastiques et ses traits, comme aussi sa voix mobile — glissant à chaque instant *d'une quinte à l'autre,* souvent dans le même mot, — participent et témoignent — de l'organisation toute *provisoire* qui est son lot, jusqu'à sa dix-huitième année environ.

C'est à ce moment critique aussi, qu'il s'inquiète réellement de ce que seront un jour *ses moustaches à venir*, et qu'il examine attentivement, de semaine en semaine, les effets problématiques du rasoir affilé qu'il se fait passer, — aussi consciencieusement que possible, — sur le *duvet cotonneux*, à peine visible, qui teinte légèrement la *place* qu'elles occuperont peut-être, dans un avenir indéterminé ;... trop éloigné, à son gré.

Une de ses grandes préoccupations est, à cette époque,

la question de savoir, si, au moment où le service militaire de sa patrie l'appellera sous les drapeaux, il sera plus glorieux, pour son prestige individuel, d'entrer dans l'*infanterie,* la *cavalerie* ou l'*artillerie;* et il se répand avec chaleur près de ses intimes, — *en comparaisons à perte de vue* — sur la valeur respective de ces armes spéciales, sur leurs uniformes, les avantages et désavantages immédiats et probables, qu'il croit leur découvrir.

Il est vrai, qu'il n'est pas toujours sûr d'avoir *les qualités requises* pour l'admission à l'un de ces corps, au moment voulu ; et que, le plus souvent, *ses aptitudes et forces actuelles* lui sont déjà une garantie, à cet égard ; mais, la *grosse question* n'en n'est pas résolue pour cela ; au contraire, . . elle ne fait que s'accroître d'une difficulté de plus .

Il va sans dire, qu'à part ces inquiétudes, — *absolument légitimes, du reste,* — la continuation de ses études a lieu, généralement, sans être troublée plus qu'il ne faut ; . . que l'*apprentissage du métier* de son goût, ou, peut-être, qui lui est imposé par une autre volonté que la sienne, sa famille, ou des circonstances particulières, . . suit son cours, en dehors de ces considérations flottantes .

Et, chez ceux qui se distinguent, par leur application et leurs progrès partiels ou généraux, dans l'emploi de ces années de sève vigoureuse et forte, d'aspirations sincères et enthousiastes, d'efforts incessants un peu en tout, pour prendre possession, — *graduellement, comme par secousses,* — vers les examens et promotions techniques qui fixent et consacrent leurs différents moyens d'action, . . des nombreuses *améliorations et grades divers* auxquels ils tâchent d'atteindre ; . . il faut avouer — que leur exemple chaleureux fait du bien à ceux qui en sont spectateurs plus ou moins intéressés .

Il est bon et réconfortant, de pouvoir considérer cette

jeunesse robuste et saine, dans toute la *peine* qu'elle se donne, pour se préparer à la voie choisie, ou désignée ;.. dans les *plaisirs* qui l'animent, si joyeusement parfois, en son *entrain* naturel et communicatif ;.. comme dans les *doutes* qui l'assaillent, et tous les *sentiments,* si mobiles, qui l'agitent !..

Oui, je le répète, *cela fait du bien,* .. aux plus vieux surtout : parce que cela rajeunit le cœur et les sens, à tous les points de vue. De ces esprits nouveaux servis par des corps jeunes, aux formes flexibles et aux couleurs fraîches et pures, qui promettent, il se dégage un magnétisme vital des plus attrayants, qui éveille la sympathie en un tour de main.

Cette jeunesse de l'*intérieur* et de l'*extérieur,* c'est le gage du présent, dans la joie vécue du passé enfantin, avec l'espoir des temps à venir ; car, malgré ses faiblesses *naturelles* et ses hésitations *nécessaires,* — ou peut-être, même, à cause de l'ensemble des particularités qui la composent, — elle est aussi, d'une manière générale, l'*attrait,* le *bonheur* et l'*espoir* irrésistibles de tous ! . . . . .

. . . .

A côté de l'*adolescent,* il y a la *jeune fille* qui, elle aussi, doit laisser à la Nature le soin de la préparer de son mieux — à ses rôles futurs et successifs de *fiancée,* d'*épouse* et de *mère*.

Son âge ingrat est moins apparent que, toutes proportions gardées, celui du jeune homme que nous venons de voir à grands traits, — quoique s'écoulant à peu de chose près dans les mêmes années ; — par le fait que son sexe est, dès l'enfance déjà, infiniment mieux doué sous le rapport de la *facilité d'assimilation,* un peu en tout ; de la *grâce,* de l'*enjouement,* de la *réserve* et de la *prudence* dans le langage et les manières.

Sans doute, elle a ses côtés faibles ; mais ils se révèlent avec plus de *discrétion*, de *douceur* et d'*ingénuité*, ce qui fait qu'ils passent sous l'œil acéré de la critique humaine, sans trop se faire remarquer, — avec toute l'*habileté féminine* qui les caractérise, — y compris.. leurs coutures *dissimulées* ....

C'est, pour elle, le moment favorable aux *rêveries poétiques et sentimentales ;*.. où elle se *retourne curieusement,* pour analyser, à son aise, une toilette qui passe et lui paraît savante ;.. la démarche d'une jeune dame élégante,.. l'allure majestueuse d'une autre dame respectable ;.. qu'elle s'arrête, les yeux brillants *de convoitise,* devant les étalages des confiseurs à la mode, des magasins de nouveauté, des modistes, de ceux d'objets de luxe, — en faisant des choix supposés, momentanés ou imaginaires,.. qui forment son goût.

Elle passe de grands moments à s'étudier dans son miroir, où, complaisamment, elle fait défiler, — *en essayeuse déjà consommée,* — tout le cortège de ses expressions aimables, de ses mines de circonstances, de ses coiffures variées, de ses toilettes, de ses rubans, de ses bijoux candides, si elle en a ;.. en terminant, par le répertoire de ses poses et mouvements les plus approfondis, les mieux combinés,.. dans les effets avantageux, ou séducteurs, qu'elle en attend ...

Volontiers, elle prête aussi, une grande attention *aux conseils et préjugés de toilette,* qui circulent dans l'air qu'elle respire ; et, comme tous les nouveaux adeptes, elle s'efforce de les mettre en pratique — par tous les moyens en son pouvoir, — en les *exagérant* le plus possible ! ...

C'est ainsi, en partant de ces principes — dangereux et quelquefois funestes dans la suite, malheureusement, — qu'elle ne se trouve jamais de bottines assez *étroites* pour son pied ; de corsets assez *étranglés* à la taille ;.. de robes assez *ornées* de bouffants, de froncés, de rubans, de dentelles, de blondes, ou de passementeries délicates;.. de gants assez *mignons* et minces;... qu'elle ne mange pas *à sa faim;* rien de gras, communément, et qu'elle s'obstine généralement à refuser la soupe, — *afin de ne pas engraisser, ni perdre l'élégance de ses traits fins*. — Puis encore,.. qu'elle dérobe furtivement de temps à autre, à la cuisine, un doigt de vinaigre, avec l'espoir qu'il augmentera, ou provoquera, la *pâleur* de son teint,.. même s'il est anémié!...

Au demeurant, bonne fille, sœur affectueuse, élève appliquée, munie d'un cœur *tendre et sensible* à l'excès,.. qui se dévoue pour les siens et s'attache, avec passion, à l'affectivité réciproque de ses compagnes;.. aux caresses et aux soins d'un *chien,* ou d'un *chat* préféré, d'un *oiseau* favori; lesquels deviennent son bien, sa chose,.. son inquiétude de tous les instants!..

Evidemment, les *poupées* ne sont plus à la hauteur de ses aspirations présentes; elles ont, pour elle, fait *leur temps,*.. presque *oublié,* à cette heure du provisoire forcé et du désiré charmant, qu'elle invoque!.. Et puis, elles ne parlent pas, ces *poupées,* elles ne sentent pas;.. elles sont froides et inanimées, comme autant de jolies mortes *peinturlurées et attifonnées* qui,.. glaciales avant et après leur formation, n'ont jamais connu la chaleur et la vie...

Tandis que le *chien,* bruyant et vif, qui témoigne sa fidélité joyeuse par ses aboyements lancés à toute volée;.. les sentiments de reconnaissance, de crainte, de bonheur ou de tristesse, par la mimique si expressive de ses yeux clairs et investigateurs, de ses regards — *souvent humains* — et de ses mouvements décidés,.. c'est un *être vivant* qui, comme l'*oiseau* subtil qui module ses chansons perçantes, en sautant le chassé-croisé sur les barreaux de sa cage, remplace, momentanément, l'*affection étrangère* à laquelle elle devra payer, plus tard, son *tribut mystérieux*.. le plus apparemment inévitable.

Elle a ses lectures méditatives, ses heures de mélancolie, et ses regards humides dirigés vers l'*avenir prochain* que, par une intuition clairvoyante, elle entrevoit en partie ; en dépit des voiles plus ou moins *trompeurs*, ou *maladroits*, dont on essaye, d'habitude, quoique toujours imparfaitement, d'atténuer les véritables conséquences et servitudes obligées.

Même involontairement, les histoires de mariages, — qu'avec tous leurs détails et commentaires, *elle attrape au vol*, — la font réfléchir et songer. Aussi, ses rêves merveilleux la conduisent-ils souvent — à travers les nuages de toutes les illusions les plus délicieusement fleuries, — à son intention.

Et elle franchit, de la sorte, ces années d'*inexpérience,* de *tâtonnements,* d'*essais,* comme d'*aspirations pures,* d'*affections saintes,* d'*amour enthousiaste* pour tout ce qui est beau, grand, noble et digne... Bien des fois alors, elle envie le côté sublime, de certaines vocations de charité grandiose et de dévouements inépuisables ; et, pour un rien, elle se ferait « *religieuse* », « *sœur de charité* », amie et consolatrice des pauvres, des affligés, des petits et des faibles.

Mais, laissons-là, l'intéressante *jeune fille,* nous la retrouverons après ; et retournons à l'*adolescent* du commencement de ce chapitre.

. . . .

Pendant ce court espace de temps, il s'est développé en tout ; au point de souvent ressembler à un homme presque formé, et, cependant, il n'a que vingt ans. *Vingt ans !..*

l'âge désiré avec tant d'impatience, par les plus jeunes, qui craignent toujours de ne pas l'atteindre ; et si regretté des vieux, de ceux qui se sont éloignés, désormais — des fougues, des élans, des décisions rapides, de la chaleur enivrante de leurs illusions enchanteresses et de leurs folies vaines, puériles, orgueilleuses et séductrices, d'alors !...

L'âge *idéal et rêveur*, combattant et passionné, rempli de souplesse et de force,.. des visions les plus fraîches et les plus exquises de la vie ;.. celui qui remporte la palme haut la main, dans tous les cœurs, dans toutes les imaginations, et qui est, enfin, unanimement chanté et glorifié, par les penseurs et les poètes de tous les temps !....

Oui, il y est arrivé ; et, du reste, tout le lui annonce de plusieurs manières, comme si ses contemporains et les choses s'étaient donné le mot, d'un commun accord, pour le lui souligner d'une façon inoubliable.

Il a fini ses études supérieures, et il va commencer leur application pratique dans la voie qui s'offre à lui ; ou bien, il va entreprendre, sérieusement, les études spéciales d'une carrière plus difficile, dite libérale, parce qu'alors il ambitionne d'être *professeur, médecin, avocat, artiste,*.. que sais-je, moi ?.. Ou bien, encore, il a terminé son apprentissage et il est devenu *ouvrier, employé, commis,* et son gain de début ira peu à peu s'augmentant ; — d'après l'habileté qu'il acquerra par la suite, avec le concours de ses qualités personnelles, des milieux et des circonstances propices.

Le militaire n'est plus une vision flatteuse, craintive, ou glorieuse, mais une réalité qui s'impose ; et le volontariat, ou le service prolongé un plus long temps, lui désigne l'arme active dans laquelle il est attendu.

Et cette période est un grand changement, relativement à sa vie des premiers vingt ans, parce qu'elle renverse une suite d'habitudes, déjà contractées, pour lui en inculquer d'autres, encore peu connues, ou imparfaitement comprises ; et qui seront, plus tard — des échelons de *progrès,* d'*ordre,* de *discipline,* de *courage* et d'*honneur,* dans la règle générale, si ses bons instincts sont solides ; . . ou de *paresse,* d'*inconduite,* de *dissimulation,* ou de *brutalité,* si, malgré tout, il a été vicieux jusqu'à ce moment ! . .

Ils se peut, aussi, que ce service militaire soit une position naissante pour lui, si ses goûts et ses aptitudes naturels, — surtout entretenus par la passion particulière des armes et de la vocation, — l'y portent.

En tous cas, si le métier de soldat est une nécessité obligatoire, pour la défense, le maintien et la protection des nations de la Terre ; s'il est bon et utile, pour tremper le caractère, l'énergie et les muscles des individus ; s'il a ses côtés virils, attrayants et glorieux, il a aussi ses côtés redoutables et néfastes — quand des guerres ont lieu. Et les *milliers de morts* qui jonchent souvent les *champs de bataille,* — sans parler des *blessés* et des *mutilés* de *tous les genres,* — en sont une preuve suffisamment irréfutable et douloureuse . . . .

N'augmentons pas ces considérations, chacun les comprend dans son for intérieur ; et d'autant mieux, que le tableau — des maux humains les plus inévitables, des imperfections morales qui nous régissent, — est examiné dans le *calme du cœur et de la pensée,* — en l'absence de toute haine ou hostilité quelconque, de chauvinisme ou d'esprit de clocher, maladroits et paralysants.

Après son temps fini, heureusement passé pour notre guerrier, indemne de toute regrettable conséquence, — je l'admets volontiers, — il rentre dans la vie civile, *mûri, fortifié un peu en tout,* avec un bagage d'expériences récentes que je n'hésite pas à qualifier de *très précieuses,* en général, pour sa manière d'être dans la suite des années viriles à venir.

Il reprend alors ses occupations interrompues et, soit par ses *études* continuées, soit par son *métier* ou son *emploi,* il retrouve *le fil naturel de sa carrière,* une ou plusieurs années écarté.

La position se dessine plus ou moins rapidement et avantageusement, souhaitons-le lui ; de sorte que, tous les nouveaux besoins de son cœur et de sa situation le poussent, presque de concert, vers le *mariage,* en suivant l'inclinaison de son âme, de son intelligence, de son milieu, de ses goûts et de ses sens, ou de toutes ces choses réunies ; — si... quelque précipitation *inconsidérée,* intérêt d'*argent,* éblouissement *passager,* ou *vaniteux,* ne le précipite pas dans une union hasardeuse, capable de passer très brusquement, du *rose* capricieux et mobile au *gris* décoloré de la désillusion et des regrets,.. au *rouge* de la colère, ou au *noir* des chagrins les plus sombres.....

Je suppose, à présent, qu'il est heureux, parce que tout marche assez bien pour lui, et qu'il a eu la sagesse et le bonheur, de se choisir une compagne selon son cœur et l'ensemble de ses besoins les plus réels, — *digne, modeste, prudente, économe, simple et sincère ;*.. qui l'aime d'un amour profond, basé sur l'estime et l'admiration justifiées qu'il aura su établir en elle, — par une connaissance minutieuse et assez longue de ses pensées et de ses faits et gestes. Oh, cette fois, il a certainement découvert le « *Paradis terrestre* », l'« *Eden perdu* » !.. et ses jouissances légitimes sont incalculables,.. à tous les points de vue....

L'année suivante, peu avant ou après, n'importe, un *petit poupon* fêté vient apporter, avec ses grâces, ses petits besoins et ses caresses, — le *trait d'union divin* qui scelle les âmes ravies des deux jeunes époux, — déjà si riches des meilleures choses de la vie : la *jeunesse,* la *santé,* l'*amour partagé,* l'*estime* et les *soins réciproques* — dans leur « *chez soi* » ; — qui est, pour eux, comme *le nid de tous les trésors,* de *tous les bonheurs* les plus vrais et de *tous les espoirs raisonnables* les plus fondés ! . . . . .

. . . .

Maintenant, la *jeune fille* dont nous avons fait connaissance dans les pages précédentes, a grandi et s'est très rapidement développée.

Elle a appris les choses nécessaires qui lui manquaient, tout en leur ajoutant d'autres qualités embellissantes, des perfectionnements pratiques dans la tenue *du ménage,* les *exigences* de sa condition sociale, quelle qu'elle soit, sa *manière* d'être et de voir, . . des talents d'*agrément,* peut-être ? . . Mais, à coup sûr, *des charmes nouveaux et captivants,* qui ont été victorieux et choisis, pour mettre à son doigt — l'anneau des fiançailles et l'engagement de la vie à deux, de ses rêves, — avec le gage propre de son futur mari.

Elle est donc devenue aussi, plus forte et plus belle, plus sérieuse et plus attachée. Et le soleil de l'amour en a fait *une étoile de choix,* capable d'éclairer, à elle seule, — le ciel transparent et mystérieux, d'opale tendre, aux reflets irisés et si troublants, de la félicité intime, — qui s'élève au-dessus de son horizon rose le plus lointain ; pour se colorer, sous peu, de la grandeur inconnue de toutes ses affections de jeune épouse et de jeune mère, à venir.

A cette heure, *la femme est apparue,* remplie de promesses, de candeur, de vertu, de bonté, de douceur, d'abnégation volontaire, d'intelligence, de courage, de poésie et de toutes les sources vives, en un mot, qui sont l'apanage de son *cœur d'or,* comme de son *âme d'ange* et de ses formes sublimement belles et providentiellement attirantes . . .

Fiancée déjà, depuis un certain temps, — temps court et long, tout à la fois, — un beau jour elle se marie et, dès le premier moment, elle devient *la gardienne vigilante et la reine « de son nouveau foyer »* ; et celui-ci sera — ce qu'elle est elle-même.

Non seulement, elle donnera le jour aux enfants qui lui seront accordés, ou imposés, par le ciel ; mais, la première, elle leur inculquera les notions élémentaires de leurs rôles de débutants, sur la scène de la vie terrestre ; et ces semences précoces auront une grande importance, surtout en se développant sous sa direction continuelle, d'une année à l'autre.

Puis, outre ses petits sujets directs, elle exercera une influence souvent considérable sur son allié, celui que le pouvoir de son titre de mari a fait son *seigneur et maître*. Et, à cet égard seul, déjà, elle ne saurait jamais assez s'observer et se surveiller ; car, qu'elle ne l'oublie jamais, suivant sa manière d'être vis-à-vis de l'homme avec lequel elle s'unira, elle deviendra, pour lui, une *bénédiction,* ou une *malédiction,* tout en faisant de sa propre vie, à elle-même, un *paradis* ou un *enfer* temporel !....

Dans la marche naturelle des choses, c'est — *de par l'association du mariage,* — c'est-à-dire .. avec l'apport réciproque des qualités, des lacunes et des défauts. des ressources et des besoins, des trésors et des pauvretés, des forces résistantes et des faiblesses ;.. comme peut-être aussi, — on doit toujours le prévoir, la prudence en faisant en quelque sorte une obligation, — des maladies et des chagrins, des succès et des revers, que s'écoulent les années des jeunes qui fondent, ainsi, — *en la mélangeant,* — leur vie commune.

L'homme, le plus lent des deux à se former et à se tremper, attend généralement ses *vingt-cinq* à *vingt-huit ans,* pour occuper la dignité de sa charge voulue, — pour sa santé, son bonheur, et . . la propagation de l'espèce . . Tandis que la femme, plus rapidement apte à contracter alliance, devient facilement épouse déjà à peine a-t-elle atteint, parfois, ses *vingt* à *vingt-quatre ans ;* — ces âges raisonnables et moyens, dans nos pays froids et tempérés, s'entend, les climats très chauds ayant des maturités plus précoces.

Puis, les années succèdent aux années, se suivant de même sans presque jamais se ressembler. Les caractères s'émoussent, en déteignant toujours plus ou moins, l'un sur l'autre et à peu près autant d'un côté que de l'autre; mais, . . leur *naturel caractéristique et foncièrement intime,* reste, généralement, rebelle aux déguisements volontaires, ou forcés, qu'on cherche, le plus souvent, à lui imposer.

Du reste, les mélanges idéaux sont rares, et cela se comprend — si l'on songe que ceux qui se recherchent, dans tous les domaines du mariage, par l'effet d'une sympathie attractive des plus mystérieuses, sont presque toujours des oppositions tranchées visiblement.

« *Les extrêmes se touchent* », dit-on, avec raison ; tout en constatant, parfois, que « *l'amour est aveugle* ». Mais, ce qui est certain, c'est qu'un homme blond recherche de préférence une femme noire, ou châtaine, et qu'une femme brune se sent plutôt attirée vers un homme blond ; et *vice versa,* dans les variantes réciproques aux deux sexes.

Les grands aiment les petites et les petites les grands ; les maigres aiment les grasses et les grasses les maigres ; les énergiques se sentent de l'attrait pour les douces et les douces pour les énergiques ; etc., etc.. Et, c'est en suivant la série, presque inépuisable, de ces contrastes, à la fois — *unis l'un par l'autre et l'un contre l'autre,* — que chacun peut les observer tous les jours de la vie, dans les réunions de tous genres, comme dans les bals, la rue, et la vie privée . . . .

La jeunesse, celle que j'essaye de décrire en ce chapitre,

c'est l'*été* qui brille de tout son éclat progressif, — depuis la *seizième* jusqu'à la *trente-sixième année,* pour les deux époux de ces pages; — parce que, c'est la plus splendide période de leur vitalité, de leurs forces et de leurs ressources les plus diverses, .. relativement aux autres phases de l'existence terrestre!...

« *Que ne pouvons-nous rester jeunes plus longtemps* », pensons-nous souvent avec nos regrets humains?... Et cependant, nous ferions mieux de dire: « *Pourquoi faut-il — qu'en tant de choses et d'occasions, — nous nous donnions tant de peines à gaspiller et à corrompre, un peu en tout, les si courtes et longues années de jeunesse qui nous sont comptées, aux uns et aux autres y arrivant?* » . . . . .

Pourquoi?.. Parce que l'*ignorance* de tout ce que nous devrions savoir, ce *fléau général* aux divisions *innombrables,* empoisonne les trois-quarts de notre vie entière; mais, tout particulièrement notre *jeunesse,* soit, sa partie la plus activement belle et attrayante: son *été,* c'est-à-dire, — sa saison la plus riche, la plus féconde, la plus précieuse et la moins économisée par nos erreurs, nos fautes et nos excès.

Du reste, — « *tout passe, tout casse et tout lasse* »,.. encore parce que tout est destiné à se *transformer* de mille manières; et c'est aussi pourquoi nos années les plus vivantes et les plus riantes, *perdent,* petit à petit, leur feu intérieur le plus communicatif et le plus remarquable!...

Vive la jeunesse!.. parce qu'elle est, tout bien considéré, notre plus grande part de *force,* de *santé,* d'*espoir,* d'*amour,* d'*activité* et de *bonheur;* .. et qu'il est doux de sentir, en soi, de pareils leviers incomparables, sur notre chemin terrestre... Mais vive, surtout, Celui qui nous en prépare une suite infinie de plus parfaites!....

Chapitre V.

L'ÂGE MÛR.

La définition d' « *âge mûr* » fait tellement penser aux fruits dans la plénitude de leurs qualités voulues, pour pouvoir servir à la consommation, qu'on ne peut l'entendre, ou la lire, qu'en songeant aux *pommes* suffisamment faites et aux *poires* savoureuses.

Et, quand il s'agit de sous-entendre par cette expression double, — due à la sagesse, à la perspicacité et au bon sens populaires, — la période d'existence qui se rapporte à l'homme et à la femme sur la Terre, on finit par trouver, après un instant de réflexion, qu'elle a beaucoup d'analogie avec les deux fruits, si variés, que je viens de désigner.

En effet, les *pommes* innombrables qui poussent sur les *pommiers* terrestres, ainsi que dans la terre même, avec leur forme et leur lourdeur massives, leurs pelures, ou peaux, si diverses, plus ou moins rugueuses et colorées d'une quantité de nuances distinctes; de même que leurs odeurs et goûts particuliers, y compris la dureté relative de leurs chairs, *acides et martiales, ou amères et encombrantes,* — au point, de révolutionner les estomacs qui les hospitalisent, en les absorbant sans précautions suffisantes, — peuvent, parfaitement, être comparées à la *moitié mâle* du genre humain, de beaucoup la plus coriace et la plus rébarbative à vouloir domestiquer;.. n'en déplaise à mes frères moustachus.

Comme aussi, les *poires,* aux formes arrondies mais plus façonnées et élégantes, aux étranglements caractéristiques qui simulent une taille souple et belle, .. plutôt tournée au tour que lacée au moyen d'un corset ; .. aux parfums suaves, aux couleurs fraîches et aux chairs généralement exquises de tendresse et de saveur délicieuse, — *en dehors des exceptions s'entend,* — peuvent servir de comparaison rudimentaire et approximative avec (.. pardonnez-moi, Mesdames, c'est en votre faveur dans ce qui va suivre)... la plus belle moitié, la plus aimable et la plus aimée des deux espèces qui composent notre race surprenante : les *charmantes femmes,* à peu près aussi nombreuses ; qui préparent, captivent et idéalisent, le plus souvent, du moins, notre séjour terrestre passager.

Un autre point d'appui, pour mieux établir ma comparaison, peut se trouver encore dans les faits suivants :

Si quelqu'un donne un baiser à une *belle femme* d'un certain âge, pour *mûre* qu'elle soit, il en éprouvera toujours une sensation plus agréable, que .. s'il dépose son accolade sur la face rugueuse et velue d'un homme, même d'un bel homme.

Si ce même quelqu'un mord à belles dents dans la chair acide et dure d'une *pomme,* il ne pourra, en dépit de la saveur gourmande qu'il y trouvera, s'empêcher de faire une *grimace nerveuse* toute involontaire ; à la fois provoquée par l'agacement des dents, l'acidité et la dureté du fruit. Tandis qu'en portant son dévolu sur une *poire,* une mine de satisfaction et de jouissance facile contentée, montrera — que ses dents et son palais ont rencontré un attouchement et une saveur infiniment plus tendre et agréables ; dépourvus de trop grande fermeté, d'agacement obligé et d'aigreur acidulée....

J'en resterai donc à ma comparaison, d'autant plus que la *pomme,* qui a été un fruit d'envie et de séduction pour *Ève,* a servi également à causer le plus grand des chagrins à *Adam*, — ce qui prouve, jusqu'à l'évidence, qu'elle est d'une *malice* et d'une *énergie* toutes masculines.

Or, il est fort loin d'en être quelque part question, pour la réputation de la *poire*, attendu qu'elle n'a jamais associé son suc délicieux aux machinations diaboliques; ni la responsabilité de sa conscience, — *si doucereusement parfumée*, — aux malédictions sans nombre dont nous souffrons tous plus ou moins, les uns et les autres....

L'alliance journalière de la *pomme, aux principes masculins*, et de la *poire, aux affinités et ressemblances féminines,* qui se peut constater dans le triomphe normal et nuptial de l'*association conjugale,* nous les présentant, également, sous l'aspect d'une magnifique et somptueuse assiette à dessert garnie,.. est encore là pour nous prouver — que les extrêmes se touchent,.. toutes les fois qu'ils le peuvent?....

Si l'on veut bien me suivre dans cette voie, on comprendra que — pas seulement les *pommes* et les *poires*, ou autres produits des plantes et des arbres, sont des fruits plus ou moins bons ou mauvais, pour notre usage; mais, en même temps — que nous tous, habitants de la Terre, qui formons les différentes races du genre *humain* et *inhumain,* désormais connu, nous sommes aussi des fruits *bons* ou *mauvais,* ou mieux, — *plus souvent mauvais que bons !* ...

Loin de moi, cependant, la pensée de dénigrer l'espèce pour un temps végétante à laquelle j'appartiens;.. toutefois, il est juste qu'en essayant de la dépeindre, je sois aussi consciencieux que possible dans la description de ses beautés, de ses laideurs, de ses forces et de ses faiblesses; soit — de ses bons résultats acquis et de ses imperfections non encore corrigées d'une manière suffisante....

Mais, revenons à nos deux époux, déjà présentés, lesquels commencent aujourd'hui même leur période de *maturité,* avec leur trente-septième année; puis, suivons-les pas à pas.

D'abord, afin de ne pas créer des malentendus, peut-être désagréables, je m'empresse de dire encore que les *limites d'âges,* ici choisies, pour déterminer les quatre phases de l'existence humaine terrestre, ne sont pas absolues et qu'elles ne sont désignées que d'une façon *approximative ;* car il est impossible de pouvoir leur donner une précision rigoureuse et une régularité d'horloge.

De plus, les deux terrains immédiats d'une frontière terrestre quelconque, ayant toujours beaucoup *d'analogie et de ressemblances communes,* entre eux, il va sans dire que, — quoique partagés par une ligne de démarcation fixe, — il reste souvent difficile de définir, *en quoi,* les habitants d'un côté sont *différents* de leurs voisins les plus rapprochés de l'autre côté . . . .

Donc, ceci étant convenu, accepté de part et d'autre, nos deux époux entrent, chacun à sa manière, dans l'*âge raisonnable,* de par la théorie, du moins ; car, en pratique, bien que tous commencent à avoir généralement le sens *rassis,* à cette époque, beaucoup continuent à poursuivre encore, — avec *plus de jeunesse qu'il n'en faudrait,* hélas, — les *chimères* variées de leurs *folies* habituelles ! . . .

L'homme et la femme sont dans la *plénitude* de leurs forces et moyens, en même temps qu'à l'*apogée* de leurs caractères individuels les plus visibles.

Ils possèdent l'un et l'autre leurs membres, traits et organes, au *maximum* de la capacité physique ; leurs habitudes nettement *établies ;* et, le plus souvent, ils sont presque fixés dans leurs conditions sociales . . d'une manière suffisamment avancée, en tous cas, pour qu'ils puissent juger, déjà à première vue, si, oui, ou non, ils désirent y rester.

Le feu ardent de la jeunesse s'est assez modéré pour qu'ils envisagent, désormais, plus *calmement et sagement,* les choses qu'ils entreprennent et celles dont ils sont devenus tributaires, par une habitude longuement prolongée, à cette heure. Mais, leur *expérience des choses de la vie et leur énergie* se sont développées considérablement, à ce point culminant même, qu'on peut facilement, à chaque nouvelle occasion propice, les considérer — dans l'éclat le plus apparent de leur puissance personnelle et collective.

Leur demeure s'est *perfectionnée,* étendue peut-être, suivant leurs ressources propres et les besoins que, peu à peu, ils ont vu naître. Leur premier enfant est grand, et, chez un grand nombre, d'autres sont venus lui tenir compagnie à des intervalles plus ou moins réguliers, ou irréguliers ; de sorte que — la *famille,* ainsi instituée, se compose de trois membres au moins, dans le premier cas, et d'un nombre qui va en s'augmentant, dans les autres.

Si l'*établissement graduel* des vocations, l'*éducation* et l'*instruction* des enfants, les *soucis* matériels, le *triage* des relations de tous les genres, ont pris une importance successive de plus en plus marquée, . . les responsabilités avec les satisfactions, qui résultent de l'accomplissement des devoirs et de leurs réussites désirées, plus ou moins complètes, remplissent de *bonheur* et d'*autorité* le cœur de tels parents, si fortement liés l'un à l'autre.

Ils ont d'habitude, alors, moins d'incertitudes et de craintes pour les années futures, parce que, celles déjà passées ensemble ont *éclairci,* en partie, ou *dissipé,* entièrement, beaucoup de nuages obscurs et de doutes pénibles ; et le nombre de ceux qui restent actuellement s'est, on le devine, notablement restreint.

Oh, sans doute, ce n'est ni le bonheur —*dans tout ce qu'on en désire,* ni la paix — *dans l'assurance définitive qu'on en voudrait :* les deux ne sauraient jamais se trouver en ce monde, — ce monde *tourbillonnant de vents contraires* et de *poussières mélangées !* . . Mais, c'est une région située à une altitude assez élevée déjà, pour que, considérant le long chemin parcouru à ce jour, on en regarde, avec moins d'inquiétude, relativement, les sommets probables à atteindre.

Et les années s'avancent lentement ainsi, progressant sûrement aussi, — nous aimons à le croire, — en suivant la *filière alternative des jours et des nuits* qui se succèdent sans interruption; et pour ceux qui vivent ici-bas et pour ceux qui en sortent, ces derniers recommençant ailleurs leurs évolutions graduées !....

Le soleil des *quarante ans* se lève bientôt, et il mûrit plus intimement le père et la mère, — *dans l'esprit qui les anime surtout;* — sans toutefois apporter d'autres changements extérieurs bien importants, ni toujours facilement appréciables.

Puis, d'année en année, la marche en avant s'accentue insensiblement, si bien que les *quarante-cinq* et *quarante-six ans* sonnent l'heure d'un certain *recueillement,* qui n'est autre qu'un besoin nécessaire pour s'arrêter — *à reprendre haleine de nouveau;* — passant en revue les trajets parcourus, les étapes franchies, les expériences bonnes et mauvaises, avec les probabilités que l'on craint et celles que l'on espère...

C'est le moment psychologique du retour forcé sur soi-même, l'âge où l'on se sent plus particulièrement disposé à faire l'inventaire des ressources morales, intellectuelles et matérielles disponibles; de celles qui ont perdu ou démérité sensiblement, de la confiance trop ou trop peu fondée qu'on avait en elles.

Et non seulement, le *père* et la *mère* de famille s'examinent réciproquement, mais, chacun d'eux pour soi, fait également *son examen de conscience intime* le plus inédit; pesant, en même temps, le *pour* et le *contre* du défilé partiel, général et collectif,... des atouts qui restent encore à essayer dans le jeu grandiose, mystérieux et positif, diabolique et divin, de l'existence spirituelle incarnée sur la Terre.

Le plus souvent, les meilleurs ont été jetés sur le tapis absorbant de la vie, et il ne les rend plus ; — il les garde ! ...
Il s'agit donc, désormais, de s'arranger à pouvoir mieux calculer ceux qu'il faudra successivement lâcher, et qui, forcément, tomberont fatalement l'un après l'autre aussi....

Les deux époux sentent très bien qu'ils sont *mûrs,* corporellement parlant, sans aucun doute ; et cette *maturité* leur fait penser qu'ils avancent vers le déclin qu'ils redoutent et qu'ils voudraient pouvoir éloigner encore,.. tant l'*inconnu* reste, malgré tout, — *mystérieux* et *inquiétant !*...

C'est à ce moment, qu'après avoir un peu négligé les soins accordés à la toilette et au maintien de leur personne, durant les dernières années écoulées, ils sentent le besoin de se refaire et de se reprendre également — un peu en tout.

On est généralement surpris de les voir « *rajeunir* », comme chacun se plaît à le constater et à le dire ; et ce prolongement d'été de l'existence, qui semble être un renouveau de fraîcheur et de prospérité physique, autant qu'intellectuelle, prend le nom justifié et caractéristique de « *seconde jeunesse* ».

Souvent, les dernières semaines d'un bel été se présentent à nos regards charmés, non moins qu'étonnés, par une suite de beaux jours d'une splendeur éblouissante, que poétise encore puissamment, la gamme infinie des nuances riches et variées qui les revêtent d'or, de pourpre et d'azur...
Il nous semble, alors, que le calendrier s'est trompé dans ses dates précises, et que l'automne n'est pas le moins du monde disposé à nous annoncer les préparatifs de sa venue.

Et bien, les dates précises ne sont nullement en faute ;

seulement — l'automne ne songe pas à nous prévenir, dans ces cas particuliers, parce que, — sachant l'impression mélancolique que nous cause toujours son arrivée, ou même la réception de ses premiers avis atmosphériques, — il se décide, tout simplement, à nous surprendre au moment voulu et obligé....

Il s'économise, ainsi, des frais de dépêches dont personne ne lui tient compte, tout en nous épargnant des murmures peu flatteurs ; et, sans en avoir l'air, en se ménageant encore une entrée triomphale que presque tous saluent,.. faute de mieux à espérer.

Ce renouveau d' « *été humain* » ne dure guère ; et, c'est peut-être pourquoi on en cultive les heureux effets avec tant de soin. Il fait s'épanouir, à leur avantage, ceux qu'il éclaire ainsi d'un dernier rayon de soleil vital, qui devient, pour eux, un regain de vie et de beauté : deux des réminiscences du premier été, à tout jamais passé — et pour l'un et pour l'autre !....

A *cinquante ans,* il termine son règne éphémère pour céder la place à l'« *automne humain* », celui qui marque la limite de notre plus grande maturité résistante ; celle au delà de laquelle il n'y a plus moyen de rajeunir encore, mais, exclusivement,.. de commencer à vieillir, — qu'on le veuille ou non.

Les deux époux sont généralement moulés et calés,.. et dans leur position sociale et dans leur physique alourdi, souvent arrondi et endurci, quand il n'est pas .. désséché, ou seulement amaigri.

C'est le moment où ils ont, du reste, une charge respectable de *« plomb dans la cervelle »,* quant à leur manière de faire .. les choses dont ils s'occupent ; c'est-à-dire — qu'ils sont *beaucoup plus calmes et moins sensibles,* et qu'ils ne prennent plus feu au simple contact, comme le font, si dangereusement, les allumettes chimiques de l'humanité inflammable....

Ils sont vaillants et forts, parce qu'ils ont beaucoup de pratique, d'expérience, et qu'ils savent beaucoup de choses. Ils ont encore, le plus souvent, des enfants déjà mariés ou qui vont se marier; et ils peuvent les munir d'une foule de bons conseils, d'avis judicieux et de « *garde à vous* », basés sur les épreuves personnellement vécues...

L'embonpoint, ou la maigreur, dont ils sont gratifiés, normalement, ne les gêne pas. Au contraire, ils servent de « *modérateurs* », en augmentant aussi le prestige d'autorité qu'ils peuvent avoir acquis, par leurs facultés intellectuelles, ou autres, individuelles, comme par leur position sociale et toutes leurs différentes relations établies, ou à établir.

Ils vont ainsi, gaillardement, dans la vie commune, appuyés des soutiens matériels et moraux qui les secondent puissamment, pour supporter les épreuves actuelles connues, comme pour mieux résister aux premiers chocs de celles à venir.

Il est encore possible, que leurs grands enfants mariés soyent devenus parents à leur tour, ce qui augmente leurs titres, déjà acquis, de ceux de « *grand-père* » et de « *grand' mère* ». Alors, « *grands-parents* », ils ont la joyeuse satisfaction de saluer et d'acclamer, dans ces petits rejetons en bas âge, — *les enfants de leurs enfants!* ...

L'automne qui commence pour eux n'est donc pas dépourvu de charmes, à la fois *anciens* et *nouveaux;* car l'accomplissement de leurs devoirs, occupations, relations de famille, d'amitié et d'affaires, embelli par le prestige de l'expérience et de l'âge, des plaisirs particuliers, plus calmes et modérés qu'autrefois, du sérieux et de la considération plus attentive et réfléchie, qu'ils apportent aux choses importantes et menues qui s'offrent à leur appréciation, reste toujours — une *mine inépuisable* de sensations, de mouvement, de pensées et de vitalité, épurée de ses plus gros défauts.

Ils sont déjà beaucoup plus heureux qu'avant, dans le sens d'un certain apaisement et d'un calme relatifs qui, l'un et l'autre, leur permettent, plus réellement, de « *se laisser vivre* »; au lieu de forcer leur vie, comme beaucoup trop jadis, et de ne chercher qu'à simplement continuer ce train-train vital adopté, le plus longtemps possible, « *au petit bonheur* » . . .

Dans les revers de fortune et autres, ils sont soutenus, *moralement,* par le fait de leur ancienne association, l'appui des enfants, doublé encore de celui des parents et amis ; quand ils n'y trouvent pas avec, quelques renforts *matériels* plus ou moins généreux et efficaces.

Et, de même, dans les maladies et afflictions les plus diverses, ils sont soignés, consolés, réconfortés et soulagés, — souvent dans une bien grande mesure, — par les chers qui les aiment, les estiment, les plaignent, et font tout ce qu'ils peuvent.. pour alléger le fardeau amer des croix terrestres, au milieu des péripéties du voyage d'ici-bas . . .

Ceux donc qui arrivent à cet âge, dans les conditions générales de la vie de famille citée aux pages qui précèdent, sont .. relativement, mieux situés qu'avant, je le répète ; autant, du moins, qu'on peut l'espérer en notre monde spécial, fait pour souffrir presque au pair, quand ce n'est plus, de ses difficultés et de ses peines, que pour jouir de ses douceurs les plus réelles . . .

Et l'« *âge mûr* », qui va se fondre dans l'« *automne humain* » de la *cinquantaine,* a encore, devant lui, les belles et importantes années qui terminent cette respectable et salutaire saison de la vie, jusqu'à la fin de la *cinquante-cinquième* année, pour l'homme et pour la femme.

L.' « *automne* » ne produit plus. Il prépare, seulement, la nature entière au repos de l'hiver ; en la berçant du souvenir.. de toutes les splendeurs de l'été, qu'il étale devant ses yeux satisfaits et ravis, — en les faisant lentement passer au travers de *son voile de vieil or*, aux fins reflets enchanteurs...

C'est pourquoi, l'homme s'arrête dans ses impulsions les plus vives, pour méditer sur ce qu'il a fait et ce qui lui reste à faire ; et que la femme cesse d'être alerte et féconde... Tous deux ont changé de saison, et le grade qu'ils viennent d'atteindre ne leur permet plus de payer, à l'humanité, la redevance du sang, que jusqu'alors elle les avait chargés de fournir.

Et cette promotion est un bénéfice réel, *juste, nécessaire et béni*.

. . . .

Bref, la fin de la *cinquante-cinquième* année arrive et augmente la transformation des deux sexes de la race humaine ; en les rendant encore un peu plus enclins au calme, à la régularité et à la douceur bienveillante des affections, des relations, des occupations et des habitudes.

Ils savent et sont convaincus, désormais, que « *chi va piano va sano* », et ils s'appliquent à mettre ce proverbe en pratique, autant qu'ils le peuvent, dans leur vie de chaque jour. Ce qui leur reste de jeunesse communicative et active, à ce degré déjà considérable, se dégage, surtout, de leur cœur ; et.. *ce banquier fidèle de leur tout*, — s'il n'est devenu, ni *usurier*, ni *avare*, — leur prête aussi, chaque fois volontiers, les sommes raisonnables qu'ils lui empruntent, quand ils sont suffisamment libres d'*hypothèques morales et vitales*. . . . .

« *Automne de la vie* », je te salue, je t'admire et je te

respecte, parce que, — dans ces données, . . tu es encore rempli de charme, de beauté et d'intérêts de tous les genres, dans tes trésors multiples ! . .

Tu es le *vétéran ferme et toujours solide,* des trois premières campagnes de la vie terrestre active ; et, après les avoir traversées d'un bout à l'autre, au milieu des dangers sans nombre qui menaçaient l'existence de ton être, tu es resté debout et tu attends avec confiance, — *comme le brave que tu persistes à te montrer,* — ton incorporation prochaine, dans la noble et vénérable milice des cheveux blancs ! . . .

Rompu aux marches et aux contremarches, aux assauts, aux triomphes et aux échecs de la vie sur Terre, tu avances, martialement, vers les nouvelles armes qui vont bientôt t'être remises ; et c'est avec la *sagesse,* la *prévoyance,* la *douceur persuasive* et la *grande modération,* un peu en tout, qu'à l'avenir — tu continueras à marcher en avant, le plus possible, et à combattre de toutes tes forces restées disponibles — le bon combat ! . . .

Oui, plus que jamais, tu sens le besoin d'être bienveillant et serviable envers tous ; de donner *un conseil expérimenté,* ou de tendre *une main secourable,* aux nouvelles recrues de ce monde ; — à ceux, qui débutent dans la vie fragile, si mystérieuse et incertaine, si compliquée et difficile souvent ; . . même pour les plus heureux et les mieux doués ! . . . .

Ô vous, les humains, qui formez les légions de l' « automne de la vie », j'aime à vous voir passer, — avec le port assuré et souvent majestueux, qui vous caractérise ; votre regard profond et éclairé, d'où jaillit la lumière de toute une longue expérience, et le gage d'un acheminement raisonné ; — affranchis des anciennes faiblesses du jeune âge, . . vers les années, qui vous attirent ! . . .

Hommes et femmes, vous êtes beaux, ainsi, et vos êtres

sont revêtus d'une élégance sérieuse et posée, qui vous gagne la sympathique admiration et l'estime affectueuse de vos contemporains; autant de vos cadets que de vos aînés. Ce n'est que justice — car vos charmes naturels sont *mérités*.

Bienheureux donc vous, les époux, qui pouvez passer ensemble les années sereines et radieuses de cette *si belle cinquantaine, fraîche, sonnante et forte;* et qui, unis toujours plus l'un à l'autre, pouvez aussi, — *bras dessus, bras dessous,* — franchir triomphalement, la voûte fleurie et ornée de la dernière station officielle de votre *automne terrestre;* celle, qui se trouve à l'extrême limite de votre *cinquante-cinquième* année et.. une de celles qui vous honorent le plus!..

Or, soyez-en sûrs, tous, plus ou moins, s'inclinent forcément devant vous, parce que, — les jeunes *ignorent*.. s'ils arriveront à votre âge glorieux, dans vos mêmes conditions enviables surtout;.. beaucoup de vieux *regrettent,* ces dernières belles années de leur vie militante et active, dans tous les domaines;.. et les autres, se plaisent à vous *contempler* et à vous *accompagner* de leurs vœux!....

. . . .

Mais, hélas, tous n'ont pas ici-bas le bonheur de trouver une *compagne,* ou un *compagnon,* vraiment qualifiés, de ce nom béni et doux aux cœurs affectueux!... Il en est un nombre désolant, qui sont assortis — comme *brebis et loup, ange et démon*. Dans ces unions contraires, si l'« *automne de la vie* » diminue la violence des aigreurs, des amertumes et des chocs, il ne suffit pas à redonner le bonheur perdu, ni à reverdir les feuilles désséchées de l'amour; mortes à jamais et déjà, peut-être même de longue date, éparpillées à tous les vents!....

Il *apaise,* généralement, dans ces cas malheureux qui, le plus souvent, semblent marqués du sceau implacable de la fatalité rude et cruelle. Il *calme* les anciennes récriminations, toujours plus disposées à réapparaître qu'à s'éloigner définitivement. Dans tous les cas, il tend à *adoucir* les différents rapports, à faire *prendre le temps en patience* et, enfin, à *espérer des jours meilleurs* pour oublier les griefs réciproques; comme à se *consoler,* en partie, .. dans la probabilité des repos à venir....

D'autres, n'ont jamais été ni bien, ni mal assortis. Ils se sont développés comme tous les humains; mais, ... ils sont restés *seuls.*

Leur *jeunesse,* leur *âge mûr,* et leur *cinquantaine* avec la cinquante-cinquième et dernière année marquée de leur « *automne humain* », ont tour à tour sonné, les laissant *isolés* — au milieu de la foule des « *unis* », des « *deux à deux* » de l'union conjugale, naturellement voulue; — par l'incomplet, forcé, d'une seule des moitiés du genre humain et les besoins communs aux deux.

On dit que ces *isolés* sont parfois très heureux, à cause, précisément, de l'absence des liens qui attachent les autres; et que leur liberté, à cet égard, est pour eux une source de jouissances plus faciles à renouveler, partant, plus à l'abri des contraintes et des devoirs de la captivité du mariage légal......

Eh bien, en apparence, peut-être; en fin de compte, je n'en crois rien!... Ils me font plutôt l'effet de malheureux voyageurs qui, — *voulant traverser un immense désert, sans escorte protectrice,* — s'avancent peu à peu dans sa solitude, d'abord, avec la satisfaction fraîchement forte et indépendante des premiers jours; puis, avec les ennuis, les dangers et les fatigues délabrantes des semaines d'après; et enfin, lassés des illusions, sans cesse décevantes et du vide trop longtemps souffert, durant leur téméraire entreprise, reconnaissent — *qu'ils se sont trompés de direction !* . . .

Ils tournent et retournent constamment, sur place, perdant, de plus en plus, leurs dernières forces et moyens d'existence. Alors, définitivement égarés, par le fait — qu'il leur est impossible de retourner à leur point de départ et de prolonger davantage leur lutte inutile, — ils s'abattent, misérablement et sans secours, au milieu des douleurs et des regrets ; . . du désespoir, qui les dessèche et du sable brûlant, qui les ensevelit à jamais ! . . . .

Oh oui, malheureusement, il y a des situations particulières, comme de *très graves maladies,* ou *accidents,* qui sont autant d'obstacles sérieux au mariage terrestre. Mais, à part ces martyrs involontaires et navrants, combien sont à plaindre aussi ceux qui, — par l'*erreur d'une vocation* mal comprise, d'un *calcul faux,* d'un *égoïsme trivial* ou d'un *sot amour-propre,* — deviennent, toujours plus, les victimes de l'abandon des chauds et purs trésors de l'affection *dévouée, réciproque et incomparable,* qui ne se trouvent jamais entièrement, que dans les joies, les devoirs, les consolations et les douceurs sans nombre, du mariage terrestre normal ! . . .

Frères et sœurs, . . plaignons, de tout notre cœur, et cherchons à améliorer, de notre mieux, le triste sort des *solitaires* d'ici-bas ! . . . .

Chapitre VI.

LA VIEILLESSE.

Nous voici arrivés, cette fois, au commencement de la *cinquante-sixième* année, c'est-à-dire à l'approche et aux prémices de l' « *hiver humain* »; de celui, qui est la dernière *saison sanguine* de la vie terrestre, et qui cherche à se faire annoncer par des signes avant-coureurs réels, absolument dignes d'attention et de foi.

Déjà, la *chaleur* du sang, la *vivacité* des mouvements, le *va et vient* continuel des pensées et des désirs, ont *modéré* leur débit; et un calme, relativement grand, est venu prendre les rênes gouvernatives de la nouvelle *transformation* des deux époux. Cette dernière, encore peu visible, au premier coup d'œil, est, cependant, très sensible, en réalité et dans la plupart des cas. Mais, si, par exception, ses caractères extérieurs n'attirent pas encore les regards observateurs, ils iront, avant peu d'années, toujours plus s'accentuant.

Non seulement, les *cheveux* et la *barbe* de l'homme, situés au sommet exposé de son individu, ont généralement reçu, à cette époque, la visite des premiers et menus *flocons de neige,* ce qui fait pâlir leur couleur particulière et intense d'autrefois; et, le plus souvent, ils sont devenus assez *rares* et *clairs-semés,* sur la rotondité supérieure du crâne, comme quelque peu, aussi, sur les surfaces occupées par les attributs naturels de sa virilité.

Beaucoup d'autres, ont perdu la *bonne chevelure* qui abritait le siège permanent de leurs pensées, avec le laboratoire de toutes leurs décisions; ce qui les montre —*chauves* par le haut et seulement entourés d'une *couronne* de cheveux circulaire, — à laquelle vient se joindre, ou non, le *cadre* d'une barbe plus ou moins fournie et coquette, ou de ses terrains habituels, assez épuisés et rasés.

L'*embonpoint,* s'il y en a, a peu à peu tout envahi, commençant par la ronde proéminence du ventre, qui tend à se présenter en « *œuf de Pâques* » agrandi. Puis, par les jambes et bras *alourdis;*.. le dos, la poitrine, le cou, les joues, le menton et sa base, plus ou moins *rebondissants;* qui, tous, témoignent de l'invasion progressive de la graisse,.. de ses conséquences présentes et de celles à prévoir, dans l'avenir probable ainsi commencé..

A défaut du caractère spécial de l' « *engraissement* », produit par le fait des années, il peut y avoir celui de l' « *amaigrissement* », gagné par la même cause inévitable.

C'est, alors, la peau encore plus *épaissie* et sillonnée.. de *rides* et de *plis,* qui divisent brusquement les muscles et les traits; — donnant l'impression d'un cuir tanné de longue date et *rompu de mille façons diverses,* par un usage ancien, journellement prolongé et soigneusement entretenu..

C'est, surtout, la beauté du squelette garni, — plus ou moins dégagé des masses lourdes et charnues qui cherchaient à le dominer, — dans toute son élégance suprêmement divine et terrestre, tout à la fois; apparaissant, comme le *dernier mot* sérieux et matériel de la *machine humaine* si compliquée, et qu'un esprit, mûri par une longue expérience, actionne toujours...

Entre les deux, c'est le type heureusement *équilibré,* beaucoup moins fréquent que les deux premiers; mais, participant à l'un et à l'autre, dans la *juste mesure,* en ce qui les distingue le plus normalement, chacun dans son genre.

Ce *milieu* des deux extrêmes charnels, est, un peu,

comme ces belles pêches longtemps conservées, lesquelles, toujours assez fermes et rondes en chair, sont restées appétissantes et doucereusement veloutées, malgré leurs rides vaillamment dissimulées, leurs couleurs un peu ternies, sous la patine transparente qu'y laisse — l'*effet alternatif de l'air, du soleil et du temps;* — en dépit de leur ancien *parfum* de jeunesse et d'âge mûr, en grande partie évaporé !

Il est, en quelque sorte, l'idéal d'un *beau commencement* de vieillesse, ce type privilégié ; peut-être, la preuve d'une longue suite de sagesse et de modération, dans les trois saisons déjà parcourues ; mais, à coup sûr, celle d'une fibre résistante et qui promet pour la suite.

A tout prendre, ce que je viens de dire concernant la pêche, peut, directement, s'appliquer à la femme, — en vertu de l'analogie féminine du sexe et de la rondeur spéciale des formes, en général ; — parce que, si j'ouvre un dictionnaire usuel, un *Larousse,* par exemple, j'y trouve l'explication suivante : « *Pêche,* n. f. (lat. pesca), *gros fruit à noyau* »..

Et la femme est certainement, un *fruit* de la Création divine, gros d'importance à tous les points de vue, dont le noyau est formé par un cœur, incomparablement fait pour aimer ;.. malgré la dureté *circonstantielle* qu'il peut acquérir, parfois...

Tandis que l'homme, en vertu des mêmes analogies, se pourra trouver portraicturé dans le même ouvrage, au mot : « *Abricot,* n. m., *fruit de l'abricotier* » ; c'est-à-dire, de l'arbre qui produit ce fruit. Il est assez bien représenté, par l'idée plus mâle et égoïste, que nous nous en faisons ; d'autant mieux, que le *Larousse* consulté, ne fait pas même mention du noyau, qui lui sert de cœur. Probablement, il ne l'en a pas trouvé assez digne ; ou peut-être, encore,.. au moment de définir son opinion personnelle et la mettre d'accord, avec toutes celles déjà formulées à ce sujet, est-il resté perplexe, se bornant à mettre en pratique le proverbe connu : « *Dans le doute, abstiens-toi* » . . . .

Bref, ce sont là jeux de mots — qui ne rajeunissent rien et font encore moins vieillir, — puisqu'ils tendent, plutôt, à *dérider* la morosité des idées qui nous inquiètent et nous chagrinent, dans nos moments de tristesses et de regrets involontaires, mais obligés .

En effet, notre vie entière, est également comparable à *un livre bon* ou *mauvais,* plus ou moins volumineux, ou restreint ; duquel, les chapitres rares, ou nombreux, représentent nos années limitées, ou multipliées ; et les pages, nos jours, en chaque cas, strictement comptés . . .

Dans ces données, toute page lue est une page vécue ; et toutes les pages vécues conduisent, l'une après l'autre, — *fatalement, on peut le dire,* — vers la fin ; qui exprime, d'abord, l'épuisement des dernières pages à lire, soit — la *vieillesse.* Puis, après, la *mort mystérieuse,* par la cessation brusque des pages, et l'apparition du *vide,* — qui se montre à nos sens matériels, dans tout le néant de nos invocations plastiques ! . . .

Oui, nous sommes *tristes,* malgré nous, — *dans bien des époques pénibles,* — et l'on peut même dire que la *tristesse* s'impose à nos âmes, . . comme une *obsession continuelle,* . . que le vent seul de notre activité, s'occupe d'interrompre ; en ramenant, sans cesse aussi, sur elles, les *voiles brillants* de toutes nos illusions particulières . . .

Et, notre vie durant, nous devons *marcher ainsi,* dans l'ombre *froidement ténébreuse* d'une vaste forêt interminable ; plus ou moins *perdus,* dans le dédale inextricable de ses arbres sans nombre ; n'ayant que les *éclaircies lumineuses* de la clarté très inégale du ciel, dans les branchages élevés, — pour nous y *guider;* avec celles, beaucoup plus chaudes, infiniment petites et dorées, du soleil, — qui nous *réchauffent* et nous *égayent,* — en tremblotant, elles-mêmes, ... sur les parvis de son terrain humide, embroussaillé de toutes les ronces, herbes, plantes, fleurs et épines réunies ! ....

Donc, chaque jour *vécu,* c'est-à-dire chaque page *lue,* chaque pas en avant dans le *bien,* ou le *mal,* ou, comme souvent, dans les *deux* à la fois, — est un fragment de la mort finale, par laquelle nous sommes tous graduellement conquis ; sans aucun espoir de retour en arrière . Et le *Temps,* ce vieillard précis autant qu'inexorable, surveille toutes ses conquêtes — *sans en oublier une;* — tel un gardien farouche qui, sous le nom de berger, force les brebis et autres animaux confiés à sa vigilance, à marcher l'étape convenue pour passer, — *l'un après l'autre,* — sous le coup brisant de sa houlette cruelle ....

Oui, sans y songer davantage, nous le savons ; parce que nous le sentons *inconsciemment;* en dépit des efforts variés et parfois extravagants, que nous faisons pour nous y tromper, tâchant de l'oublier : *Ce qui était hier, n'est plus aujourd'hui, et ce que nous voyons et sentons aujourd'hui, sera déjà autrement demain!* ....

Ces biens divers qui, avec l'être et la vie, nous sont *temporairement* accordés, nous voudrions pouvoir les retenir et les posséder *toujours;* n'en perdre *aucun* et en acquérir encore *beaucoup d'autres,* de plus en plus *raffinés et nombreux!* .. Mais, hélas, nos plus grands efforts à mieux les attacher, de force, à nos destinées *passagères et fuyantes,* ne servent, — *au fond de la lutte,* — qu'à plus violemment les faire *glisser* et *s'échapper* de nos doigts nerveux, enfiévrés et déçus .

Les biens de ce monde trompeur, qui nous éblouissent de leurs mirages, aux séductions imaginables et inimaginables, ne se laissent guère appréhender par nos convoitises

— qu'à la façon des *poissons* que nous tâchons de sortir de l'eau, avec nos mains :

L'attente et la difficulté, souvent si longues, en sont le *principal attrait,* par la vertu de l'imagination, qui nous fait considérer — *d'avance et sans cesse,* — nos désirs et leur importance effective, ou supposée, comme autant de réalités échues. Puis, quand, par une suite de dispositions prises, de mouvements étudiés, ou de circonstances imprévues et accidentelles, nous réussissons à nous emparer de l'un, ou de l'autre, des petits nageurs *argentés* ou *dorés,* il glisse rapidement entre nos doigts crispés ; comme un savon arrondi et mouillé, . . pour retomber dans l'onde qui le protège, — en nous narguant . . . Et, pour nous consoler de cette décevante et ironique aventure, il ne nous en reste guère — que l'odeur provocatrice avec . . la tentation fatigante de recommencer . . . .

Or, nous regrettons toutes les occasions avantageuses ; les *réussies* comme les *manquées :* Les réussies — parce qu'elles sont passées depuis plus ou moins de temps ; et les manquées — parce qu'elles n'ont pas réussi et que, quand nous avons dépassé l'âge de leurs possibilités sympathiques et légitimement probables, — nous avons l'amertume de constater . . qu'elles ne se représenteront plus, dans le peu incertain qui nous reste à vivre ! . . . .

Ô les *désirs* et les *regrets,* . . ces *sangsues de notre tranquillité et de notre bonheur, ici-bas,* on peut supposer, qu'ils nous amènent sur la Terre de nos sens et être assurés qu'ils nous en éloignent — avec la même continuelle activité dévorante, — du commencement à la fin ! . . .

Heureux, seuls, ceux qui se contentent *du peu qu'ils possèdent* et n'ambitionnent jamais au delà de *ce qu'ils ont,* car leurs jours s'écoulent paisiblement, dans un calme relatif doucement régulier ; qui constitue cet état d'âme intérieur, tout d'apaisement et de satisfaction intime : — Fleur simple et modeste, mais naturelle, — de la plante, excessivement rare, portant le nom de « *bonheur* ».

Seulement, dès que les herbes parasites appartenant à la famille du « *désir* », ou à celle du « *regret* », s'approchent de son terrain, celui-ci en est empoisonné plus ou moins gravement, mais *instantanément*. Si, alors, elle ne dépérit pas d'une manière inquiétante, elle en reste dans un tel état de maladie cachectique, que, seul aussi, l'*arrachement préservateur*, par un des nombreux jardiniers de l'expérience, peut la guérir radicalement ; .. pourvu, toutefois, qu'il aie la chance d'arriver en temps opportun ! ...

Mais, pardon ! . je m'oublie à parler fleurs, plantes et jardinage, tandis que déjà nous sommes entrés dans l' « *hiver humain* », et que les microscopiques diamants du froid de la vie, scintillent sur les premiers et menus flocons de neige tombés ! ..

Revenons-en donc à nos deux époux, étrennant leur *cinquante-sixième année*, encore pleins de forces, de vie, de beauté majestueuse, de fraîcheur sainement brunie, d'envie de bien employer les années à venir ; et plus ou moins atteints par *le poudrage de ce riz, — parfumé ou non*, — que le temps, s'est chargé de préparer à leur intention, le téméraire, sans leur demander conseil . . . .

Ils sont là, tous deux, remplis peut-être de beaucoup de longues promesses de vie active, pondérée, suffisamment efficace à pouvoir, — s'ils ont avec eux la *reine* des richesses matérielles : la *santé*, — goûter toutes sortes d'heureuses satisfactions .

Ils savent, parfaitement, qu'ils ne sont plus jeunes et, s'ils le regrettent, — pour certaines attributions spéciales, à jamais envolées, — ce n'est pas pour l'ensemble des satisfactions et jouissances qu'ils convoitent, plus ou moins raisonnablement, dans les déroulements futurs et inconnus de l'avenir à vivre, sur cette Terre.

Ainsi, *beaucoup* des vives et si chères émotions de leur *enfance* et de leur *jeunesse, ils ne voudraient plus les revivre*. Leur grande et assez sûre expérience, à ce sujet, les a amenés à faire des comparaisons démontrant, à leurs yeux — la *petite partie de bénéfice vrai* et la *trop large part de fatigues vaines, et d'apparences mensongères,* qui les composaient.

Les « *projets irréfléchis* », les « *coups de tête* », les « *liaisons passionnées* », les « *gros lots* » rêvés, les « *mines d'or du Pérou* » et les « *châteaux en Espagne* », entre autres, ont considérablement perdu de leur valeur, au contrôle sceptique et permanent de leur critérium, désabusé de ses plus fortes naïvetés.

Et plus ils ont mis d'énergie, de volonté et d'ardeur, dans leur *jeune temps* et surtout leur *âge mûr*, à suivre le courant emporté des ambitions de tous les genres; plus, aujourd'hui, ils se sentent disposés à remonter et à s'établir, définitivement, sur le terrain solide et stable de la *raison*, de la *sagesse*, du *nécessaire*, du *bon sens*, du *devoir* et du *possible*, seulement.

Oh, sans doute, dans les grandes occasions et beaucoup de circonstances les touchant de près, ils éprouvent les *réminiscences* provoquées d'anciennes *vivacités* et *passions* invétérées. Mais, si, dans la chaleur du moment elles brillent parfois comme un éclair menaçant, elles ne durent jamais en feu soutenu; et le poids de l'âge reprend toujours après, ses droits, plus ou moins exposés à la *faillite tardive*, par cela aussi — encore retardée.

Et il est heureux qu'il en soit ainsi, — *heureux à tous les points de vue;* — parce que l'être humain, mâle ou femelle, qui, jusqu'alors, n'a fait que se dépenser plus ou moins en ce qu'il a pu, a l'extrême besoin de s'économiser, désormais, et de se reposer de toutes ses fatigues passées.

Après la tourmente de l'ouragan, ou de la tempête, le calme renaît, infailliblement ; et c'est pourquoi — « *ceux qui ont trop couru s'arrêtent* » et que « *les diables et diablesses, devenus vieux, se font ermites* », le plus naturellement du monde, souvent; c'est-à-dire — par la seule force des choses !....

C'est généralement, dans ces *dispositions respectables et mûries de longue date,* que la *soixantième année* arrive, gratifiée d'un peu plus de neige, . ou de beaucoup de neige dans les cheveux, la barbe ; et d'une accentuation plus marquée des *rides,* déjà existantes.

Malheureusement, c'est aussi le moment où le cortège des *infirmités de l'âge* commence à se former, dans le but de se *familiariser* peu à peu avec celui, ou celle, qu'il lui est dorénavant ordonné d'*accompagner,*.. pour le reste du chemin à parcourir sur la Terre...

Les forces *principales* ont été diminuées, dans les trésors intimes, ou réservoirs, de l'*économie individuelle,* durant les récentes dernières années. C'est ce qui explique, que les cheveux qui restent sont devenus plus *blanchis,* ou entièrement *blancs;* que la barbe des hommes les a *imités,* dans ce changement de couleur; que les crânes se sont *dénudés* plus largement; que les yeux, voyent *moins* distinctement; que les oreilles, sont plus *paresseuses* et *dures;* les dents, plus *jaunies, calcinées, usées, cassées, branlantes,* ou *disparues!*... Les bras et jambes, *encore plus pesants et moins souples;* .. la voix, *moins ferme;* .. les idées, *moins impressionnables;* le cœur, plus *endurci* aux choses de la vie; .. les digestions, *moins complaisantes;* les organes, petits et grands, *plus rebelles* aux services journellement demandés; .. les systèmes musculaire, fibreux et nerveux, *plus affaissés* et *déprimés;*... les veines, plus *saillantes,* dans leurs réseaux aux formes tressées et heurtées; comme aussi, les mains plus *tremblantes* et la démarche *plus lente et moins sûre!*....

Puis, les maladies anciennes *s'aggravent,* aux changements de température, d'habitudes et d'occupations. Les faiblesses les plus diverses *augmentent,* dans les principales occasions où elles sont loin d'être invitées; et c'est ainsi, — qu'inconvénients particuliers, douleurs et rhumatismes, entre autres, avec les inquiétudes naturelles sur l'état de santé, qu'on pourra encore se ménager, — prennent, en *maîtres,* les places mal défendues, ou menacées d'*abandons partiels* des forces et ressources d'autrefois....

A part un nombre de privilégiés, — relativement assez restreint, — chacun, à cet âge d'importance, est déjà, le plus souvent, armé de *lunettes,* de *bâtons,* ou *cannes solides*. Puis, cherche à se garantir du soleil par des chapeaux à *larges bords,* des *ombrelles,* des « *voilettes sérieuses* »; et du froid, par des sous-vêtements et vêtements *amples et épais,* qui protègent *consciencieusement* et *très chaudement,*.. un peu contre toutes les probabilités raisonnées, — en dépit des exigences futiles de la mode : — comme de juste !..

C'est aussi, le règne voulu, et non dépourvu d'attractions sympathiques pour les intéressés, des « *tabatières* » les plus diverses, des « *pipes qui se respectent* », chez les hommes; des « *bonbonnières* », des petits « *dessus de tête à cache-oreilles* », chez les femmes; enfin, des « *plastrons de flanelle, ou peaux hygiéniques recommandées* », des larges et chaudes « *pantoufles fourrées montantes* », à l'usage des uns et des autres.

Dame, il faut se munir, se prémunir et se cuirasser, autant que possible, contre les attaques de l'âge et un peu toutes les complications atmosphériques, ou autres, qui peuvent surgir...

Et l'on s'arme de son mieux, dans cette lutte inégale et si souvent pénible, — *pour l'intégrité normale du corps et des sens*, — afin de défendre, — suivant ses connaissances et moyens disponibles, — *ce qui reste, de leurs économies avantageuses et splendeurs d'autrefois*. Et l'on a raison, puisque c'est, à la fois — un *besoin pressant*, une *nécessité inévitable*, et un *devoir* — à tous les points de vue !....

L'homme et la femme deviennent, alors, *calmés*, de cette indifférence spéciale, qui est un produit gradué et naturel de leur âge. A *soixante ans*, la sensibilité intellectuelle, morale, nerveuse et charnelle, a déjà été tant de millions de fois mise à contribution, qu'elle a perdu une grande partie de sa facilité à s'émouvoir, s'étant usée en une *très large mesure*, par le service journellement continué.

Le cœur y est toujours, mais la machine entière est fatiguée, lassée, et elle n'a plus la force *abondante et spontanée* des jeunes, pour développer ses sentiments et sensations, comme dans ses années vaillantes ;.. et elle est obligée de subir cette « *paralysie progressive et spéciale des ans accumulés* », qui l'accable malgré elle du poids de son fardeau, après tout — enviable.

Puis, ici encore, les années succèdent aux années et, sans autre changement que l'augmentation des faiblesses désignées et la diminution, y correspondant, de la force de résistance individuelle, on atteint peut-être *soixante-dix ans* ;.. âge avancé, sans contredit, — mais qu'un grand nombre portent, souvent, avec la même désinvolture remarquable que d'autres la soixantaine.

Cependant, si l'apparence est favorable à ces vieillards, encore verts, la réalité démontre, quotidiennement, qu'ils ne sont plus aptes, comme autrefois, à leurs anciens travaux, ni à la plupart de leurs occupations favorites ; tant s'en faut : — ce qui fait, qu'ils ne peuvent plus s'y donner qu'en *amateurs* plus ou moins *modérés,* ou hélas, mis à l'écart.

Et, même les natures d'élite ont, dans tous les domaines de l'activité humaine, — *droit à la retraite et au repos voulus par l'âge,* — comme il convient à l'homme et à la femme ayant, pendant si longtemps, dépensé leurs forces personnelles ; .. chacun suivant la route de son destin terrestre.

De *soixante-dix,* et, plus visiblement, sans contredit, de *quatre-vingts* à *quatre-vingt-dix ans,* les années s'écoulent dans la *caducité relative,* qui étreint peu à peu les vieillards des deux sexes, en toutes leurs conditions sociales particulières ; et, s'ils sont désormais couverts de la neige ou, au moins, du givre excessif que *l'hiver humain* leur impose, avec toute la rigueur de son froid glacial et déprimant, ils deviennent, — *d'autant plus vite,* — les victimes faciles de ses bourrasques et tourmentes entraînantes.

Les traits cassés, les muscles comme les chairs, plus ou moins défaits et privés du ressort de l'énergie du sang, ils vont leur petit bonhomme de chemin, bras dessus, bras dessous, *cahin-caha ;* agités généralement d'un certain *tremblement de faiblesse,* qui les force à s'appuyer sur leurs bâtons obligés, ou d'autres points d'appui, qu'ils savent pouvoir aider, efficacement, au maintien de leur équilibre vacillant.

Et leur principale occupation consiste, en ces années de *véritable vieillesse,* à satisfaire, aussi tranquillement et régulièrement que possible, tous les petits et indispensables besoins, auxquels ils se sont forcément et depuis si longtemps habitués.

C'est donc, aux mêmes heures et moments choisis, par la

nécessité ou leur libre arbitre, qu'ils prennent leurs *lents et légers repas,* qu'ils lisent leur *journal favori,* qu'ils font leurs *petites promenades ;* qu'ils se récréent l'esprit et le cœur au milieu de ceux des leurs, ou des familiers, qui les entourent de leur respect, de leurs prévenances et de leurs soins ; et, qu'enfin, — ils savourent leurs *petits sommeils de jour* et leurs *repos prolongés la nuit* . . . .

Leurs pensées sont, aussi, complètement *transformées,* et c'est ici le cas de dire — qu' : « *ils adorent ce qu'ils ont brûlé autrefois, et qu'ils brûlent, sans le vouloir, ou le voulant, ce qu'ils adoraient jadis* » ! . . Ils ont, depuis longtemps déjà, la conviction profonde qu' « *il y a un temps pour jeter les pierres et un temps pour les ramasser* » *;* et, après en avoir tant jeté contre les autres, leur vie active durant, ils ramassent, avec plus ou moins de découragement et de triste résignation, celles que leur propre conscience leur jette incessamment, — pour les mieux préparer au dégoût et au *détachement voulu,* des choses grossières d'ici-bas . .

Sans illusions sur elles, désormais, leur tête, si longtemps portée *droite, mobile et fière,* s'incline continuellement aujourd'hui, vers le sol d'où ils sont sortis et dans lequel, bientôt peut-être, ils vont rentrer — pour y dormir le dernier sommeil et s'y dépouiller, — *une fois pour toutes,* — de la fatigante, dangereuse et lourde enveloppe terrestre usée ! . . . .

Et quand, vers le ciel resplendissant leurs regards fatigués s'élèvent, c'est, bien des fois, moins pour le contempler et l'admirer que pour l'interroger, — dans ses vues sur eux et l'avenir qu'il leur réserve. L'au delà — *qui s'approche avec la patrie nouvelle,* — leur inspire de l'inquiétude ; car ils se sentent, d'un jour à l'autre, toujours un peu plus poussés vers la porte *sombre et mystérieuse,* . . qu'ils savent devoir franchir, sans grand délai ! . . . . . .

Dès la vieillesse commencée, on peut dire, d'une manière générale, que l'être humain se sent, peu à peu préparé, à faire un retour forcé sur lui-même, et à se juger. Ne pouvant plus aller *en avant,* par le chemin de la même vie des jours de la force et de l'énergie, il retourne *en arrière,* par le sentier de la faiblesse et du repos ; celui qui mène à la *réflexion,* à la *méditation,* au *repentir* et aux *regrets*...

Et, le plus souvent, après avoir employé la majeure partie de ses forces et aptitudes, dans l'accomplissement, presque inévitable, d'un nombre immense *de fautes et de manquements,* en beaucoup de choses relatives à sa personnalité, quelle qu'elle soit ; il passe, plus ou moins volontairement, ou involontairement, le temps de son repos obligé à les regretter, très amèrement et, désespérément parfois...

Il est *fatigué* et *archi fatigué* de la vie, dont les mauvais côtés ont laissé — *en son cœur comme en son esprit, sans parler de son corps,* — des traces pénibles, cruelles et inoubliables ; et il ne voudrait plus repasser *par les mêmes épreuves,* non. Mais, presque toujours, il aimerait à pouvoir *recommencer sa carrière,* en en évitant les *lacunes* et les *écueils!*..

Au fond, ce désir légitime est des plus naturels, car il est le sentiment pénible du *reproche de l'esprit, de la conscience et de la raison ;* qui condamnent le *mauvais emploi* des heures précieuses de la vie ; en bien des circonstances, trop longtemps gaspillées, au milieu d'un tas d'erreurs d'un peu tous les genres.

Cette impression douloureuse, du reste, est celle qui assaille de son amertume — tout ouvrier ayant fait *un travail de longue haleine,* dont plusieurs, ou beaucoup de parties ont été *défectueuses,* ou *manquées* complètement. Il a presque terminé son œuvre, mais les défauts qu'elle contient, — souvent examinés, dans l'*examen raisonné et mûri* de son for intérieur, — lui enlèvent la juste satisfaction qu'il en obtiendrait, dans de meilleures conditions. Et son chagrin en est d'autant plus vif, qu'il sait devoir le laisser, forcément, *tel quel*, — faute du temps et des moyens nécessaires à le refaire en entier !....

S'il arrive à *quatre-vingt-dix ans*, il peut être considéré comme une des *vigoureuses exceptions vitales* que notre siècle fiévreux, — tout de *vapeur* et d'*électricité*, — voit encore surgir ci et là. Il est possible qu'il atteigne, aussi, une plus haute limite de l'extrême vieillesse, par exemple, *quatre-vingt-quinze* ou *quatre-vingt-seize ans*, ce qui est un bien grand privilège, sous le rapport de la longévité et de la longanimité vitales terrestres.

Mais, si, par extraordinaire, il dépasse ces limites avancées pour achever ses *cent ans* d'existence, et même *quelques années de plus,* sur cette Terre de toutes les exceptions, et d'un nombre égal de bénédictions et de malédictions,.. il sort des limites de l'extrême vieillesse, proprement dite, pour entrer dans la *décrépitude* de tout ce qui l'anime, matériellement....

Son *hiver* touche à sa fin complète, par le *dégel* de toutes les parties *rigidement enlacées* et retenues qui le faisaient, il y a peu encore, se maintenir, relativement, presque assez intact ; et son *ensemble* avec ses *détails* se dépriment de plus en plus, malgré les soins minutieux et incessants dont il est l'objet.

Alors, un dernier jour vient, où, comme « *une lampe usée qui a aussi épuisé sa dernière goutte d'huile* », il s'éteint, au milieu de la vénération et du recueillement de tous ; car, par sa mort — *si considérablement retardée sur le commun des autres mortels,* — il est devenu un *phénomène mondial,* dont les journaux de son pays parlent avec admiration et orgueil, et ceux des autres pays signalent la longue existence, avec un étonnement à la fois admiratif et jaloux, des plus compréhensibles....

L'être humain a *vécu* sur la Terre. Il y a joué le *rôle* auquel il était destiné pour une existence, et l'heure inexorable de son départ, *toujours mystérieux,* ayant sonné, il n'a plus qu'à s'en éloigner,.. pour commencer, après un repos suffisant, sur *elle* ou *ailleurs,* la nouvelle existence qui l'attend dans l'univers !

Il rentre dans l'espace comme il en est venu, — *esprit;* — et il n'emporte avec lui, que les fruits *moraux* et *intellectuels* de ses expériences personnelles ; car la Terre lui reprend définitivement, en cette occasion, ce qu'elle lui avait prêté, — la *matière!*....

Chapitre VII.

LES ÉPINES.

I. — NAISSANCE..

« *Il n'y a pas de roses sans épines* », dit un proverbe éminemment juste ; et, si les roses de notre vie peuvent être parfois nombreuses, les épines qui la savent aussi déchirer de mille façons, sont innombrables.

Tout, dans la vie, nous *menace* et tend à nous *entraîner* vers *le malheur;* si nous ne réagissons, chaque fois avec assez d'énergie, pour nous défendre et nous mettre, — *dans la mesure du possible,* — à l'abri des dangers qui fondent sur nous et des abîmes qui s'ouvrent sous nos pas.

C'est pourquoi, en voulant essayer de décrire la *marche générale de la vie,* il est impossible de ne point mentionner celles de ses pointes aiguës — qui nous *piquent* et nous *blessent* de leurs *aiguillons cruels,* — le plus souvent et dans la plupart des cas, sur la surface entière de notre globle :

D'abord, pour le plus grand nombre, le fait même de naître sur la *Terre,* c'est-à-dire — sur une planète où le *mal* puissant *règne en permanence,* — constitue une *épine* initiale des plus formidables.

Après l'acte accompli de cette venue en notre monde, il se présente, encore, la question importante du *milieu spécial* où il nous est ordonné d'ouvrir les yeux et, s'il est malheureux, d'y souffrir les si différents martyres qui sont imposés — à tous les êtres humains qui n'ont pour bagage intime, que des *malheurs* et des *tristesses,* — comme provisions de route...

Et ceux-là sont les plus nombreux, qui ne sont placés, ici-bas, que pour *souffrir, craindre et gémir ;*... à cause du sort *misérable, terrible,* ou *repoussant,* qui est leur lot individuel !....

La liste de toutes les souffrances à énumérer est tellement longue et variée, qu'il ne faut pas songer à la dresser avec ordre, ni, encore moins, à essayer de la présenter complète ; car hélas, elle est infinie et, par conséquent, elle dépasse en tout, et prodigieusement, l'imagination la plus pessimistement fertile...

Ceux même, qui naissent avec tout le cortège inégal des conditions et situations formant ce que, relativement, nous nous accordons à appeler *bonheur, paix* et *prospérité,* ne sont pas épargnés dans la distribution des « *épines de rigueur* » ;... que force leur est d'accepter — bon gré, mal gré.

II. — MAILLOT.

En ce qui nous concerne, nous, Européens, délicats d'entre les délicats, partant, plus aptes à sentir nos différents maux, avec nos plaies petites et grandes, ne nous *emmaillote-t-on pas,* en nous sanglant — *dès nos premiers jours,* — à peu près de la même façon dont, je le répète, on serre, on arrondit et on ficelle,.. dur et ferme,.. *certains cervelas* et les *saucissons de Bologne?*...

Pourquoi?.. oh, pourquoi!.. Parce que, sous prétexte de soutenir l'extrême faiblesse des nouveaux-nés, on s'applique — à les *paralyser* et à les *étrangler* des pieds à la tête, avec *conviction* et, surtout, le plus *solidement* possible ; — sans penser, cela va sans dire, que les pauvres créatures, *petites et frêles,* souffrent, ainsi, le martyre et se déforment peu à peu !...

Ceci est pour la régularité de l'ensemble apparent. Ils satisfont, alors, les regards réjouis de leurs bourreaux inconscients, et tout est pour le mieux ; puisqu'ils sont entortillés dans la règle uniforme de la *compression des langes, des sarraus et de leurs bandes*...

Plus ou moins *serrées, froissées, comprimées et étouffées,* les petites « *momies en miniature* », on le comprend, ont d'autant plus besoin de dormir, qu'elles sont condamnées.. à la monotonie déprimante et inflexible de ce véritable *tuyau raide;* qui leur enlève, — avec la liberté des mouvements nécessaires, — la possibilité du *développement naturel* de leurs forces et souplesses à venir!.....

III. — BERCEAU.

Mais, le genre humain de nos pays n'est pas embarrassé pour si peu ; tant s'en faut. Aussi a-t-il adopté, presque unanimement, la sotte idée de les *secouer plus ou moins longuement, de travers,* soit de l'est à l'ouest de leurs petites personnalités en herbes, *des heures entières, au besoin !*...

On appelle cela, les *bercer;* ce qui sonne doucereusement à l'oreille, en invoquant un je ne sais quoi de poétique et de consolant, qui éveille, en nous, l'idée des soins maternels et attentifs d'un ange gardien expérimenté...

Mais, au fond, j'ai la conviction intime que cette cadence rythmée, *plus ou moins violente et brutale,* relativement, — comme c'est presque toujours le cas, — à son tour, nous berce d'*illusions,* à l'égard de ses prétendus bienfaits; et, qu'au contraire de ce que l'on croit, en général, elle trouble beaucoup les cervelles *si faibles, délicates et malléables,* de nos contemporains en bas âge. De sorte — qu'en réalité, — leurs entendements restent plus ou moins *confus et brouillés,* dans la suite; puis.. que de nombreuses maladies du cerveau, dues à ces faits, se développeront plus tard.

Le sommeil doit être, avant tout — un *repos,* — une presque *immobilité* de la structure matérielle; — et non le *va et vient continuel*.. de deux longues secousses alternatives. Et ce principe, *fondamental,* devra être maintenu dans la pratique quotidienne, — en dépit de toutes les théories et suppositions contraires; — lesquelles ne sont perpétuées, que grâce à l'extraordinaire force de résistance des préjugés populaires, d'un peu partout.

IV. — ALIMENTATION.

Après la méthode usuelle, qui préside à l'habillement et aux manœuvres destinés à protéger les bébés, contre l'air extérieur, et à les endormir, vient la manière de les nourrir: « *toutes les bonnes choses étant trois* », dit-on....

Eh bien, si un certain nombre de grandes personnes agissent avec bon sens et mesure savante, dans l'*alimentation* qu'elles donnent aux délicates petites créatures, visées ici, je suis loin de penser que la plus considérable partie des autres, savent s'en tirer avec intelligence, pour cette *autre pierre de base souterraine* de leur organisation présente et future.

A propos de ces dernières,.. qui n'a vu *engraisser des cochons* et *gaver des oies?*.. Un peu tout le monde, je pense.

C'est triste et écœurant;.. révoltant même!.... Et dire, que c'est de cette généreuse façon, que les tout jeunes rejetons de notre race sont généralement *remplis et bourrés;* au lieu d'être simplement *nourris,* d'après leurs véritables *besoins* et leurs petites forces de *digestion* et d'*assimilation!*....

Comment s'étonner, après de tels abus, — *criminels et homicides,* sans le vouloir et, de plus,.. *sans le savoir,* je l'accorde sans peine, — que tant de poupons et de petits enfants, meurent des indigestions *quotidiennement répétées,* qu'ils ont, ainsi, à endurer?...

Pauvres petits êtres, inconscients et innocents des dangers qu'ils courent,.. on leur présente le *sein,* le *biberon,* ou la *cuillerée de bouillie,* et ils sucent le *lait doux et sucré,* comme la *bouillie savoureuse,* qu'ils trouvent *délicieux,* — presque autant qu'on se plaît à les leur offrir, — un petit peu à la fois!..

Beaucoup meurent donc, victimes des trivialités barbares du *mode de voir et de penser* de ceux qui, voulant se mêler d'élever des enfants, devraient, cependant, être mieux éclairés sur ce qu'ils ont à faire au sujet — *de ce point d'appui,* — en quelque sorte l'*axe du développement* de leur santé et de leurs forces...

Les très nombreux qui continuent à vivre, après une *série interminable* de malaises, de moments critiques, d'indigestions multipliées, d'accidents et de conséquences s'y rattachant, prennent la déplorable et répugnante autant qu'imprudente habitude, un peu à tous les égards, de manger et de boire *énormément;* c'est-à-dire — beaucoup plus qu'ils n'en n'ont besoin...

Leur estomac et leurs intestins se dilatent, en dehors des mesures normales et nécessaires, souvent à l'excès; et ces malheureux iront, presque fatalement, ensuite, — *se remplissant toute leur vie durant,* — en croyant fermement, par-dessus le marché, que les quantités exagérées qu'ils engloutissent, chaque jour, sont indispensables à leur nutrition !

De plus, ces gros mangeurs et buveurs, par l'effet des mauvaises habitudes en cause, à eux inculquées dès l'âge tendre et sans y prendre garde, — du fait de ceux qui, au contraire, devraient les préserver d'un tel danger, — se préparent insensiblement — à la *matérialisation bestiale* des êtres grossiers.

Ils en retirent la *lourdeur d'esprit et de corps,* avec le *sensualisme égoïste* de la brute, qui accapare non seulement sa portion légitime, mais encore celle des autres, si elle le peut;.. et qui ne trouve des plaisirs et des enthousiasmes que dans les choses positives de la matière, en ses *vulgarités* ou ses *raffinements!*....

Pour une *épine,* c'en est une sérieuse; et il faut avouer que, — *par sa pesanteur même,* — elle peut arriver à jouer le rôle d'une véritable massue, écrasant de son poids continu, la plus belle et glorieuse part de leur spiritualité à espérer!..

V. — FAIBLESSE.

Mais continuons, ami lecteur, nous ne faisons que commencer l'examen de nos *épines* les plus communes, car je passe sous silence ceux qui ont le bonheur — *assez rare,* relativement aux deux premières catégories — d'y échapper partiellement, ou entièrement...

Dès que les tout petits enfants commencent à grandir un peu et à remuer souvent bras et jambes, on devine — *qu'ils cherchent à agir par eux-mêmes,* — et on tâche de leur venir en aide; ce qui est bien. Mais, si l'intention est louable, comment s'y prend-on, généralement?.. C'est ce que nous allons voir.

Les parents ou, à défaut, ceux qui les remplacent et s'en occupent, s'amusent presque toujours, avec les petits êtres si faibles qui leur sont confiés, — comme avec des *poupées articulées* ou des *marionnettes vivantes*. — Et, les uns et les autres, impatients de les voir enfin, marcher sur leurs petites jambes, les forcent journellement à s'en servir, à cet effet; même s'ils en sont encore incapables.

Or, le squelette de l'enfant et tout ce qui le compose, dans ses débuts sur notre Terre, étant en simple *formation commençante,* n'a pas eu le temps d'acquérir les forces voulues, ni de se former, en quoi que ce soit; et il advient, forcément aussi, dans les cas en question, que les pauvres *petites jambettes,* non assez résistantes pour supporter *impunément* un corps et une tête relativement gros, avec la collection des inexpériences et maladresses, non moins à considérer, *plient* sous l'accumulation de ces fardeaux, absolument disproportionnés....

Plus tard, c'est avec des regrets pleins d'amertume, qu'on observe parfois les cambrures outrées, en forme de *cercles de tonneau,* des jambes des pauvres petits,.. qui se traînent alors, péniblement, avec un mouvement de *tangage alternatif* de droite à gauche et de gauche à droite, qui serre le cœur...

Il est vrai, que la chirurgie moderne attache des éclisses de fer, ou de bois, pour servir de tuteurs, à ces petites jambes tordues, *pendant de longues années*.. Mais, il n'en n'est pas moins vrai encore, que le plus grand nombre de ces disgrâciées ne se redresseront jamais complètement; et qu'elles garderont, toute leur vie, le caractère plus ou moins étendu de cette difformité acquise.

Au lieu de s'adresser à la *torture imposée* des plaques de fer, ou de bois, qui compriment, désavantageusement aussi, les membres inférieurs, — par la manière solide avec laquelle on est obligé de les attacher, pour les rendre efficaces, — combien il serait préférable de recourir, préalablement, au *bon sens,* et *prévenir,* — par *un peu de patience intelligente et saine,* — de tels accidents maladroits, si faciles à éviter?..

En d'autres termes, pourquoi ne pas laisser à la nature le temps d'agir, mettant simplement l'enfant sur la surface *plane* d'un terrain, ou d'un plancher, garni de couvertures suffisamment épaisses, pour empêcher qu'il ne se blesse. Puis, en toute liberté, une fois déposé à terre, qu'il puisse *s'ébattre, se dégourdir et se fortifier à son aise,* jusqu'à ce qu'il ait acquis assez de force et d'énergie, pour pouvoir commencer le long et fatigant exercice de marcher?..

Alors seulement, il deviendra relativement facile d'arriver, — sans beaucoup de peine et aucun danger du genre de celui que je viens de désigner, — à le faire, peu à peu, s'habituer à se tenir debout et à s'essayer, — *de lui-même,* — à faire des pas en avant et en d'autres directions.

Il suffira de le soutenir, au moyen d'une *écharpe passée autour de la poitrine et sous les bras,* réunie en un faisceau, qu'on soulèvera plus ou moins derrière son dos, — suivant les besoins de son allure; ou en le tenant par un bras, à condition de changer de temps en temps, — l'encourageant amicalement de la voix et du geste, dans les deux cas. Et, à son heure, mais bien assez vite, — *il marchera avec la force et l'assurance nécessaires,* — sans risquer, comme autrement, de se tordre les jambes à jamais.

VI. — OBSESSION.

Une des *épines* les plus générales est celle qui consiste .. à tellement *assaillir de compliments,* d'*éloges,* de *flatteries,* de *caresses sans fin,* de *soins inutiles,* de *prévenances superflues,* de *questions et réponses répétées à satiété,* — à la façon des « *perroquets du genre humain* », — dans le but de développer l'intelligence .. et de plus vite délier la langue des tout petits, qu'ils en restent: *abasourdis, nerveux au suprême degré et insupportables d'exigences,* .. très souvent pour le restant de leurs jours.

Les pauvres *poupons,* victimes des obsessions excitantes et continuelles de leurs proches, n'ont absolument que les heures strictes de *leurs sommeils,* pour se reposer et se refaire un peu ; parce que, tout le reste du temps, ils sont obligés de servir de cible vivante, aux *feux croisés et concentrés des attentions* sans nombre, de ceux qui, habituellement, les entourent!...

Si, par malheur, *bébé* se recueille un instant, pour se reconnaître et réfléchir à ce qu'il voit, ou entend, vite on le charge de *baisers frénétiques* et on l'accable de *questions,* qui l'étourdissent et l'empêchent plutôt de comprendre:.. « Qu'a-t-il de *particulier,* pour rester *tranquille,* ou *muet,* quelques minutes?.. A-t-il *froid?*.. A-t-il *trop chaud?*.. A-t-il *faim,* ou bien *soif?,* . s'*ennuie*-t-il?, . veut-il *jouer?,* . veut-il *dormir?*.. veut-il qu'on le *promène?*.. qu'on lui *chante* quelque chanson?, . qu'on le fasse *sauter* sur les genoux?, . qu'on le mette *dans sa voiture?,* . dans *son berceau?,* . ou qu'on le garde *sur les bras?*.... Est-il peut-être *malade?,* . *fatigué?,* etc.., etc. »....

Eh oui, terribles gens, il est *à moitié assommé* de votre bavardage continuel, de vos rires, de vos grimaces, de vos gestes de polichinelles, de pierrettes et d'arlequines de circonstance ; sans compter qu'il est criblé, des pieds à la tête, des *balles sonores* que vous déchargez à bout portant sur lui, par votre bouche incroyable, .. mitrailleuse incessante de tous ces tourments ! . . .

Ne voyez-vous donc pas qu'il ne sait plus *à quel saint se vouer,* . . et que, dans les lueurs vacillantes de sa petite jugeotte, qui commence à se former, il vous prend pour autant de *fâcheux cruels,* qu'à de certains moments, .. il voudrait pouvoir envoyer *à tous les diables ;* et ce — avec des droits on ne peut plus légitimes, convenez-en ? . . .

Vous, les grands, les forts, les expérimentés et les sages, . . d'après votre opinion personnelle, du moins, — que *diriez-vous* et que *feriez-vous* à ceux qui, sous prétexte de vous aimer et de vous assister de tous leurs soins et moyens, *non toujours demandés* et parfois *très désagréables,* pour ne pas dire *énervants,* ou *enrageants,* au suprême degré, — se permettraient de vous *tourmenter* et *turlupiner* ainsi ! . . Je vous le demande . . en toute conscience ? . . .

Voyons, un peu plus *de jugement et d'assistance vraie,* s'il vous plaît . . . Vous épargnerez la flexibilité de vos membres avec le souffle de vos poumons, ce dont vos bébés se trouveront *infiniment mieux* . . à tous égards ; et, croyez-le également, ce dont ils vous seront très reconnaissants — dans la petite cachette intime de leur for intérieur ! . . .

Pourquoi tant d'impatience, d'attaques fébriles et d'assauts brûlants, soi-disant . . pour *dégourdir* les bébés en question et leur *délier* la langue ? . . Laissez-donc un peu plus à la Nature, le soin de ce qui la regarde particulièrement. Puis, tout en admirant *la facilité et la puissance graduelles,* par lesquelles elle fait se dessiner, sagement, les

gestes et sons imitatifs, — chez les si jeunes créatures fraîchement venues parmi nous, — vous éviterez ainsi d'en faire, à la longue, ces *enfants gâtés et autoritaires,* sans patience aucune, sans calme ni sérieux, en quoi que ce soit...
Ces *infatigables babillards et tapageurs effrontés;* ces *rageurs,* qui trépignent des pieds et hurlent comme des démons, à la moindre contrariété; ces *névrosés,* enfin, qui vous donneront du *fil à retordre,* comme on dit;.. qui se conduiront comme des *fous,* un peu leur vie durant; et qui, s'ils ne s'abrutissent pas par leurs extravagances, en abrutissant les autres de leurs volontés et caprices impérieux, iront peut-être, un jour, occuper la cellule rigoureuse d'une prison, ou d'une maison d'aliénés!...

« *Tout vient à point pour qui sait attendre* », bien mieux, comme sans les inconvénients et presque inévitables dangers de ce qui est *forcé, contre nature, ou anormal;* sans aucun doute!.. Du reste, à ce propos, j'ajouterai encore, suivant une image populaire, « *la queue du chat vient sans qu'on la tire* »;.. miracle qui s'est répété invariablement et.. se continue, autant de fois qu'on peut compter de minets développés, sur notre Terre!..

Donc, si une telle sollicitude *gratuite et éclairée* se manifeste constamment, à l'égard des chats de toutes les couleurs,.. depuis que le monde est monde, nous avons tout lieu de croire et d'obtenir les preuves, quotidiennement fournies, — que la générosité de notre inépuisable mère Nature saura aussi faire *marcher, gesticuler et parler,* nos petits enfants de toutes les races — quand ils seront suffisamment *préparés* et graduellement *mûrs,* pour accomplir ces prouesses tant désirées!...

Faut-il conclure, de tout ceci, que mon idée est d'abandonner entièrement à la Nature le soin de faire tenir debouts, d'agir et parler d'eux-mêmes, sans notre intervention affectueuse et dévouée, ces petits êtres, si chers à nos cœurs et à nos yeux de parents, d'amis, de spectateurs et d'admirateurs?..

Oh non, bien loin de là; ma pensée est toute autre. Je veux seulement, faire ressortir les *vices,* les *peines* et les *dangers* qui s'imposent, en les pressant, *outre mesure,* dans l'imitation *violentée et trop précoce* de ces choses spéciales; — *marcher, agir, parler.* — Tandis, qu'il est si simple et plus véritablement sûr,.. d'obtenir les meilleurs résultats possibles, quand on se borne, purement et modestement, à *aider* le travail de la Nature, chez ces petits que nous aimons; — laquelle, d'autre part, ne veut et ne peut jamais être brusquée *impunément,* par nos exigences prématurées...

Qu'on ne l'oublie pas:... Il y va de leur avenir!...

VII. — CHEVEUX.

Avec toutes ces belles choses, les cheveux *croissent* et les dents *poussent;* par le seul fait de l'impulsion naturelle, qui suit son cours.

Pour permettre aux uns et aux autres de se développer *régulièrement, sainement* et *vigoureusement,* il ne faut leur accorder que de la *propreté,* du *grand air,* et quelque peu de *soleil* de temps en temps; rien d'autre.

Eh bien, le plus souvent, ces deux parties *si précieuses* de notre machine matérielle, qui en font aussi deux de ses ornements les plus appréciés — la *chevelure* et la *denture,* — doivent être rangées parmi les premières *épines,* presque certaines, de notre existence; et cela — déjà comme petits enfants!....

Commençons par la première d'entre elles, en nous occupant des *cheveux,* qui *protègent* la tête, autant du *froid* que du *chaud* et des *chocs;* dont elle est capable d'amortir plus ou moins la violence immédiate.

Quels soins donne-t-on, généralement, aux jeunes chevelures qui commencent leur développement vital?.. Les lave-t-on soigneusement, une ou deux fois par semaine, avec de l'eau, cette grande *purificatrice universelle* qui ne coûte rien; et quelquefois un peu de *mousse de savon,* cette substance si répandue et connue, qui se paye à peine quelques centimes?.. Les laisse-t-on souvent flotter *libres au grand air,* qui les *fortifie,* les *colore,* et se charge de leur *vigueur* et de leur *beauté* dans l'avenir?.. ou un peu, de temps à autre, aux rayons bienfaisants du *soleil,* qui les *vivifie* et *active* leur croissance normale?...

Non, hélas;.. car c'est à peu près tout le *contraire* dont on accable le cuir chevelu, soit la peau localisée du crâne, et les cheveux qui le recouvrent!..

Ainsi, au lieu de tenir propres « *ce terrain fertile et ces plantes délicates* » des tout jeunes petits enfants, on s'ingénie, — le plus qu'on peut, dirait-on, — à les maintenir dans une *crasse graisseuse et nauséabonde,* qui commence déjà et continue — à faire pourrir les deux, dans la suite....

On s'imagine, bien à tort, que l'*eau servie pour les laver* ne pourrait que les faire tomber; que la *mousse de savon* ne pourrait que les dessécher; que le *grand air* pourrait leur occasionner.. des *rhumatismes,* peut-être;. que le *soleil* ne saurait que les faire *jaunir* et même les *brûler vifs,* .. ni plus, ni moins; et .. que sais-je encore, moi!...

Alors, on s'applique à les *pommader,* ou à les *huiler,* avec toutes sortes de produits plus ou moins gras et, non rarement, indéfinissables; comme si notre cuir chevelu et nos cheveux avaient besoin d'être graissés *artificiellement,* pour prospérer et se nourrir!...

Puis, pour mieux faire macérer la *décomposition initiale*

et à *mauvaise odeur*, naturellement, de ces souillures ignobles et funestes, on enferme le crâne et les cheveux dans de *gros bonnets, casquettes* ou *chapeaux, épais, lourds,* — plus ou moins flatteurs il est vrai, — mais, . *chauds à l'excès;* et . . qu'on se fait un point d'honneur de toujours garder sur la pauvre tête, qui en souffre de plusieurs façons, — à commencer par l'*afflux du sang*, qui prend ainsi l'habitude d'y stationner *dangereusement*, — et y engendre, à son tour, des maux divers parmi les plus troublants . . . .

La transpiration de la peau, plus ou moins empêchée par la *crasse* dont j'ai parlé, ou l'excès des *poussières accumulées*, qui s'y mêlent, — en formant des *croûtes sordides*, ou le *mélange graisseux* de ces deux calamités réunies, — ralentit ses fonctions; et le cuir chevelu, comme les racines des cheveux qui demeurent en lui, *s'échauffent* et *s'enflamment* peu à peu, d'une semaine à l'autre . . .

Pendant de longues années, cette action corrosive fait soulever d'incessantes et abondantes *pellicules*, plus ou moins *farineuses, écailleuses, ulcéreuses*, ou *boutonneuses*. Et le cuir chevelu, avec les racines qu'il peut contenir, sont atteints de *démangeaisons et prurits souvent intolérables*, de *chutes continuelles de l'épiderme et des cheveux;* à tel point — qu'enfin, épuisés et corrompus de longue et très ancienne date, ils sont frappés d'*inanition* et de *paralysie*. D'abord, ce qui est caractéristique, sur les parties du *sommet de la tête*, subissant la *chaleur exagérée* et le mauvais *air renfermé* des coiffures, qui les couvrent habituellement ; puis, dans l'âge avancé, mais en moindre proportion, aux autres places découvertes, tenues à l'air libre et à la lumière ! . . .

Quant à l'action bienfaisante, normale et salutaire des rayons du soleil, qui fait vivre *nos parties comme notre tout*, . . afin de s'en mieux interdire le bénéfice, on cache sa tête sous des coiffures impénétrables, dont les larges bords sont des toits positifs. Et, non satisfaits de cette manie idiote, on s'affuble, on s'abrite, encore par-dessus le marché, de *voiles* et d'*ombrelles,* qui maintiennent, précisément, le trop d'ombre qui nous est si défavorable !..

Mais, le plus étrange de l'affaire, ce n'est pas la succession des tristes cas généraux, ici mentionnés : C'est — qu'*après la continuation, pendant vingt à trente ans, de ces absurdités, — indignes de ceux qui ont la prétention de se croire intelligents et civilisés,* — on s'étonne de voir tant de gens *chauves,* ou *pelés,* de différentes façons. Et, le comble,.. qu'on a encore la naïveté, de chercher à leur faire repousser *un cuir chevelu et des cheveux sains,* par l'*emploi,* l'*usage* ou l'*abus,* de toutes les compositions à l' « *eau de quinine* », au « *rhum* », à l' « *eau sédative* », au « *suc de laitue* », de « *feuilles de noyer* », à la « *graisse d'ours* », de « *chien* », de « *porc* », à la « *moelle de bœuf* » ou .. à la « *fiente de pigeon* », de « *canard* » ou de « *chat* », etc., etc. ;... comme des recettes, ou spécialités, — souveraines, dit-on, — en sont toujours enseignées, proclamées, publiées et vendues, par les mille charlatans de la science, du commerce et de la sorcellerie humaine !....

Et dire, qu'à la fin du dix-neuvième et au commencement de notre vingtième siècle, ceux que nous appelons « *des progrès en tous genres* »,.. « *de la vapeur et de l'électricité* »,.. avec un orgueil et une conviction qui font le plus grand honneur — à notre *perspicacité* et à notre *modestie,* — la quatrième page d'un peu tous les journaux qui se remplissent de réclames et d'annonces, en ce genre, surtout mensonges et impostures intéressés, offre, — moyennant or ou argent, — des remèdes et spécifiques « *certains* », « *infaillibles* », avec soi-disant *preuves à l'appui,* pour faire pousser et repousser les cheveux et la barbe,.. à *volonté !* ....

Au lieu d'espérer en ces réclames mercantiles et spécifiques absurdes, quand le mal est déjà accompli, partant — *presque,* ou *totalement irréparable,* — que ne prévient-on, chez les tout jeunes enfants, c'est-à-dire — alors que ces maux spéciaux commencent ou prennent l'habitude de se manifester, — les *dégâts énormes,* dont ils auront à souffrir amèrement, plus tard, pour le plus grand nombre des meilleures années de leur vie?...

Pourquoi, toujours chercher à *compliquer* les choses les plus *simplement élémentaires,* en ce qui concerne les soins destinés — à préserver et conserver, maintenir et développer — la *santé naturelle* des différentes parties de notre mécanisme vital?..

Et pourquoi, aussi, employer si couramment et rudement, les instruments de la torture crânienne, tels que les *fers à friser,* les *brosses mécaniques énormes,* et, surtout, ces horribles, nuisibles et menus peignes trop serrés, appelés « *peignettes* », qui, destinés, par la théorie, à enlever seulement les pellicules, *ravagent,* dans la pratique, la peau et *arrachent* les cheveux;.. ce qui augmente le mal au lieu de le diminuer?..

N'est-il pas beaucoup plus agréable, plus simple et plus sûr, de *laver doucement avec eau et savon,* au moyen d'un petit morceau de grosse éponge, le *cuir chevelu* et les *cheveux, place par place;* de les essuyer après, de même, avec des linges *doux* et *fins.* Puis, le tout une fois très sec et bien réchauffé, de *brosser* ces mêmes parties avec une *petite brosse adaptée,* ni dure, ni molle; mais d'une fermeté suffisante à éliminer tous les débris poussiéreux, ou autres?..

De la sorte, on maintient *propres et sains* ces deux trésors; leurs maladies particulières n'y trouvent plus les éléments communs et corrupteurs qui les développent; on n'enduit et n'empoisonne pas son chef de toutes sortes de graisses, venins et poisons scientifiques, ou empiriques ; et on économise son argent, son or et son temps. De plus, on s'épargne des regrets aussi inutiles que brûlants, et on conserve, pour l'avenir, l'intégrité de ces parties, qu'on jouit alors du bonheur de posséder intactes.

Avant de finir la description sommaire de cette *épine* si répandue, et à ceux qui croyent encore aux « *talents de sorciers* » de la plus grande quantité des prétendus « guérisseurs » des *pelades et calvities,* et des marchands, ou vendeurs, de spécifiques propres à faire *pousser,* ou *repousser, les cheveux et la barbe,*.. *à volonté,* — d'après leurs instructions les plus détaillées, — naturellement,.. je veux poser cette dernière et, à mon avis, concluante question : Comment se fait-il que presque tous ont des crânes dénudés, des barbes clair-semées, ou absentes ?...

Serais-ce en vertu du fameux proverbe « *cordonnier, mal chaussé* », qu'ils n'ont pas le temps de s'occuper à se faire croître les cheveux et la barbe qui leur manquent ; ou bien, comme j'en ai la conviction intime, acquise par des années d'observations personnelles, n'est-ce pas, plutôt, que leurs drogues en sont complètement incapables ?..

Quoi qu'il en soit, je laisse aux plus avisés le soin de faire bon profit de ce qui leur paraîtra utile, dans ces lignes glabres, ou velues. Pour quant à moi, je n'ai jamais pu comprendre — comment, ces praticiens et vendeurs pouvaient manier et remanier leurs eaux, pommades et onguents miraculeux, des années durant, — sans.... qu'il leur poussât, au moins, du poil dans les mains !....

VIII. — DENTS.

L'autre des deux *épines* probables qui, généralement, gâte la paix et rompt l'harmonie de notre tout, dès nos premières années, très souvent aussi, est, celle si importante de la denture naturelle.

Il est vrai que nos dents poussent *toutes seules,* mais il l'est non moins, qu'elles ne se conservent pas, habituellement, *de même ;* en particulier, dans les villes et chez les personnes sédentaires, ou de métiers tranquilles, si nous ne nous appliquons — à les entretenir suffisamment *propres et préservées,* autant que possible, — des contacts *trop froids* et *trop chauds,* comme de l'*abus* des *sucreries* et des *acidités diverses,* si nuisibles.

Chez les petits enfants, il est excessivement rare qu'on s'occupe de leur *nettoyer* les dents. Cependant, c'est par cette *négligence paresseuse et coupable* qu'on trouve le grand moyen, simple, direct et presque universel, de les faire *pourrir ;* soit — *carier* et se *désagréger* de bonne heure, de cent façons variées !...

Voyons, soyons justes. A qui la faute, si les dents malpropres des petits enfants *perdent leur blancheur primitive, sentent mauvais, se calcinent et tombent en morceaux, avant le temps.* Est-ce aux enfants qui *ignorent* ces choses, ou à ceux qui *les élèvent, avec si peu de soins* et savent, — *par une longue expérience,* — tous les maux, chagrins et mécomptes, auxquels ces petits os gâtés nous exposent ?...

Pour ma part, sans me croire un *Salomon,* à propos des maxillaires armés de leurs outils d'attaque et de défense, je n'hésite pas à condamner ceux qui, en connaissant suffisamment *l'importance et la valeur,* laissent, par *pure insouciance,*.. se détruire misérablement de tels trésors, presque inestimables...

Chacun sait, je le répète, que les *acides,* le *vinaigre* et le *jus de citron,* par exemple ; les *sucreries,* la *glace,* les boissons et liquides *trop froids,* ou *trop chauds,* ainsi que les aliments pris dans les mêmes *anormales conditions,* font se gâter l'émail friable des dents ; et que ces dernières, — une fois leur cuirasse entamée sur un point, — se rongent en trous putrides, amenant avec douleurs atroces parfois et si l'on n'y apporte remède efficace, leur ruine complète.

Mais, ce que chacun ne sait pas toujours, ou oublie trop souvent, il faut en convenir, c'est que les *débris des aliments,* même les plus sains, qui restent enfouis dans les intervalles inférieurs et supérieurs des dents, surtout près des gencives, forment, en se décomposant, *des foyers de gangrène en miniature,* d'autant plus redoutables qu'ils sont moins visibles et accessibles ; on le comprend.

Ce qui a lieu chez les grandes personnes se produit également chez les petits enfants, lesquels ont leurs dents *non nettoyées* pourries par le lait, les bouillies et autres aliments et friandises, *corrompus* et devenus *acides;* comme les premières peuvent les avoir par la nourriture plus assaisonnée, les viandes, fromages, choses fortes et autres *transformations acides, ou salées*.

Sans aucun doute, répétons-le ici, la perfection n'est pas de ce monde ; pas plus dans les dents et les soins à leur donner,.. qu'en quoi que ce soit. Mais, de là à penser que seules, « *les dents des chiens sont faites pour mordre* », il y a toute une série d'erreurs à réparer.

Que sommes-nous, sans les dents ?.. De pauvres malheureux, *incapables de pouvoir mâcher, ni manger convenablement,* les aliments plus ou moins résistants et durs, et de pouvoir les *digérer* de manière à ce qu'ils deviennent *assimilables;* comme la nature de nos besoins et l'expérience des siècles nous l'indiquent !..

Et que sommes-nous, avec des dents *malades, agacées, sensibles à l'excès,.. cariées, trouées, fendues, ébréchées, calcinées,* ou presque entièrement *pourries ?*..

Hélas, d'autres malheureux, qui souffrent des *tortures*

plus ou moins *continuelles et inénarrables*, le plus souvent; tant elles sont non seulement *désagréables, énervantes, douloureuses et inquiétantes ;* mais encore, — dans les cas graves surtout, — *cruelles, fouillantes et insupportables* au comble du suprême degré ! . . .

En plusieurs crises de ce genre, il nous semble vraiment devoir devenir *enragés*, ou *fous furieux*, à bref délai, si une intervention opportune n'arrive pas, assez promptement, à se rendre maîtresse du mal qui nous convulsionne, dans *les affres du martyre ;* . . par la gamme de toutes les souffrances les plus *diaboliques et infernales,* qui y conduisent ! . . .

Eh bien, au moins sept ou huit fois sur dix, ces épouvantables désordres sont le fait de la *malpropreté initiale des dents, . . inaugurée dans l'enfance, continuée dans l'âge adulte, et perpétrée jusqu'à la ruine incurable;* celle qui,— *chose à noter,* — n'attend pas plus que la valeur le nombre des années, pour se manifester et s'imposer ! . .

Et après ce tableau désolant, mais exact, . . nous ne voudrions pas tendre à nos chers petits marmots innocents, la main secourable, qui, — munie d'*une brosse minuscule et douce, trempée dans de l'eau quelque peu tiédie,* — viendrait, chaque jour, les délivrer de pareilles menaces ! . .

Allons donc, ce serait à faire désespérer de l'humanité, — à commencer par les cœurs si tendres de toutes les mamans de l'univers, pour leurs bébés chéris, les âmes protectrices des pères, et l'attachement si dévoué des aïeux ; — qui ont acquis les douloureuses expériences et la sagesse de ces choses, . . à leurs propres dépens nerveux et osseux ! . .

Il est si facile, d'habituer les petits enfants à la propreté de ces parties importantes, qu'ils arrivent, très vite, à s'en faire comme un intermède agréable, une sorte de petit jeu adroit et délicat. — Une fois l'habitude prise, de nettoyer doucement leurs dents et la bouche entière — au moyen d'une petite brosse *ad hoc,* bien mouillée, puis deux ou trois gorgées d'eau, pour gargarisme, — cela va tout seul; et je ne comprends vraiment pas, qu'une telle précaution avantageuse ne soit adoptée et suivie partout.

On objectera, peut-être, que les premières dents des enfants en bas âge, appelées « *dents de lait* », sont destinées à tomber vers la septième année environ; pour être remplacées par d'autres, nommées « *définitives* » ou « *permanentes* ».

Je répondrai, alors, que ce n'est pas une raison suffisante pour manquer d'entretenir, journellement, la *propreté voulue,* dans ce qui concerne l'intérieur de la bouche. D'abord, les *quatre dernières molaires,* qui poussent vers la fin de la quatrième année, ne s'en vont pas, comme les autres: elles restent et deviennent, par ce fait, — les *premières grosses molaires permanentes*. Ensuite, à part l'aspect dégoûtant et l'odeur repoussante de ces jeunes bouches malpropres, je soutiens, — que celles qui n'auront pas senti de très bonne heure, le besoin d'être chaque jour nettoyées convenablement, auront beaucoup de peine à s'y conformer et à en profiter régulièrement, après.

A cet égard, il est probable que, chez un grand nombre, non plus l'hygiénique et douce propreté quotidienne, mais — *la vanité orgueilleuse des seize ou dix-sept ans,* — fera, que les jeunes gens des deux sexes, frotteront plus ou moins impatiemment ou rageusement, leurs dents déjà *jaunies,* souvent chargées de *tartre* et parfois de *caries* diverses, avec une brosse mouillée, imprégnée, ou garnie d'une *poudre dentifrice* quelconque; dans le but de les forcer à redevenir blanches et belles.

Eh bien, en général, c'est déjà *trop tard*. De plus, tout ce qui racle et use le *tartre,* racle et use aussi le *brillant durci de l'émail dentaire;* donc, en cas de désagrégement commencé, active, encore davantage, la ruine anticipée des dents déjà si maltraitées.

D'autres, les plus nombreux peut-être, penseront, qu'en fin de compte, les « *dentistes* », sont précisément formés pour soigner *leurs dents en mauvais état,* les assainir, les embellir et, au besoin, les arracher pour les remplacer par de magnifiques *dents postiches ;* opérations pour lesquelles, le diplôme dont ils sont munis leur confère le droit légal.

A ceux-là, je dirai : « *Pauvres gens, qui vous bercez d'illusions théoriques et pratiques, sur les souffrances de vos dents, je vous engage, de toutes mes forces, à croire que la propreté préventive, dont vous entourerez ces petits os avec les gencives, chez vos enfants et vous-mêmes, aura infiniment plus de puissance — pour les maintenir fraîches, fortes et belles, — que tous les soins systématiques et mécaniques des dentistes !* »

Naturellement, si un accident arrive, une *fente,* une *fracture,* un *brisement,* un *ébranlement* douloureux et gênant, une *carie partielle,* ou *complète,* une ou des *chutes répétées, etc..,* etc..; alors, allez chez un de ces ingénieux praticiens, et il remédiera, — d'après les ressources de son art limité et en une mesure plus ou moins efficace, — à la partie la plus urgente de vos maux...

Mais, n'oubliez jamais, que ces spécialistes en soins dentaires ont à enrayer, souvent, des caries *tortueuses et cachées,* qu'ils sont obligés de soigner à *tâtons ;*... malgré tout l'arsenal compliqué de leurs miroirs réflecteurs et outils multiples. Que les dents *plombées* sont, par cela même, sujettes à se *casser* et à *noicir* après quelques années ;.. que celles *arrachées* à un certain âge, outre la douleur de l'extirpation, *ne repoussent jamais,* à part des exceptions restreintes ;.. et que les *dents postiches,* même et y compris les plus beaux *râteliers* complets, ne servent — *qu'à la manière des jambes de bois,* dont elles ont, avec les pénibles avantages, tous les douloureux inconvénients, — sans en exclure la raideur et l'insensibilité, qui y sont inhérentes.

De plus, il faut que ceux qui l'ignorent sachent bien, que plusieurs dents postiches ne peuvent être maintenues, dans la bouche, qu'*au moyen d'un lourd et faux palais épais,* qui, étroitement adapté sur le vrai, intercepte une grande partie des sensations du goût; à ce point regrettable parfois, que, mangeât-on, ou bût-on, des choses délicieuses, la langue frotte continuellement ces plaques, — *isolatrices et stérilisatrices incommodes,* — sans aucune sensation vraiment agréable, ou jouissance savoureuse quelconque!...

Bien conditionnés, ces appareils permettent, il est vrai, de *mâcher* et de *triturer* les aliments, tout en rétablissant la *symétrie apparente* des coquets petits meubles d'ivoire de la bouche, ce qui y fait recourir — la plupart de ceux auxquels viennent à manquer les authentiquement légitimes. Mais, au prix de fatigues, de gênes et d'ennuis presque journaliers, sans compter que des *déplacements,* ou des *brisements partiels,* de ces faux organes, — principalement la nuit en dormant, — peuvent provoquer chez leurs propriétaires, oubliant, ci et là, de les ôter avant de se coucher, des *étouffements,* des *opérations dangereuses* pour en retirer la cause, ou des *morts accidentelles,* relativement atroces.

Hélas, il nous faut tous souffrir, dans ce monde d'épreuves variées et continuelles; même en ce qui concerne les dents qui nous sont prêtées!..

Ainsi, *avant* de les voir *poindre,* enfants de quelques mois nous devenons presque enragés de douleurs, à certains moments, jusqu'à ce qu'elles ayent toutes *percé,*... chacune sa fenêtre obligée!.. De cinq à sept ans environ, nous souffrons de leur faiblesse *précocement caduque* et de leurs *chutes successives*... Adultes, nous sommes, de même, en

proie à leurs *névralgies, inflammations, caries, accidents divers, ébranlements, chutes* ou *extirpations violentes!*..
Vieillards, nous souffrons de leurs *ruines*, ou de leur *absence partielles,* ou *totale*... Malades par elles, à tous les âges, nous souffrons, encore, des *premiers soins et moyens employés* pour nous venir en aide, par le *dentiste ;* qui, quoique savant et mécanicien aussi ingénieux que distingué, non rarement, est cependant mis, le plus souvent, dans l'impossibilité absolue de réparer *entièrement* et *complètement,* ces parties spéciales, si délicates, du chef-d'œuvre de la Création.....

Et dire, qu'avec — la simple *propreté préventive,* des premières années de notre arrivée en ce monde, maintenue *régulièrement* dans les suivantes, on nous éviterait la plus grande et terrible part de cette kyrielle de maux, d'angoisses et de déceptions navrantes !...

Mais continuons, ami lecteur. Nous avons encore beaucoup de pointes déchirantes et venimeuses à analyser, pour passer en revue la couronne des crocs aigus qui nous menacent et nous entament, les uns après les autres.

IX. — SYMÉTRIE.

Hiérarchiquement parlant, une des *épines* les plus considérables, et, chose étrange autant qu'incompréhensible, la plus recherchée, appelée, voulue et idiotement entretenue, — en dépit des meilleures et nombreuses raisons évidentes, tendant à l'éloigner de nos mœurs, — est, celle qui consiste à nous inculquer, dès notre plus tendre enfance, et par tous les moyens au pouvoir de ceux qui nous élèvent et nous instruisent,... *le plus grand mépris pour notre côté gauche et ses membres!*...

A peine commençons-nous à agir, avec nos bras et nos

mains, que tout ce que nous tentons de faire, d'essayer, par les .. *gauches,* est *empêché, repris, stigmatisé,* avec autant de véhémence que de colère, parfois, et même, non rarement, d'indignation !..

Il nous est formellement *défendu,* — à tous tant que nous sommes, — de manger, de boire, de prendre, de montrer quelque chose, avec la *main gauche* ... Cette main est frappée d'interdiction, par une entente générale, qui prend naissance on ne sait au juste, ni où, ni depuis quand, ni comment ; mais, qui doit durer autant que les individus, ce qui n'est pas peu dire . . . .

Personne ne tolère — qu'*enfants,* — nous osions offrir cette *malheureuse main,* pour solliciter, ou répondre, à une étreinte amicale ;.. que nous nous en servions pour saluer, .. apprendre à lire et à écrire ; .. encore moins, à dessiner et à contribuer, directement, à l'élaboration de nos petits devoirs et travaux d'application .

En grandissant, cette *interdiction* devient plus étendue et plus sévère aussi, car nous ne devons pas même nous laver, nous peigner, nous brosser avec, .. sous peine d'être *grondés* et, peut-être, *corrigés d'importance !..*

Trinquer, saluer, serrer la main des autres, avec cette pauvre *main gauche,* sont autant d'*offenses,* que nous sommes sensés infliger à nos semblables ;.. comme offrir le *bras gauche* à une dame est une familiarité grossière, qu'on n'hésite pas à qualifier de *triviale,* ou d'*impertinence de manant ;* suivant la gradation des goûts et des prétentions sociales individuelles !..

Elèves, étudiants, apprentis, nous devons répartir tous nos principaux gestes et mouvements manuels, à notre bras et main droits ; les *gauches* ne devant compter qu'en *sous-ordres* d'infériorité manifeste .

Orateurs, professeurs, artistes, .. n'importe ; .. c'est

toujours le *côté droit,* par ses membres et organes, qui a la suprématie sur l'autre ; — dans les gestes oratoires, la mimique des explications et des démonstrations, comme dans l'exécution des œuvres ou applications d'art les plus diverses.

Soldats même, il ne nous est pas permis d'épauler un fusil, de manier, ou de tenir, un sabre, avec le bras et la main *gauches,* car une telle rébellion nous conduirait, directement, à la salle de police ou à la prison militaire ;.. sans qu'il nous soit possible de faire admettre, que nous désirons servir notre patrie — autant avec le côté *gauche* qu'avec le *droit !*...

Eh bien, cette mesure si répandue, si docilement adoptée et si rigoureusement observée, par les innombrables représentants, à tous les titres, de la gigantesque et incessante bêtise humaine, est une mode *inique,* extrêmement *préjudiciable et dangereuse,* dans l'*existence entière de chacun de ses adeptes !*..

D'abord, elle est *impie* et *blasphématoire,* parce qu'elle est la réprobation et la condamnation arbitraires et systématiques de l'œuvre de Dieu ; œuvre qui tend à la perfection et à l'égalité, non à l'injuste anéantissement, ou à l'avortement prématuré, de ses prérogatives et de ses buts impénétrables.

Ensuite, elle est la cause *directe* de ce que nous sommes tous plus ou moins *impuissants* et *déformés,*.. notre vie durant, en ce qui se rapporte aux membres et parties du côté *gauche ;* tenus dans l'humiliation d'un esclavage indigne, péniblement supporté et cruellement imposé par le nombre...

En quoi donc, les différentes parties qui composent notre côté *gauche,* sont-elles *inférieures* à celles du côté droit, — qui ne sont que leurs égales ?..

Dans la question, si controversée, des droits et des attributions qui doivent être communs et partagés, entre l'homme et la femme, je comprends, jusqu'à un certain point, les longues *hésitations* et les raisons, *pour* et *contre*, qui sont depuis si longtemps mises en présence dans ce débat, perpétuel et si difficile à conduire, avec justice et désintéressement individuel :

L'homme et la femme, étant conformés d'une façon différent cet ayant des aptitudes spéciales, — de par l'organisation de leurs sexes distincts, physiquement parlant, — il doit rester, nécessairement, impossible de les faire monter au même niveau, dans tous les domaines ; de les soumettre aux mêmes exigences ; de les juger d'après une même loi de taxation ; et de les peser, en tout, avec une même mesure matérielle ; ce qui, du reste, serait aussi insensé qu'inefficace ?..

Mais, pour ce qui a trait à nos deux bras, ne sont-ils pas *frères égaux,* nés *en même temps,* d'un *même corps* et d'une *même intelligence ;* auxquels, ils ont le devoir d'obéir et de rester dévoués jusqu'à la mort ?..

Et nos mains, ne sont-elles pas *sœurs jumelles,* filles des bras et petites filles, identiquement constituées et nourries, du corps initial et de l'intelligence commune ?

Et, de même, pour nos deux jambes, nos deux pieds, nos deux yeux, nos deux oreilles, et *tous nos organes, traits et muscles symétriques,* y compris l'égale importance accordée et voulue, par la nature, à chacun de nos deux côtés, *droit* et *gauche,* dès le premier moment de notre formation embryonnaire. Je le répète encore une fois, tous ces *membres, organes, muscles et traits symétriques,* ne sont-ils pas soumis à la nourriture fluidique et matérielle du même sang et de la même chair ;.. à la loi d'obéissance des mêmes centres de toutes les sensations et décisions ;.. en un mot, au service obligé du même esprit dominant et du même corps terrestre ?...

Si oui, comme cela est, en réalité, alors pourquoi amoindrir l'un en étouffant, — dès ses premiers essais naturels de bonne volonté et d'obéissance effective, aux ordres divinement supérieurs et sages du Créateur, — les plus valeureux de ses efforts, et en ne lui laissant que la seule exécution servile, de ses devoirs les plus strictement forcés et impérieux ?..

Pourquoi enseigner, à tous les âges, le *mépris des uns*, la *considération et la recherche constante des autres*?.. Pourquoi, dans l'estimation et la pratique des œuvres de la plus élémentaire justice et du plus simple bon sens, toujours avoir *deux poids et deux mesures*?..

Quelles sont donc les raisons qui peuvent servir de base, aux innombrables partisans de l'esclavage redoutable et déprimant de notre côté gauche ; et à la domination illégale et anti-naturelle de notre côté droit ?..

Assez généralement, des uns invoquent l'*usage* et les *habitudes,* transmis de génération en génération, par l'effet d'une *mode* invraisemblable, absurde, pleine de misères, de stérilité, d'angoisses et de dangers continuels, mais pourtant réelle ;.. et qui a presque universellement réussi à se perpétrer — pour notre plus grande confusion, comme pour notre plus ridicule et déplorable impuissance physique actuelle, de ce côté ; — sans aucun doute .

D'autres, assez nombreux, s'imaginent que le cœur qui bât dans la poitrine, du côté gauche, est un obstacle à presque tous les exercices et travaux un peu longtemps continués, et que ce serait une source de maladies et de dangers, que d'apprendre aux enfants à se servir, assez indifféremment, des membres des deux côtés — pour cette *raison;* bien, qu'en résumé, ce ne serait qu'une bonne et très utile habitude à prendre, sous tous les rapports ;

Donc, les premiers, obéissent *aveuglément,* ou *passivement,* à la tyrannie séculaire d'on ne sait exactement quel vent néfaste, en suivant ses prescriptions *idiotes et barbares autant que funestes,* plus ou moins pour chacun d'eux et des leurs.

Tandis que les seconds sont à la fois victimes de cette *odieuse tyrannie* et de leur *propre ignorance,*... laquelle dernière, les effraye tant et si bien que, non seulement, ils évitent soigneusement d'agir dans les choses *où ils le devraient,* avec les membres et annexes *gauches,* surtout dans les mouvements ayant pour objectif de *soulever, porter, frapper, saisir* ou *retenir vigoureusement;* mais encore, qu'ils s'interdisent de *dormir* sur ce côté, sous le fallacieux prétexte que cela est dangereux!...

Non, non, mille fois, pauvres victimes de votre imagination mal inspirée, ce n'est pas *dormir,* ou *agir du côté gauche,* qui est nuisible et dangereux, dans la règle ; c'est, au contraire, aussi bon que du côté droit ; et les « *gauchers* », un peu en tous les genres, sont des exceptions dignes de votre intérêt ; qui vous le prouvent surabondamment — par *la pratique et les faits.* Mais c'est — *anéantir et stériliser volontairement, toute sa vie, les tendances, les aptitudes* et la *mission* des *membres, organes, muscles et traits* qui le composent, qui remplit votre vie d'*inégalités,* de *faiblesses* et de *déformations,* qui vous rend *estropiés,* — par votre faute ; — après celle de ceux qui, en cela, vous ont si malheureusement élevés!..

A propos de ces particularités plastiques, vous n'avez qu'à interroger les tailleurs, cordonniers et gantiers. Tous, sans exception, vous diront que les épaules, bras, mains, jambes et pieds *gauches,* sont, le plus souvent, sensiblement *plus petits* que les droits ; ce qui les oblige, généralement aussi, à prendre leurs mesures de préférence sur ces derniers, afin d'être sûrs, qu'en tous cas, leurs effets d'habillement pourront être mis par leurs clients.

Examinez encore, par vos propres yeux, les *différences regrettables* qui existent entre les membres gauches et droits de vos contemporains, quand vous en aurez l'occasion. Puis, comparez la maladresse et l'impuissance de ces paralysés et interdits du côté *gauche,* relativement à leurs frères et sœurs droits, et vous serez largement édifiés, sur la véracité de l'*épine* douloureuse que je signale ici...

Une autre chose, enfin, qui doit être prise en considération à ce sujet important, c'est la possibilité, pour chacun de nous, de l'un de ces *horribles accidents,* qui, par exemple, à la suite de — maladies redoutables, piqûres venimeuses, blessures graves, écrasements ou fractures irrémédiables, — peuvent nous mettre sous l'épreuve navrante d'une *amputation* obligée, partielle, ou totale.

Ainsi, désarmés du bras droit, ou seulement de la main droite, supposons, lesquels, — *à cause de la déplorable éducation physique actuelle,* — sont les seuls assez expérimentés pour nous servir véritablement, dans un peu tout ce que nous faisons,.. voit-on, d'ici, l'affreux sort qui nous est réservé jusqu'à la fin de nos jours, parce que, les mêmes membres du côté gauche n'ayant pas été formés, *dès l'enfance,* à agir isolément en tout, par l'effet de notre volonté individuelle, il nous est, désormais, impossible de refaire suffisamment leur apprentissage manqué ?..

On frémit vraiment de douleur et de regret, quand on songe à l'horreur des situations embarrassées et involontairement dépendantes, qui sont le fait de cet infâme antagonisme, avec le lot de tous les déprimés, sous le poids écrasant de son joug idiot, barbare et cruel !..

De nos jours, que nous aimons tant à qualifier « *d'avancés* », — mais, on devrait ajouter « *dans l'ignorance encore plus que dans la science* », — n'est-il pas indigne, de nos prétentions à la civilisation des raffinés intelligents et honnêtes, que nous ne sommes pas, d'entendre et voir toujours des parents, empêcher leurs petits enfants de se servir, ou de donner la main *gauche* à quelqu'un, en leur disant : « Pas celle-là, c'est la mauvaise, la vilaine,.. donne la droite, la bonne, la belle ! » ...

Et à part ces différents points de vue caractéristiques, les contradictions et les côtés burlesques ne manquent pas :

Dans le train ordinaire de la vie sociale, je l'ai dit, trinquer, saluer, solliciter un serrement de main ou y répondre, avec la main *gauche*, constitue une *impolitesse*, un *manquement* qui *froisse, blesse et offense* plus ou moins gravement les personnes ; — suivant la mesure dans laquelle elles se rendent esclaves de cette mode, — qui n'est que *sottise* et *désavantage*, du commencement à la fin ...

Tandis que — retirer de l'eau, ou du feu, avec cette même main *gauche,* une personne qui se noie ou se brûle ;.. l'empêcher de glisser, de tomber ;.. lui remettre une somme d'argent, capable de lui rendre un service urgent ;.. la nourriture dont elle a besoin, si elle est affamée ;.. un objet pressant, qu'il faut lui passer sans retard : .. un bâton, une échelle, une carte, un vêtement, une plume, une arme, etc., etc.; constituent alors autant de *faits méritoires,* dignes de son *estime,* de sa *satisfaction* et de sa *reconnaissance !*..

Bref, la morale de ces dernières lignes pourrait bien être : — « *Quand on a du temps à perdre on peut l'employer au culte de l'étiquette en question, soit de ses formes conventionnellement cérémonieuses ; mais, si l'on est pressé, il faut l'oublier, comme tout ce qui est inutile et sot* ». En attendant une plus juste et meilleure explication, il m'a paru piquant de mentionner ces contrastes ridicules, incompatibles avec les idées vraiment saines de tout esprit sérieux.

Quoi qu'il en soit, une réforme totale, grandiose et universelle, s'impose au bon sens, à l'équité et à l'esprit de progrès de tous les humains bien pensants ; car il ne faut pas que, — *comme pour se venger des défauts acquis dont souffrent leurs membres du côté gauche,* — ils condamnent et obligent leurs enfants à vivre, jusqu'à la fin de leurs jours, dans une telle infériorité malheureuse et dégradante.

Nos membres des *deux côtés,* aussi bien les gauches que les droits, sont *frères ;* et ils doivent être considérés *en tout temps* comme tels. Ils ont *droit* aux mêmes soins, aux mêmes égards, à la même estime et à la même considération raisonnée et sincère... Il ne faut donc pas, que les uns soyent volontairement *méprisés,* soumis à une *oisiveté* qui les humilie *honteusement* et finit par les rendre *faibles, maladroits, impuissants* et forcément *lâches ;* alors que les autres sont *honorés,* entourés de *préférences* et d'*admirations incessantes,* qui les poussent sans cesse en avant, dans l'entreprise et la continuation d'un peu tous les travaux et emplois, que la Nature elle-même, avec son insigne Créateur et Maître, offrent impartialement et généreusement — *aux uns et aux autres !* ...

Que l'*harmonie* et la *paix,* ces fruits de la justice, règnent donc, en tout aussi, dans la coopération réciproque et dévouée aux mêmes intérêts, entre ces membres gauches et droits, qui nous sont donnés, ou mieux, — *prêtés,* — pour que nous puissions nous en servir *activement* et *utilement ;* tant en ce qui concerne les soins individuels, dont nous avons à la fois le besoin et le devoir, qu'en ce qui regarde la réalisation de tous les progrès du bonheur général et universel, au profit des masses humaines, réunies en une seule grande famille... Et, en cela déjà, nous aurons mieux mérité de l'avenir.

X. — NOURRITURE.

Les petits enfants ont maintenant des cheveux, des dents, des jambes et des bras suffisamment *forts* et *développés* pour agir ; et, si on les en laisse maîtres, ils en usent, parfois, jusqu'au point d'en abuser volontiers, dans la règle générale.

Mais, là ne se borne pas l'arsenal de leurs prouesses, car ils sont encore munis d'autres armes beaucoup plus inquiétantes et troublantes ; si l'on en croit le dire unanime des gens paisibles qui s'en plaignent, — non sans raisons parfaitement motivées.

Dans la série des dernières, il faut mettre en bon rang, les pieds, les mains, les yeux, les oreilles, le nez et la bouche. C'est un peu drôle, mais c'est ainsi ; du reste, je m'explique :

Le sentiment qui, peut-être, se développe le plus vite et occupe le plus complètement les jeunes enfants, est celui de la *convoitise*. A cet égard, les yeux qui *voyent,* les oreilles qui *entendent,* le nez qui *sent* et la bouche qui *goûte,* jouent un rôle pour le moins aussi considérable que leur raison.

Ils sont surtout *sensitifs* et *sensuels,* car ils vivent et jouissent — avant tout — par les sens matériels. A peu d'exceptions près, leurs joies et leurs tressaillements de bonheurs les plus variés ont, pour base, un contentement de *sensualité matérielle* quelconque.

Ces années heureuses, qui sont le «*paradis positif et palpable*» des enfants, contiennent aussi leurs dangers commençants, particulièrement du côté des sensations recherchées et plus ou moins exquises de la bouche ; provoquées et multipliées par leurs parents, ou ceux qui les élèvent, avec une activité des plus regrettables...

Quand on veut établir robustement une construction solide, capable de résister aux fatigues et aux services qu'on se propose de lui demander, pendant sa vie active, on choisit pour cela des matériaux de forte et bonne qualité. Puis, on l'édifie aussi soigneusement que possible, en vue du but qu'on désire atteindre.

Eh bien, les enfants, quels qu'ils soyent, sont aussi des *constructions commençantes,* plus ou moins *faibles* à leur début initial; mais, toutes, susceptibles d'être fortifiées et robustement développées, — *dans une grande mesure relative,* — par une alimentation choisie avec *connaissance* de cause et *intelligence,* autant qu'avec *simplicité* et *mesure.*

Au lieu de prendre résolument, ces principes *sages* et *fondamentaux,* pour seule règle nécessaire et bienfaisante, on donne communément aux enfants, pour ainsi dire, la même nourriture *inégale, excitante, échauffante* et *délabrante,* qui est avidement recherchée des grandes personnes; trop généralement *volontaires, irraisonnées, capricieuses, gourmandes* ou *gloutonnes,* dans le principal de ce qui regarde — le *menu* de leurs repas, le *choix* de leurs boissons, et la *manière* d'en satisfaire leurs goûts et besoins individuels.

En reprenant, donc, le sujet de la nourriture *variée et multiple* des enfants, — de ses commencements aux limites marquées de la jeunesse, — je ne fais nullement double emploi, avec celles de mes lignes déjà consacrées au lait et aux bouillies, ... des poupons de un jour à quelques mois d'existence parmi nous.

Il est vrai, que la gourmandise et la gloutonnerie favorisées, des débuts, n'ont fait que continuer. Mais, au moment où je me sens le devoir de reprendre ce thème capital, leurs champs d'exploitation se sont tellement agrandis et multipliés que de nouvelles observations de la plus haute importance s'imposent.

D'après les expériences faites pendant de très nombreuses années, sur un peu tous les points de nos pays d'Europe et beaucoup d'autres climats d'outre-mer, il reste démontré, jusqu'à l'évidence, que le *lait* des animaux domestiques, principalement celui de *vache, cuit,* agréablement chaud, et les *farineux de presque tous les genres*, constituent la plus *riche* et la *meilleure* des nourritures.

Pour former chimiquement, par la *chimie impeccable et incomparable* de la nature même et de ses produits, un sang *vigoureux et vital* au suprême degré, *fort et sain* par excellence, — dans les limites qui atteignent l'idéal qu'il nous est permis de désirer et d'obtenir, sur cette Terre, — rien au monde, absolument rien, ne peut être comparé — au *lait pur*, aux *farineux variés*, pour fondement de notre nourriture ; aux *végétaux*, comme dérivatifs ; aux *fruits mûrs*, comme gourmandise naturelle utile ; et à l'*eau fraîche*, pour nous désaltérer quand nous avons soif.

Avec l'association du *grand air*, largement respiré ; du *mouvement*, étendu à tous les membres et organes de notre organisation morale, intellectuelle et physique ; du *contentement* de l'âme, de la *paix* du cœur et d'une dose de *philosophie* suffisante à nous faire aimer la situation que, le plus naturellement du monde, nous pouvons occuper simplement, dignement, *loyalement et efficacement*, dans le bien ; .. c'est la seule et unique recette qui a, jusqu'à ce jour, fait ses preuves irrévocables, tant pour notre bonheur individuel et collectif, que pour le perfectionnement des races et de leurs œuvres à venir.

Toutes les autres choses matérielles, dans le genre alimentaire, n'étant pas de rigueur pour faire des jeunes gens *sains et forts*, il est donc non seulement inutile et dispendieux, mal à propos, mais encore nuisible et dangereux, de leur donner l'habitude fréquente des *friandises au sucre*, des *pâtisseries*, des viandes *trop abondantes*, des épices et des salaisons *trop fortes ;* des boissons *fermentées*, telles que les *vins*, les *bières* et surtout les *liqueurs ;* qui, toutes, empoisonnent et ruinent, par l'*alcool* qu'elles contiennent, ceux qui y recourrent trop souvent ou trop copieusement ; et, beaucoup plus — par l'effet de l'exemple, ou d'une mauvaise habitude, — que par celui d'un vrai besoin, ou d'une nécessité absolue, prouvés.

Si la nourriture soignée, recherchée, succulente, capiteuse, excitante et artistement variée et prise, des *riches*, des *gourmands* et des *gloutons* de toutes les gâteries qui flattent le palais, tant dans les solides que dans les liquides, — était vraiment, la *supérieure par excellence* et la *sans rivale* que l'on croit trop complaisamment, un peu partout, — pour former des êtres robustes et résistants,.. leurs enfants seraient des modèles de santé et de force, — ce qui est extrêmement loin de la vérité de cette illusion théorique.

C'est, au contraire, dans les classes *pauvres et simples des campagnes,* où les viandes, vins, bières, liqueurs, sucreries, pâtisseries et autres gâteries, sont laissés de côté, pour l'ordinaire, comme choses de luxe, inutiles et trop dispendieuses ; mais, où le *lait,* les *farineux,* les *légumes,* les *fruits,* l'*eau fraîche,* le *grand air,* le *soleil* et les *travaux fatigants* sont mis à contribution d'une année à l'autre,.. que les enfants se trouvent être les plus sains et les plus robustement constitués.

Et ceci, n'est pas du parti-pris, ni de la fantaisie. C'est — *la vérité statistique et impartiale de l'histoire d'un peu tous les temps ;* une *lumière,* pour les riches souffreteux ou délicats, en même temps qu'une *consolation,* aussi naturelle que véritable, pour les pauvres !...

Loin de moi, la pensée d'écarter barbarement et stupidement toutes les jouissances agréables et les douceurs légitimes, permises et salutaires, en tant que changements avantageux, de nos fêtes grandes et petites, populaires et intimes. Ce que j'essaye de faire bien comprendre ici, c'est le grand dégât et les dangers, *physiques, moraux et intellectuels,* auxquels on expose le sang et le développement solidement normal, des enfants et des jeunes gens ; en leur multipliant, avec légèreté, les occasions et prétextes à se bourrer des *mille gourmandises* qui excitent leur *sensualité,* leur *faiblesse,* leur *convoitise* jamais satisfaite, y compris, non rarement, leurs sentiments de *lâcheté servile,* obséquieuse et rusée.

Il y a, dans toute cette recherche avide des sucreries et des raffinements gastronomiques, « *une épine formidable et traîtresse au possible* »; qui ruine les générations actuelles, en les attirant à elle, de plus en plus, par les appas innombrables de ses séductions matériellement captivantes, les plus irrésistibles aux non prévenus...

Qu'on les supprime donc, aux tout jeunes surtout, ces *matériaux trompeurs,* qui engendrent tant de déficits et de déceptions, dans l'établissement graduel de leurs forces de résistance ; et qu'en leur donnant des viandes avec *parcimonie,* des œufs avec *prudence,* des pâtisseries et autres douceurs, par *exception,* .. on leur enlève, quasi totalement, le *café* et le *thé,* pris comme nourriture ; ces deux voleurs de ce que peut renfermer, en aliments véritables, leur estomac !..

Ils pousseront alors, à merveille ; comme des plantes vigoureuses, richement nourries et intelligemment soignées. Puis, avec le bonheur que leurs parents en éprouveront certainement, ils auront encore la satisfaction d'épargner, par ce seul fait, — l'argent de la plus grande partie de ces dépenses malheureuses et celui d'un nombre désespérant de consultations médicales, de soins interminables, et de drogues pharmaceutiques, — plus ou moins insuffisantes, ou désastreuses.

XI. — ÉDUCATION.

En continuant la suite des *épines* principales, qui déchirent lamentablement le bonheur que, sans elles, nous goûterions sur la Terre, nous trouvons forcément aussi celle, si fréquente, de la *mauvaise éducation*.

La venimeuse influence de cette *épine-là* est si considérable, qu'on peut dire catégoriquement, qu'en général, elle ne se contente pas de faire des *déchirures* et de cribler de *trous* la trame fine et presque invisible de nôtre bonheur; mais bien, qu'elle lui enlève de véritables *morceaux* dont les vides restent, trop souvent, — comme autant de lacunes béantes,.. par lesquelles ses provisions s'échappent!...

Qui ne connaît, par expérience personnelle, le dégoût et l'indignation qu'excitent en nous les *vilaines manières*, les *impertinences*, les *réponses grossières*, les *manques de respect et l'absence d'égards*, dus aux personnes de tous les âges et aux choses qui nous environnent, par *les enfants mal élevés des différentes classes sociales,* particulièrement dans les pays qui s'intitulent chrétiens et civilisés?...

Vraiment, à la vue, ou à l'ouïe, de ces *trivialités*, de ces *hardiesses* et de ces *cynismes* presque sans nombre, de toutes « *ces ordures du cœur et de l'esprit* », on se sent révolté, troublé et inquiet, à la fois pour le présent et pour l'avenir....

Et il y a de quoi, quand on pense que tous ces petits polissons et polissonnes forment, pour la plupart, la *graine* des garnements pénibles futurs, celle qui germera des *fruits diaboliques* et des *fleurs empoisonnées;* c'est-à-dire — une de celles qui répandront le plus d'*âpreté,* de *mal bien,* d'*animosité,* d'*audace* et de *souillure* dans le monde.

Comment s'étonner, ensuite,.. que le respect, l'amour ou le culte de la famille, de Dieu, du bien, des semblables et des autres œuvres de la Création, soyent foulés aux pieds *vilement, cruellement,* ou *lâchement;* quand les cœurs sont ainsi détournés de leur véritable route naturelle et voulue, pour leur propre bonheur comme pour celui de tous?...

N'est-ce pas la *mauvaise éducation* qui produit les *moqueries,* les *railleries,* les *tromperies,* les *injures,* les *violences,* les *indignités,* les *vices,* les *vols* et les *meurtres;* soit — les *haines d'individus et de races,* les *colères,* les *représailles,* les *batailles* et les *guerres,* qui traînent dans la fange de tous les excès : l'*honneur,* le *sang,* les *facultés,* les *biens* et la *vie* des individus qui en sont les victimes?...

Si oui, pourquoi ne donne-t-on pas une importance grandiose à l'*éducation morale des pensées, des faits et gestes de l'enfance,* dès ses commencements malléables et propices à l'assimilation certaine?...

Qu'on ne s'y trompe pas, « *c'est quand l'arbre commence à sortir du sol qu'il faut mettre un tuteur droit à sa jeune pousse* », parce que, si on ne le prévient pas, à moins d'un hasard, plutôt rare, il poussera de *travers;* en dépit des efforts que, *trop tard,* on essayera de faire pour le redresser.

Il en est de même de l'enfant en bas âge : Il a besoin d'être *dirigé* et *soutenu,* de manière à ce qu'il ne puisse se dévoyer lui-même, faute d'un *appui ferme* et d'une *direction sûre,* en sa faveur.

Or, pour lui inculquer ces principes, — qui seront autant de trésors sa vie durant, — il faut invoquer et pratiquer consciencieusement le meilleur, le plus vrai et le plus grand des moyens à son égard : l'*exemple*; en veillant, non moins scrupuleusement, à ce qu'il observe, avec une rigoureuse sincérité et persévérance, toutes les leçons d'égards divers qui lui seront données; à ce qu'il soit préservé des mauvaises compagnies, des camaraderies corrompues et des amitiés vicieuses.

Pour presque tout, l'enfant est comme le *singe* et le *perroquet :* il a le besoin d'*imiter* plus ou moins ce qu'il voit et entend. De là, vient l'énorme danger dans lequel il risque de tomber, dans tout ce qui est mal ; si l'on n'a le soin prévoyant de l'en éloigner, afin de mieux l'en préserver.

Et, pour moi, l'éducation, facile et sûre, doit se commencer de très bonne heure ; sur la personne, encore *minuscule*, mais déjà *volontaire* et plus ou moins *obstinée,* de monsieur *Bébé*. Qu'il soit alimenté au sein, ou au biberon, n'importe ; car, le poupon qui se trouve sur Terre depuis peu de mois, nous le comprenons à cette heure, y apporte l'atavisme d'un caractère qui a vécu, souvent un grand nombre d'existences antérieures.

Les dons acquis, durant ses pérégrinations, se révéleront peu à peu, naturellement ; attendu que, pour le moment, il a assez à faire pour se former et acquérir les forces indispensables, qui lui permettront de les manifester. Mais, en attendant, il n'en n'est pas moins vrai que, quoique sans pouvoir ni marcher, ni parler, il a une petite volonté tenace, qui sait, d'ordinaire, ce qu'elle veut et ce qu'elle ne veut pas ; n'en doutons jamais.

Sans en avoir l'air, il réfléchit beaucoup plus qu'on ne le pense, sur ce qui attire son attention, car sa *jugeotte* commence aussi à s'essayer ; mais il garde ses petits jugements intimes et ses opinions entêtées — pour le temps où, d'une façon plus assurée et mieux, il pourra les articuler victorieusement, — à la fois par les mots et par les gestes.

Pour l'instant, la faiblesse, l'organisation nouvelle et... l'inexpérience obligée paralysent l'efficacité de ses intentions; ce qui le fatigue, le rend nerveux et fréquemment plus ou moins insupportable, attendu qu'il s'irrite, presque toujours, contre lui-même et contre les autres.

Eh bien, cette période est précisément la *première* où on doit faire son possible, *au moyen d'une fermeté douce et affectueuse,* pour lui apprendre les préliminaires de la *patience* et de la *retenue,* dans les limites accessibles; ce qui l'amène, tout doucement, à contracter l'habitude d'*obéir* à ceux qui le dirigent et le gouvernent.

Puis, dès qu'il marchera et parlera, il faudra bien se garder d'encourager ses gestes, mouvements et expressions, quand ils seront les interprètes *de mauvais sentiments;* attendu, que c'est par ces débuts, mélangés d'égoïsme, de ruse et de naïveté, ou de gaucherie et d'habileté déjà vicieuse, qu'il se forme à l'impertinence et à la hardiesse.

Ensuite, devenu grandet et, naturellement, questionneur et raisonneur, on l'empêchera formellement d'interroger *continuellement,* de *couper la parole* et de *répondre mal,* à ceux qui, particulièrement, prennent soin de lui, un peu en tout... C'est avec une attention méticuleuse, qu'il faudra veiller à ce qu'il salue, remercie et accueille, *correctement,* les personnes avec lesquelles il entrera en contact;.. qu'il apprenne à *supporter* la vue et l'ouïe de leurs travers, sans avoir l'air de les remarquer, et surtout, sans s'en *moquer,* ni ouvertement, ni en cachette; ce point étant très important pour l'avenir de son éducation.

Pour continuer et enfin, c'est un *respect rigoureux,* qu'il faudra exiger de son *esprit* et de son *cœur,* à l'égard de ses parents de tous les degrés; pour les personnes âgées; celles ayant des titres notoires à l'estime et à la considération de tous; les malades, les malheureux, les faibles et, en général, tous ceux qui constituent ses semblables de toutes les classes ; parce que, si dans ses jeunes années il n'a pas pris sérieusement l'habitude de respecter son prochain — *avec sincérité*, — il est très probable qu'il ne la prendra jamais.

Mais alors, une fois ces notions humanitaires, toutes de bienveillance, de droiture, de loyauté, de bonté et de charité, gravées profondément dans l'intérieur de son être, elles y demeureront constantes et ineffaçables.

On l'aura définitivement formé pour les relations, *essentiellement graves et délicates*, de la société, aux frottements dangereux si divers ; qui, trop souvent, quand l'éducation normale et convenable fait défaut, aigrissent et rendent les rapports compliqués et pénibles, à chaque pas.

Heureux, il le sera, *moralement* et même *physiquement*, beaucoup plus que d'autres qui n'auront point sucé, pour ainsi dire, avec le lait matériel, ce suc *délicieux et suave* qui parfume, remplit et entoure *les cœurs bien élevés et aimants*, — dans tout ce qui concerne leur commerce avec leurs égaux, leurs supérieurs et leurs inférieurs, — autant dans les choses minimes de la vie que dans les grandes.

Et, plus tard encore, quand il sera adulte, homme fait, ou femme accomplie, il ne considèrera pas, — comme c'est malheureusement presque toujours le cas, dans les regrettables conditions contraires, — la plus grande partie de ses frères et sœurs terrestres pour des *cibles à médisances*, à *moqueries*, à *invectives* et à *épithètes mal sonnantes* ; .. à *mauvaise humeur*, à *grossièretés*, à *trivialités* et à *violences de toute nature* ; .. ni les étrangers à son pays, pour des gens forcément très *inférieurs*, ou des *ennemis* naturels au sien propre, quel qu'il soit.

C'est, à ces nombreux points de vue, remplis de grandiose importance, que je conclus — en faisant des vœux sincères pour qu'une *éducation bonne et soignée*, soit désormais la *règle sévère* des *familles,* des *écoles* et de toutes les *sociétés* qui se forment.

En l'établissant solidement et en la maintenant fermement, partout, on fera progresser, rapidement, le *bien-être réel* des individus de toutes les classes et des peuples de toutes les races et latitudes ; lesquels, hélas, .. en ont un besoin actuel des plus urgents.

XII. — INSTRUCTION.

Une des *épines* capitales, qui assaillent et accompagnent, cramponément, notre existence, de ses premières années à sa fin terrestres, c'est, très souvent, faut-il le dire, l'*instruction* mal ordonnée, mal comprise, mal assimilée et mal appliquée.

De nos jours, on ne tient pas assez compte du *fait* et de la *nécessité* que l'enfant ne peut être, et n'est — qu'un être *en formation.* C'est pourquoi, on ne lui laisse généralement pas le temps de développer ses forces *physiques* et *intellectuelles,* devant cette raison qui, cependant, doit primer les autres ; .. trop pressés que parents, maîtres et instituteurs, sont, — de *charger* sa pauvre tête des choses de l'esprit.

Or, cette charge, relativement *excessive* et couramment *exclusive,* est, parfois, le commencement d'*une des plus grandes et souvent irréparables ruines,* qui peuvent atteindre les enfants des deux sexes, pour les tenir toujours plus ou moins, après, sous l'écrasement, ou les brisements, de son poids disproportionné. La manie contagieuse, de concentrer tous les soins à vouloir, bon gré, mal gré, faire d'eux autant de *prodiges précoces* et de *génies,* reste une torture, lente et graduée dans ses souffrances, qu'on leur fait subir ; .. mais, de plus, — qui dégénère les êtres en les *affai-*

blissant outre mesure, tout en les *anéantissant peu à peu*, dans les meilleurs résultats qu'on pourrait en espérer autrement ;.. comme en remplissant, plus qu'on ne le suppose, les cimetières de jeunes morts avant le temps !...

Il faut bien le dire, en examinant, à fond, la mimique intime et les sentiments visibles, d'une grande partie de ceux qui donnent, ou font donner, de l'*instruction* aux enfants et aux jeunes gens, dans les branches, si nombreuses et variées, qui la composent, on s'aperçoit vite — que, s'ils visent au *bien-être matériel* et à une *position enviable* pour l'avenir de ces élèves, trop souvent.. *forcés*, ils demandent et veulent, — *avant tout*, si ce n'est *en même temps*, — qu'ils satisfassent leur pressant besoin de *vanité* et d'*orgueil*, à eux.

La grande affaire, c'est que leurs enfants, ou leurs élèves, se distinguent *plus vite* que ceux des autres, — par leur savoir aussi rapide et étendu que possible, — au risque de l'obtenir plus apparent que bien établi ; — ceci, afin de *briller* et de faire une continuelle récolte de *compliments*, d'*étonnements jaloux* mais savoureux, et d'*admirations envieuses* et naïves, qui flattent délicieusement leur fierté égoïste et meurtrière !..

Pour ces gens-là, qu'importe que ces intéressants élèves restent de longues années, courbés sur les livres et cahiers difficiles et arides — *qui les absorbent, à tous les points de vue* ;.. qu'ils demeurent *pâlots, étiolés, comprimés et déformés,* ou mieux, non développés régulièrement, dans les parties essentielles de leur construction générale ; pourvu qu'ils se *distinguent*, qu'ils ayent les *meilleures notes, les premières places* et les *premiers prix,* sur les camarades qui les entourent ?...

Avancer, avancer, quitte à passer avec *adresse, ruse, habileté ou pression,* sur *les barrières naturelles et salu-*

taires des stations obligées, dans tous les genres et degrés ; voilà ce qui semble être le « *mot d'ordre universel* » de cette course *sotte, égoïste et folle,* — à travers l'encombrement des matières à apprendre, — et dans lesquelles, les rapidités de l'allure ne donnent pas même le temps nécessaire requis, à se pouvoir familiariser avec elles.

Et cette hâte fébrile, à vouloir *accaparer et dominer à tout prix,* le gros monceau de ses voisins, par le prestige *mauvais* d'une supériorité qui, communément, n'est que le *résultat éphémère* d'une éclosion et d'un épanouissement de triomphes, *arrachés avec rages et violences à la Nature,* — sage, prudente et calme, par essence, — devient, presque toujours, la cause principale des *naufrages,* des *déclassements* et des *chutes* de la vie sociale....

Si la sagesse est bonne en tout, il ne faut pas l'éloigner de l'*instruction sérieuse,* que nous pouvons et devons tâcher d'accorder, aux jeunes de tous les âges de l'application studieuse ; car elle y sèmera et y développera toujours plus de bonheur et d'efficacité, croyons-le bien, que l'ambition capricieuse, ou mal placée.

« *L'orgueil marche au-devant de l'écrasement* », dit un proverbe véridique ; .. « *celui qui court trop fort risque de tomber* », dit un autre, très sensé ; .. et, « *qui trop embrasse mal étreint* » *;* observe un troisième, non moins exact et quotidiennement facile à vérifier.

C'est pourquoi, en ce qui regarde l'*instruction* que nous sommes à même de pouvoir offrir à nos enfants et jeunes gens, il faut, je le répète, être *prudents, sincères* et *constants ;* non *illogiques, vaniteux* et *légers,* en nous faisant, nous-mêmes, — comme c'est trop souvent la règle, — les *bourreaux* mal inspirés de leur enfance et de leur jeunesse, avec, simultanément, les *destructeurs* primitifs de leurs destinées *normales, possibles et futures !* ...

A quoi sert, de trop activer leurs facultés d'entendement et de faire entrer, *prématurément,* une foule de connaissances et de choses compliquées, dans la faiblesse naturelle de leur cerveau ; puisque, non encore assez résistant à de telles fatigues il devra, presque toujours, en souffrir *considérablement* pendant son travail *disproportionné,* et se paralyser en partie après, .. ou succomber à la tâche ?

N'est-il pas mille fois préférable de l'exercer calmement et graduellement, — dans la succession *progressive* et *raisonnée* de ses forces, — sans danger d'excitation amoindrissante pour le présent, ni de banqueroute, ou de ruine anticipée et définitive, pour l'avenir ?

Si oui, comme j'en ai la conviction, ceux qui, en ces choses considérables de l'*instruction* des différents domaines, seront tombés dans de tels excès malheureux, feront bien de se rappeler le si juste et simple proverbe italien : « *chi va piano va sano* » ; sans oublier « *mens sana in corpore sano* » ; .. pour se préserver des désastres qui les menacent.

Avant tout, répétons-le, il importe de développer solidement la *santé physique et morale* des enfants et des jeunes gens, en leur donnant aussi le *goût* et l'*habitude* du travail et de l'application studieuse. Mais, ceci, dans des limites *sages, positives et pratiques ;* ce qui ne peut avoir lieu efficacement, qu'en tenant compte suffisamment de leurs *vrais* besoins, de leurs tendances et aptitudes *naturelles,* comme des moyens *raisonnables* que peuvent accorder les positions sociales, si disparates, de leurs familles.

Il ne faut pas s'imaginer qu'on peut faire un *professeur,* un *avocat,* un *médecin,* un *artiste,* un *savant, etc..,* de tout enfant auquel on remplit le cerveau des leçons, des cours et des matières propres à chacune de ces spécialités, ainsi que trop de parents et d'éducateurs qui en ont l'ambition, avec ou sans les moyens financiers, le désirent, — *un peu partout;* — car c'est souvent en pure perte.

En effet, on ne fera jamais *un musicien d'un sourd*, ni *un peintre d'un aveugle*, ni *un savant quelconque d'un jeune homme borné et peu intelligent.* Sans les dons naturels, indispensables à la vocation spéciale choisie, on pourra peut-être. — *à force de temps, de peine et d'or*, — faire parvenir ces regrettables candidats .. à un état de progrès et d'avancement *relatifs;* mais, outre que leurs études entières seront, pour eux surtout, un véritable *martyre* et une *déception croissante*, ils ne pourront jamais arriver à rivaliser avec les doués de ces genres, ni encore moins à exceller.

Du reste, le Créateur répartit les dons avec une variété tellement grande et si individuellement exclusive, parfois, qu'il nous trace souvent, d'une manière visible, — *le chemin que nous devons suivre, la carrière, ou la vocation, que nous devons embrasser*, — pour notre bien et celui des autres. Et en y réfléchissant d'une façon désintéressée, nous comprenons, assez facilement, les motifs palpables de sa prévoyante sagesse, quand nous considérons — qu'« *il faut un peu de tout pour faire un monde comme le nôtre* ».

Nous avons un besoin continuel des corps de métiers manuels, à commencer par les *agriculteurs*, qui nous font vivre; les *maçons, charpentiers, menuisiers, plombiers, ferblantiers, couvreurs, serruriers, plâtriers et vitriers*, qui construisent nos maisons, d'après les plans des *architectes;* les *ébénistes, fumistes, tapissiers et peintres*, qui les garnissent en les ornant; les *tailleurs, cordonniers, et chapeliers*, qui nous habillent, nous chaussent et nous coiffent; les *marchands*, qui nous fournissent; les *industriels* et *manufacturiers* de tous les genres imaginables, qui pourvoyent aux besoins techniques des uns et des autres; les *marbriers, potiers, faïenciers, mécaniciens, armuriers, horlogers*, com-

mis, bijoutiers, placiers, voyageurs, cartonniers, imprimeurs, relieurs, photographes; les innombrables *employés* des deux sexes, *etc..*, *etc...* Tous les mille et un métiers, en un mot, qui forment l'engrenage social, sans en excepter les *soldats,* qui nous défendent, les *cheminaux, voituriers* et *marins,* qui nous transportent et nous mettent en communication avec toutes les parties de notre globe.

Et c'est un grand bonheur qu'il en soit ainsi et non autrement ; car, si tous ceux qui aiment, ou ambitionnent, les arts et les sciences, *sans en avoir les dons et moyens facilitants,* voulaient se mettre à *peindre* des tableaux, *composer* des opéras, *formuler* des lois, *prescrire* des traitements, ou *écrire* des livres, etc., etc., nous n'aurions bientôt plus qu'à *mourir de faim,* de *besoins divers,* d'*ennui,* de *dégoût* et de *désespoir !* . . . . .

Le grand mal, dans tout ce qui se rapporte à l'*instruction* de l'enfance et de la jeunesse, je le répète, c'est qu'elle est presque toujours dirigée par l'*ambition vaniteuse,* ou *aveugle,* beaucoup plus que par la *lucidité prévoyante.* Tous, cependant, devraient sentir la nécessité de sonder, avant tout, les terrains vierges à cultiver, pour ne pas les ensemencer au hasard, *arbitrairement,* ou *obstinément;* sans être sûrs qu'ils possèdent, véritablement, les *qualités requises* pour justifier le *goût,* le *désir* et le *choix.*

En dehors de ces mesures de simple prudence élémentaire, on s'expose généralement à des échecs successifs, des luttes inégales, pleines de chocs amers et de perspectives décevantes ; et à des découragements qui dépriment les forces disponibles, en les précipitant de plus en plus, dans l'océan gigantesque des tribulations et des misères humaines les plus redoutables.

Pourquoi donc, méconnaître si profondément l'*échelle* des capacités, des vrais besoins, des limites raisonnablement tracées par les différentes conditions sociales, — dans les individualités qui sont soumises, ou se soumettent, aux traitements de l'*instruction*, — à tous les caractères et degrés qu'elle est susceptible de comporter?..

Il va sans dire qu'il est aussi naturel que légitime, de voir *chacun* des individus des races, castes et classes, qui se partagent la Terre et ses fruits, chercher, instinctivement, les améliorations possibles *à sa condition particulière et spéciale;* puisque la créature humaine est d'essence perfectible même, et qu'elle a à la fois — le *devoir* et le *droit* — de marcher au-devant de son perfectionnement.

Mais, pour cela, il ne s'ensuit pas, nécessairement, que tous les enfants des paysans, par exemple, doivent rejeter loin d'eux.. la forte, belle et saine vie des champs, dans laquelle, l'existence leur est assurée avec une simplicité encourageante et fertile;.. que ceux des ouvriers des villes, doivent tous vouloir être des patrons, ou des propriétaires;.. que ceux des maîtres, des éducateurs, des prêtres et des magistrats, doivent, forcément, les remplacer dans les mêmes carrières, ou monter plus haut qu'eux encore!..

Non, car c'est, précisément, dans cette ambition *trop générale et systématique,* que se trouvent les dangers qui composent les grandes pertes de temps, les insuccès, les déboires et les déclassements, avec leurs mauvaises conséquences; que je cherche à faire éviter ici.

Et, le mieux, sera toujours de n'adopter le choix d'une vocation qu'après avoir dressé un *bilan exact*, sous forme d'examen très sérieux, de tous les *principaux dons et manques* qui se manifestent chez les élèves; tant sous le rapport des aptitudes *physiques et morales,* que sous celles de l'*intelligence et des moyens,* propres à les pouvoir cultiver.

Alors, seulement, — *en connaissance de cause suffisante,* — on pourra commencer un *essai*, et le poursuivre si le résultat en est favorable ou, au moins, assez encourageant ; quitte à en faire d'autres, dans de nouvelles directions, pour le cas où il ne présenterait pas le *minimum* des qualités indispensables voulues.

A mon avis, l'*instruction normale* la plus avantageuse, sous tous les rapports *réels* et non apparents, doit se commencer dès la plus tendre enfance, — par des exercices corporels doux et gradués, destinés à développer les *membres et organes grands et petits ;* — en tenant compte des différences qui, sur ce point, séparent les deux sexes en plusieurs camps partagés, absolument distincts.

C'est ce que j'appelle le « *travail journalier, hebdomadaire, mensuel et progressivement annuel, de la construction matérielle de l'être physique* ».

Puis, au fur et à mesure que ses forces s'établissent, on cherche à les occuper utilement, par le travail théorique et pratique de l'*esprit* et de ses annexes, ou compagnons obligés, tels que — le *cœur*, la *mémoire*, la *vue*, l'*ouïe*, le *goût* et le *toucher ;* — veillant à ce que le meilleur *équilibre* soit constamment maintenu, entre le spirituel et le matériel.

C'est ce que je nomme la « *véritable culture développante* » des êtres humains en formation ; la seule, du reste, qui résume l'ensemble des besoins qui s'imposent, des soins et satisfactions, que nous avons tous le devoir avec la mission, *de chercher à leur donner ;* chacun dans la mesure de nos moyens individuels, s'entend.

Je n'entrerai point, ici, dans des détails plus ou moins exclusifs, ou oiseux. Mais, il me semble, qu'en ce qui concerne l'*exercice intelligent des membres et du corps,* les gens de toutes les classes peuvent en offrir du *très simple et naturel,* à leurs enfants de tous âges ; sans compter, que les *mouvements préliminaires* de ce qui compose spécialement la *gymnastique*, proprement dite, peuvent être facilement appris dans les si nombreux établissements publics, sociétés et groupes, qui s'en occupent.

Maintenant, beaucoup de *petits travaux manuels,* prolongés avec mesure, peuvent en tenir lieu, au besoin ; ou les compléter avec double profit : celui du bien-être physique, en soi, et celui du résultat utile qu'on en obtient.

Quant au développement de l'*intelligence,* je crois que la *langue maternelle,* le *calcul,* la *géographie,* l'*histoire de son pays,* un peu de *dessin* et de *musique vocale* suffiront, — constamment alternés avec l'*enseignement élémentaire des grandes vérités et obligations religieuses générales,* comme des bases principales de la connaissance des *positions et proportions relatives* connues, concernant notre globe, les planètes avec les grandes étoiles, — pour cultiver soigneusement les petits cerveaux jusqu'à *dix* ou *douze ans,* dans les campagnes et les villes.

Quand on songe à la longueur de ces connaissances primaires, .. étudiées *à fond,* .. à leur importance capitale, pour celles qui pourront venir après, .. je pense que toute personne sérieuse sera de mon avis.

Ceux qui auront le privilège de faire continuer ces études, en y ajoutant, les plus avancées qu'ils ambitionnent, *à juste titre,* feront toujours bien d'éliminer des programmes généralement admis, l'*excès* des matières imposées, *troublant tant de cerveaux et de vies;* pour ne servir qu'à un nombre restreint de ceux qui parviennent, .. de « *marchepieds* », de « *piédestaux* », ou de « *chevaux de course* ».

L'abondance même des dites matières, imposée aux élèves de tous rangs, est un colossal obstacle, qui les *embrouille,* les *paralyse* et les *anéantit,* le plus souvent. Et, il est mille fois préférable de savoir, à fond, les choses *véritablement pratiques et directement utiles à la vocation* en vue, ou déjà commencée, que de se noyer l'esprit et le corps dans les *teintures multiples* de l'érudition *abstraite, secondaire,* ou *à la mode,* par seul mobile d'imitation, ou de puérile vanité.

Pourquoi, encore, persévérer dans l'étude si longue et aride des langues *mortes,* celles qu'on ne parle plus que dans *quelques parties de certains cultes,* les *tournois académiques* et les *officines des savants à rebours,* par phrases plus ou moins *pédantes ;* destinées, peu charitablement et peu loyalement, à cacher au public profane — l'esprit qu'on n'a pas, . . ou les choses qu'il devrait savoir, mais qu'il ne peut comprendre, à cause de cette précaution trompeuse?..

Est-ce un bien, ou un mal?.. Telle est la question qui doit nous déterminer à résoudre ce problème, vraiment par trop obsédant. Je laisse, à chacun, le soin d'y répondre suivant ses convictions ; mais, pour moi, je n'hésite pas à la déclarer un *mal,* parce que je n'y vois que — *limites étroites, difficultés inutiles, résultats négatifs,* ou *tromperies manifestes,* faciles à reconnaître.

Que ne fait-on, plutôt, des efforts sincères à composer, d'un commun accord, les bases, règles et perfectionnements d'une *langue universelle,* peu importe qu'elle s'appelle « *Volapuch* » ou autrement ; et qui servirait de moyen d'entendement et de fraternité entre tous les peuples de la Terre?.. Il me semble, qu'elle serait autrement féconde en bons résultats, que toutes les phrases en *us* et en *mus* des latinistes incompris ; ou de tout le *charabia* des hellénistes de notre époque, qui se disputent avec acrimonie, la palme du génie absent?...

Et puis, les principales langues *vivantes* sont déjà assez nombreuses, de nos jours, pour qu'on ne perde pas des années de jeunesse précieuse à faire recommencer — *à chaque nouvel individu,* — la chasse stérile, mal aisée, et encombrante, des *mortes ?*..

Si j'insiste sur ces choses, c'est que la vie terrestre est *courte,* les forces toujours *limitées;* et qu'au lieu d'employer *utilement* le temps qui nous est accordé pour nous instruire, on nous en fait, trop souvent, *gaspiller une grande partie en études inutiles,* qui n'ont, généralement, pas d'autres effets que — *de nous surcharger de travaux, de peines, de fatigues, de dépenses et d'illusions,* — le tout, presque en pure perte!... J'en appelle, du reste, au témoignage lamentable des infortunés possesseurs de ces savoirs oiseux et de luxe, qui vont — s'évaporant sans fruit, dans les *fumets* de leurs moisissures spéciales!...

C'est, tout simplement et très regrettablement, *éparpiller* les efforts de ceux qui ont le principal besoin d'atteindre un *but pratique* déterminé; au lieu de les *concentrer* sur son véritable chemin, — comme le bon sens, la sagesse prévoyante et l'incertitude, dans laquelle nous vivons au jour le jour, les uns et les autres, — l'indiquent et le prescrivent, formellement.

Il y a tant de *choses urgentes,* que nous devrions tous apprendre et savoir, pour être à même de nous diriger dans les dédales de la vie terrestre! Par exemple, à nous servir *assez vigoureusement de nos membres* pour nous rendre, à nous-mêmes, les mille services que, trop communément, nous sommes obligés de demander aux autres, — aux dépens de notre bien-être, de notre satisfaction, de notre bourse, et quelquefois de notre sécurité personnelle;.. que je ne comprends pas l'*inertie* de nos éducateurs à leur sujet, ni leur manie, presque constante, d'*accumuler* le travail journalier du cerveau et d'*amoindrir,* toujours plus, celui du corps.

A ce propos, voici une anecdote originale qui me revient en mémoire :

Un *illustre savant* voulut un jour traverser un fleuve immense, au courant des plus rapides et dangereux, et il s'adressa pour réaliser ce désir à un *humble batelier*. A peine éloigné du bord, le premier se mit à interroger le second, avec toute la désinvolture impérieuse qui caractérise, si désagréablement, la plupart des gens qui se croyent, en tout, supérieurs aux autres :

« Sais-tu lire, bonhomme ? » — « Non, monsieur, je n'ai jamais été dans une école ». — « Oh, malheureux, tu as perdu le *quart* de ta vie !.. mais tu sais calculer un peu, au moins ? » — « Hélas, pas davantage, monsieur ». — « Oh, disgracié, alors tu as perdu la *moitié* de ta vie !... As-tu peut-être quelques notions de géographie ? » — « Non plus, monsieur, je n'ai jamais pu avoir ce bonheur, pauvre dès l'enfance et chargé de famille et de misère depuis longtemps ! » — « Oh, infortuné, dans ce cas tu as perdu les *trois-quarts* de ta vie ! »...

Un silence s'établit. Puis, tout d'un coup, une voie d'eau se déclara dans le bateau, qui, à la grande détresse des deux hommes, sombrait grandement à vue d'œil. « Nous voici dans une situation irréparable ! » dit brusquement le *batelier*... « *savant,* sais-tu nager ? »...

« Oh, mon Dieu, » répondit celui-ci, « j'ai appris beaucoup de choses avec mon esprit, mais presque rien avec mon corps et je ne sais pas nager ! » — « Dans ce cas, *savant,* tu as perdu *toute ta vie;* car il m'est impossible, en ce moment, de chercher à pouvoir sauver autre chose que ma propre peau ! »... Et il s'élança à la nage dans la direction du rivage; laissant, forcément, le pédant épouvanté s'enfoncer dans l'onde impétueuse.....

Combien de gens instruits se trouvent, encore souvent, en des cas analogues, de nos jours, — par la faute de ceux qui ont si mal dirigé les lumières dont ils voulaient les éclairer; — puis ensuite, sont livrés à la merci d'une foule de difficultés, de dangers, d'obstacles, ou d'incapacités corporelles; paralysant, ou brisant, tout le fatras de leur science spirituelle ou théorique, — par l'*inanité* de leurs trop pauvres ressources physiques ?...

Je pense que ce sont des *légions* ; et j'estime ne pas exagérer. C'est pourquoi, devant une faute presque générale et aussi *considérablement funeste,* dans toutes les situations plus ou moins regrettables et navrantes se présentant, — *à nos consciences comme à nos yeux,* — j'insiste, tout particulièrement, pour que ceux qui ont quelque influence en ces domaines, ou des responsabilités, et ceux qui en souffrent, *actuellement,* réfléchissent, s'amendent et changent, aussi vite que possible, leurs plans individuels d'*instruction,* — s'ils sont malheureusement entachés de tels vices et de pareilles menaces !...

Moins de *vanités,* d'*ambitions orgueilleuses* et d'*illusions dangereuses,* car elles sont *des sentiers de ruines probables*. Et plus de bons sens pratique, de logique saine et d'ardeur solide, dans la recherche maintenue — de l'*indispensable* et du *nécessaire ;* — pour ne pas continuellement s'exposer à manquer, dans les choses que nous pouvons vaincre, ou obtenir, le but tracé de nos efforts les plus légitimes.

Donc, avant de se lancer, *à corps perdu,* vers les perfectionnements supérieurement intellectuels des hautes études, des vocations, des arts, des industries et des spécialités, — qui sont avidement recherchés par les peines et les joies de nos désirs, — qu'on ne perde jamais de vue le *jugement,* qui doit, — *en chaque cas,* — maintenir l'*équilibre* de nos forces, de nos aspirations, de nos conceptions et de nos travaux actifs, dans leurs genres si nombreux.

Avant d'apprendre à fond les *langues,* les complications énumérées plus haut, les *talents de société,* tels que — la « *musiquerie,* » le « *dessinage* » et le « *peinturlurage à pré-*

textes » des salons ; qu'on travaille d'abord, assez longtemps, à pratiquer le fameux « *connais-toi toi-même* », des anciens, toujours si rigoureusement utile ; afin d'en pouvoir faire jouer et employer efficacement, à l'occasion, les *rouages naturels fondamentaux*, trop souvent *atrophiés*, *rouillés*, ou réduits à compter pour *nuls* . . . . .

« *Qui veut la fin veut les moyens* » ; c'est ici le cas de le dire et d'en faire usage pour instruire, avec *raison* et *solidité* justifiées, les jeunes qui commencent à recevoir la nourriture capitale des choses de l'esprit . . . Mais, en se rappelant, pour chacun d'eux en particulier, qu'elle peut être *digérée facilement*, *assimilable* et *fortifiante*, — si nous savons l'offrir *bien préparée*, *ordonnée*, *proportionnée et en son temps* ; ou *indigeste*, *non assimilable* et *déprimante*, — si nos décisions, à son égard, sont *contraires à leurs individualités diverses*, à leurs aptitudes, à leurs besoins véritables, à leurs désirs voulus, à leurs goûts fondés et normaux, comme à leurs forces ! . . . .

XIII. — IGNORANCE.

Celle des *épines* qui entre directement en opposition avec la précédente est, précisément, la sombre et ténébreuse qui porte le nom d'*ignorance*, et à la servitude obligée de laquelle nous sommes tous plus ou moins condamnés, en ce monde spécial.

Elle est certainement la plus terrible, la plus affreuse et la plus *gigantesquement meurtrière* de toutes, parce qu'en définitive, on peut franchement l'accuser d'être — la *cause première* de toutes les autres, celle qui nous empoisonne toujours, dans une mesure relative, de ses venins déguisés autant qu'intimement associés, parfois, à d'apparentes vérités qui séduisent.

L'*ignorance* est surtout l'âme du mal, qui combat le plus victorieusement nos meilleures intentions et en paralyse, le plus souvent, les efforts généreux ou simplement utiles ; car, même malgré nous, elle nous entraîne vers les *chemins multiples de l'erreur*. Et cela, avec l'intention bien arrêtée de nous *éloigner, tant qu'elle le pourra,* de la vérité, — qu'elle redoute haineusement.

Pour revêtir les formes ingénues de l'innocence, et celles, non moins attractives, des mystères d'un peu tous les domaines qui nous sont sympathiques, elle n'en n'est pas moins notre plus grande et plus redoutable ennemie, *à tous les titres imaginables*. Le fait seul, de la faculté de se travestir en chaque forme voulue, qu'elle possède à la perfection, nous en est — une preuve décisive et irréfutable . . . .

C'est de ses maléfices que nous souffrons constamment, dès notre venue en ce monde et jusqu'à notre départ de son empire favori. Tout nous l'*atteste,*. . nous le *montre,* et nous force à le *constater,* — d'une manière absolue, véritable et tangible ! . . .

Pourquoi sommes-nous les *victimes* de tant d'usages, d'habitudes, de lois, de préjugés, de craintes, de troubles, de doutes et de maux de tous les genres contraires à notre bonheur, — qui nous assaillent, en nous malmenant sous leur domination terrestre ? . .

Essentiellement, parce que l'*ignorance* nous voile, de toutes ses teintes et noirceurs accumulées, les lumières qui pourraient nous éclairer et nous sauver de ses étreintes infernales ; . . et que la *demi transparence* trop souvent poétique du mystère, dont elle les affuble, ne sert qu'à mieux nous attirer et nous garder à elle.

Si l'instruction vraie, qui mérite ce nom réconfortant, est l'astre brillant qui *anime, réchauffe et perfectionne —* tout ce qui existe dans notre monde ; l'*ignorance* involontaire, ou simulée dans un esprit d'égoïsme et de lucre, est la pieuvre géante qui, — par ses blessures venimeuses et si souvent mortelles, — *déprime, empoisonne, avilit et renverse* les choses les mieux établies, dans l'ordre parfait de la Création à laquelle nous appartenons.

Cette ennemie effroyable, est un sujet inépuisable de lutte continuelle pour nos activités diverses. Nous avons beau faire, elle est d'une telle puissance dominatrice sur nos personnes, qu'il nous est toujours impossible de pouvoir nous en débarrasser *complètement,* comme on le ferait d'un vêtement souillé ; et que force nous est de l'avoir *en la profondeur* de nos êtres, dont elle jouit de remplir à la fois l'âme, l'esprit et le sang !....

Nous la suçons, pour ainsi dire, avec le lait de nos premiers jours, et nous nous en alimentons de toutes les manières, par la suite, attendu — *qu'en chaque chose qui nous concerne,* — elle se trouve intimement mêlée dans une proportion plus ou moins grande ; toujours également prête à nous tromper et à nous séduire, pour nous faire tomber dans les pièges qu'elle nous prépare....

On peut comparer cette *épine*, férocement dangereuse et cruelle, à une tromperie perpétuelle, dont les bases avec leurs développements : *semence, racines, fleurs et fruits,* se manifestent à nouveau dans chaque individu ; tout en observant une variété qui n'a d'égale — que leur nombre même, leur impossibilité à s'en défendre comme à s'en préserver entièrement, et, nous le savons, leur faiblesse innée à la combattre assez.

C'est aussi une chaîne de malédiction qui *lie, paralyse, et tient en esclaves plus ou moins soumis et asservis les êtres et les choses de l'humanité, comme celles de l'animalité et de tous les états de la matérialité ;* sans que, ni les uns ni les autres, puissent se soustraire suffisamment à son joug vicieux et odieux, — pour arriver à s'en rendre maîtres absolus et libres de toute rançon.

Non, chaque être humain et toute chose terrestre, doivent lui payer un large, toujours trop large tribut; parce que tous, sans exception, deviennent sa proie — *en entrant dans l'existence qui leur est faite,* — et qu'ils sont forcés d'accepter des Mains Créatrices qui dirigent l'univers entier!...

Mais nous avons, pour la prévenir et la combattre, ou tout au moins la tenir éloignée de nos esprits et de nos cœurs, dans la mesure du possible individuel, l'instinct inné de la *curiosité* et le sentiment naturel et contagieux du *devoir* véritable.

Ces deux leviers puissants ne le sont pourtant pas assez, à eux seuls, pour vaincre les difficultés qui nous sont entassées par elle; dans la production effroyablement grande dont elle se plaît à nous saturer et recouvrir plus ou moins, en tout et partout. Aussi, nous devons encore avoir recours au précieux et indispensable appui du pouvoir de notre *volonté,* de notre *énergie* et ne notre *patience* soutenues.

Sans ces moteurs distincts, nous ne faisons que végéter dans le maintien théorique de la pratique de toutes nos innombrables erreurs, le plus souvent même sans nous en douter; tant est grande et commode, en nous, l'habitude de considérer la plupart d'entre elles — comme autant de vérités hors de doute!...

Nous ne souffrons, si horriblement, sur cette Terre, que parce que nous sommes tous des *ignorants,* à des degrés divers, il est vrai; et, ce qui est particulièrement triste, — quoique admirablement fait pour nous ramener au juste niveau de notre petitesse commune et nous en consoler, en même temps, — sans aucune *exception* connue, ni même possible à justement espérer..

Si, *enfants,* nous souffrons tant de l'impatience qui nous

agite, de la curiosité qui nous brûle, du lendemain qui nous attend et de l'avenir qui nous paraît insaisissable, ou inarrivable, c'est parce que la faiblesse tremblante de notre raison trop jeune, qui s'essaye, se sent, à chaque pas, sous la formidable disproportion dominative de l'*ignorance;* laquelle nous oblige, un peu en tout — *à marcher la tête dans un sac !* . .

Il nous faut obéir, presque toujours *passivement,* sans trop chercher à comprendre, et on nous en fait une loi forcée; malgré tous nos *pourquoi?* et nos *comment?,* nos *mais,* nos *si,* et nos *la;* . . . l'écheveau des motifs qui les provoquent étant trop lourd et embrouillé pour nos moyens commençants .

Si, *adultes,* nous sommes encore paralysés dans la continuation de presque tout ce que nous voudrions savoir et découvrir, jusqu'aux extrêmes limites, c'est toujours *l'ignorance* qui nous nargue et nous excite; — avec ses barrières les plus solides et ses hautes murailles les plus infranchissables . . .

Malgré nos efforts individuels et collectifs pour les renverser, les franchir, ou les escalader, nous avons une peine infinie et sans cesse renaissante à diminuer, de n'importe quelle façon et minime résultat, relativement, — l'importance, souvent décourageante, de ses obstacles *et malédictions,* — surgissant de *purgatoires* temporaires, ou de véritables *enfers* continus ! . . .

Si, *vieillards,* nous en souffrons toujours, c'est parce qu'*elle nous trouble sans cesse,* nous remplit de *doutes,* de *craintes,* de *tourments* et de *peines* sans nombre; s'appliquant à nous faire envisager *les mensonges de nos convictions comme des articles de foi, et les vérités de nos croyances comme des assurances, ou des garanties à double face,* — présentant, tour à tour, le *oui* et le *non;* — soit, un *bon côté réel*, avec son annulation par un *mauvais côté non moins réel!*..

Et sa puissance malfaisante s'*acharne* sur nos tentatives et nos personnes, toutes les fois que nous essayons de *percer les ténèbres* plus ou moins épaisses et délétères, dans lesquelles elle *enveloppe*, à la fois — nos *esprits*, nos *volontés*, nos *cœurs*, et nos *corps*....

Nous sommes donc obligés de défendre notre paix, nos êtres et nos biens, *à la voracité dévorante de son appétit diabolique et insatiable;* car elle n'a d'autre souci visible que celui de nous *désorganiser encore vivants*, de nous *perdre en chaque circonstance*, et *d'empoisonner jusqu'à notre souvenir*,.. chez ceux qui nous succèdent!...

« *Ce qu'on ne sait pas ne gêne pas* », dit un proverbe; cela peut être vrai jusqu'à un certain point, dans le *mal*, — quand il prend racine dans nos individualités. Mais, dans le *bien*, c'est certainement le contraire; et je pense, qu'en cherchant à le pratiquer, on peut alors dire, à cet égard, « *ce qu'on ne sait pas gêne toujours* »!...

Qui est-ce qui empêche de *suivre pratiquement* le bien, en petit et en grand, comme théoriquement nous cherchons à nous en *tracer* les chemins multiples qui, tous, conduisent aux perfectionnements et aux victoires efficaces que nous en désirons?

Evidemment, c'est, en très grande proportion et à tous les points de vue, beaucoup plus *l'ignorance* que notre véritable faiblesse de caractère, de volonté, de principes et de moyens matériels.

A elle seule, elle explique nos efforts inutiles pour atteindre — *ce qu'elle nous dérobe et nous cache*, — dans toutes les études, les recherches, les peines et les soins,.. qui n'ont pas l'égoïsme, la paresse, ou la lâcheté, pour principal mobile.

C'est pourquoi, en envisageant tranquillement et loyalement — les conditions, dans lesquelles nous sommes les uns et les autres placés, ici-bas, pour y accomplir nos destinées terrestres individuelles, — il faut convenir que, malgré tout ce qui se fait pour renverser, dévoiler et amoindrir cet envahissement de *l'ignorance,* dans les nombreux domaines que nous sommes susceptibles d'apprendre à connaître, les progrès réalisés sont extrêmement *lents, minimes et chèrement arrachés;* tellement, que pour pouvoir enfin posséder les *bribes,* ou étincelles, des feux éclairants qui les composent, nous devons offrir nos dons particuliers et nos vies en continuel sacrifice!...

Si nous sommes pauvres, malades, méconnus, abandonnés, surchargés de soucis, de tourments, d'inquiétudes; ou trop longtemps opprimés; c'est, presque toujours, parce que *nous ignorons ce qu'il faudrait faire* pour nous enrichir relativement, nous guérir, nous manifester efficacement, intéresser les autres à nous, nous débarrasser facilement et dignement de nos maux, soit — *de nos misères morales, intellectuelles* et *physiques,* comme aussi des *jougs,* qui nous écrasent...

En effet, si nous connaissions les *vrais* et *sûrs moyens* qui pourraient nous délivrer de ces innombrables et si sombres tributs, — que nous payons journellement et constamment à l'*ignorance de nos aveuglements les plus divers,* — une bonne portion de l'antique et divin paradis terrestre serait, pour nous tous, plus ou moins complètement retrouvée à notre profit.

Malheureusement, il n'en est pas ainsi; et dans la rébellion aux progrès de tous les genres, qui les caractérisent d'un siècle à l'autre, les générations se succèdent en se maintenant — bien plus, les *conservatrices* des erreurs, des doutes, des manquements et des préjugés arbitraires, que les libératrices des fautes funestes et des calamités sans nombre qu'ils nous occasionnent !....

Je me représente volontiers l'*ignorance,* sous les traits poétiquement doux et fascinateurs d'une femme à la peau brune, aux dents blanches et fines, aux yeux et cheveux d'un noir de jais, qui l'enveloppent, toute entière, de lueurs phosphorescentes et hypnotiques, éminemment, ensorcelantes et soporifères...

Ses formes, délicieusement vagues et entourées de voiles sombrement légers, transparents et indéfinissables, donnent à ses mouvements flottants une majesté de beauté mystérieuse, qui attire comme un aimant puissamment irrésistible, qui captive les faibles et les non prévenus ; avec ceux qui la chargent de leurs accusations, de leurs reproches, de leurs sarcasmes, de leurs défis, et qui la combattent, chaque fois qu'ils la rencontrent — par les armes naturelles et lumineusement flamboyantes des vérités de l'instruction pure, forte, juste et vraie...

Comme une bohémienne brillante de joie intérieure, de jeunesse perpétuelle et de charme paresseusement voluptueux, elle se rit et se joue des efforts de ces moroses, qui la craignent, la redoutent et s'en éloignent, assez souvent avec regret,.. plus qu'ils ne l'éloignent véritablement !..

Elle voudrait que chacun l'admire, la respecte et l'adore, dans *un culte ténébreux, mystique et constant,* qui lui assurerait la suprématie individuelle et universelle d'une royauté sans rivale ; assujétissant à son trône et au service de ses ambitions les plus effrénées, toutes les légions des humains qui apparaissent et disparaissent, sur cette Terre d'imperfections continuelles,.. objet grandiose de ses convoitises ardentes et perfides !..

Aussi, abandonne-t-elle ses rivaux et adversaires dans les questions simples, qui lui paraissent de peu de valeur,—

persuadée qu'elle n'a pas un profit suffisant à les défendre.
Par contre, elle sème des nuages et obstacles multipliés et
de plus en plus impénétrables, — *sur les chemins qu'ils
poursuivent dans le but de lui échapper valeureusement;* —
et c'est là, qu'après les plus petits trajets effectués, ou franchis, elle les subjugue en un tour de main et les force, — *à
leur insu,* — de lui payer les rançons qu'elle exige, alors,
des ruses, moyens et hardiesses, encore enfouis dans leurs
bagages non dépouillés !...

Ô, instruction saine, vaillante et noble, viens nous délivrer des philtres endormants, des séductions, des surprises,
des attaques, des vols et des captations, comme de tous les
maléfices dont nous sommes continuellement menacés —
par cette ennemie vaporeuse et insaisissable,... *qui plane
toujours sur nous !*....

XIV. — RELIGION.

A première vue, il semble que le *culte* rendu à la divinité
admise et établie — dans chaque temps et pour chaque peuple, — soit l'*enseigement* et la *pratique* mêmes du perfectionnement moral et intellectuel qui doit, presque forcément,
conduire au bien.

Et cependant, il y a tant de distance entre « *la coupe et
les lèvres* » de ceux qui veulent s'abreuver et se désaltérer
complètement, aux sources de ces fontaines spirituelles, —
*toutes jaillissantes de visions et de promesses de bonheur
idéal,* — que peu, relativement, ont la fermeté nécessaire et le
pouvoir suffisant à en accomplir le trajet obligé.

Il y a plus, les mêmes *religions,* qui ont si souvent conduit et conduisent au bien, chaque jour, ont presque toutes
des joints ouverts à leurs cuirasses de sainteté, — *par où le
mal pénètre et s'en sert,* — en les employant dans le sens de

ses convoitises... Et c'est ainsi, que ces doctrines, souvent sublimes et grandioses, sont soutenues par les foules de leurs adeptes, réunis dans une *même foi commune;* exaltés par les mêmes sentiments élevés comme, malheureusement aussi, amoindris par une toujours trop grande partie de leurs *mêmes égarements familiers* et successivement héréditaires...

C'est en cette dernière considération, bien entendu, que toute *religion* peut devenir une *épine de malédiction,* — durablement prolongée.

De nos jours, ce que nous remarquons le plus à cet égard, important et parfois capital, c'est que, pour ainsi dire, toutes se renferment *en elles-mêmes,* afin de se concentrer, *égoïstement,* dans le giron exclusif — de *leurs idées,* de *leurs croyances* et de *leurs pratiques....*

On dirait, positivement, qu'il ne leur vient pas même en tête de se faire un devoir de constater — que *toutes les créatures humaines qui naissent sur la Terre sont, également, des enfants qui appartiennent aux mêmes lois naturelles et mystérieuses, comme au même Dieu universel, invisible mais évident;*.. tant le vil et lâche besoin de ne penser qu'à soi reste — *malgré tout,* — au fond des cœurs !....

Sans doute et en bonne règle, « *charité bien ordonnée commence par soi-même* ». Mais, ce n'est pas une raison suffisante pour en rester là ; renier les autres, les calomnier, les mépriser et les interdire dans les droits qu'ils ont, — *aussi bien que ceux qui les jugent ainsi,* — d'être admis à l'école des tribulations terrestres, des épurations et des encouragements divins, le tout ;.. parce qu'ils ont des croyances qui diffèrent des nôtres.

Puisque les choses de l'Au-Delà sont si mystérieusement vagues, dans leurs formes constantes les plus visibles, telles que la *naissance,* les *pensées,* les *rêves* et la *mort,* il n'appartient à aucun de nous de forcer ses frères — à les envisager, ou à les voir, dans des formes *arbitrairement précises*, qu'elles n'ont pas!...

C'est de la sorte qu'on nous fait, et que nous faisons généralement aux autres, un *mal incalculable;* lequel va toujours — se propageant à foison, remplissant nos esprits, nos cœurs, et jusqu'à l'air qui alimente nos poumons.

Il est un fait certain, c'est qu'aujourd'hui, presque autant que jamais, les différentes *religions*.. *nous divisent et nous séparent en adversaires et en ennemis, au lieu de nous unir charitablement en amis et en frères;* et chacun peut s'en rendre compte journellement, avec la plus grande facilité!....

Où trouver la cause d'un tel *absurde et regrettable antagonisme, cruel et dangereux,* si ce n'est dans l'*ignorance délétère*, qui *fausse* nos entendements, *aveugle* les yeux de nos âmes et *durcit* l'ouïe de nos cœurs?...

En effet, si nous étions tous, dès nos premières années, *mieux instruits dans les grandes vérités évidentes qui s'imposent, moins ignorants de nos vrais devoirs les plus urgents et les plus humanitaires,* — à tous les points de vue réels, — nous serions infiniment meilleurs, plus dignes de notre origine, de notre but, et des grâces que la Providence tient en réserve inépuisable pour nous....

Pour ne parler que des trois *religions* foncièrement distinctes de nos pays d'Europe,.. qu'apportent, en venant au monde, ceux qui naissent *juifs, catholiques,* ou *protestants,* — de plus ou de moins, que ceux qui naissent en d'autres climats ou contrées, dans les diverses idées religieuses les plus opposées?..

Des corps *périssables,* des cœurs qui cherchent à *aimer,* des esprits qui font des efforts pour comprendre leur *raison* d'être, et tâcher de connaître le *sort* qui leur est réservé; avec des âmes qui *aspirent,* toutes, à un *idéal de jouissances,* de *bonheurs* et de *perfections infinies*... Donc, rien de plus, ni de moins, que ceux des autres confessions!..

Qu'emportent, à leur mort, ces mêmes enfants de la Terre, de toutes les *religions* qualifiées,.. même en partant à un âge très avancé?..

Une âme *travaillée*, un esprit *fatigué* de ses recherches, de ses doutes, de ses idées, de celles des autres, de ses *besoins* multiples et de ses *erreurs* innombrables;.. un cœur plein de *fautes*, de trahisons, de regrets, d'amours divers, d'espoirs *incontentés* et de lassitude *extrême*... Et c'est tout, parce que le corps matériel, les distinctions sociales, les honneurs, les richesses et les privilèges de tous les genres, disparaissent dans les profondeurs inconnues du néant des sens et des forces, qui n'existent plus.....

Or, si nous, *chrétiens*, qui croyons et attendons tout de la grâce de Christ, nous n'apportons et n'emportons rien de plus sur et de la Terre, où nous sommes actuellement, qu'un *espoir spécial* basé sur la *foi*, — *comme, du reste, ceux qui pensent autrement que nous en matière religieuse*, — nous n'avons aucun droit à regarder, ni à tenir, pour *inférieurs* aux mérites, ou *indignes* des faveurs dont nous aimons à nous croire seuls privilégiés,.. nos frères et sœurs des croyances et confessions qui diffèrent entre elles.

Penser que Dieu, ferait *naître* et *mourir* sur Terre, des races et des nations entières qui n'entendent jamais les enseignements des promesses du Christ, — *pour les maudire et les rejeter loin du bonheur et de lui, en éternel*, — est une idée *criminellement impie*, qui ne peut éclore qu'en des esprits humains *inhumains*, après avoir germé dans leurs cœurs *monstrueusement égoïstes*; extrêmement *éloignés* les uns et les autres de l'*amour divin*,.. qu'ils croyent seuls comprendre et posséder!..

L'*épine* de la *religion* n'en devient une, que — par l'*étroi-*

tesse mesquine et absolument misérable dont on compose celle-ci, — le plus généralement. A part ce malheureux défaut, colossal, par exemple, — mais dans lequel tombent toutes celles qui veulent vivre et prospérer *exclusivement en dehors des autres*, — la *religion* n'est que bonheur, joie consolante, et assurance de toute la somme de confiance individuelle possible, en l'amour aussi *parfait* que *divin* du Créateur de toutes choses.

Au fond, toute vraie *religion* digne de ce nom, se résume à prier et à adorer — *en esprit et en vérité* — Celui qui nous a créés; cherchant à lui être agréable, l'aimant de tout notre cœur, de toute notre âme et de toute notre pensée. Puis, en même temps, aimant aussi notre prochain comme nous-mêmes, sans jamais lui faire ce que nous ne voudrions pas qu'il nous fît; en travaillant encore au perfectionnement individuel et au bien fraternel, universels, avec sincérité et avec zèle,.. par tous les moyens en notre pouvoir.

Le reste importe peu, car ce Créateur Tout-Puissant ne *s'illusionne pas*, comme ses créatures, dont il *sonde* les cœurs et auquel elles ne peuvent *rien feindre, ni cacher*.

C'est ainsi, que la prière qui lui est adressée avec confiance, amour et humilité, arrive directement à sa grande âme de Père, et que, s'il le juge à propos, il l'exauce; qu'elle lui soit faite le jour, la nuit, debout, couché ou à genoux. Revêtus d'un costume particulier, munis de croix, de chapelets, d'insignes religieux, ou de rien de ces choses, notre demande reste ce qu'elle est véritablement; et tous nos attributs extérieurs n'augmentent en aucune façon sa valeur réelle, à ses yeux justes et purs, trois fois saints....

Il ne faut donc attacher aucun mérite à nous appeler « *catholiques* », « *protestants* », « *juifs* », « *salutistes* », etc., etc.,... ou à pratiquer strictement leurs doctrines et pratiques, ou celles des autres sectes et dénominations; car il n'y en a point de spécialement apte à recevoir, *exclusivement,* la faveur entière de Celui qui pèse chaque fois, *intégralement,* la valeur de nos moindres pensées et actions, à tous autant que nous sommes . . .

Nous devons être *indulgents pour les autres et sévères pour nous-mêmes,* sans froisser *agressivement,* les habitudes et coutumes religieuses de nos frères et sœurs des sectes et pensées auxquelles nous n'appartenons pas, et fermer les yeux de nos *malices,* de nos *méchancetés* et de nos *prétentions ;* car, presque toujours, tandis que nous croyons contribuer à les débarrasser d'une *paille* dans l'œil, nous ne savons pas nous apercevoir que nous conservons une *poutre* dans le nôtre ! . . .

Il est vrai que l'instruction se développe et pénètre peu à peu, dans tous les pays de la Terre ; mais, malheureusement, *beaucoup* d'entre ceux qui deviennent savants, employent leurs connaissances et lumières à *combattre* l'existence de l'Etre suprême et de son amour, avec la diversité de ses enseignements, — parce qu'ils ne les comprennent, ou ne veulent les voir.

Cependant, y a-t-il quelque chose de plus formidablement *absurde,* que la prétention d'*une misérable petite créature humaine de la Terre,* cherchant, par tous les moyens dont elle dispose, *à nier jusqu'à l'existence de son Créateur et des autres mondes contenus dans l'espace,* — pour la seule raison qu'ils sont invisibles à ses yeux grossiers ; . . jusqu'à l'âme même, soit l'esprit qui l'anime ; donnant ainsi, le spectacle affligeant autant que révoltant, d'un être qui s'applique à démentir l'*évidence personnifiée ;* essayant, enfin, de faire croire à ceux qui l'entourent, . . que la Terre, et tout le système planétaire qui l'environne, *se sont formés d'eux-mêmes et qu'ils se dirigent inconsciemment !* . . . .

A une telle créature dévoyée, je me sens, instinctivement,

le devoir de dire : « *Ô mon frère ou ma sœur, au nom de ton intelligence, de ta loyauté, des dons et des bonheurs dont tu jouis néanmoins, — par la grâce seule de ton Créateur, — ne l'oublie pas,.. cesse de te rendre odieux, ou odieuse, à ses vues providentielles ; insupportable aux honnêtes gens, et si ridicule aux yeux de tous ceux qui ont seulement quelque peu de bon sens !... »*

Puis, à ceux qui ne croyent que ce qu'ils voyent, mathématiquement et matériellement : « *Que votre science acquise ne s'applique pas non plus, exclusivement, au respect de la vérité du poids, du nombre visible ou palpable ; mais aussi à la pratique et au développement de toutes les vertus. Qu'elle ne s'adonne jamais au service du mal, en trompant les uns par ses subtilités, les autres par ses séductions, en abusant des simples, des humbles ou des naïfs ; car vous feriez alors de ses biens précieux autant d'armes terribles et maudites, qui vous perdraient souvent pendant le cours d'une existence entière, retardant, par votre propre faute, votre avancement personnel et celui de ceux que ce mauvais exemple entraînerait, dans les voies qui sont à chacun tracées !* »

Nous ne devons avoir aucune fierté les uns vis-à-vis des autres, surtout en ce qui concerne nos *religions* respectives, ou collectives, — que nous appartenions aux unes, ou aux autres, des multiples confessions qui se partagent les faveurs divines de la Terre ; — attendu que, du premier au dernier, sans aucune exception possible, nous sommes tous et ne pouvons être autre chose que des *mendiants perpétuels*.

Plus ou moins, oui, mais toujours, nous avons le sentiment et les preuves de notre misère, à la fois *morale, intellectuelle, physique et matérielle ;* livrés à nos seules ressources comme à nous-mêmes. Et c'est pourquoi, nous nous sentons si faibles, si craintifs et si tremblants, en face du présent et de l'avenir.

Ayant l'urgent et continuel besoin d'être *secourus* et *aidés puissamment,* pour parcourir le chemin qui nous est ouvert et nous voit trébucher, à chaque pas, de faiblesse, d'inexpérience, de révolte, ou d'épouvante, nous sommes forcés de demander journellement, en grâce, la *charité* de son appui, de sa lumière, de sa force et de sa protection, *à notre Seigneur et Maître ;* — Celui seul Tout-Puissant, auquel nous appartenons de fait et de droit.....

Quel que soit le nom que nous donnions à ce Maître incomparable et généreux, au delà de toute expression, il est, pour nous, l'objet d'une attraction *instinctive et obligée ;* malgré l'argumentation la plus serrée des raisonnements qui essayent de le détacher d'eux, ou de l'affubler de la capricieuse et fausse figure du *hasard* . . .

C'est à *Lui,* toujours à *Lui,* l'*Invisible* mais le *réel,* l'*Insaisissable,* mais le *Tout-Puissant,* que s'adressent, *instantanément et invariablement,* ceux que la détresse, ou la joie, fait oublier les refrains habituels de leurs fanfaronnades creuses et vides de sens ; pour implorer le secours immédiat, ou la sanction involontaire, — *tant elle est vraie,* — de sa présence constamment invoquée ! . .

En conclusion, si nous, chrétiens, avons reçu de son cœur inépuisable, le trésor, impossible à décrire, du *Christ* et de sa *loi,* qui promettent le salut éternel à ceux qui font des efforts vrais et sincères, pour marcher sur leurs nobles et saintes traces ; — n'oublions pas, qu'il a également soin du bonheur à venir de ceux qu'il aime à créer, — quelles que soyent leurs conditions actuelles, leurs erreurs et fautes involontaires ; et nous ferons alors que notre propre *religion,* héritée ou adoptée, soit un *bien pratiquement efficace,* au lieu de rester, davantage encore, une *épine* empoisonnée ! . . .

XV. — MARIAGE.

Comment l'*union intime* des qualités viriles de l'homme, avec celles, gracieuses, d'une compagne douce et aimante, de son choix, peut-elle être, ou devenir, une *épine?*... C'est ce que nous allons voir de suite, et clairement.

« *Il n'est pas bon que l'homme soit seul* », dit la Bible; et j'ajoute, sans craindre de me tromper, « *il n'est guère plus avantageux pour la femme d'être isolée* »; l'un et l'autre n'étant complets, c'est-à-dire.. dans la plénitude de leurs moyens et plus grande vitalité heureuse, que — n'en doutons jamais — l'un par l'autre.

Ils ont été faits expressément l'un pour l'autre, *afin de s'entraider mutuellement, en s'aimant d'un amour sincère et dévoué, qui leur permette de tout goûter et supporter en commun, dans les joies et les épreuves qui les atteignent, séparément, ou ensemble*. Et c'est précisément ce *lien* profond, qui les *unit*;.. qui augmente, pour eux, les charmes de la vie active et prospère; qui peut, aussi, leur être une *épine* cruelle de désillusion, d'amertume et de malheur, suivant les *cœurs*, les *caractères* et les *circonstances,* qui les excitent à se révéler ce qu'ils sont véritablement.....

Beaucoup de mariages sont heureux et goûtent, paisiblement, la joie d'être l'un à l'autre, en en partageant les si nombreuses péripéties et responsabilités; parce que leur bonheur repose sur l'*estime,* la *pureté* et la *droiture* des intentions; l'*honnêteté* scrupuleuse, la *bienveillance,* les *égards* et l'*accord* réciproques, en toutes choses; bases indispensables, sans lesquelles une telle association, à fonds perdus, ne peut se maintenir intacte, ni progresser en bien.

Avant les avantages d'ordre secondaire il faudrait d'abord, pour contracter un mariage, s'assurer de l'existence solide de ceux de *toute première importance ;* seuls capables d'unir, *réellement,* les êtres des deux sexes qui se rencontrent, aiment à se voir et se revoir, par l'effet d'une assez forte attraction quelconque.

Mais, il en est rarement ainsi ; car, la *beauté extérieure,* l'*élégance,* l'*élévation sociale,* .. ou seulement la fortune, grande, ou petite, .. font rechercher, le plus souvent, une femme ou un homme, même si l'un ou l'autre a des *défauts graves* au point de vue du *caractère,* des *tendances* et de la *moralité ;* voire encore des *vices,* qui ne seraient point tolérés chez un ou une autre, dépourvus — de l'*avantage matériel servant d'amorce* ...

Cela est triste et toujours dangereux. L'union intime du *mariage,* établie dans ces conditions malhonnêtes, n'est qu'une *complicité coupable,* déguisée sous une forme sociale que la loi, les habitudes intéressées et l'opinion du plus grand nombre, sanctionnent des deux mains.

Dans ces cas, extrêmement nombreux, on dirait que les principaux participants, — *et surtout les deux membres distincts de l'association,* — ne demandent qu'à être trompés et trahis ; .. qu'ils vont allégrement au-devant des dégoûts — *par les déchéances morales et physiques, à contre-coups,* — qui les guettent, pour les remplir, bientôt, du cortège de leurs venins dissolvants les plus écœurants ....

Vraiment, quand on voit l'extraordinaire légèreté avec laquelle se font la plupart des mariages, on ne peut les comparer qu'à des *marchés véreux,* tout cousus d'*habiletés mercantiles,* destinées à *éblouir* les yeux des contractants, ou acheteurs ; *griser* leurs consciences et *acheter* les répugnances involontaires de leurs cœurs, avec celles des intelligences qui les guident.

Par de tels *trafics,* il n'y a plus à s'étonner des nombreux *déboires* en composant le *menu habituel :* .. trahisons, vio-

lences, colères et *haines,* qui en alimentent sataniquement, les cadres perfides et en décorent outrageusement, le cynisme éhonté, .. dans ses ramifications les plus indubitablement contagieuses !..

C'est de cette manière, *facile* et pleine d'*appas mondains,* que le mariage peut devenir et devient, tôt ou tard, — si son élan de malfaiteur n'est pas enrayé à temps, — *une épine douloureuse* et trop souvent encore *insupportable ;* — appelant à l'aide tous les sentiments *répulsifs,* les *scènes,* les *séparations partielles* et les *divorces définitifs,* quand ce n'est pas le *déshonneur prochain,* ou la *mort anticipée !..*

Et c'est de la sorte, que l'*union peu scrupuleuse,* célébrée .. aux accents et aux éclats d'une musique entraînante et joyeuse, d'une longue série de présentations, d'invitations, de festins ; de cérémonies, qu'on aborde comme de simples formalités légales, ou religieuses ; de dépenses, souvent exagérées, en tout ce qui concerne les vêtements, la lingerie, les meubles et les fêtes plus ou moins intimes, ou somptueuses, que donnent les contractants et leurs proches, .. *se termine* — dans l'amertume des regrets, les larmes du chagrin, les cris du cœur, les défis, les menaces, le délabrement, ou l'effondrement, des dernières illusions ....

Que de *sombres tableaux* se présentent aux yeux de l'observateur perspicace, quand il voit tant d'hommes et de femmes, rivés ensemble par la *chaîne épineuse et redoutable* d'un mariage malheureux, chaîne qu'ils traînent lamentablement, au fond de leurs cœurs, en dissimulant, ou non, leurs blessures ; .. à peu près comme les galériens traînent le boulet qui est enchaîné à leur pied, tout en vaquant à leurs travaux forcés !...

Ici, c'est un homme affligé d'une femme *coquette, prodigue et dissipée,* qui ne recherche que les occasions de se distraire *coupablement,* de dépenser *mal à propos,* et de se répandre *partout,* excepté dans sa maison, où elle abandonne *tant qu'elle le peut* — mari, enfants, domestiques, le ménage et tous les intérêts les plus directs de son foyer;.. tellement elle a perdu, aussi,.. jusqu'au souvenir protecteur de ses devoirs les plus sacrés....

Là, c'est une femme qui gémit en silence, sous le joug tyrannique d'un homme *grossier, emporté et violent,*.. accablée de ses *blasphèmes,* de ses *reproches* les plus *immérités;* de ses *exigences égoïstes, cruelles* ou *répugnantes;* mais auquel elle se voit forcée d'*obéir,* dans le tremblement de ses *craintes journalières,* — de ses *terreurs* peut-être... Et la fierté d'âme où elle se trouve, l'empêche de divulguer, même aux siens, les *souffrances* qu'elle endure....

Plus loin, c'est un homme *impie,* qui persécute sa compagne jusque dans sa *foi en Dieu* la plus cachée... Il dénature, d'une façon *triviale et obscène,* les choses religieuses, se faisant un plaisir *démoniaque* de leur trouver, n'importe comment, des côtés *grotesques,* des pratiques *illusoires* et des buts *idiots!*.. Et la pauvre femme, dont le cœur saigne parfois, est obligée de *dissimuler,* autant qu'elle le peut, ses sentiments et ses impressions, avec ses ferventes prières;.. pour ne pas exciter davantage la *rage féroce et indigne* de son exécrable mari....

Ou bien, c'est un mari qui s'*enivre* fréquemment, se conduit alors *scandaleusement,* et qu'on est obligé de traîner ou porter chez lui, *ivre-mort;* couvert de souillure et de boue!.. Sa passion est devenue si forte, que sa femme n'a plus d'empire sur lui et qu'elle est même obligée de craindre, non seulement pour sa *sécurité* et *celle* de ses enfants, mais — pour la *raison* de son mari et l'*avenir moral et matériel* de ceux qu'elle a mis au monde;.. car les ruines *précoces* la menacent de leurs *dangers suspendus,* prêts à fondre d'un jour à l'autre sur eux tous....

Ailleurs, c'est une femme *excessivement prétentieuse,* qui vit presque exclusivement dans les *nuages* et ne se repaît que des doctrines classiques des anciens philosophes,.. méditant, le jour et la nuit, sur les différents problèmes de la *mythologie;* tandis que son mari et ses enfants n'ont que de la lingerie, des bas et des vêtements troués et déchirés, à se mettre;.. qu'ils mangent *froids* presque tous leurs repas *irréguliers,* — madame ne voulant s'occuper de choses aussi vulgaires; — et qu'ils sont condamnés — par son insouciance d'épouse, de mère et de ménagère, — à se confondre, tous les jours de l'année, dans les *désordres incessants* de leur appartement mal tenu, où les meubles et tapis sont continuellement recouverts.. d'une couche épaisse de poussière et de toutes sortes d'objets éparpillés.....

Ici, c'est un mari qui passe toutes ses soirées et souvent des nuits entières, soit dans les *trop nombreuses sociétés de parfaite inutilité* dont il fait partie, soit dans les *clubs* où l'on joue de l'argent. Puis, ayant perdu presque toujours d'*assez fortes sommes,* ses *meilleures forces* et l'*envie de travailler,* perd encore *moitié* ou *totalité* des lendemains à *dormir* chez lui; à s'y *plaindre* de sa malchance au jeu; à s'y faire soigner les *enrouements, maux de tête, rhumes, refroidissements,* avec la *dyspepsie,* le *dégoût* et toute la *mauvaise humeur* qu'il y attrappe;.. sans vouloir se mettre bien en tête, — *une fois pour toutes,* — que ses affaires *déclinent* et *tombent* de plus en plus, dans le *désarroi* et qu'il prépare sûrement, lui-même, hélas, — la *ruine* de sa femme, de ses enfants, et la sienne propre!...

A côté, c'est la lutte continuelle de deux caractères *obstinés;* qui voyent, sentent et pensent *chaque chose différemment;* sans que jamais, ni l'un, ni l'autre, ne veuille céder aux raisons de celui qui est *dans le vrai.* Les mots *aigres* et *désobligeants* pleuvent comme grêle, certains jours;.. les *disputes* et les *altercations* y pullulent, et on peut presque dire que, chez eux, les seuls moments de repos relatifs sont fournis par la fatigue, les bouderies et les absences partielles de ces *adversaires irréconciliables*. L'*incompatibilité* qui existe entre ces deux natures, fait de leur mariage une *guerre acharnée*,.. qui se poursuit même en dormant, dans leurs rêves !...

Autre part, c'est le mari qui *gâte* ses enfants, sous tous les prétextes imaginables, voyant tout en beau ce qui les regarde — *leurs défauts, vices*, et jusqu'à *leurs mauvaises actions*. Il ne veut absolument *ni les punir, ni les corriger, ni même les entendre critiquer;* ne leur trouvant que des qualités *originales* qui, à son dire, prouvent le talent et le génie qu'ils ne manqueront pas, certainement, de faire admirer un jour... Sa femme, plus sensée, prévoyante et très sérieuse, fait, de son côté, le possible pour les retirer de la voie de perdition où elle les voit s'avancer et s'habituer, d'un jour à l'autre; mais, en vain. Son époux la désapprouve hautement et lui impose ses volontés à cet égard ; que je n'hésite pas ici, encore, à qualifier de criminelles. Et l'union est ainsi *désunie journellement*,.. au grand mal bien et détriment des uns et des autres !...

Mais, inutile de prolonger cette liste en y ajoutant d'autres exemples. Ceux-ci suffisent à faire comprendre, *pourquoi*, tout mariage qui n'est pas formé sur des bases solides, en tant que *qualités fondamentales des caractères, de la moralité, des mœurs, des sentiments religieux, des habitudes d'ordre, de travail et d'économie,* — dans toutes les positions et domaines sociaux, — peut devenir et même être forcément, de très bonne heure,.. une épine de *chagrins cuisants, d'amertume sombre, de dégoût, d'abandon de soi-même, ou,* cela se voit, *de désespoir*.

Je dis désespoir, et je n'exagère rien ; car il y a des exemples de *mariages* malheureux qui ont fini par aboutir à des suicides, de l'un, ou de l'autre, ou des deux conjoints. Et ce sont non des *théories pessimistes*,... mais des *faits véridiques,* qui se renouvellent encore de temps en temps.

Or, pour en arriver là, — souvent en dépit des meilleures résolutions et tentatives les plus amicales,... *amoureuses, dévouées* et *patientes* au delà de ce qu'on peut imaginer communément, d'un côté ou de l'autre; — il faut une somme de chagrins, de douleurs et d'épreuves pénibles, tellement grande et accablante, qu'elle ressemble, à s'y méprendre — « *à la coupe trop pleine déjà, depuis longtemps, et qu'une seule goutte malheureuse de plus fait déborder sur le champ* » . . . . . .

C'est pourquoi, en m'adressant particulièrement à ceux qui pensent à se marier, ou remarier, je ne puis assez attirer leur attention sur le devoir et le si grand intérêt, — *capital, à tous les points de vue,* — qu'ils ont, de rechercher pour *mari,* ou *femme,* un caractère d'élite et un cœur dévoué;... où la droiture, la loyauté, la sincérité, la tendresse, la piété, l'amour du travail, de l'ordre et de l'économie, s'allient, autant que faire se peut — à toutes les autres vertus et qualités possibles qui ont, en un mot, *le bien seul* pour *chemin,* pour *marche* et pour *but* depuis longtemps arrêté . . . . .

Qu'il est doux et bon, pour l'homme, d'avoir *une compagne aimante et toute attachée;* dont les vertus et qualités remplissent sa maison de bonheur, d'affection, de tendresse et d'intérêt, de prévenances et de soins clairvoyants!

Et qu'il est délicieux, pour une femme, de se sentir aimée, prévenue dans ses moindres désirs et protégée contre les chocs de l'adversité — *par l'affection sans égale de l'homme qu'elle estime, aime et admire;* — et qui l'entoure des efforts généreux de sa puissance robuste, pour mettre à sa disposition les fruits de son travail et de son amour!

Mais, pour obtenir ces dons exquis, — *qui sont autant de bénédictions divines,* — c'est dans le sanctuaire de l'âme, du cœur et de l'esprit, qu'il faut aller les découvrir et solliciter; parce qu'ils ne résident pas habituellement dans les apparences de l'extérieur; .. et, encore moins, dans les décors de la position sociale plus ou moins élevée, les subtilités du langage, l'élégance des toilettes, ou le charme séducteur des divers talents de société.

La beauté des traits du visage et celle des formes du corps, sont — *des dons captivants et dignes d'admiration,* — sans aucun doute. Mais, d'un autre côté, l'expérience de tous les temps nous apprend, — qu'ils ne suffisent pas à donner, ni à assurer le bonheur de l'un, de l'autre, ou des deux époux; — pas plus que l'opulence, la grandeur du nom, du titre, ou celle de l'instruction, de la science, du talent, ou du génie en quoi que ce soit.

Non, jamais! — C'est, avant tout, dans les *tendances* et les *goûts* de la personne *intérieure,* qu'il faut, principalement et presque exclusivement, chercher — *d'emblée,* — les promesses et garanties du présent et de l'avenir; puisque c'est en elle, *seule,* que se trouve l'individualité vraie; .. la moins susceptible de tromper et de donner le change.

Et, pour que le *mariage* ne se transforme pas, rapidement, en une *épine de désolation, de ruine et de découragement,* c'est beaucoup moins à la beauté et à la somptuosité, plus ou moins marquées, des choses qui se dessinent au dehors, qu'à celles des principes, des sentiments, des habitudes et du but véritable cherché, — *dont la source est toujours au dedans;* — qu'il faut viser.

Pour finir, qu'on ne l'oublie pas; le mari et la femme futurs peuvent encore se comparer à un *flacon* et une *bouteille*. Fussent-ils du cristal le *mieux taillé,* conçus dans les formes les *plus élégantes* et revêtus des étiquettes les *mieux peintes et dorées*,... si la liqueur qu'ils contiennent est mauvaise, ils n'ont, — nous l'avons vu, — qu'une fausse valeur d'emprunt à s'offrir mutuellement !....

XVI. — CÉLIBAT.

« *Il vaut mieux être seul que mal accompagné* », dit le judicieux proverbe connu ; et celà est d'autant plus vrai, dans les associations diverses et continuelles de la *vie*, que ce sont presque constamment les mauvaises compagnies, en tous sens, qui la gâtent et la corrompent le plus.

En entreprenant, par ce début, d'analyser et de décrire l'*épine* si triste, quoi qu'on en dise, de l'état social et particulier de solitude adulte qu'on nomme le « *célibat* », je me range instinctivement à la sagesse du proverbe que je viens de citer, pour motiver et absoudre, — autant qu'il est en mon pouvoir, — les résolutions sérieuses et souvent désespérées, que prennent ceux qui se tracent pour *conduite*, pour *règle* et pour *loi*, de vivre en dehors du mariage.

L'état de *célibat* n'est pas *normal* ; loin de là. — Il est, au contraire, tout ce qu'il peut y avoir entre les deux sexes de plus froidement *anormal*.

En effet, l'inépuisable et insondable Providence, qui nous a créés et dirige également tout ce qui se rapporte à nous, a voulu que l'*homme* et la *femme*, — les deux parties distinctes de sa création terrestre la plus idéale, — n'en formassent qu'*une seule* ; par l'*accord*, l'*amour*, la *volonté*, l'*aide*, l'*attachement* et le *dévouement* réciproques.

Du reste, tout, dans la Nature, nous montre et nous prouve — que les genres les plus divers, formés de deux moitiés ayant des attributions spéciales à chacune d'elles, — n'ont une existence *prépondérante, sainement active et utile*, dans un peu tous les domaines, que par leur association la plus *intime* et la plus continuellement *fidèle ;* — sous tous les rapports imaginables.

C'est pourquoi, vouloir séparer, de gré ou de force, les deux êtres les plus foncièrement *sociables* de tout ce qui compose le monde terrestre, *l'homme* et la *femme,* c'est en théorie, — repousser le plan divin comme *défectueux,* renier sa sagesse impeccable, comme *nuisible*. Puis, dans la pratique, — briser les meilleures ressources de nos forces les plus électrisantes, en essayant de remonter un courant aussi impérieux qu'irrésistible, dans ses conséquences multiples; et qui finit par nous entraîner fatalement, .. au gouffre sans fond des innombrables souffrances de l'âme, de l'esprit, du cœur et du corps ! . . .

A première vue, il est des *célibats* forcés, — *qui s'imposent aussi tristement qu'inexorablement ;* — par l'irréparable même de leurs causes. Ce sont ceux que les rigueurs cruelles du sort marquent, du sceau mystérieusement impénétrable, d'une sorte — d'expiation terrestre.

Aussi, n'est-ce pas de ceux-là que je veux particulièrement m'occuper ici. Le plus souvent, leur incurabilité individuelle émeut les cœurs compatissants, et les effluves des sympathies fraternelles qui s'en dégagent, — *sans remplacer les affections et soins caressants qui leur manquent, presque toujours, hélas,* — viennent cependant, dans une mesure plus ou moins large et douce, leur prouver, qu'ils ne sont pas entièrement seuls, en ce monde ; et que des âmes sensibles et bonnes, aimantes, — *de cet amour qui vient du Ciel,* — cherchent à leur apporter quelques consolations de vraie et sincère solidarité.

Mais, il y a d'autres *célibats,* qui sont autant de tortures volontaires et de cruautés non obligées, que ceux qui en supportent les redoutables conséquences, envisagent, *faussement,* comme absolument nécessaires à l'efficacité de leurs efforts — pour mériter leur salut en éternel;.. et d'autres encore, comme extrêmement commodes pour jouir, *égoïstement,* d'une liberté continuelle, écartant les charges et responsabilités humanitaires de leurs sens avides,.. à peu près à la manière d'un balai adapté, nettoyant une route de fête des pierres fâcheuses qui l'encombrent...

Or, ces deux dernières catégories se mettent, *volontairement,* — en dehors des aptitudes et besoins les plus sainement réels de l'humanité.

Il est vrai que Saint Paul a dit : « *Celui qui marie sa fille fait bien; mais celui qui ne la marie pas fait mieux* ». Paroles énigmatiques, qui trouvent beaucoup d'interprétations diverses!... Cependant, il n'a ni défendu le mariage, ni ordonné le célibat, à la femme ou à l'homme; et il est vraisemblablement à croire, qu'en parlant ainsi il avait en vue, principalement, les terribles persécutions religieuses de son temps et le fait — que les longues charges et douleurs de la grossesse, de l'enfantement et de l'allaitement, sont, pour la femme, des tribulations charnelles considérables; — toutes choses, qu'en les troubles et dangers toujours plus menaçants, de son époque, il était, naturellement, plus sage de chercher à lui éviter.

Il a aussi donné à entendre, que quelques-uns d'entre nous, reçoivent le *don de chasteté,* — par le manque absolu d'attraction vers le sexe auquel ils n'appartiennent pas. — Et cela, à tel point, que des hommes peuvent, comme des femmes, vivre corrects et heureux leur existence terrestre, sans avoir à y souffrir les besoins d'épanchements et de caresses intimes qui font « *brûler* », suivant sa propre expression, les autres : « *Chacun tient de Dieu un don particulier, l'un d'une manière, l'autre d'une autre* »; d'après ses paroles textuelles à ce sujet.

Ce que nous savons, du plus grand nombre de ceux qui,

délibérément et volontairement, se vouent *au célibat le plus rigoureux,* en s'engageant à observer une *continence parfaite,* dans ce qui a trait aux rapports permis entre mari et femme, nous prouve que, très peu, relativement, peuvent, — sans de trop grandes souffrances morales, intellectuelles et physiques, — vivre sainement et saintement dans cet *isolement exceptionnel,* seulement possible à quelques rares natures, *évidemment douées de ce privilège spécial;* tandis que la presque totalité des autres renonçants, ont constamment à affronter des désirs, des tortures et des regrets, qui en caractérisent les côtés anormaux.

Evidemment, cette question est des plus délicates. Mais, pour moi, je crois fermement, que l'autorisation de se marier devrait être donnée — *à tous les religieux et religieuses qui le désireraient;* — persuadé qu'ils pourraient *après,* tout autant se consacrer à Dieu et au bien qu'*avant;* en leur offrant, alors, le salutaire sacrifice de *leurs fautes et défauts personnels,* et non celui, si malheureusement imparfait souvent, *des besoins naturellement affectueux de l'esprit et du cœur,* avec ceux, *absolument charnels, sociables et terrestres aussi,* de l'intimité à deux; — *explication* et *but voulu* de la double création des deux sexes.

Pourquoi les *prêtres, religieux et religieuses,* des religions existantes, ne seraient-ils pas susceptibles de goûter les joies du mariage et de la famille, tout en vivant comme des modèles, — par les côtés qui distinguent leur vocation de *ministres, serviteurs et servantes* de Dieu; — ainsi qu'en donnent, généralement, de si nombreux et édifiants exemples, les *pasteurs protestants mariés et leurs épouses?*.. C'est ce que j'aurais beaucoup de peine à comprendre?...

En tout ceci, je ne veux chicaner et encore moins forcer, qui que ce soit, à adopter et mettre en pratique mes idées particulières, à ce sujet. Mais, sans aucun parti pris d'un côté ou de l'autre, je vois, par toutes les connaissances qu'il m'a été donné d'acquérir, sur ces deux situations terrestres de l'homme et de la femme adultes, *mariage* ou *célibat* : 1°. — Qu'ils ont été créés et conformés *pour vivre ensemble et non séparés;* 2°. — qu'en se rebellant et repoussant loin d'eux cette union voulue, — que leurs besoins individuels appellent et réclament, généralement, de tous leurs vœux les plus involontaires, ou les moins avoués, — ils en éprouvent *des troubles vraiment très grands et des souffrances déprimantes considérables*.

Et, à moins d'un don aussi *rare* qu'*extraordinaire*, il ne m'en faut pas davantage pour dire, au plus grand nombre de ceux qui cherchent à rester toute leur vie « *célibataires* » : Frères et sœurs terrestres, ne vous fourvoyez pas plus longtemps dans les *illusions, souffrances et dangers du célibat*, — tant au *moral* et à l'*intellectuel* qu'au *physique;* — mais, mariez-vous, car vous avez été faits *les uns pour les autres;* non pour vivre en ennemis, vous regardant encore, par dessus le marché, de la même manière refroidissante... que se regardent, sans cesse, de leurs yeux brillamment secs et inflexibles, les « *chiens de faïence* » . . . .

Pour ne plus grossir, démesurément, les rangs de ceux qui s'enrégimentent dans les abnégations anti-matrimoniales, si cruelles, de la St-*Nicolas,* et de celles qui n'aspirent qu'à coiffer continuellement Ste-*Catherine,* — par l'éloignement systématique de tout ce qui pourrait vous conduire au mariage, — vous n'irez pas, fatalement, en enfer... Tout au plus, risquerez-vous d'être *aimés* et de *devoir aimer;* ce qui, après tout, est encore moins terrible que d'être forcément condamnés, à éparpiller la réserve de vos affections et de vos caresses, sur des « *toutous grassouillets* », des « *chats voleurs* », des « *perroquets grincheux* », des « *perruches insupportables* » ou des « *petits oiseaux bruyam-*

ment insignifiants »;.. lesquels, en fin de compte, ne sont pas même dignes des éloges et faveurs inénarrables que, le plus souvent, vous vous faites un devoir et presque un culte de leur prodiguer!.....

Maintenant, il y a ceux que *l'égoïsme le plus directement animalisé* pousse, sans cesse, hors des lignes droites et volontairement parallèles, qui conduisent sûrement au mariage. C'est pourquoi, au lieu d'arriver une fois ou l'autre à ce but, à la fois *naturel, social, religieux et légal*, ils déraillent constamment; et,.. ce qui reste encore plus navrant,.. heureux de toujours dérailler.....

Ceux-là, qu'ils appartiennent au sexe des jupons, ou à celui des pantalons, l'endurcissement et la résistance sont les mêmes. Si riches, opulents ou à leur aise,.. forts, robustes, frais, beaux et bien placés et conditionnés qu'ils soyent, peut-être aussi sous d'autres rapports, — leur permettant de faire partager à un frère, ou une sœur terrestre méritante, les dons qui, chez eux, s'accumulent pléthoriquement à la longue, — ils restent presque insensibles à toutes les avances comme à toutes les séductions les plus engageantes.

Avec eux, les ruses mêmes sont inutiles; la peur les tient. Comment, la peur?.. Mais oui, et c'est facile à comprendre : *Ils ont peur parce qu'ils ont les yeux plus gros que le ventre!*. et, dame, cette grave disproportion d'optique visuelle leur exagère tellement l'importance relative des choses, qu'ils prennent, volontiers, les plus beaux yeux du monde pour des *volcans;* la plus jolie bouche perlée pour un *abîme de perdition;* et les plus délicieuses menottes pour des *tentacules* toujours prêtes à les étrangler!.... Ceci, du côté des hommes, s'entend.

Du côté des femmes, c'est encore plus terrible; car le plus petit coup d'œil *aimable,* la plus gracieuse parole dite avec un léger *tremblement* de la voix, .. la vue seule de la plus inoffensive des *moustaches*, constituent, pour elles, une *incarnation improvisée du diable;* .. dont elles croyent même apercevoir la *fourche à trois dents et les cornes pointues*, dissimulées par l'air chaud qui l'entoure ! ...

Allons donc; mais c'est de la farce satirique que toutes ces idées-là ?.. Nenni, c'est de l'histoire humaine et de la plus authentique, encore ! ..

Ces pauvres victimes de leurs illusions, — par le fait de l'égoïsme intransigeant et dénaturé, — ne voyent que des *esclavages despotiques*, des *poids écrasants* ou des *charges onéreuses* au suprême degré, dans tout ce qui concerne le mariage. C'est pourquoi, elles s'en éloignent, chaque année à nouveau, avec ensemble et conviction, .. s'imaginant faussement d'être, en cela, les plus fines, les plus malines et les plus heureuses ! ...

Et dire, que ces fourvoyés passent ainsi les riantes et belles années de leur jeunesse virile et, de leur âge mûr, peut-être, sans comprendre qu'ils se ruinent et se fatiguent bien davantage de mille autres manières, — par l'insatiable et continuel assouvissement de leurs appétits, dilatés à la façon des tubes de caoutchouc; de l'abus *anti-humanitaire* et *anti-hygiénique* qu'ils font de leur liberté indépendante, de leurs moyens financiers, moraux et physiques, en somme; comme des autres ressources individuelles qu'ils pourraient, si facilement alors, employer dans la fondation bénie et normale d'une maison à deux ! ..

Mais il est écrit, qu' « *il n'y a pas de pires sourds que ceux qui ne veulent pas entendre* ». Et ainsi, des *légions d'hommes et de femmes* tombent, par trop volontairement, dans ces *fausses positions sociales*, sources de tant de *solitudes défectueuses*, de *refuges trompeurs*, de *manques de soins et d'égards;* de *découragements*, de *désordres* d'un peu tous les genres,.. de *dépoétisation* et de *sécheresse* misérable de l'existence !..

Eh bien, pauvres *endurcis,* au dur métier de l'*éloignement économique et systématique,* de tous ceux et celles qui viendraient, par leur amour dévoué, apporter les consolations, les soins, les attentions,.. mettre, sur vos blessures d'âme, de cœur, d'amour-propre et de corps, le baume de leurs sourires joyeux et de leurs caresses réconfortantes,.. sachez-le bien : Vous ne pourrez jamais trouver le bonheur et la paix terrestres, dans l'isolement amer où vous vous retranchez ; car, malgré les plaisirs variés et les satisfactions dont vous le remplissez, l'*épine séduisante, mais trompeuse et vide, du célibat non obligé, ou imposé,* est une de celles .. qui martyrisent le plus le cœur et la vie de l'homme, avec ceux de la femme.

Soyez donc plus naturels, plus humains, plus fraternels; moins avaricieusement égoïstes de vos privilèges disponibles;.. et alors, vous pourrez recommencer *un de ces nombreux chemins fleuris et ensoleillés,* qui mènent à l'intimité délicieuse du bonheur, de l'abri et du secours à *deux;* vous qui, — comme tous les cœurs aimants, du reste, — avez besoin de ces trois choses réunies et savourées dans une même âme agrandie.

Je finis et vous répète, encore : Célibataires de tous les âges non trop retardés, — soyez moins difficiles dans vos exigences, si fantasques parfois; puis, rappelez-vous que Dieu nous commande de nous aimer tous, car il a dit : « *Aimez-vous les uns les autres* », et, à chacun en particulier : « *Tu aimeras ton prochain comme toi-même* ». Et, enfin : « *L*'« homme » *quittera son père et sa mère pour se choisir une compagne* », et : « *La* « femme » *quittera la maison de ses parents pour suivre son mari* » !....

XVII. — PARESSE.

Voici une *épine* des plus curieuses, à tous les points de vue, et, de laquelle, enfants, jeunes gens, adultes, ou vieillards, soit dans ces quatre conditions successives de notre vitalité terrestre, nous subissons plus ou moins regrettablement les atteintes paralysantes.

Pour moi, je l'envisage, plutôt, comme une *maladie contagieuse*, qui peut s'acquérir dans les divers degrés de l'échelle de nos années. — Affection à la fois *morale, intellectuelle* et *physique;* ou de seulement une ou deux de ces divisions nécessaires, souvent *héréditaire* alors; et qui se forme plus avec le sang apathique, difficile à réveiller, qu'avec le seul produit de la *volonté de ne rien faire,* par une sorte d'*éloignement de l'action,* du *mouvement,* ou de la *pensée,* ainsi mis à part.

Je ne sais me rappeler quelle est la chanson française dont le refrain dit toujours : « *Ah, qu'il est doux de ne rien faire, quand tout s'agite autour de nous !* »... Mais, il est certain que cela n'est vrai — que quand nous désirons conserver la neutralité, et refuser notre participation à une coopération quelconque.

Au contraire, il est évident, qu'en une fête de famille, par exemple, celui de ses membres qui serait cloué sur un lit d'immobilité *forcée,* si l'on veut,.. par le fait d'une jambe cassée,.. d'une paralysie l'empêchant de se lever, de bouger les bras, les mains, ou les mâchoires, etc.,... dirait et penserait tout autrement, en entendant les siens se réjouir et se régaler d'un festin de gala, au cliquetis de la vaisselle, des couteaux et fourchettes, sans parler des verres !...

Or, il va de soi qu'il en est de même, exactement, pour l'*homme d'étude,* le *savant,* l'*artiste,* le *soldat,* le *brave ou-*

vrier, et jusqu'à l'*infatigable mère de famille*, où la *ménagère accomplie*, si, — *contre leur désir le plus ardent et leur volonté la plus vive*, — ils se trouvent, par suite de circonstances, ou situations inflexibles, — *obligés de se croiser les bras* au beau milieu de l'activité générale ?...

Etant petits, nous sommes tous, je le répète, plus ou moins *paresseux* et, cette *paresse-là*, a un tel charme de *douce volupté et langueur exquise,* que nous nous en rappelons et l'invoquons même devenus grands ;.. pour adoucir encore le *dolce far niente* de nos rêveries et méditations les plus intimement suaves !...

A tout prendre, elle a du bon, la *paresse;* — peut-être en vertu du proverbe qui dit : « *A quelque chose malheur est bon* »?.. En attendant, si, comme je le pense, ce n'est pas impossible, c'est probable et même très vraisemblable.

La *paresse* est, pour nous humains, une *épine* considérable, qui fait *gâcher* les vies de tous ceux et celles qu'un travail utile ne remplit pas ; ne fut-ce que sous la forme.. d'une menue occupation ayant pourtant sa valeur : un examen *motivé,* une surveillance *indispensable* sinon difficile, ou autre genre d'activité *nécessaire*.

N'est-ce pas *elle*, en effet, qui éteint, d'emblée, ou progressivement, parfois, le feu de nos intentions et résolutions, — dès que celles-ci commencent à réclamer l'intervention de nos efforts un peu soutenus ; — et cela, dans tout ce qui nous regarde et nous concerne ?..

Hélas, nos progrès sont anémiés, ralentis, ou retranchés, par la *torpeur* dans laquelle elle *engourdit* nos forces, et le *sommeil frivole* avec lequel elle caresse amoureusement nos faiblesses. C'est souvent, pour cette cause essentielle, que nous restons *désarmés, pauvres de volonté, d'énergie, de vigueur, de science* et, non rarement, du *simple bien-être matériel le plus élémentaire!*...

Il est très difficile d'analyser toutes les parties de cet ensemble qui se nomme *paresse,* parce qu'elles sont profondément liées et forment, dans leur réunion, un fluide si pénétrant et rebelle à l'examen du détail, que nous en reconnaissons bien les mauvais côtés, mais que nous ignorons, presque toujours, comment et par où, tout d'abord, ils nous atteignent personnellement...

Notre vie entière se partage entre l'activité et le repos, non avec une mesure régulière ou uniforme, mais avec une sorte de prodigalité — tantôt dans un sens, tantôt dans l'autre, — et plus naturellement disposée vers le repos que vers ce qui ressemble au travail; c'est-à-dire — à la fatigue produite par les efforts prolongés.

Et c'est compréhensible, sous plusieurs rapports, car, premièrement déjà, la fatigue nous est pénible; secondement, elle nous coûte de la patience, que nous possédons généralement peu à tous égards, dans le bien surtout; et, troisièmement, il est si agréable et commode d'avoir à sa disposition des choses *toutes faites,* des situations *toutes créées* et des jouissances qui se présentent d'*elles-mêmes,* que l'on conçoit aisément, que nous préférions — *les cueillir simplement, si possible,* — que de nous dépenser toujours à nouveau et parfois très longtemps, dans ce que nous sommes le plus avares, pour en établir avec nos ressources individuelles; et d'autant moins, encore — qu'elles nous sont plus incertaines.

D'un autre côté, le travail est, pour nous, *une condamnation nécessaire et une obligation voulue;* sous toutes sortes d'aspects qui frappent nos facultés et nos regards. Point n'est besoin de réfléchir longtemps pour s'en convaincre, — *sur la ligne entière de leur évidence même, la plus lumineusement manifeste et visible!*

Les liens positifs qui nous lient à la matière, et ceux des

mystères insondables qui nous dirigent, à notre insu, dans les dédales terrestres de notre existence actuelle, sont toujours là pour nous le rappeler, en des milliers de formes; toutes plus impérieusement significatives et péremptoires les unes que les autres.

C'est surtout le côté *obligé*, avec la *nécessité des peines* que nous nous donnons, qui pèse si terriblement sur nos diverses volontés, parce qu'ils nous apparaissent comme autant — d'*ordres et de punitions inévitables;* que nous pouvons peut-être retarder quelquefois, plus ou moins, mais que nous devons *subir*, chacun dans les particularités individuelles de sa position sociale...

Rien n'est pénible comme une chose *imposée* et, généralement, croyons-le, la plupart de celles qui composent notre vie, en tous sens, sont d'une fatalité *inexorable, formidable* même, dans la grande signification de ces mots. Toutes nous font hésiter, ou craindre leur accomplissement, même au cas où nous l'appelons de nos vœux; — en vertu des surprises de l'inconnu, que nous ignorons forcément.

Voilà principalement pourquoi, déjà enfants, nous sommes *paresseux*, c'est-à-dire — *réfractaires à l'effort qui s'impose, ou qu'on nous impose à volonté;* et nous coûte une *continuité de patience*, de *tension* et de *peine*, que nous nous ingénions à tâcher de *supprimer;* tout au moins d'*affaiblir*, ou de *réduire* de notre mieux!..

Il n'en n'est pas de même quand nous voulons atteindre l'*objet*, ou le *but*, de nos désirs et de nos convoitises, si nous le considérons par la *volupté de l'envie;* qui nous en fait goûter d'avance — les apparences si souvent trompeuses de ce que nous en attendons.

Alors, rien ne nous coûte,... ni temps, ni peine, ni fatigue;.. pourvu que nous entrevoyons seulement la possibilité de la réussite enviée...

Toute la différence est donc là : *Paresse,* quand nous sommes *forcés malgré nous; bon vouloir et activité* quand c'est *nous-mêmes qui désirons* .

Et cette conclusion, à l'égard des deux contraires, est si vraie, qu'elle se réalise pour chacun de nous — *du commencement à la fin de notre vie, dans toutes nos entreprises, petites et grandes !* . . . .

A part cette *paresse,* qui fait partie de la complication enchevêtrée de notre nature, il y a celle, infiniment plus redoutable, à tous les points de vue, de l'*obstination systématique,* qui nous fait renoncer, de *parti pris,* à la conquête des progrès que nous devrions rechercher plus fermement et même . . avec joie .

Cette *paresse-là,* qui ne peut plus être considérée comme le *recueillement paisible de la méditation,* le *silence du repos,* ou la *détente des idées,* des *membres et du corps* qu'ils représentent, est précisément celle — qui nous lie aveuglément dans le maintien du *statu quo,* où elle désire nous posséder tout entiers ; — pour fabriquer de nous, l'*engrais* propre à faire pousser *ses champignons moisis, vénéneux et malfaisants,* au point qu'ils arrivent à nous décomposer et réduire en poussière, de toutes les façons . . . .

C'est ainsi, que ceux qui se lavent et s'exercent utilement le *moins possible;* à la volonté desquels, ne vient jamais se greffer la noble et salutaire ambition de *progresser,* en quoi que ce soit d'avantageux, pour eux-mêmes ou les autres ; manquent, *volontairement* — une grande partie des occasions qu'ils ont de se perfectionner, dans leur vie entière, et qu'en faveur de l'adage « *qui n'avance pas recule* », ils rétrogradent alors sans cesse .

Pour ces derniers, le balancier de la vie *penche toujours du même côté vers lequel ils l'inclinent :* celui de la *paresse.* Aussi, ils y tombent peu à peu et, si profondément, qu'ils se sentent *de moins en moins,* la *volonté* et le *pouvoir* de réagir et de se coaliser, avec leurs moyens encore disponibles, dans le but désirable de son redressement.

Il y a, chez les malheureux atteints si tristement par l'*épine complète* en question, envahissante à un degré décourageant, sinon désespéré, — un tel *abandon, relâchement* et *dégoût de l'effort,* quel qu'il soit, que beaucoup végètent au plus profond des *désordres,* des *inutilités,* des *insouciances,* des *pauvretés,* des *misères,* des *ignorances* et des *malpropretés* les plus impardonnables.

Et ceux qui, plus repoussants encore, forment leur répugnante arrière-garde, s'écroulent en *ruines nauséabondes* — sur tous les *fumiers* des derniers vestiges de l'*intelligence,* des *instincts* et des *formes humaines !*...

Quel spectacle révoltant à contempler, que celui d'un homme, ou d'une femme, peu importe le sexe, d'un de nos semblables enfin, qu'une trop longue pratique de cette *engluante paresse* a, pour ainsi dire, plus ou moins transformé en *gomme lourde, sale et puante !*...

Eh bien, à mon avis, ces résultats horribles, qui sont en quelque sorte une espèce de négation de tout progrès, — pour ces créatures, désormais incapables de se reprendre d'une manière leur permettant de rattrapper suffisamment, le temps perdu, — proviennent, dans la plus large mesure, du fait que, déjà tout jeunes, on a toléré chez eux une certaine quantité de *petits désordres,* peut-être *insignifiants en apparence;* mais qui, *continués et soignés avec amour,* ont germé parasitement *des fruits puissants, impossibles à déraciner entièrement, plus tard !*...

L'ordre, la méthode en toute chose, et la recherche volontaire des progrès dont nous sommes susceptibles, sont les meilleurs remèdes *préventifs et curatifs,* qu'il faut prodiguer à l'enfance des deux sexes, si l'on veut *éviter, empêcher,* ou *guérir,* les maux *déprimants, paralysants* et si souvent *dégoûtants* de la *paresse crasseuse;* qui les étoufferait, presque infailliblement, avec le temps.

Qu'on n'oublie donc pas, à l'égard de cette *épine* spéciale, que « *les petits ruisseaux font les grandes rivières* »; et, que les grandes rivières trop pleines débordent, en inondant et submergeant les terrains solides qui les dominaient auparavant;... puis que, quand leurs eaux destructives s'en retirent trop tard, elles ne laissent que *fange et dévastation, stérilité et déformation;* comme souvenirs de leur séjour!...

Il va sans dire, que ces remèdes indiqués et bons pour l'*enfance,* le sont également pour la *jeunesse* et l'*âge adulte;* avec cette différence — qu'ils sont beaucoup plus facilement appliqués chez les tout jeunes, que chez ceux qui ont déjà pris des habitudes de paresse plus ou moins invétérées.

Et cette plaie, *mondialement gigantesque,* est une *épine sociale* des plus considérables, parce que, soit en particulier, soit en général, son importance *visible* et ses profondeurs *cachées* sont relativement *énormes;* ou, pour mieux dire, — *colossales.*

Après tous les repos justes et obligés, autant que mérités, si nous pouvions tous et toujours faire la somme totale du temps précieux que nous perdons, — dans les mille situations et circonstances où nous nous trouvons engagés, notre vie durant, — nous en serions, en grande partie, du moins, tellement surpris et consternés, que nous nous reconnaîtrions nous-mêmes, indignes d'en tant avoir à notre disposition; et que cette simple constatation nous serait, à beaucoup, une leçon fortement salutaire.

Mais il est extrêmement difficile aux intelligences, même les plus perspicaces, de pouvoir discerner avec exactitude et le plus souvent, — là où finit le *repos,* la *détente,* la *réflexion,* la *méditation,* le *recueillement* et la *recherche,* nécessaires à la pensée comme à l'action ; et — là où commence et se développe, au début, la *paresse* véritable.

On peut presque dire, à ce propos, qu' « *un peu de paresse a son bon côté* », si, toutefois, une assez grande somme de travail et d'activité permet alors de l'envisager, comme — une inaction momentanée réparatrice, toute *de repos et de besoin de retrouver des forces nouvelles indispensables;* ou encore, comme — *la récompense fluidique accordée à la faiblesse de nos moyens naturels,* — toutes les fois qu'ils éprouvent la nécessité de se reprendre et de reformer ce qui leur manque d'énergie voulue.

Dans ce cas, c'est l'*excès* seul, uniquement, qui constitue vraiment le danger de l'*épine* ici analysée. Et il reste, à chacun en particulier, comme à tous en général, le devoir de conscience, d'esprit et de cœur, de rechercher, dans chaque nouvelle occasion, le moment propice et la dose efficace *des remèdes moraux et matériels* à employer, pour pouvoir en obtenir une amélioration suffisamment rapide, avec, ensuite, — la guérison sérieuse et durable.

Epine de la paresse!.. hélas, ni toi, ni personne ne l'ignore : Nous marchons tous plus ou moins en avant et en arrière!... Mais, tu trouves toujours *le moyen de faire tisser entre nos jambes, morales, intellectuelles et matérielles, les toiles des araignées qui te sont chères,* — afin qu'elles *sucent* mieux les *mouches* de nos intentions, et *paralysent* le plus possible leurs mouvements !....

XVIII. — FÉBRILITÉ.

L'*épine* dont nous allons maintenant nous entretenir est, aussi, une des plus générales qui existent, d'entre celles dont nous souffrons presque tous, d'une façon ou d'une autre,... que ce soit directement, ou indirectement.

C'est celle que j'appelle la « *fébrilité* », et que je qualifie ainsi pour indiquer l'*état de fièvre* presque continuel, dans lequel nous vivons un peu partout, aujourd'hui.

Le mot n'a pas encore été francisé par l'Académie, et il ne se trouve pas davantage dans l'excellent dictionnaire Larousse, que j'ai là sous mes yeux. Mais, pourquoi ne pas l'adopter et m'en servir ici, s'il traduit mieux et par un seul vocable, l'idée que je veux exprimer?

Je considère donc cette petite infraction à l'usage des mots admis, comme expliquée, et, pensant que mon ami le lecteur voudra bien l'admettre, à son tour, — pour le besoin de ma cause, dans les lignes qui vont suivre, — je passe à l'énumération des arguments que je veux citer.

Malgré tout le désir que j'en ai, il m'est impossible de savoir, au juste, comment se passaient les vies de nos pères des anciens temps. Pourtant, si j'en crois les écrits qui en parlent et nous sont restés, je suis forcé de comprendre... qu'ils étaient infiniment moins nerveusement pressés *de brûler les heures,* ou l'*espace;* et que l'*agitation fébrile,* qui nous dévore et nous caractérise, actuellement, n'était pas goûtée autrefois.

A voir, presque chacun, se *hâtant* d'accomplir sa mission, son ministère ou son travail, de nos jours, on dirait, vraiment, que la fin du monde approche et qu'il n'est plus possible d'approfondir quoi que ce soit, — *par manque de temps matériel* ... Et cependant, le temps existe comme il existait jadis; c'est-à-dire, — avec les mêmes jours et les mêmes nuits — qui se succèdent encore à présent.

D'où vient, alors, cette *hâte de tout accélérer, par l'agitation, la fièvre et la nervosité impatientes et maladives,* que nous voyons sans cesse en comme autour de nous?..

D'où elle vient?.. Tout simplement de l'*exemple contagieux,* qui s'en répand ensuite partout;.. des résultats *rapides* qui s'en obtiennent, sinon complètement, du moins dans une certaine mesure, sans beaucoup attendre; et de la *nécessité*, que cette vaste concurrence crée forcément, en chaque domaine bien établi.

Et cette *impatience particulière et collective*, qui accélère si grandiosement, mais si regrettablement aussi, notre époque, — toujours avide du lendemain, du besoin énervant et inquiétant de voler, volontairement, au-devant des heures, des jours et des ans, — est une *maladie moderne* des plus inguérissables.

Une fois qu'on en est atteint, on ne peut plus s'en défaire, en général; car ceux qui réussissent à l'enrayer sont, relativement, très rares.

Beaucoup, cependant, la considèrent comme un progrès et un des bienfaits de notre civilisation surmenée. Quant à moi, je pense plutôt devoir me ranger à l'avis de ceux qui, moins enthousiastes, ne voyent, en elle, qu'un de ses produits les plus étonnants, les plus prodigieux, et les plus malfaisants à plusieurs points de vue . . . .

« *Tant va la cruche à l'eau qu'elle se casse* », dit le proverbe; et cela devient toujours vrai, une fois ou l'autre. Mais, combien plus vite et plus sûrement, quand on l'y fait aller — trop rapidement et trop souvent! . .

C'est ainsi, que la race humaine perd une grande partie de son *calme*, de sa *santé*, de son *bonheur de vivre*, de sa *faculté de penser* et de sa *dignité;* car elle se transforme, peu à peu, en une vaste armée de *machines,* — plus ou moins *électriques et détraquées;* — qui, les pauvresses, vont . . s'improvisant toujours *plus vite* et, fournissant toujours *plus rapidement* — le travail, devenu *indispensable et forcé*, qu'on attend et réclame d'elles.

Sans doute, le télégraphe, le téléphone et le vélocipède avec la bicyclette, sont des inventions pour le moins aussi utiles et admirables, en elles-mêmes, que les chemins de fer, les bateaux à vapeur, les ballons et les machines à coudre, chacune restant le suprême du genre, sans en excepter l'incurable orgueil de notre vingtième siècle.

Mais, il ne s'ensuit pas, pour cela, que tous nos membres, muscles, organes, *nos facultés physiques, intellectuelles et morales,* doivent de plus en plus les imiter; parce qu'enfin, si, par certains côtés, nous sommes des *machines élastiques et limitées* à la répétition de mouvements et d'actes obligés; par beaucoup d'autres, nous sommes aussi et surtout *des êtres pensants,* — par nature, par but et par loi divine, sans aucun doute.

Et ces autres côtés, de beaucoup les plus importants, pour notre présent et notre avenir, — doivent toujours — conserver leurs privilèges sacrés, leurs *supériorités* et *suprématies* divinement idéales . . . . .

Ce besoin de produire et de fournir *toujours davantage,* manifesté comme début initial, est le fruit d'une fausse conception de la vie; soit, d'une manière toute moderne de la considérer, en certaines choses, — « *poule aux œufs d'or, qui doit pondre, pondre rapidement, et sans arrêt pondre jusqu'à sa mort;* » ou, en d'autres circonstances, « *mitrailleuse, ayant pour but de lancer un tir toujours plus juste, plus accéléré, plus étendu, et multiplié à l'impossible* » ! . . . .

Tout, dès les premières années de la vie, nous presse et nous pousse à réunir nos efforts vers le sommet, capital aux yeux du monde, d'une position sociale aussi avantageuse que possible. Et cette insistance, unanime, des êtres qui nous entourent, demeure, vu la marche faussée actuelle, des plus forcément logiques qui se puissent imaginer, s'entend.

Mais, de là à courir continuellement la poste, à jouer au télégraphe vivant, et à respirer, chaque jour, comme une chaudière à vapeur montée sur deux jambes, les émotions transpirantes de nos essoufflements précipités, — *dans chaque nouvelle chose que nous étudions, ou entreprenons;* — il y a toute une série de gradations *saines, normales, et infiniment plus durables,* que nous avons la folie malheureuse et regrettable de dédaigner !..

Quand nous sommes enfants, on nous laisse à peine le temps de faire face aux exigences d'un *bon lavage général,* chaque matin ; lequel, aurait cependant la vertu de nous fortifier, de nous endurcir, de nous dégourdir et de nous réveiller entièrement. On préfère, habituellement, que nous nous mouillions seuls, le visage et les mains, *aussi rapidement que faire se peut :* puis, que *nous mangions lestement nos repas,* afin de nous mettre *sans retard* à nos leçons.

A l'école, on accumule sur le dos glissant de nos petites cervelles toutes sortes de choses arides et difficiles, *d'une heure à l'autre,* le plus souvent. Et nos maîtres, ou maîtresses, non contents de nous éblouir et étourdir, — par les pyramides égyptiennes des bases de leur savoir, mariné par le temps et quotidiennement articulé, — nous surchargent encore de lourds devoirs indigestes à faire à la maison ; destinés, dans leur esprit, à enchaîner l'essor de nos mouvements naturels, avec la meilleure partie de notre liberté individuelle et pensante ;.. à nous remplir le sommeil de cauchemars scolastiques,.. la conscience de remords et d'épouvantails, pour le lendemain !...

Jeunes gens, on nous gonfle l'imagination à grand renfort de « *soufflets scientifiques,* ou *pratiques* », qui prennent le nom respectable, considérable et sonore, de « *professeurs* », ou de « *patrons* » ; et qui, tous, quoique non d'accord entre eux, — s'empressent de nous faire paraître, *plus vite qu'ils peuvent,* autant de *savants en herbe, d'employés* et *d'ouvriers naissants;* prêts à témoigner de leur valeur, à eux, sinon de notre mérite réel, à nous...

Adultes, en tout et partout, *on nous presse de marcher, d'aller, de venir, de penser, de travailler, de conclure, de finir et d'achever,* en un mot, ce que l'on *nous hâte presque toujours de commencer;* sans nous laisser, la plupart du temps, les heures, les jours, les semaines ou les mois, — nécessaires à pouvoir mener raisonnablement et à bien, — les principales exigences qui nous sont posées et imposées — *de par la force des espérances, des demandes, et des réclamations les plus impérieuses* de nos semblables !...

Comment veut-on, dans cette « *course rapide au clocher* »,.. cette « *chasse échevelée à la vélocité générale, desséchante, brûlante et anormale* »,.. que nous puissions naître, débuter, vivre et agir *sainement, vigoureusement, robustement, efficacement et heureusement ?*..

C'est impossible; car, non seulement, nos jours se passent dans une excitation fébrile continuelle; mais, nos nuits, par le fait direct de ces mauvais jours, sont encore remplies d'agitation troublante et énervante....

La presse stupide, brutale, importune et inexorable, qui nous environne de tous côtés et nous envahit à notre tour, — plus ou moins complètement, — nous empêche d'être calmes, forts et bien portants; donc, beaucoup plus encore, — d'atteindre le véritable maximum de notre utilité particulière et générale, avec celui de notre bonheur, — si faussement cherché dans les étapes *forcées, violentées et gâchées*.

Ne voit-on pas tous les jours, ces jeunes savants précoces, de vingt-cinq à trente-deux, ou trente-trois ans, qui meurent, non moins précocement, des suites malheureuses de leur surmenage intellectuel et nerveux; par la quantité et qualité presque incroyables des connaissances qu'ils emmagasinent ainsi, *prématurément,* dans l'enveloppe enthousiaste et fiévreuse de trop frêles membres et organes?..

Et ne voit-on pas, chaque jour aussi, de pauvres employés, ouvriers, pères de familles, qui succombent sous l'accablement de travaux *trop accélérés et fatigants,* qu'on exige de leurs forces et moyens; limités — *aux bornes seules du possible,* — et non à celles, illusoires, toujours illusoires, de l'impossible?...

Enfin, que dire de ces autres malheureux, d'un peu tous les genres, qui, pendant les plus belles années de leur vie active, se privent, volontairement, des douceurs permises, — *des plaisirs et repos,* — cependant si nécessaires et obligés, de par toutes nos redevances humaines et sociales; — pour *plus vite* et sûrement acquérir la situation, ou fortune, qu'ils ambitionnent; — et qui, pauvres frustrés et déçus, meurent *de l'excès continuel de cette trop grande fièvre et agitation à l'atteindre,* avant son temps graduel et normal,.. au moment même où ils allaient bientôt essayer de pouvoir en jouir?..

Ne sont-ce pas là, des exemples qui devraient nous rappeler, sans cesse — *au sentiment de nos faiblesses communes; à celui de l'énormité disproportionnée de nos propres exigences,* si ce n'est toujours à celles de ceux qui nous influencent; et au désir rationnel le plus ferme, de ralentir notre vitesse *exagérée*, de calmer notre ardeur *brûlante;* de modérer la dépense si *excessive*, très souvent quotidienne, que nous en faisons, — consciemment ou inconsciemment, suivant les habitudes prises, ou la manière de voir; — et nous guérir de la « *fébrilité* » qui nous *mine*, nous *gâte* et nous *détruit* de plus en plus?....

Que gagne-t-on, à vouloir, malgré tout, essayer de « *prendre la lune avec les dents* », dans la pratique journalière de la vie active?

D'abord, des *efforts* et des *illusions* aussi pénibles qu'incroyables ; puis, des *déceptions* et des *chutes d'aplatissement* qui peuvent être mortelles; sans beaucoup attendre .

Ensuite, tenons toujours bien en mémoire que cette « *fébrilité* » excessive, outre qu'elle absorbe, — en, comme pour nous et ceux qui nous entourent, — une grande partie des charmes de la vie paisible, douce et aimable ; *de cette vie normale que nous devrions tous former et soutenir ;* — nous empêche, d'accorder le temps nécessaire à *comprendre, bien entreprendre, continuer et finir* les choses que nous abordons.

C'est donc beaucoup pour cela, que souvent nous nous instruisons, travaillons et cherchons d'une façon *très incomplète,* toujours *trop pressés, nerveux et impatients,* — surtout de *réaliser, bénéficier* et *jouir* — des avantages que, réellement, on ne peut solidement et durablement récolter qu'*avec le temps matériel nécessaire et voulu,* — en tout et partout.

Que de vies humaines sont ainsi mesquinement sacrifiées, par excès d'agitations diverses, enfantés par la « *fébrilité* » moderne ; si déplorablement entretenue et à la mode universelle, de nos jours !.. Que d'existences, qui, sans son obsédant concours, pourraient être relativement heureuses, pleines de forces, de satisfactions et de jouissances vraies, se mutilent, se rabougrissent et se contorsionnent, dans les tourments des aiguillons fiévreux de notre époque ; et cela, de l'enfance insouciante à la vieillesse impuissante !..

Vraiment, il est urgent d'arrêter l'essor gigantesque de cette vaste contagion mondiale, qui, je le répète, nous use par tous les bouts, comme autant de *faibles machines forcées ;*... nous abaisse au rang de *vils engrenages,* et nous réduit en autant de *riens* .. malheureux et anticipés.

Mais, que faut-il faire, pour obtenir un tel amendement général, afin qu'il devienne et reste efficace ?..

La plus sûre et la meilleure des choses : s'efforcer, par

le raisonnement, de comprendre l'importance et les bienfaits à en attendre. Puis, chacun dans la mesure du possible, mettre en œuvre des efforts sincères et soutenus, pour accorder, *à soi-même et aux autres,* largement, *le temps matériel nécessaire à nous occuper des choses* petites et grandes que nous entreprenons, ou faisons entreprendre.

Et l'exemple pratiqué, ce puissant enseignement, qui a la propriété de provoquer et mettre en œuvre *l'imitation,* — dont nous sommes tous tributaires, — ira de proche en proche, peu à peu faire le reste, en le perfectionnant encore au profit de ceux qui nous succèderont.

Donc, le seul *bon vouloir de tous,* saura avoir assez d'efficacité pour arracher de la Terre entière, cette terrible et inintelligente *épine* de la « *fébrilité* ».

XIX. — AMBITION.

L'*épine* à laquelle nous arrivons à cette heure, est, précisément, celle qu'un désir presque toujours *immodérément continuel,* nous pousse à faire croître et embellir, chaque jour davantage.

Elle est, pour nous-mêmes comme pour les autres, une des manifestations intérieures et extérieures les plus frappantes de *l'égoïsme individuel,* qui nous caractérise tous, à tant de degrés imaginables, ou inimaginables, divers.

C'est une des plus habiles à nous rendre *malheureux,* de très bonne heure, — par la grande influence qu'elle sait étendre sur nos faibles volontés ; — que nous ne savons souvent, pas assez, lui interdire de prendre sur nous.

Mais, à l'égard spécial de celle-là, du moins, on peut dire, presque certainement, — *qu'elle nous est inculquée dès nos premiers pas dans le monde,* — avec une ardeur et un ensemble qui, tous deux, témoignent assez de la peine volontaire que l'on se donne, à nos côtés, . . pour nous empêcher de vivre, en paix — les simples dons *naturels* et *distincts* qui nous sont, à tous aussi, plus ou moins confiés.

Les nôtres, et ceux qui nous portent quelque intérêt, ne veulent absolument pas, en général, que nous restions sagement et modestement à la place de début qui nous est assignée, — *de par la volonté céleste ;* — et, sous le prétexte qu'ils souffrent de l'état d'infériorité dans lequel, relativement à d'autres plus haut situés, ils nous voyent, ils cherchent, *à tout prix,* d'habitude, les moyens de nous faire *monter* à notre tour.

Monter ! . . tel est le mot d'ordre et la devise des ambitieux. Se vouer à *conserver* la place et le *milieu* qui nous voyent naître, ne paraît, à leurs yeux pleins de convoitises, qu'une humiliation des plus primitivement sottes. *Descendre,* il ne faut jamais y penser, dans leur opinion ; car ce serait chercher un déshonneur frisant le crime ; . . en tous cas, une sorte de flétrissure et de honte imposées aux siens.

Et cependant, pourquoi monter à l'assaut de tant de forteresses *imprenables, du fait de nos moyens individuels les plus particuliers,* si, par le général en chef extraclairvoyant, qui nous connaît et nous commande, nous sommes *désignés, choisis et placés* pour opérer — sur le champ de bataille d'*en bas,* quelque chemin, ou sentier, modeste et isolé ?. .

Pourquoi ne pas concentrer plutôt nos efforts, à nous maintenir — toujours plus fermement et dignement *à la place* — pour la défense, la protection et le développement avantageux de laquelle nous sommes faits ?. .

Et pourquoi encore, si nous y avons *par trop de peine et de désavantage,* ne pas en chercher une qui, — toujours avec l'assentiment de notre commandant en chef, — saurait nous présenter moins de dangers, d'inconvénients, de responsabilités, de peines et de fatigues ; . . de toutes les exigences, en un mot, que nous ne nous sentons pas aptes à contrebalancer par ce que nous possédons en propre ?..

Pourquoi ?.. oh, parce qu'il en coûte trop à l'*égoïsme* et à la *vanité* de ceux qui nous élèvent et nous forment; et qu'ensuite, ainsi façonnés, qu'il nous en coûte beaucoup trop, à nous-mêmes, spécialement vis-à-vis de notre *amour-propre personnel* et du *qu'en dira-t-on* d'autrui !...

Oui, hélas, c'est de cette façon *mesquine,* mais *réelle; positive,* mais *fausse,* que nous nous efforçons presque tous, *partout et toujours,* de gravir ou de franchir *brusquement, audacieusement* si ce n'est *arbitrairement,* les degrés si souvent funestes de cette *épine* jalouse et profondément égoïste, de l'*ambition particulière et générale ;* — plus propre à nous conduire aux excès et au malheur — qu'à l'usage normal de nos dons, si modestes soyent-ils, et au bonheur véritable que nous pourrions en espérer.

Évidemment, l'épine précédente de la « *fébrilité* » est une amie intime, bien souvent encore inséparable, de l'*ambition* dont je parle ici ; parce que leurs vues, leurs idées et leurs goûts, sont presque à chaque instant *les mêmes,* et qu'en vertu du proverbe, déjà nommé, « *qui se ressemble s'assemble,* » elles marchent en avant, si non d'accord en tout, du moins, dans la plus grande partie des questions qui les agitent à notre détriment.

Il y a deux sortes d'ambitions : Celle qui consiste à faire valoir, *avec simplicité et contentement,* les particularités et attributs de nos personnes et conditions sociales respectives ; sans chercher à les faire sortir et toujours plus s'éloigner, du cadre voulu, où elles ont été, — avec des raisons plus ou moins mystérieuses et cachées, — comme fixées, ou incrustées ; et celle, qui a pour but principal, *de nous en faire sortir,* par tous les moyens qu'elle peut trouver, pour nous en détacher et distancer, — *par l'ascension des grandeurs de tous genres,* — le plus qu'il est en son pouvoir, ou en celui des autres ; à son profit.

Naturellement, la première est une *saine et louable ambition,* aussi nécessaire à l'évolution et au perfectionnement de nos individualités, que bienfaisante et digne, — sous tous les rapports. Aussi, n'est-ce pas de celle-là que je veux parler ici, mais de sa sœur opposée, qui est exactement le contraire, — par ses tendances *dominatrices et envahissantes;* trop communément anormales, injustes, et plus ou moins complètement inadaptées.

Cette dernière est bien, pour nous-mêmes comme pour les autres, l'*épine* qui s'insinue le plus rapidement, dans l'intimité de nos désirs, le secret de nos cœurs et le tressaillement de nos âmes, pour nous posséder ensuite et nous faire manœuvrer à sa guise, après — *comme autant de pantins et de marionnettes articulés, ou désarticulés*.

Il est vrai que, par son échelle toujours perpendiculaire et témérairement élevée, un certain et même un grand nombre, parviennent à des situations en vue, plus ou moins brillantes les unes que les autres, et qui illusionnent, à la fois et le plus souvent — sur leurs véritables avantages, dangers et responsabilités — ceux qui arrivent, de cette façon grimpante, à les occuper et ceux qui les contemplent sans bien comprendre.

Ces illusions, qui sont au vrai bonheur et à la santé morale, intellectuelle et physique des individus, à peu près ce qu'est l'ivresse produite sur eux, par les vins fermentés et alcoolisés des vignes de Noé, les grisent *de vanité, d'orgueil, de supériorité, d'arbitraire, d'égoïsme, d'esprit de lucre et de conquête continuelle ;* à tel point, que, — par le double effet de cette griserie capiteuse et continuée, comme par celui de l'habitude, devenue besoin presque irrésistible, — ils ne s'aperçoivent pas que, chez eux, trop généralement et journalièrement aussi, hélas, — « *la fin sanctifie les moyens* ».

Oh! si on connaissait le dessous des cartes combinées et jetées sur la grande table universelle du jeu, à la fois *comique, pathétique et tragique,* de la vie humaine, sur notre Terre d'intrigues, de bassesses, de compromissions et de lâchetés perpétuelles,.. on frémirait de la plante des pieds à la racine des cheveux, avec un dégoût profond, invincible et toujours croissant!....

L'*ambition!*.. quelle ogresse affamée, mais sans oreilles, pour entendre les cris et protestations de ceux qu'elle écrase et étouffe, à son seul profit!.. Quel tyran, oppresseur des petits, des modestes, des humbles et des faibles!.. Quel gouffre immense et sans fond, en un mot, où vont s'ensevelir, — *souvent à tout jamais,* — les efforts, les droits, les espérances et les peines — de tous ceux et celles qui en sont les plus continuelles et plus innombrables victimes sacrifiées!..

Cette *ambition-là, cruelle, insatiable et funeste,* n'est-elle pas, pour nous presque tous, une des *épines* les plus *envahissantes et anéantissantes* de notre vie *inquiète;* de notre existence, toute d'imprévu, — à travers les besoins, les désirs, visions et envies, qui nous suggestionnent forcément au jour le jour?

Si oui, comment alors y échapper, autrement que par la connaissance de ses maux, de ses ravages et des moyens puissants de la ferme volonté de s'y soustraire, — *en y soustrayant également nos enfants, d'aussi bonne heure que possible;* — par la force des dons de résistance qui peuvent se trouver en nous?..

Il importe, en effet, d'arriver à bien comprendre les désastres qu'elle peut accumuler sur nos têtes, dans nos situations respectives, et d'en éviter, autant qu'il est en notre pouvoir, les commencements, progrès, développements et conséquences, non seulement à nous-mêmes, mais par notre vigilance à cet égard, je veux le répéter encore, à tous nos nombreux rejetons.

Autrement, ces êtres aimables et aimants, pleins d'attraits, d'ardeur, d'amour, — *mais aussi de faiblesse et d'inexpérience,* — deviendraient, fatalement, la proie de cette *épine* qui déchire et blesse profondément les cœurs, les esprits et les corps; et qui va même.. jusqu'à subjuguer à ses caprices et appétits illimités — aussi les facultés et les responsabilités de l'âme!..

Quel malheur, que tant de parents cultivent cette mauvaise sorte d'*ambition,* dans leur vie de chaque jour et celle de leurs enfants, — déjà tandis que ceux-ci en sont encore aux débuts de l'existence ; car, sans bien s'en rendre compte, ils consomment journellement, ainsi, un *poison* qui les mine à petit feu, et ils réchauffent un *serpent* aux formes et couleurs chatoyamment séductrices, qui les fascinera irrésistiblement, jusqu'à la mort, peut-être.

C'est par son *influence délétère,* que les paysans, — si heureusement placés sur la scène grandiose de la nature et du plein air, — méprisent leur condition, saine, facilement morale, et souvent encore plus normalement avantageuse, sous tous les rapports, que les situations tant de fois mensongères, trompeuses et critiques, qu'ils viennent postuler de plus en plus à la ville...

C'est par son *contact brûlant,* que nous tous, gens des villes, voulons aussi, trop fréquemment et — *à n'importe quel prix,* quand ce n'est pas assez rapidement à celui de notre droiture, de notre loyauté, de notre impartialité, de notre santé, de notre paix et de notre bonheur, ou de ceux des autres,.. arriver *coûte que coûte* aux faveurs, privilèges, honneurs et grands bénéfices ; que nous recherchons avec l'avidité, on peut le dire — d'autant de gourmands, gloutons et égoïstes, qui se disputent la jouissance d'un morceau délicat, ou d'un mets favori . . .

L'ambition avide est celle qui nous fait aussi embrasser — tant de choses disproportionnées à nos aptitudes et à nos forces ; qui nous surmène — par tant de côtés différents ; nous dépouille — de tant de calme et de bonheur paisible, de satisfactions et joies faciles ; accessibles et permises aux modestes et aux sages, . . qui ne se laissent pas *enflammer* par ses séductions . . .

C'est *elle* encore, qui trouble si fréquemment le sommeil de ceux qui écoutent ses promesses, escomptent ses avances et admirent, — *de confiance,* — les tableaux captivants qu'elle déroule devant leurs yeux naïvement éblouis, et les flatteries dont elle sait charmer l'ouïe de leurs faiblesses, avec la force de leurs défauts . . .

Enfin, n'est-ce pas *elle* aussi, qui arme les bras guerroyeurs des peuples belliqueux, ne rêvant *que conquêtes et butin ravis,* dans le seul vrai but d'étendre et augmenter leur puissance, leur fortune et leur gloire ; — aux dépens de ceux qui leur servent de victimes ? . . .

Elle, qui pousse tant de malheureux à toutes sortes *de délits et de complicités répréhensibles,* obsédés par l'idée fixe qu'ils doivent, — par tous les moyens qu'ils jugent *qualifiés* et *efficaces* si non légaux et honnêtes — obtenir, ou s'emparer, des objets de leurs convoitises les plus personnelles et les plus chères ? . . .

Ô l'*ambition,* dont je parle ici, n'est-elle pas formée de l'*envie,* de la *jalousie,* de l'*égoïsme,* de l'*arbitraire,* de la *violence* et de l'*amour du fruit défendu ;* — lesquels ont tant de saveur âpre, douce et nouvelle, quand il s'agit de satisfaire les goûts ou caprices individuels qui nous agitent fiévreusement, et le jour et la nuit ? . . .

N'est-ce pas *elle,* presque toujours, qui accumule les ruines des gens qui ne savent pas se contenter — *de ce qu'ils ont, ou pourraient avoir, en toute facilité loyale et permise;* — et qui entreprennent des choses risquées, ou seulement incertaines, mais encore, trop souvent — lancées sur les seules voies du hasard des chances interlopes?..

Et si oui, encore une fois de plus, qu'on prenne garde davantage, — à cette *sirène,* qui charme pour perdre; à cette tigresse, qui flatte pour dévorer. Ceci, je le répète, pour soi et les jeunes que nous avons mission de guider. Sans cela, de notre propre faute personnelle, nous ferons grossir les rangs des *dépouillés* de ses exploits incessants, des *démolis* de ses effondrements incalculables, et des *désespérés* de ses mauvaises œuvres continuellement délétères et ravageantes!...

Ô *épine terrible* de nos entrailles!.. toi, qui est si fréquemment le *ver rongeur* de nos esprits, de nos âmes et de nos corps!.. qui est capable de nous abaisser jusqu'à la *fange* du ruisseau de la *honte,* à l'*impureté,* au *vol* et au *crime;*.. éloigne-toi de nos cœurs et de nos vies, car tu les corrompts d'une façon diabolique dans ce qu'ils pourraient avoir de juste et de meilleur!....

Tu es la *cause* de tant de maux, de chagrins, de calamités, de catastrophes et de morts prématurées, ou violentes, que ceux qui peuvent distinguer, — *en eux ou ailleurs,* — les signes certains de ta présence et de tes actions criminelles, arrivent, naturellement, à te haïr, à te craindre, et à mépriser les sourires maudits par lesquels tu cherches, sans répit,.. à séduire effrontément, à enlacer et à perdre; pour peu qu'on s'y prête de soi-même!....

XX. — VOLUPTÉ.

« *Toutes les voluptés sont dans la nature* », au même

titre que les goûts qui en jouissent; et, sans le plus grand nombre d'entre elles, nous n'aurions aucun plaisir, ni même aucune satisfaction en ce monde.

Le nom général de « *volupté* » s'applique aussi bien aux sensations de l'esprit qu'à celles de l'âme, du cœur et du corps, ici représenté par les sens appelés *matériels;* — parce qu'ils ne peuvent exister qu'avec le concours associé *de la matière,* qui les fait agir et les développe.

A vrai dire, si la *volupté* devient pour nous une des grandes *épines* terrestres, c'est plutôt par le *mauvais emploi,* ou l'*abus,* que nous en faisons, que par l'instinct natif que nous en pouvons posséder; car, chaque pensée, manifestation, chose, ou acte, que nous formons ou exécutons a, sa, ou ses *voluptés,* propres et distinctes.

Ainsi, il nous est impossible de dormir, manger, boire, parler, chanter, regarder, écouter, penser ou agir, enfin,.. sans éprouver — *les voluptés particulières à ces actes si naturels et communs de notre vie à tous,* — pour la raison, évidemment nécessaire, que nous sommes incapables, malgré tous nos efforts les plus tendancieux au contraire, de faire quoi que ce soit, même de désagréable, sans en éprouver plus ou moins, toutes sortes de *voluptés* diverses.

C'est même, à ce point *obligé,* que nous ne pouvons ouvrir, ou refermer nos yeux, respirer de l'air, émettre un son quelconque, ouvrir la bouche, souffler avec nos narines;.. nous plier, rester debout, marcher, frapper, ou nous étendre, etc., etc.,... sans en savourer, bon gré, mal gré,.. les sensations respectives qui en constituent les *voluptés* caractéristiques inséparables.

D'un autre côté, on peut dire encore, que toutes les *voluptés* ont, — comme également toutes les choses terrestres que nous connaissons et, forcément aussi, celles qu'il ne nous est pas toujours possible de connaître, — pour base essentielle, — *une source divine, douce, exquise et bienfaisante à divers points de vue; et diabolique, quoique attrayamment savoureuse, mais pleine de menaces et de dangers progressivement croissants*.

Au fond, il ne peut en être autrement; parce que, un Dieu seul ayant tout créé, dans *le bien et le mal*, il s'ensuit, que — tout ce qui se rapproche de lui par le bien, sous toutes ses formes, tant en ce qui concerne nos sensations *voluptueuses* qu'en quoi que ce soit d'autre se rapportant à nous, directement ou indirectement, — reçoit, *d'emblée*, sa plus ou moins grande part de *récompense immédiate;* ou de *punition voulue*, s'il s'en éloigne; — n'importe par quel subterfuge, prétexte, motif ou moyen quelconque, si subtilement ingénieux, ou doucereux qu'il puisse être.

Le Créateur suprême, veut que nous fassions le bien *en tout et partout;* et non seulement que nous le fassions en le *pensant* et en le *pratiquant*, mais aussi en l'*aimant*.

C'est pourquoi, afin de nous gagner à cette grande et immortelle cause du bien, — *qui est l'apanage béni de toutes les perfections qui vont s'accomplissant*, — il a mis, à ses côtés, le sombre et laid repoussoir du mal, dans le but le plus vraisemblable et apparent, — de nous forcer, peu à peu, à nous attacher de toutes nos forces au premier, qui est l'essence même de sa suprématie, *sur comme dans tout ce qui existe;* et de nous séparer, graduellement, du second — en détachant jusqu'au goût de ses *voluptés*, toutes malfaisantes et considérablement inférieures aux premières;.. pour le présent et l'avenir allant à l'infini.

Si, par exemple, nous avons le pouvoir et l'envie de savourer l'exquise sensation, *douce, ardente et voluptueuse*, d'un baiser *donné*, ou *reçu*, ou, mieux encore — *partagé*, — nous en éprouvons d'autant plus de plaisir, de joie et de bien-être,.. qu'il a pu se manifester et se goûter en *tout* bien, tout honneur; c'est-à-dire — dans la plus *parfaite légitimité* de part et d'autre.

Ce baiser est un bien acquis, reçu, donné, ou partagé; n'importe. Il fait le *bonheur présent* des deux êtres qui y ont volontiers contribué effectivement; avec celui, à venir, du souvenir *agréable, doux et réconfortant,* qu'il leur rappellera de cet instant disparu.

Ici, le bien *réel* se manifeste sous la forme d'une sensation, fugitive sans nul doute; — *affaiblie* forcément par le temps qui, éponge indestructible, efface tout petit à petit, sur le vaste tableau noir de nos existences les mieux remplies; — mais, à coup sûr, toujours constamment *bonne, bienfaisante et durable*.

Tout y est voluptueusement pur, légitime, doux et charmant, dans ce baiser-là; car il est sorti de la source divine et incomparable du bien, laquelle, idéalise les choses les plus simples et matérielles de la Terre,.. jusqu'à les faire s'élever parfois au niveau des choses célestes!....

Toute autre, est la *volupté fiévreuse et brûlante* du baiser *illégitime,* défendu, imposé, ou dérobé; lequel, pour son provocateur, ou auteur, ne peut s'appuyer que sur la base *impure et déprimante* du mal.

Celle-ci, est pleine d'attraits violents et de désirs coupables, attendu que, sa saveur, même la plus délicieusement parfumée, reste toujours entachée profondément du vice corrupteur de la faute : *arbitraire, offense et vol;* lesquels, entraînent à leur suite.. le cortège hargneux, désespérément maudit, des *remords et troubles de la conscience,* qui, sans cesse, quoique plus ou moins, viennent s'interposer — *entre la volupté passée de la sensation même et le souvenir de la mauvaise action accomplie.*

Et l'amertume, ainsi mélangée, succédant au plaisir qui n'est plus, suffit à empoisonner jusqu'à l'évocation mentale, qui dissimule alors la vision, complaisante à très amoindrie, — sous le voile, quand même transparent et impossible à suffisamment épaissir, ... des excuses : *circonstances atténuantes, causes irrésistibles, faiblesses charnelles, exemples contagieux, oubli de toutes ces choses, nécessités impérieuses du mobile des attractions,* ou *folie momentanée !* ...

Il en est invariablement de même, — pour l'excellent *fruit,* que l'on savoure avec délices; la *boisson* exquise, qu'on déguste à petites gorgées lentes et retenues; le fin *morceau,* dont on se régale avec gourmandise; le *dessert,* dont on réjouit ses yeux, ses lèvres et son palais; .. le *tableau,* ou l'*œuvre d'art,* dont on repaît ses regards charmés autant qu'intéressés; ... les *sons,* qu'on écoute avec tout le magnétisme absorbant des charmes de l'ouïe; ... les *vêtements,* dont on se recouvre confortablement; les *chaussures,* qui protègent nos pieds, les *coiffures,* qui défendent nos têtes; .. les *appartements, maisons, jardins, travaux, occupations, relations, passions,* où nous agissons; .. les *idées* et les différents et si innombrables *buts,* dans lesquels nous vivons notre existence terrestre.

Toutes ces choses, ces sentiments et ces mobiles, qui agitent de tant de façons, nous procurent des *sensations voluptueuses* et des *voluptés permises, légitimes et voulues,* surtout quand elles naissent et éclosent des racines, éternellement invulnérables, du *bien ;* et d'autant plus complètes et durables, que leurs points de départ sont plus parfaitement vrais et sincèrement déterminés.

Tandis que ces mêmes choses, sentiments et mobiles, prenant leurs racines dans le *mal,* ne nous procurent que *les sensations voluptueuses de voluptés corrompues et empoisonnées ;* qui, toutes, soit parce qu'elles s'inspirent d'illégitimité, de ruse, de tromperie, d'usure, de vol, d'orgueil, ou d'autres mauvais sentiments quelconques, — ne peuvent qu'introduire, en nous, le *venin subtil et positif* de leurs fautes, avec les *remords* y attachés et la *dette* que nous en contractons, plus tous ses intérêts; — dans la balance infaillible de nos comptes célestes à venir, en commençant déjà par le présent . . . .

La *volupté*, c'est le magnétisme exquis de tous nos sens et facultés, — qui se dégage, grandit et s'accroît, de toute la somme des jouissances qui s'éveillent en nous, comme pour les résumer en un fluide irrésistible, — suprêmement caressant et doux . . .

C'est la part qu'y prend le Ciel, s'unissant à celle de la Terre, pour nous transporter, en nous soulevant jusqu'aux avant-goûts de l'*infini*, de l'*idéal* et du *parfait !* . .

C'est le bonheur, par la jouissance pure ; mais c'est aussi le malheur, par la séduction impure. Et toutes les *joies*, comme, hélas, tous les *dangers*, se trouvent résumés *entre ces deux limites sensibles et distinctes ;* — malgré l'enivrement, toujours mollement confus et troublant, qui résulte des ondes sensitives, ou sonores, — mises en vibrante activité relative.

Quand nous nous laissons dominer par la *volupté*, de n'importe quel genre, nous devenons tout simplement *son esclave;* puis, *sa chose* et *son jouet*. Avec une vérité frappante, l'immortel fabuliste La Fontaine a pu dire : « *ô volupté, quand tu nous tiens, on peut bien dire adieu prudence !* » . . En effet, là où elle domine, ne fut-ce qu'un instant, la majeure partie de nos qualités fuit et s'oublie très rapidement ! . . . .

C'est là, qu'est son plus grand danger, pour nous et ceux que nous formons ; et d'autant plus étendu, qu'il se retrouve dans tous les êtres — quoique sous des formes différentes, — qui en constituent les très nombreuses variétés.

Et il est d'autant plus difficile de se soustraire à l'*épine*, compromettante et dangereuse, *d'un excès de volupté quelconque,* je le répète, que nous ne pouvons absolument rien faire, sans qu'elle soit liée à la plus minime de nos pensées, ou actions,.. dans le bien, ou le mal!...

Comme il arrive toujours, que nous nous complaisons, plus particulièrement, à la reproduction fréquente des *idées, mouvements* et *actes,* qui nous sont sympathiques, ou familiers, il s'ensuit, — que nous sommes tous menacés et frappés des dangers de l'*épine* de cette *volupté* qui nous attire, nous charme et nous séduit; — dans la, ou les formes, qui nous dominent.

C'est donc à nous, de veiller à ce qu'elle ne puisse nous subjuguer vers le mal, en repoussant fermement — les avances qui pourraient nous mettre sur la pente, glissante et fatale, des abîmes de leurs perditions.

Et c'est surtout à nous, adultes, qui avons déjà plus ou moins expérimenté les mauvais effets de ces *trahisons inévitables,* — en un certain nombre de domaines individuels et collectifs, — qu'appartient, la tâche sévère et pénible, dans bien des cas, d'en préserver, par les moyens disponibles, nos propres rejetons, avec les autres jeunes et faibles qui commencent la vie.

Il importe, alors, sans doute, d'en envisager, aussi consciencieusement que possible, les côtés *malfaisants, pernicieux et désespérants,* afin d'en éclairer nos propres yeux et ceux des autres; car, c'est un devoir qui devient toujours plus urgent, surtout dans l'époque *sensuelle et voluptueuse* où nous vivons actuellement.

Nous sommes nous-mêmes, *spirituellement, intellectuellement* et *physiquement, les dépositaires forcés des voluptés* qui se trouvent dans la *chaleur* de notre sang, la *dureté* de nos os, l'*élasticité* de nos chairs, le *pouvoir visuel* de nos yeux; celui *éminemment protecteur* de nos cheveux et de l'enveloppe de notre peau,.. le *son* de notre voix, les *idées* de notre cerveau, les *pensées* et *sensations* de nos âmes, les *désirs* de nos cœurs et le *mouvement* de nos personnes.

Mais, nous en sommes aussi les gardiens *obligés ;* et, regrettablement — parfois trop obligeants. C'est pourquoi, il faut encore plus surveiller le second rôle que le premier, si nous voulons acquérir la connaissance et l'autorité nécessaires — *à nous modérer dans leur seul usage permis et voulu ;* — comme pour nous défendre, également, de leurs *excès, menaces, fautes et punitions* plus terribles...

Le *sensualisme raffiné* et le *matérialisme spirituel,* si déguisés, de nos jours, sont des écoles systématiques et graduelles pour le développement, nerveusement exagéré, *de toutes nos voluptés terrestres ;* lesquelles tendent, de plus en plus, *à l'abrutissement de nos sentiments nobles et élevés,* ceux qui, tout spécialement, nous distinguent de la simple et lourde animalité.

Chacun de nous, en particulier, comme tous, en général, nous devons chercher à briser les ressorts funestes des *voluptés pernicieuses,* qui sont créées et soutenues.. par cette *odieuse volupté grandiose et universelle, reine-mère des foyers séducteurs du mal et inspiratrice de nos enchantements infernaux,.. comme de nos souffrances morales et matérielles terrestres !*...

Couper le mal dans sa racine, le plus possible, afin d'en empêcher les forts développements ultérieurs !.. Tel est le *grand remède efficace et sûr,* qui se présente à mes yeux, — contre cette *épine* faisant, en quelque sorte, partie de nous-mêmes, déjà à notre insu ; — et sans qu'il nous soit possible de toujours l'apercevoir, avant qu'elle ait exercé, sur nous aussi, un acte, si petit soit-il, de domination corruptrice, forcément grisante et affaiblissante.

Ô volupté malsaine et dangereuse — des excès de tous les

genres, des fautes et des arbitraires; — toi, qui est *la mielleuse ennemie de nos esprits, de nos âmes, de nos cœurs et de nos corps,* . . puisse-tu, ô puisse-tu fuir nos faiblesses misérables et nos demeures, . . à jamais ! . . . . .

XXI. — MILITAIRE.

Une des plus lourdes *épines sociales* que nous conservons encore, est, certainement, l'attirail formidable et l'engrenage gigantesque . . des choses qui ne sont formées et maintenues — *qu'en vue des guerres probables*.

Quand on songe aux *millions* et aux *millions* d'hommes jeunes, forts, robustes et intelligents ; aux autres *nombreux millions* de chevaux, ânes, mulets, éléphants, dromadaires et chameaux ; à tous les *milliards* d'écus, que les humains doivent forcément consacrer pour entretenir convenablement, *instruire, dresser et entraîner* au métier belliqueux des armées, tout ce qui concerne l'*art meurtrier de la guerre*, on frémit jusqu'au fond du cœur ; — car l'esprit se reporte involontairement, aux scènes d'imprécations, de hurlements de rage, de sang répandu et de crimes homicides, des enfers imaginés, . . se déroulant, parfois, en plein jour, ou dans l'obscurité de la nuit, sur notre Terre ! . . .

Penser, que nous avons été faits *à l'image de Dieu*, et mis dans ce monde — pour *nous aider et nous aimer, les uns, les autres, comme autant de frères et sœurs,* — plus ou moins avancés, ou retardés, dans le bien et le perfectionnement de nos attributs, s'entend ; mais, tous, sans distinction, n'appartenant qu'*à une seule et même grande famille*. Puis, voir que nous en sommes, de nos jours, — après tantôt deux mille ans que Jésus-Christ de Nazareth est venu dessiller nos yeux et diriger nos cœurs, — réduits à nous considérer, le plus souvent, *presque autant de rivaux enne-*

mis, — dans nos relations de peuple à peuple, — et à désirer réciproquement de nous anéantir *à main armée,* pour trancher les questions qui surgissent entre nous, est tristement écœurant et profondément décourageant!...

Sans doute, tant que nous ne serons pas assez *honnêtes, bons, humains et justes,* pour ne jamais chercher — ni les uns, ni les autres — à nous approprier les avantages, ou l'or, ou les êtres, ou le territoire, que nous convoitons aux différents peuples, comme nous, terrestrement placés, il faudra *des légions de gendarmes* pour *prévenir, empêcher ces vols; arrêter les brigandages en grand* et, au besoin, *châtier les malfaiteurs.* Car, ce qui se fait et doit se faire en petit, contre des actes *répréhensibles,* ou *dangereux,* commis séparément par des individus isolés, doit aussi et à plus forte raison, se faire sur une plus grande échelle, *proportionnée* à l'étendue justifiée des craintes, dangers et dégâts à venir, ou déjà existants d'une façon illégale démontrée.

Mais, de là à maintenir constamment, en *permanence,* sur un pied de guerre *continuel,* les intrépides et redoutables soldats de toutes les nations, qui défendent nos personnes et nos biens, — quand ils sont menacés, — il y a certainement d'autres moyens également *pratiques, efficaces, respectables, et infiniment moins ruineux* sous beaucoup de rapports des plus faciles à prouver.

L'exagération évidente des forces de terre et de mer, toujours disponibles et prêtes à semer l'épouvante, les cruautés de la lutte avec les horreurs typiques de la mort violente, fait désirer ardemment, — *par toutes les âmes qui s'élèvent, au-dessus des férocités volontaires,* — l'établissement, si urgent, *d'un règne de droiture, de justice et de loyauté parfaites,* dans les rapports de peuple à peuple.

Et pour le créer, ce règne perfectionné, si nécessaire à l'amélioration et au bonheur de tous, il suffirait — *d'un mou-*

vement général de bonne volonté, consenti et partagé par toutes les puissances terrestres, grandes et petites; — lesquelles s'engageraient, sérieusement et solennellement, à instituer des *tribunaux internationaux,* composés avec une impartialité complète, chargés de rendre la justice en réglant les différends pouvant les concerner, non plus par les lois exclusives et fatales autant qu'injustes, de la *force;* mais, par celles, — plus dignes de créatures humaines, — de la *légalité stricte* et du *droit pur.*

Une fois ce premier grand progrès établi, l'immense second, qui s'imposerait naturellement, serait celui — d'une *transformation scrupuleuse et non moins universelle,* des nombreuses et colossales armées permanentes, *en milices;* — seulement appelées sous les armes pour les temps d'instructions, de répétitions, et d'exercices jugés indispensables à l'efficacité des corps et moyens, à toujours avoir préparés et prompts sous la main, au premier signal; — par les juges *compétents et internationaux,* dont les décisions, dignement probes et légales, seraient sans appel.

Enfin, le troisième progrès, gigantesquement et incomparablement bienfaisant, qui en résulterait, infailliblement aussi, serait *l'empêchement de toute espèce de guerre.* Parce que, si, dans un jugement à exécuter, un, deux, ou trois peuples se rebellaient en faveur de l'une des parties en cause, il y aurait tous les autres peuples, ligués ensemble dans la justice et le droit, pour leur imposer, — *avec une garantie plus qu'imposante et sûre,*... le respect du devoir, des personnes et des biens.

Quant aux peines et châtiments, à subir par les coupables, je crois fermement, que devant un tribunal aussi formidable, — *le blâme unanime,* — suffirait dans les cas légers; et que — *le remboursement des frais, torts et dégâts occasionnés,* mis en plus, — dans les affaires graves, serait

— le mode le plus humain, le plus digne, et le moins humiliant à adopter pour ceux qui auraient failli.

Puisque, dans les contestations *individuelles,* les lois divines et terrestres s'accordent à ordonner aux parties adverses, de porter le désaccord qui les divise, à la connaissance et à la décision des *tribunaux institués* au milieu d'elles, — pour qu'elles se soumettent à leur justice impartiale; — pourquoi ne pourrait-il pas en être — *simplement et honnêtement de même, exactement,* — pour les fautes tentées, ou commises, *soit par un très grand nombre d'individus, soit par l'assentiment et la solidarité d'une, ou de plusieurs nations entières?*....

Le *duel,* quel qu'il soit, — tel qu'il a autrefois existé et que, malheureusement, de nos jours, nous en voyons encore de si tristes exemples dans certains pays, — est certainement une *barbarie révoltante,* ne méritant que la qualification flétrissante, mais juste, de « *préparation réglée d'un assassinat probable* », pour ceux qui peuvent et cherchent — à frapper de mort l'un des adversaires, ou les deux; et de « *ridicule comédie* », ceux arrangés de façon à ne produire que des égratignures, .. aussi absurdes et laides que parfaitement inutiles!...

Eh bien, même pour toutes les conventions à observer, dans *ces luttes violentes, stupides et criminelles,* ou *ces simagrées pompeuses et idiotes,* les deux parties en cause, ont recours au jugement et à la surveillance d'un « *tribunal de circonstance* », composé des témoins des combattants; afin que les choses se passent conformément aux règles, ou lois, spécialement établies et décrétées par eux...

Evidemment, ni les *morts* du premier genre, ni les *égratignés* du second, ne prouvent que les *refroidis* et les *tailladés* avaient *tort* ou *raison;* dans la question qui les avait mis ainsi, armes en mains, en face de leurs antagonistes.

Mais, tout simplement — qu'ils ont été *moins forts*, ou *moins habiles*, ou *plus malchanceux*, que leurs *meurtriers* ou *compagnons de parodie*.

Cet abus infâme, que les temps passés appelaient complaisamment « *jugements de Dieu* », est même souvent très loin d'être le *baromètre du courage individuel*, chez les provocateurs ; parce que ceux-ci, généralement très expérimentés, formés et entraînés à ces sortes d'exercices, ne font, d'habitude, les *rodomonts terrifiants* et les *ogres courroucés*, que parce qu'ils devinent ou connaissent, dans ces spécialités, l'*infériorité relative et certaine* de leurs rivaux provoqués. Dans le fond, ils sont surtout des *lâches* et des *assassins ;* et ce n'est que dans les *apparences,* qu'ils se drapent du manteau fascinateur de *l'intrépidité chevaleresque audacieusement agissante*.

L'*injustice personnifiée,* la *ruse évidente,* la *violence criminelle* des duels sérieux, et la *stupidité simiesque* de ceux qui ne le sont pas, réprouvent et condamnent, suffisamment, *leur usage avec tous leurs abus,* — dans l'esprit, le cœur et la conscience des honnêtes gens, — pour qu'il faille vraiment s'étonner et rougir, de voir encore leurs taches sanglantes, barbares, cruelles, ou carnavalesques, maintenues si scrupuleusement, tant dans les *armées permanentes,* que dans les *corporations de certains étudiants* et le monde des gens qui se disent *supérieurs ;* et se croyent, presque toujours, aussi *distingués* que *civilisés !..* en se qualifiant encore, par dessus le marché, de — gens *bien élevés !..* Et cela, sur tous les tons pincés de la dignité la plus sotte et mélodramatiquement mimée !....

Or, quand deux nations décident d'en venir à cette solution *fausse, brutalement ruineuse et criminelle,* qu'on nomme la *guerre,* et qui n'est autre — *qu'un duel en grand,* — elles ne demandent généralement pas conseil aux autres nations qui les entourent; pas plus qu'elles ne s'occupent d'égaliser les chances d'une façon à peu près loyale !...

Elles courent l'une contre l'autre, en faisant agir toutes leurs forces disponibles, même si l'une est dix fois plus forte que l'autre... Et alors, non uniquement celle qui a raison, mais la *plus forte,* la *mieux préparée* à cette lutte homicide, ou peut-être, la *plus habile,* réussit à imposer ses volontés à la malheureuse vaincue !...

Donc, aussi bien pour les *duels* entre les armées de deux nations, que pour ceux entre individus, « *la force prime le droit* »; et la justice *vraie, impartiale, ferme,* mais *humaine et fraternelle,* est foulée aux pieds,.. faute d'un *tribunal international de l'entente commune de tous les peuples de la Terre,* — à établir, maintenir et respecter, dans ses jugements précieux et bienfaisants !..

Voilà les *causes premières,* qui font du « *militaire* » et du « *militarisme actuel* » une des plus *lourdes épines* à la charge de l'humanité entière;.. et les moyens faciles, que *le bon vouloir des peuples,* s'entendant sincèrement, une bonne fois, à ce sujet capital, pourrait faire triompher définitivement — *pour la paix et le bonheur universels de tous, sans aucune exception!*....

Comme ils seraient véritablement *grands et bénis,* les monarques et autres chefs des nations qui, *les premiers,* provoqueraient sérieusement et amèneraient — un tel immense progrès entre les hommes de tous les peuples !

Et comme il serait du devoir de chaque homme, vraiment digne de ce nom, d'invoquer, par tous les moyens loyaux et fraternels en son pouvoir, *l'établissement de ces jugements pacifiques,* en faisant appel à l'impartialité des *juges internationaux, fournis par chacune des nations existantes;* et en éloignant, ou mieux, en effaçant à tout jamais, pour l'avenir, ces *brigandages fratricides* qui nous *menacent constamment,* qui nous *oppressent,* nous *souillent,* nous *ruinent,* nous *retardent* et nous *déshonorent!...*

Après cela, que les « *statisticiens fantastiques* » ne viennent pas me dire,.. que les grandes tueries d'hommes sont *nécessaires* de temps en temps, — pour *ménager* les ressources des survivants;... ne *pas épuiser* la Terre;.. *créer* des places disponibles aux nouveaux; *etc., etc....* Parce que toutes ces misérables raisons, tant de fois déjà évoquées, répétées, étudiées et discutées sous leurs faces grandes et petites, ne sont que — *des absurdités pures et simples!*

Les *épidémies,* les *maladies,* les *passions,* les *accidents* et les *limites* de l'âge des mortels, suffisent, amplement, à laisser des places vides aux jeunes qui viennent ici-bas, pour les occuper en leur succédant; et cela — dans tous les pays, quels qu'ils soyent!...

Maintenant, quand, prenant par le détail, *ces millions et ces millions d'hommes,* on pense, *séparément,* à la vie d'exercices à main armée que mène, *chacun* d'eux, en particulier, *pendant les plus fortes et meilleures années de son existence,* — quand ce ne sont pas ses *plus longues,* ou *plus nombreuses,* — on en vient immédiatement à conclure — qu'il pourrait être infiniment plus utile à son pays, à sa famille, à une femme, à des enfants possibles et à lui-même, — *pour leur avancement et leur bonheur à tous,* — en travaillant à quelque chose de mieux que s'entêtant à mener une *vie de caserne,* à manier un *fusil,* une *lance,* un *canon,* ou à traîner un *sabre* sur le pavé, ou terrain, de ses garnisons, même si avantageuses!...

A cet égard, un petit pays, grand par *l'exemple pratique et efficace* qu'il donne depuis longtemps, par le fait — *de son organisation militaire réduite à sa plus simple et moins coûteuse expression,* comme par *le développement des forces physiques et intellectuelles de ses citoyens;* — de tous temps justement renommés pour leurs aptitudes *défensives,* est digne d'être *cité* ici et *imité* : C'est la pacifique, mais libre, forte et vaillante *Suisse,* des robustes habitants de l'antique et glorieuse *Helvétie*.

Chez elle, tout homme valide doit travailler à son bien-être personnel et à celui de sa patrie, dans la mesure de ses moyens privés, tout en étant astreint à un *service militaire ;* mais, qui ne lui réclame que le temps strictement nécessaire à en faire — *le soldat capable de défendre solidement son pays,* — en cas de menace, ou de danger réel.

Et ses soldats, civilement préparés dans leur enfance et leur première jeunesse, à la *gymnastique,* au *tir* et à la *discipline patriotique,* sont, très vite, aptes à se rendre maîtres des exigences techniques des corps spéciaux pour lesquels, à l'âge requis et dans les limites voulues, ils sont appelés chaque année, des temps plus ou moins longs ; mais, relativement aux autres nations, — *toujours très courts, faciles à être mis suffisamment à profit et peu dispendieux*.

Puisque, dans ces conditions si *simplifiées,* ils font *l'étonnement* et *l'admiration* des chefs les plus sérieux et les plus compétents des armées permanentes des autres peuples, pourquoi tarde-t-on, depuis si longtemps déjà, — à les suivre dans ce précieux et gigantesque progrès spécial, — qui débarrasserait l'humanité entière d'une très grande partie — des *ruines,* des *dangers,* des *menaces,* des *horreurs* et des *sacrifices continuels* de tous genres, de l'*épine* du regrettable « *militarisme actuel* »?....

XXII. — POLITIQUE.

Voici encore une *épine* sociale qui suit de près et accompagne, presque toujours, l'*épine* précédente du « *militaire* » ;

principalement parce qu'elles doivent se prêter un appui mutuel, dans la plupart des cas.

La « *politique* », c'est-à-dire la science des affaires gouvernatives, et qui concerne surtout les dirigeants des nations, avec les aides et représentants dont ils sont obligés de s'entourer,—tant à l'intérieur qu'à l'extérieur des royaumes, empires et républiques, — n'occupe pas seulement l'esprit des chefs et des diplomates; mais aussi d'un grand nombre d'hommes qui en discutent plus ou moins passionnément, sans toujours y comprendre quelque chose, et en font — le *prétexte* du temps qu'ils gaspillent, des idées qu'ils émettent, et, le plus souvent,.. des verres qu'ils boivent....

C'est de ces derniers, particulièrement, que je veux parler ici, car ils sont excessivement nombreux dans tous les pays; où ils forment, dans les réunions qui groupent les hommes ensemble, la plus chaude et bruyante partie des conversations qui ont lieu dans les fêtes populaires, les cafés, brasseries et restaurants, entre autres.

Non seulement, ceux qui fréquentent ces établissements publics aiment, généralement, à y consommer les boissons favorites de leur goût; mais encore à y fumer, discuter de choses et d'autres, jouer, et, avec une préférence marquée quand l'occasion s'en présente, — y lire les journaux pour résoudre, — *à leur manière personnelle,* — les difficultés de la chose publique, comme les problèmes *chatouilleux,* ou *graves,* de la politique terrestre.

A cet effet, vient-on de lire une nouvelle quelconque de l'étranger, plus ou moins détaillée, vraisemblable, ou impossible; ou même, une très simple et laconique dépêche télégraphique, limitée à des termes dans ce goût: « *On annonce sur les côtes du Maroc l'apparition d'un vaisseau russe appartenant à la marine marchande* »; que bientôt, toutes les têtes entrent en ébullition et transpirent graduellement des *doutes, craintes* et *inquiétudes,* qui ne cèdent la place ainsi réchauffée qu'à des *probabilités,*... vivement remplacées par des *certitudes,*... partagées, contestées, ou fortement disputées.

Immédiatement, la marine *russe* est mise sur la sellette, pour y être examinée sous tous ses aspects. Et, sans réfléchir plus longtemps, on y fait monter successivement, les marines *française, anglaise, allemande, italienne, autrichienne, etc.;*... en comparant les renseignements et les « *on dit* » populaires qui courent sur elles, dans les désirs et imaginations possédés d'un esprit de jalousie, de rivalité et de critique. Puis, on en tire les déductions capables de *paralyser* les *intentions belliqueuses* de ces marins russes isolés, — s'ils en ont;... de leur faire rebrousser chemin, — s'ils vont trop loin, sur l'élément salé qui recouvre tant de mystères et de poissons d'avril; comme, au besoin, — de les châtier, avec ensemble et vigueur.

Sans s'attarder plus longtemps, à l'analyse des différents cuirassés et autres bâtiments de ces nations, qui sillonnent les mers, on passe à l'examen de leurs matelots;... à leur aspect physique,... aux différences de leurs costumes, et à la science guerrière de leurs officiers ordinaires et supérieurs; citant, ici et là, des noms de vainqueurs et de vaincus des guerres passées.

Puis, le vin, l'alcool, ou la bière absorbée, aidant, on croit déjà entendre les *bordées* des canons, qui tonnent; les *hourras* formidables des équipages excités, qui retentissent; le *fracas* des vagues qui déferlent et les *hurlements* de la tempête, qui s'en mêle!...

Pendant la succession de ces tableaux visionnaires et des interminables discussions, tantôt sur un sujet, tantôt sur un autre — *qui les accompagnaient nécessairement;* — les heu... se sont *écoulées,* les bouteilles, verres ou chopes, se sont *vidés ;* — avec les bourses, et les cervelles qui en restent *agitées* encore longtemps après, mais surtout.. passablement aplaties et faussées...

Il est *minuit; une heure du matin,* peut-être. Les braves *politiciens* de la soirée, habituellement divisés en deux camps opposés, trébuchent et oscillent plus ou moins fortement, sur leur centre de gravité ;.. tant et si bien, qu'ils s'entrechoquent fréquemment, parfois, en suivant le chemin indécis de leurs habitations, et que, positivement, ils font l'effet d'être sous le joug titubant du *mal de mer !*..

Dans ces conditions, ce que peut être le reste de la nuit, pour chacun d'eux, est assez facile à s'imaginer. En attendant, les autres côtés, non moins comiques, de ces « *embrasements politiques et guerroyeurs* », ne manquent pas :

Ainsi, dans les parages des stations et ports du littoral des mers, où l'on voit les navires de beaucoup de nations, apparaître et disparaître ; séjourner, puis lever l'ancre et aller ailleurs, ces sortes de nouvelles, communes et fréquentes, ne troublent que fort peu la tête des gens qui y sont habitués d'ancienne date.

Mais il n'en est pas de même pour les pays, où, comme dans l'exemple que je viens de donner, la mer est absente ; et ceux qui ont vu de leurs yeux des navires, des marins et des ports de mer, autrement qu'en photographie, gravure, ou dessin, sur des images noires, ou coloriées, sont plutôt rares,.. on le conçoit.

Pour ceux-là, rien n'est impossible, dans le domaine de ce qu'ils ignorent ; et.. « *ils font flèche de tout bois* », quand il s'agit de discuter comme des « *capitaines au long cours* », ou des *amiraux*, les événements grands et petits, avec les faits insignifiants des choses de l'onde salée qu'ils ne connaissent, en réalité, que par des lectures plus ou moins incomplètes et insuffisantes, ou par ouï-dire....

Les mêmes stratégistes, se retrouvant le lendemain, ou surlendemain soir, dans le café ou la brasserie, en question, sont tout étonnés de lire une dépêche, complémentaire de celle dont ils ont encore la tête remplie, disant : « *On apprend, de source certaine, que le navire russe signalé près des côtes du Maroc, n'est venu que pour y apporter un énorme chargement de graphite de Sibérie, destinée à une grande fabrique indigène de crayons* ».

Après le premier moment, non de soulagement, mais de déception, les plus calmes s'en prennent — au journaliste inconnu qui leur a causé tant d'émotion gratuite. Les plus chauvins, s'entêtent dans leur idée première, prétendant et soutenant, mordicus — « *que les mines de crayon ne sont qu'une excuse doublée d'un trompe-l'œil matériel ; et que, sous le chargement de graphite, il doit se trouver des fusils, des révolvers, de la poudre et de la dynamite, destinés à une tentative d'insurrection clandestine* ».

Et, ce soir là encore, comme ce sont ceux qui crient le plus fort qui distribuent les *rôles*, les *compétences* et les *événements*, suivant la sympathie, l'indifférence, ou l'antipathie personnelle, qu'ils portent aux russes, en général, il s'ensuit — que les moins belliqueux finissent par entrer graduellement dans leurs vues éblouies, et que la conversation de tous retombe inexorablement, sur le même sujet ; en se rabattant sur le menu des ruses de guerre employées par les guerriers, — depuis le fameux *cheval des Troyens* jusqu'aux *bombes explosibles* et aux *torpilles* de nos jours.

C'est ainsi, que des milliers de « *politiciens sans l'être* », crédules, naïfs, fanfarons et hâbleurs, autant qu'ignorants des choses techniques qu'ils défendent, ou combattent ; .. *fanatiques pour les objets de leurs sympathies*, — souvent aussi vides, illusoires et dépourvues d'intérêt véritable que celles, si fantaisistes, des enfants, — perdent, en tous pays, villes, villages et hameaux, des *veillées entières*, des *demi-journées, avinées, birrifiques,* ou autrement alcoolisées, avec beaucoup de *temps,* de *repos,* de *sérieux* et d'*argent ;* lesquels — pourraient être mis à profit d'une façon plus intelligente, plus agréable et moins ridicule.

Je ne veux mentionner, en passant, que pour mémoire,.. les paroles et les idées *agressives,* les intentions *railleuses,* les épithètes *malsonnantes,* les altercations *vives,* ou *brutales,* — qui occasionnent tant de *cris,* de *bruits regrettables et inutiles* à la marche des questions discutées ;.. comme aussi, parfois, les *haines, outrages* et *rixes* plus ou moins *graves* et *funestes,* qu'ils occasionnent.

On l'a dit et souvent répété, avec raison : « *Il ne faut pas jouer avec le feu, ni avec les mauvais instincts et passions, déchaînés par la politique* ». Et cela est toujours si vrai, qu'il semble — qu'il n'y ait qu'à parler des moindres faits et gestes des soldats de terre, ou de mer, des nations de notre globe, comme de leurs ressortissants civils ayant quelque autorité, — pour, aussitôt, allumer les esprits du flambeau destructeur du mal, et faire éclater leurs plus égoïstes, sottes et criminelles rivalités !...

Il va sans dire qu'en pareilles circonstances, je le répète, il en est de même, pour ce qui concerne les troupes à pied et à cheval, qui s'exercent et manœuvrent sur .. « *le plancher des vaches* » ; en ce sens, — qu'au moindre déplacement, ou à la plus petite nouvelle tant soit peu imprévue, — toujours les mêmes « *politiciens incorrigibles* », organisent de véritables *plans de guerres fantaisistes,* parmi celles qu'ils aimeraient voir se déclarer, ou craignent de voir commencer, à cause de ceci ou de cela.

Et c'est souvent merveille, que de les voir s'escrimer à la *tactique* de leurs imaginations enthousiasmées et surexcitées, quand, à travers la fumée des cigares et des pipes, bravant la chaleur du liquide blanc, rouge, jaune ou brun, des bouteilles et verres disséminés, ou groupés, sur une table massive, ils simulent l'*arrivée* des divisions ennemies sur le champ de bataille ;.. le *choc* des régiments ;.. la *fusillade,* qui s'en répercute par les échos d'alentour, avec le *tonnerre* continuel des batteries de position ;.. les *tambours* et *clairons,* guidant la marche à l'assaut ;.. les *charges* de cavalerie et ... tout le tremblement à grand fracas *du diable et des enfers militaires* explosant !.....

Naturellement, la victoire est à ceux dont ils font partie, ou qu'ils aiment. Ceux qu'ils détestent, fussent-ils cent ou mille fois plus forts, sont toujours *vaincus, écrasés, malmenés,* et *rançonnés* de tous les frais et indemnités de guerre ; cela coule de source !...

Le plus souvent, les bons bourgeois, si belliqueux, ou si profonds stratégistes, n'ont jamais dépassé, — *leur service militaire durant* — l'épaulette en grosse laine des simples soldats, le galon de caporal, ou de sergent ; et quelques-uns n'ont même pas été admis à l'honneur de porter la *livrée à passepoil* avec les fusils de Mars, ou les grenades fulminantes des canonniers de Jupiter...

Mais, n'importe, comme « *la valeur n'attend pas le nombre des années* », ni toujours celui des grades, le patriotisme *allumé et intempestif,* qui les met sans cesse à l'affût des difficultés *gouvernatives et internationales,* leur inspire la science difficile des *généraux d'armées ;* et elle n'a plus de secrets pour leurs *génies individuels,* qui ne leur soyent devenus familiers et faciles ,.. *le verre en main !*..

C'est pourquoi aussi, « *ils vendent presque toujours la peau de l'ours avant de l'avoir tué* » ;.. ce qui leur est d'autant plus aisé et moins pénible, qu'ils n'ont, pour cela, qu'à se faire entendre à leurs amis, connaissances et admirateurs, dans les flots de leur éloquence énergique et martiale ...

Et leurs critiques, considérables et minutieuses, portent leurs *traits illuminants,* depuis les discours des ministres et députés dirigeant les États, jusqu'à la forme des sacs, pantalons, gibernes, fusils, sabres, cocardes, pompons et plumets adoptés dans les différents corps...

A dire vrai, et « *à rendre à César ce qui appartient à César* », tout n'est pas de la faute des « *politiciens enragés* », ou *endiablés,* comme on voudra, des *cafés* et *estaminets;* mais bien, en toute conscience, d'abord à celle des autres « *politiciens intarissables* », qu'on nomme « *journalistes* », ou « *correspondants politiques* », des périodiques grands et petits de chaque nuance possible et imaginable.

Pour ceux-là, par exemple, qui font métier *de publier les nouvelles* qu'ils peuvent arriver à entendre, connaître, ou parfois encore, simplement inventer, — sans toujours avoir le temps, ou la conscience, pourtant nécessaires à en discerner le vrai du faux, — ils s'empressent d'écrire, de rédiger de toutes pièces, les *fantaisies* les plus *ingénieusement émotionnantes,* ou à télégraphier laconiquement, brusquement, les « *on-dit* »,.. surtout ceux à sensation.

Dans la *forme,* tout cela est écrit de mains de maîtres. Ce qui pêche, le plus souvent, ce n'est que — excusez l'énormité — la *véracité* du fond !...

Il est vrai, qu'ils se réservent le plaisir *profitable* de refaire, ensuite, toute une série d'*articles,* de nouvelles « *plus exactes* » et de dépêches de la « *dernière heure* », pour démentir, — en démolissant peu à peu et sans en avoir l'air, — les fruits agitants de leurs imaginations créatrices et intéressées directement.. à leurs œuvres d'art. Mais, il n'en est pas moins vrai, non plus, que les millions de lecteurs de leurs journaux subissent, par ces faits, des *dommages réels,* des *doutes* et des *craintes* qui les alarment plus ou moins, dans leurs positions sociales, leurs différents commerces, entre autres, comme dans leur propre repos personnel et celui de leurs familles.

Beaucoup de *paniques, de baisses et d'élévations diverses,* dans les affaires des *bourses internationales, banques* et *établissements de change,* n'ont pas d'autres plus fréquentes raisons de se produire ;.. à peu près d'un bout de l'année à l'autre. Et il faut reconnaître ici, que cette exploitation, presque journellement continuée — *des mauvaises nouvelles politiques de sources équivoques,* — devrait être interdite et empêchée depuis longtemps, de nos jours.

Je le répète, en terminant, cette si regrettable *épine* universelle de la *politique* des moments *oisifs*, des *cabarets* et autres *lieux analogues,* — alimentée par les génies *à la ligne* et *au truc* du journalisme *affariste, provocateur,* ou *chauvin,* — est une source inépuisablement maudite de *désordres de tous genres;* en même temps que — de beaucoup de *mal bien,* d'*aigreurs* et de *désagréments variés,* tant directs qu'indirects, pour les individus, avec les familles entières de ceux qui en sont les victimes trop faciles et constantes.

XIII. — VIOLENCE.

Je veux aborder maintenant cette autre *épine,* universelle aussi, malheureusement, et qui déchire le miroitement chaud et brillant du bonheur de presque tous les êtres humains.

La *violence*, certes, est une force électrisée, qui peut atteindre des degrés de puissance d'autant plus considérables qu'ils sont moins retenus; mais, même, qui sont impossibles à pouvoir limiter exactement, — soit en théorie, soit en pratique ; l'expérience le prouve.

Si, parfois, dans les choses communes, familières et matérielles, de la vie, nous sommes obligés d'avoir recours à sa plus ou moins grande intervention efficace, — afin de les accélérer, les décider, ou empêcher leurs transformations anormales, ou défectueuses, — il doit rester bien entendu, que l'employer *contre le devoir, le droit et les lois justement établies,* constitue — un mal distinct, des plus évidents.

C'est donc de cette *épine-là* que j'entends m'occuper ici, parce que ses plaies, sur nous tous, ne peuvent presque jamais avoir le temps de se refermer entièrement, que déjà, d'autres, plus nouvelles, viennent trop constamment les rouvrir, en les empêchant — autant de se guérir que de se faire oublier !...

Pourquoi sommes-nous, en tant de circonstances et de choses diverses, d'une manière générale, du moins, si *violents* envers nous-mêmes et, surtout, envers les autres ?..

Hélas, s'il y a plusieurs causes qui provoquent, alimentent et établissent ensuite, d'une façon intime, cette manière d'être regrettable, odieuse, et si souvent décourageante, je crois que la principale, la mère féconde et nourricière de toutes, doit se trouver dans l'*exemple*.

En ce monde, rien n'est suggestif et contagieux comme l'*exemple*. Et c'est pourquoi, cet enseignement, pratique par excellence et heureux, dans le bien ; mais, aussi tenace et malheureux que possible, dans le mal, qui nous est le plus souvent prodigué dès nos premières années enfantines, fait de nous — autant de *victimes* et de *disciples* successifs — de la *violence*.

Tout d'abord, et sans en avoir l'air, nos parents nous *brusquent* en certains jours mal tournés, de la *voix* et du *geste,* soit parce qu'ils sont impatientés par nos maladresses d'inexpérience, soit par des causes qui nous sont totalement étrangères ; ou encore, peut-être, parce qu'ils sont sous la domination capricieuse et tyrannique du mal moderne — le *nervosisme*.

N'importe, quel qu'en soit le motif réel déterminant, ce

qu'il y a de plus clair et de plus pénible, à la fois, pour l'étonnement et la souffrance de nos cœurs sensibles à l'excès, dans les premières jeunes et tendres années qui font de nous tous — *les marmots des commencements de la vie,* — c'est que nous sommes, trop souvent, dans ces moments épineux, — *rudoyés, bousculés;* c'est-à-dire — plus ou moins *violentés*.

En toute conscience, nous opposons à ces *secousses morales et physiques* de nos béatitudes enfantines, les *larmes brûlantes* de nos *yeux rougis*, les *cris stridents* de nos *poumons essoufflés*, avec les *gémissements lamentables* de nos *gosiers à demi suffoqués;* en accompagnant le tout .. de nos *désespoirs saccadés*, mélangés du *tremblement de la peur* et des *malaises du chagrin débordant,* que nous en éprouvons !...

Mais, ces armes naturelles, dont nous usons immédiatement, en ces cas, surtout — *en en abusant tant que nous le pouvons,* — si elles désarment parfois les courroux, à nous incompréhensibles, des auteurs de nos jours, ne nous empêchent pas toujours assez.. d'en *souffrir*, d'en *méditer l'exemple,* et de *nous en servir à notre tour* — contre les autres.

A force de jouer le rôle de *victimes,* et de victimes faibles, inexpérimentées et impuissantes, nous nous révoltons peu à peu, dans notre for intérieur, et nous nous efforçons graduellement, par tous les moyens que nous suggèrent nos folles et raides décisions logiques du bas-âge, — à le changer, ou tout au moins, à l'alterner — avec celui des *bourreaux,* souvent inconscients, il faut le dire, qui nous l'enseignent si bien ...

Et après, on a beau nous reprendre sur tous les tons, par des paroles dignes, aimables, morales ou sentencieuses; c'est à peu près et pendant longtemps, comme si ces leçons théoriques et contradictoires entraient dans nos esprits prévenus, par une oreille, puis en ressortaient par l'autre.

Les véritables leçons, celles qui restent *gravées* dans nos imaginations, nos cœurs et notre sang, occupent déjà la place, qu'elles remplissent, des *exemples suggestionnants, entraînants* et, pour beaucoup, *définitifs;* qui serviront à la plus grande partie d'entre nous, de *modèles* et de *points de départ,* pour régler, à l'avenir, notre conduite et notre manière de faire individuelle — sur ce sujet important !...

La contradiction est si évidente, entre les *brusqueries,* les *violences diverses,* qu'on nous impose, — et les *critiques,* sous formes de *réprimandes, d'observations,* de *conseils* ou d'*avis,* à nous offerts, — que nous avons une peine extraordinaire à les admettre, avec la même facilité oratoire qu'on nous les présente; et, cela se comprend.

En effet, si, gamins, on nous administre *couramment* des *taloches* sur la tête, des *coups de pied,* dans la partie rebondissante et charnue qui arrondit plus ou moins gracieusement, légèrement ou lourdement, la partie inférieure de notre dos; ou encore, qu'on nous *cingle* des coups d'un martinet aux nombreuses et mordantes lanières de cuir, les surfaces plates et osseuses divisées par notre échine, en guise de *mercuriale,* — pour la récompense d'un peu toutes les peccadilles que nous commettons; — puis, qu'après, on vienne exiger de nos tempéraments impressionnables *tout le contraire — à l'égard des autres,* — soit, que nous ne mettions jamais en pratique, ces moyens *expéditifs* de moralisation par la répression instantanée,.. nous trouvons, déjà instinctivement, qu'on *abuse doublement* de nous !...

Pourquoi « *deux poids et deux mesures* » ? ajoute la logique libre et juste des gamins!.. Pourquoi *devons-nous être si souvent violentés,* et ne devons-nous *jamais violenter les autres;* à notre tour ?... Et, il faut le dire, la logique de ces gamins-là, est aussi vraie que l'exigence de leurs parents, ou autres éducateurs dans ce goût, est fausse.

Mais, tout ceci, n'est que le commencement naturel et obligé de l'histoire de la *violence,* telle qu'on nous l'inculque, — souvent sans le savoir, — je le répète; et il y a beaucoup plus encore.

Ainsi, combien de fois, nos parents mêmes et autres chefs, ou directeurs, ne sont-il pas, dans leurs rapports entre eux, ou avec les autres grandes personnes, des *modèles* vivants et des *exemples* de toutes sortes de *violences : morales, spirituelles, intellectuelles,* et encore combien de fois — *matérielles* et *physiques?...*

Et puis, pour ne rien oublier, quels effets excitants ne ressentons-nous pas, de toutes les *violences* dont nous sommes les *témoins involontaires,* et qui s'exercent, journellement, sur les voies publiques que nous parcourons?...

Ici, c'est un charretier, qui *assomme* de coups les formes osseuses de ses pauvres chevaux, — pour les forcer à gravir, plus crânement, une montée pénible!.. Là, c'est un cocher, qui *cingle* de coups de fouet le malheureux cheval confié à ses soins, et qui, par sa domination despotique et brutale, — cherche ainsi, à lui faire prendre un galop que ses forces épuisées trahissent!.. Plus loin, ce sont des paysans, qui *traînent* littéralement, des génisses, ou des veaux, à la foire, — tirant de toutes leurs forces sur leurs longes, et ne s'interrompant, de loin en loin, que pour battre le rappel *à coups de bâton* sur leurs échines meurtries!.. Après, c'est un charcutier, qui dirige, à grand renfort de *coups de pied,* un cochon ahuri, sur le chemin des abattoirs, tout en s'aidant de la corde attachée à son pied gauche et de sa queue, — que par moments, il arrache presque, — tant il tire sur l'une et sur l'autre!....

Puis, ce sont des passants grossiers, qui s'*injurient* à

qui mieux mieux, — pour une maladresse peu importante ; et qui se menacent, réciproquement, d'en venir aux mains !... D'autres, qui se coudoyent *brutalement,* dans leur marche en sens inverse, ou qui se *bousculent* en se heurtant les épaules ; tant ils mettent peu d'attention, chacun à laisser libre le passage de l'autre !...

C'est aux guichets des postes et des gares de chemin de fer, les *malotrus* et *butors,* qui poussent et marchent sur les pieds des autres personnes les entourant, — pour se faire délivrer plus vite, les timbres, paquets et billets que, légalement, régulièrement, honnêtement et humainement, ils n'ont le *droit* d'obtenir — qu'*à leur tour !*...

Ceux qui, pleins d'*arrogance* et de *sans gêne,* s'installent un peu partout comme chez eux, sans se soucier des voisins, pourtant *égaux en droits, égards et devoirs,*.. et qu'ils *encombrent* de tout l'empiètement *arbitraire* de leurs insolentes personnes ; — dans les vagons, voitures publiques, ou privées, tramways, restaurants, cirques, théâtres,.. sans oublier les lieux des réunions particulières et conférences, ou auditions publiques ; et même, parfois,.. jusque dans les églises !...

Puis encore, dans les réceptions, où plusieurs invités sont appelés à présenter leurs hommages, à tour de rôle, aux maîtres de la maison, quel n'est pas le déplaisir des gens bien élevés, modestes et comme il faut, quand ils doivent subir les *pressions,* ou les *repoussements subtils,* — les manœuvres *adroitement violentes,* — des astucieux du caquetage mondain ; lesquels, font de telle sorte qu'il n'y ait place et matière à parler — *que pour eux !*..

Et dans les magasins, les dépôts et débits, combien de *manants* et de *manantes* qui, ne s'occupant nullement des clients venus là avant eux, et qui attendent que leur tour vienne, ne cherchent qu'à se faire servir *de suite,* sans même avoir l'air de penser qu'ils sont — les plus éloignés du leur!....

Enfin, je n'en finirais pas, si je voulais analyser, par le détail, ceux qui employent à tous moments des expressions qui, dépassant le cadre de ce qu'on est convenu d'appeler l'énergie, font partie du domaine de la *violence*... Ceux qui, sans s'inquiéter le moins du monde du *vacarme* et du *dommage* plus ou moins sensible, — qu'ils *infligent* à leurs voisins, — frappent *violemment* les portes de leurs appartements et des maisons qu'ils fréquentent, ou habitent;.. marchent avec *brutalité* un peu partout, même la nuit;.. *crient, chantent* ou *hurlent,* les fenêtres *ouvertes,* à toutes les heures *diurnes* ou *nocturnes,* qui leur conviennent; — en dépit des gens tranquilles, des surchargés de travaux, d'études, ou d'occupations difficiles,.. des faibles, des malades et des souffrants!...

Et que dire encore, pour terminer, des *brutaux* et des êtres *malfaisants,* qui s'amusent et trouvent une satisfaction, toujours nouvelle, — *à faire ou à laisser aboyer leurs chiens, des heures entières,* souvent à propos de rien, le jour, la nuit; — au mépris du calme et du droit au repos du sommeil, qu'ont tous les humains, assez malheureux et mal placés, pour avoir constamment à souffrir la *violence, voleuse et criminelle,* des *prétentions absurdes,* ou *canailles,* de ces énergumènes — sans foi, ni loi!....

Naturellement, les enfants jeunes, faibles et inexpérimentés, mais beaucoup comme les singes, en ces vilaines choses, sont *observateurs et imitateurs par excellence, dans tous ces mauvais et regrettables exemples;* dont, — comme également les jeunes gens des deux sexes, ils ne perdent — *ni un son, ni un geste, ni un pli, ni une miette!*...

Il ne faut donc pas s'étonner, si, au lieu d'oublier, ils *perfectionnent, développent et raffinent* encore, — dans la mesure de *leurs moyens individuels, moraux et physiques,* — ces défauts et ces vices, si pénibles et dangereux : *les différents degrés de la violence humaine ;* telle qu'on la rencontre, si *commune et triviale,* dans les êtres qui ont une plus grande proportion d'*animalité féroce,* que d'*esprit,* d'*intelligence,* de *conscience,* de *loyauté,* de *justice* et d'*amour divin !*...

La *violence* est une *ignominie,* presque sans excuse — de nos jours d'avancement, d'érudition et de chrétienté prétendus ; — qui s'observe plus ou moins dans les *mœurs* de tous les hommes, quels que soient la *race,* le *pays,* la *situation,* et le *degré de culture* qu'ils représentent.

Leur justice même, comme tout ce qui est terrestre, est misérablement *aveuglée* par cette *violence du mal ;* à laquelle, elle emprunte parfois son horrible et infernal prestige !.. C'est ainsi, qu'en dépit du commandement, aussi formel que divin, qui nous est fait à tous d'En-Haut : — « *tu ne tueras point,* » et de l'*humanité la plus élémentaire,* — elle légalise le *meurtre officiel* par la peine *de mort violente,*.. qu'elle décrète, souvent, contre ceux qui sont convaincus du crime de haute trahison, ou d'assassinat !...

Et, comme si une sévère et même, au besoin, une perpétuelle détention, ne suffisait pas à *châtier* et *empêcher de nuire* ces *malheureux,* ou ces *brigands,* elle prétend, — elle qui invoque toujours les devoirs humanitaires pour les faire respecter et les défendre ; — elle prétend, dis-je, *punir et effacer* une faute, en commettant, elle, *une faute toute aussi lourde et terrible,* quand elle n'est pas encore — *plus vindicative et plus brutale !*...

Il est donc facile de conclure, par tout ce qui précède, que c'est cette même *violence diabolique* — qui allume et entretient le feu destructeur, les coups et les ruses homicides des *duels en petit* et des *guerres en grand;* parce que, sans la *violence,* ces calamités n'existeraient pas !...

Tout ce que nous pouvons faire, à cet égard, chacun pour son compte particulier, c'est d'en *repousser* — avec mépris, — les *tentations* et les *offres,* aussi *viles* et *indignes* des êtres humains, qui aspirent au perfectionnement continuel des vertus et des sentiments civilisés, que *criminelles,*.. par toutes sortes de nuances éminemment équivoques et trompeuses.

Et notre exemple, à tous, contagieux par *sympathie, devoir et intérêt véritable,* gagnera peu à peu les *individus* et les *masses,* à la cause immense — du rejet définitif de cette effroyable *épine de malédiction !*...

XXIV. — AVARICE.

S'il est une *épine* décevante, parce que pleine de la sécheresse et du vide, souvent si cruels, des refus de tous les genres, c'est assurément celle qui, principalement formée de l'égoïsme, s'appelle « *avarice* ».

Et comme nous sommes tous blessés et meurtris plus ou moins profondément, par cette pointe aiguë, amère et déchirante; soit, que nous en subissions les outrages par le fait des autres, soit, que nous les fassions subir à nos semblables !...

Car, il ne faut pas s'y tromper, là où existe l'*avarice* il n'y a — ni *paix,* ni *joie,* ni *vrai bonheur* à espérer.

On n'est pas seulement un *avare* parce que l'on réduit ses propres dépenses obligées, ou celles faites pour les autres, — au squelette, au fantôme, ou au mot seul de leur plus simple expression; — dans l'unique but d'accumuler des grosses sommes d'or, ou d'argent.

On est, ou on devient encore, un *avare,* parce qu'on se

refuse la plus grande partie possible des choses, pourtant nécessaires, à son propre entretien, à la largeur, ou à l'agrément de sa vie privée et publique; aussi bien que par tout ce qu'on refuse, peu fraternellement et pas du tout charitablement, aux autres, — *volontairement;* — par pur esprit de *cupidité,* de *rapine* et d'*amoncellement*.

Ainsi, non seulement nous sommes de vrais *avares,* quand nous retranchons de notre vie sociale, le devoir sacré qui nous ordonne de boire, de manger, de nous vêtir et loger convenablement, nos ressources le *permettant;* mais, quand aussi, nous faisons des efforts pour *empêcher* que ceux qui vivent avec les mêmes besoins que nous-mêmes, ne puissent trouver, à nos côtés, ou par notre influence, — toutes les satisfactions matérielles, morales, intellectuelles et spirituelles, auxquelles ils ont plus ou moins véritablement droit.

Sans entrer dans beaucoup de faits, devenus communs tant ils sont fréquents et connus de tous, que de gens, par exemple, sont *avares* — d'une *bonne parole,* d'un *conseil utile autant que facile,* d'un *bon mouvement,* d'un *geste bienveillant,* d'un *regard ami,* d'une *consolation,* voire même d'une *pensée charitablement affectueuse;* — à ceux qui en ont parfois un besoin si pressant, pour reprendre la patience, le courage et l'espoir, qui viennent à leur faire défaut; soit en présence d'une affliction, d'une maladie, d'un deuil, ou d'une perte grave?..

Eh bien, de ces *avares là,* presque aussi nombreux que les êtres formant l'humanité, nous faisons tous partie; plus ou moins souvent, il est vrai, mais, à coup sûr, malgré les plus nobles et fraternels sentiments qui nous animent, d'habitude, — toujours *trop souvent* et, chose pénible à avouer — sans que, chaque fois, nous soyons assez clairvoyants, ou consciencieux, pour nous en apercevoir.

D'un autre côté, combien encore sont rares les cœurs

qui, sachant et voyant qu'ils ont commis un méfait, dans le genre des *avarices spéciales* dont je viens de faire mention, ont la probité morale, la bonne volonté, comme peut-être aussi le courage voulu, .. nécessaires à réparer ce qu'ils viennent, si regrettablement — d'accomplir?

On le voit, l'*épine* signalée par ces détails, sommaires, mais suffisants pour être compréhensibles, existe bien réellement dans les mœurs particulières et générales des égoïstes que nous sommes tous, en effet; plus encore par goût, par sensualité, par crainte et par recherche volontaire que par besoin véritable.

Et l'*avarice* des gredins que nous devenons peu à peu, surtout dans l'âge mûr et la vieillesse, — si l'on n'arrête pas tant bien que mal en nous, ses progrès les plus visibles et les plus révoltants, — commence, ordinairement, par la *rapacité de notre enfance* . . . .

La générosité n'est pas le faible naturel de l'enfance, pas plus que la reconnaissance ; mais bien, tout au contraire, l'égoïsme et l'ingratitude.

Nos petits êtres des années enfantines cherchent, généralement, par tous les moyens en leur pouvoir, à accaparer, — *pour eux seuls,* — les choses de leurs goûts irraisonnés ; et, quand ils les obtiennent, ils les acceptent bravement comme un *dû,* et en jouissent sans autre comme d'un *droit,* à eux appartenant.

Si nous ne le leur apprenons longtemps, avec une volonté assez fermement maintenue, ils ne nous en remercient pas. Ils se bornent à témoigner leur contentement, leur satisfaction, ou leur allégresse, par des mines de réjouissance, et peut-être des cris, ou des gambades, qui en *miment* bruyamment le sentiment ; mais, — rien de plus.

Ils trouvent tout naturel, de jouir, autant qu'ils le peuvent, des choses qui entrent dans le domaine de leurs sens et entendements ; sans tenir compte des peines qu'elles coûtent à ceux qui les leur procurent. C'est pour cette seule raison, de leur logique libre et droite, qu'ils ne se mettent, — *que pressés de questions et d'encouragements variés,* ou *forcés,* — à le faire ; qu'ils finissent, enfin, — *par s'exécuter,* — de plus ou moins bonne, ou mauvaise grâce.

Afin d'éviter, que cette lâche et sordide *épine de l'avarice* ne puisse s'enfoncer trop profondément, dans le cœur des enfants, — *hommes et femmes en herbe,* — c'est, je le répète, précisément dans la flexibilité initiale de leurs tout jeunes cœurs et cerveaux, qu'il convient d'en extirper, aussi radicalement que faire se pourra, les germes nombreux et facilement visibles.

Et, à cet effet, le mieux sera toujours de joindre l'*exemple* au *précepte,* pour que les jeunes élèves en générosité puissent se livrer à cette printanière étude, — *saine et efficace en bienfaits de toutes espèces,* — sans aucune arrière-pensée, ni regret possibles.

Il ne suffit jamais, d'interdire plus ou moins autoritairement, à cet égard, — l'excès d'une jouissance égoïste ; un refus désobligeant ; un sentiment de cupidité jalouse ; un geste ladre et mesquin ; parce que, dans la contrainte purement pédagogique de la théorie, l'enfant espère toujours échapper aux nécessités obligatoires de la pratique.

C'est donc, par l'enseignement théorique, *basé sur l'exemple de la pratique intelligente et large,* qu'il faut procéder à l'arrachement motivé des premières pousses de l'*avarice,* avec espoir de succès et de durabilité progressante suffisamment établis.

Autrement, les bons effets qui pourraient s'obtenir ne seraient que *capricieux, fortuits* et *éphémères ;*.. malgré les meilleures apparences acquises et constatées.

L'*épine de l'avarice* joue un rôle considérable, dans les

malheurs de notre monde d'épreuves, si souvent subis par notre seul *égoïsme,* ou *celui* des autres.

C'est par l'*égoïsme avaricieux,* que les grandes divisions s'établissent et se creusent, *toujours plus profondément,* entre les différentes classes de la société humaine ; et que les *possesseurs,* les *patrons,* les *propriétaires* et les *parvenus* de tous les genres, se séparent de ceux qui *n'ont pas* et sentent — leur besoin, comme la nécessité d'acquérir.

Que d'abîmes et de haines, sans cesse renouvelés, ne se forment que par cette *avarice sordide,* qui consiste à conserver *jalousement et exclusivement* pour soi, — les biens et jouissances diverses en nos pouvoirs et faveurs, ou à les retirer aux autres, dans toutes sortes de domaines ; — absolument comme on écrème le lait pour s'en approprier sa substance la plus riche !...

Et cette opération, si simple mais si cruelle, qui tient à la fois — de la *pieuvre,* qui entoure sa proie de ses bras nombreux pour l'étrangler de toutes parts ; de l'*araignée,* qui ligotte la mouche pour mieux la sucer ; de la *puce,* qui choisit le sang de ses exploits ;.. quand ce n'est pas du *serpent,* du *crocodile* et de la *baleine,* qui absorbent ceux qu'ils guettent, en entier ; ou qui, comme les *oiseaux de proie,* les *hyènes* et les *loups,* les déchirent et les dévorent par morceaux ; cette opération immonde, dis-je, écœure et révolte !...

Dans le fond, quand elle revêt ces caractères excessifs, elle est, non pas seulement *un impôt forcé, inhumain et arbitraire,* mais aussi et en même temps, *un vol et un crime ;* quels que soient les déguisements d'emprunt sous lesquels elle s'exerce dans ces données.

C'est par l'*égoïsme avaricieux,* ou l'*avarice égoïste,* de la société, de toutes les classes, — *principalement opulentes et dirigeantes,* — que tant de milliers de gens sont proie et victimes des choses indispensables à leur existence matérielle, intellectuelle et morale ; malgré les efforts réellement sérieux qu'ils persévèrent, souvent très longtemps, à tenter contre les rigueurs de leurs tristes situations.

Et, si beaucoup se fatiguent *de lutter en vain,* se découragent, tombent dans le mal, ou meurent d'isolement et de faim, — quand ils ne mettent pas la mort, comme terme à leurs jours trop durs et par trop amers, — c'est, après les causes de pure faiblesse morale et de vices, encore à l'*avarice* des cœurs *criminellement égoïstes* de *leurs bonnes volontés,* de *leurs influences réconfortantes* et de *leurs appuis divers,* qu'on le doit, positivement.

L'*avare* est un type d'*égoïsme repoussant,* par lui-même ; soit qu'il se présente dans les formes et traits anguleux et décharnés de la maigreur excessive, qui le caractérisent le plus souvent ; ou qu'il nous apparaisse sous l'embonpoint grassouillet et dodu, qui déguise la sécheresse désespérante de son cœur, avec la cupidité, presque toujours matérialiste, de ses sentiments peu élevés.

Il nous déconcerte, déjà au premier abord, par son regard *inquisiteur,* ses paroles *étudiées, calculées* en vue de ce qu'il tente d'en obtenir, et ses gestes *froids, détachés* mais *accapareurs ;* le tout — en dépit de son âge mûr, jauni, ou de sa vieillesse blanchissante.

On sent en lui, la *nature* de l'oiseau au bec d'aigle ;.. la *fascination* du serpent, dont l'œil brillant d'un *éclair diabolique continu,* paralyse ;.. la voracité sauvage, mais sournoise, *blottie et cachée,* du rat ;.. les façons indifférentes, en apparence, mais *astucieusement fourbes et intéressées,* du chat ;.. avec la *ruse* du renard et la *cruauté lâche* de la fouine ; lesquels, tous, *se repaissent des victimes* qui tombent en leur pouvoir.

Ses facultés, moyens, et toutes ses pensées, n'ont qu'un

28

but : *accumuler, en amassant et rognant partout où il le peut;* parce que, rogner, amasser et accumuler, résument son seul *plaisir véritable* avec sa seule *passion dominante;* — dans la vie *agitée* et *fiévreuse,* qu'est son existence *de rapines innommables et de craintes continuelles*.

Le jour et la nuit, il refait sans cesse le bilan de ses valeurs, de ses trésors et de ses biens ; puis, il rumine, de cent façons diverses, les nouveaux plans qu'il médite successivement; pour les grossir toujours plus. Fréquemment, en cachette de tous, il va les contempler d'un œil triomphant, passionné et jaloux, tout en les saluant.. des sourires convulsifs *du rictus de sa satisfaction* intime la plus épanouie.

C'est la manière avec laquelle il pratique — *le culte des idoles qu'il s'est choisies,* — et par laquelle il exprime, en secret, — *l'amour indigne et bestial,* qu'il ressent dans tout son être pour elles ! . . . .

A la plus petite idée de les perdre, ou au moindre bruit, il tremble comme la feuille; craignant, — *autant que la mort, peut-être,* — tous les faits imaginables qu'il va supposant capables de les lui ravir, ou de l'en séparer.

Et c'est ainsi que, misérablement, il se prive des joies saines de la vie de ceux qui n'ont de bonheur, en ce monde — *qu'en faisant participer les autres aux faveurs, biens et privilèges, qui leur ont été confiés en prêt;* — à seule fin, de pouvoir *améliorer et adoucir le sort des pauvres et besogneux,* d'un peu tous les genres méritants qui les entourent, en jouissant eux-mêmes.

Mais *l'avare* est ainsi fait, parce que, quand il est parvenu à être justement qualifié de ce titre flétrissant et honteux, il cesse de sentir le malheur des autres et sa propre indignité; pour ne plus raisonner qu'en *calculant — par le menu, — le gros et le détail* des choses qu'il lui sera, désormais, impossible de considérer autrement — qu'à *son profit personnel*.

Et son *avarice extrême* devient de plus en plus rétrograde, phénoménale et extraordinaire, parfois au point culminant où il regrette, et encore avec amertume — même.. jusqu'aux *résidus* des digestions quotidiennes, que la nature élimine, malgré lui, de son corps charnel ;.. avec, par anticipation alors,.. la dépouille mortelle du *cadavre* qu'il devra forcément rendre à la terre, dans une fin plus ou moins éloignée !.....

Ô, quelle *épreuve* dure et pénible, dans ses caractères et attributs spéciaux, que celle de l'*avarice humaine,* qui renie — toutes les justes répartitions de la solidarité fraternelle entre les hommes !..

Et combien elle étiole, en les tourmentant, ceux qui la cultivent en eux et ceux qui deviennent, par toutes sortes de raisons décourageantes, — *presque fatalement, hélas,* — leurs victimes expiatoires !..

Je crois, franchement, qu'on ne pourra jamais assez faire pour chercher à l'extirper, aussi complètement que possible, de nos races diverses; tant que *son œuvre desséchante, jaunie et parcheminée,* continuera à séduire et à isoler — un si grand nombre de cœurs, d'âmes et de cerveaux, — qui peuvent, journellement, la pratiquer sans encourir la réprobation *privée, publique* et *retentissante,* du blâme sévère et motivé de tous.

Qu'on se mette donc à l'œuvre, avant que les innombrables conséquences funestes de cette *odieuse épine,* ne soyent devenues — par trop développées et irréparables, — pour le plus grand nombre. Il est déjà plus que temps d'y songer et d'agir.

Seulement alors, *une ère nouvelle, toute de paix, de pros-*

périté étendue et d'amour humanitaire, commencera, plus sincèrement, pour nos successeurs !....

XXV. — INDIFFÉRENCE.

S'il est une des *épines,* qui exercent le plus leur cruauté froide et méprisante, en détachant, parmis nous, les liens bienveillants, ou affectueux, qui nous rapprochent les uns des autres, c'est assurément, celle de l' « *indifférence* ».

Oui, c'est elle qui, semblable à la lame tranchante d'un couteau, sépare, — *en les divisant,* — les affections petites et grandes, qui unissent les cœurs, les esprits, les âmes ou les corps; qui, pareille à une douche d'eau froide ou à un glaçon, enlève la chaleur douce et bienfaisante de nos meilleures intentions ;.. pareille encore au vent glacial du nord, gèle et disperse, — en les éloignant toujours plus des centres et des attractions qui les font naître, se multiplier et grandir, — nos sentiments les plus tendres et les plus généreux, un peu en tout.

Et cette *épine,* qui dessèche aussi et refroidit, en isolant, est si communément répandue qu'on la trouve partout où se cloîtrent, comme où se rencontrent, des êtres humains; quelles que soyent leurs positions sociales respectives.

On la voit jusque sur les routes, les rues des villes et les ruelles des villages, se refléter dans les regards sans aucune expression des passants, qui se montrent, par là, aussi complètement qu'ils le peuvent, — *leur manque absolu d'intérêt réciproque ;* — tant ils ont peur que ceux qui les croisent puissent supposer, en eux, .. des sentiments fraternels et aimables.

Et non seulement elle tient le haut du pavé sur les voies publiques, mais encore, dans les lieux mondains des différentes réunions de l'un, de l'autre, ou des deux sexes, même jusqu'à l'intérieur des églises;.. pendant que se développent plus ou moins joyeusement des attractions variées, ou que, dévotement, se pratiquent les cultes divins et s'entendent, religieusement, les appels à la charité et à l'amour fraternels!....

Que d'*indifférence* il y a, dans les manières de tous ces gens qui marchent en sens opposé et font.. leur possible pour ne *pas se voir,* mais — surtout — pour *avoir l'air de ne pas se voir?*.. Ou qui, spectateurs, auditeurs ou acteurs d'une assemblée quelconque, évitent, avec le plus grand soin, tout ce qui pourrait les *déraidir,* dans le *compassement méthodique et volontaire* de leurs froideurs d'indépendances stérilisantes et iniques!...

Combien ils écartent, généralement, les occasions de se montrer *solidaires,* dans les mille petits riens de la vie sociale; et *communicatifs,* quand les besoins, toujours assez nombreux et urgents, s'en font sentir parmi ceux qui espèrent et les entourent?...

Ne semble-t-il pas, à les voir ainsi, qu'ils tâchent de personnifier, et cela dans la mesure de tous leurs moyens les plus disponibles, l'*insensibilité la plus parfaite, avec l'égoïsme étroit le plus complet,* par cette *indifférence dénaturée* à l'égard des autres?...

Et combien elle est encore, pour le moins, *révoltante et inique d'hypocrisie éhontée,* quand elle ose inspirer, d'une façon si *inhumaine et anti-fraternelle,* les physionomies *ingrates et roides,* les gestes *hautains et froidement dédaigneux,* de ceux qui entrent dans les églises — pour y supplier le Dieu de miséricorde et d'amour, de s'*intéresser puissamment et avec douceur,* à leurs particularités les plus malheureuses!...

Comme elle est *cruelle et féroce,* toujours, quand elle entoure et remplit aussi l'atmosphère de ceux qui souffrent, au moral, ou au physique ; soit au sein de leurs familles, soit au milieu des refuges, asiles et hôpitaux de toutes les misères et douleurs ! ...

A être témoins des frappés par la souffrance, .. que l'*indifférence* navre au plus profond de leurs cœurs sensibles et gonflés d'amertume, .. on en sent tout particulièrement la pesanteur et l'infamie, — *dont alors on s'épouvante ;* — et on s'émeut intérieurement. Mais, il ne suffit pas de sentir le malheur des autres et de le déplorer : Il faut, encore, chercher à y apporter soulagement et guérison, toutes les fois que nous le pouvons faire.

Et c'est pourquoi, l'*épine de l'indifférence* est si funeste à nos premières tentatives de bonnes résolutions contraires ; parce que, presque chaque fois, elle en éteint le feu naissant, en en effaçant aussi les expressions, pas et gestes à peine commencés.

A cet égard, elle est la *douche continuelle*, qui refroidit très vite chacune de nos différentes velléités ; la *tuile aérienne*, qui aplatit dans sa chute malencontreuse, les faibles et subtils bourgeons fleuris des douceurs de notre bon vouloir individuel ; comme parfois, l'*avalanche formidable*, qui écrase en les ensevelissant, à jamais, peut-être, nos pensées généreuses les plus collectives ! ...

Elle s'empare de nous un peu à tous les âges, plus ou moins ; mais, c'est principalement dans l'*âge mûr* et la *vieillesse,* que nous arrivons à rester — *le plus complètement,* — sous sa domination isolante.

Pendant notre enfance et notre jeunesse, nous sommes, le plus souvent, trop captivés par *la nouveauté et le charme varié* des sensations, des sentiments et des choses, qui nous concernent et nous occupent, pour pouvoir, toujours, — comme nous le voudrions en certains cas, — conserver assez de calme et leur rester *indifférents*.

La *fraîcheur des sens et des goûts,* qui n'est pas suffisamment émoussée en nous, empêche la froideur que nous aimerions à montrer, assez fréquemment ; et la vivacité énergique et fougueuse de notre sang, jeune et relativement fort, nous oblige à nous mêler au va et vient, comme aux pensées et aux faits et gestes des autres.

Au surplus, cet état *d'âme, d'esprit et de corps,* se comprend d'autant plus facilement, qu'il ne pourrait en être autrement pour qui que ce soit ; attendu — qu'avant de pouvoir devenir et d'aspirer à mériter le triste nom d'*indifférent,* nous sommes tous obligés de nous intéresser, même malgré nous, à un assez grand nombre de choses.

Mais, je le répète, il n'en n'est plus de même pour nos êtres, quand nous faisons partie de la maturité, ou que nous entrons dans la vieillesse.

L'homme et la femme mûrs, ont, à cette période, depuis longtemps, fait le triage et le choix des choses dont ils possèdent une longue et suffisante pratique. Après avoir écarté, du mieux qu'ils ont pu, toutes celles, antipathiques, qu'il leur a été donné de pouvoir éloigner ; ils se confinent dans celles, plus ou moins rares, ou uniques, qui leur plaisent, pour les pratiquer exclusivement, les épuiser et en jouir.

Toutes les autres, peu à peu rejetées, leurs sont devenues d'une *indifférence partielle,* ou *totale*. Ils ne demandent habituellement qu'à les oublier, chaque jour davantage ; parce que cette *indifférence,* comme cet oubli, leur paraissent — *un changement désirable, une paix avantageuse et un repos,* — d'autant plus réparateurs qu'ils seront aussi plus et mieux prolongés.

L'*indifférence* n'est donc pas seulement un simple *manque d'intérêt,* mais un *exclusivisme voulu,* ou *imposé,* par certains états de santé, *fatigués et languisssants,* — tant au moral qu'au physique; — souvent doublés d'un *égoïsme* par *calcul,* ou par *goût individuel*.

A mon avis, c'est, sous bien des formes, une maladie *morale* qui peut se comparer à la *mélancolie solitaire et sauvage;* comme, du côté physique, à un manque plus ou moins continuel d'*appétit,* qui empêche de trouver savoureux et de rechercher, — de même que ceux dont la sensualité du palais est sans cesse aiguisée par la faim impérieuse, — les mets *ordinaires* et *extraordinaires,* — desquels nous sommes tous, généralement, appelés à nous nourrir pendant notre vie; — avec une sensation de plaisir saine, normale et indispensable.

En tous cas, ce qui est certain, c'est que cette maladie fait souffrir, à la fois — ceux qui en sont atteints *directement,* parce qu'ils la possèdent en eux, volontairement, ou involontairement; et ceux qui en subissent *indirectement,* les reflets *éloignants,* les échos *blessants* et les chocs toujours *désagrégeants*.

Tous, nous nous sentons *froissés,*.. plus ou moins *calomniés* et *meurtris,*.. par cette *épine froide et décourageante;* qui s'entoure de la transparente opacité du *brouillard* humide, de la *neige* floconneuse ambiante et des *glaces* redoutables de ses hivers perpétuels!...

Afin que nous soyons heureux, la Sagesse divine ne nous a-t-elle pas dit : « *Aimez-vous les uns les autres* » et : « *Ne faites pas à autrui ce que vous ne voudriez pas qu'il vous soit fait à vous-mêmes* »?... C'est-à-dire, — non seulement ne vous tenez pas obstinément *à distance,* vous méprisant encore *isolément,* ou *réciproquement,* par dessus le marché; mais *recherchez-vous et aimez-vous en frères*. Puis, vous aimant sincèrement *en frères,* ne faites *aucune* des choses désagréables aux autres, que vous n'aimeriez pas qui soyent *offertes,* ou *imposées,* à vos personnes.

Or, quel est le *moyen* de nous aimer mutuellement, et de nous entourer réciproquement, des égards et procédés délicats, que nous reconnaissons propres à plaire aux autres et à nous-mêmes, si nous ne commençons, — *d'abord*, — par arracher de nos habitudes et de nos mœurs, cette affreuse *épine de l'indifférence ;* — en tout ce qui concerne la base, *défectueuse et mesquine,* de nos forcément petites personnalités naturelles ?...

Déjà enfants, surtout par l'effet contagieux du *mauvais exemple,* que, presque partout, l'on nous en donne, — sinon dans la *forme,* du moins dans le *fond,* — tout en ayant l'air d'agir correctement, un peu en chaque domaine regardant l'humanité (ô, combien inhumaine, en cela) dont nous faisons partie, on *nous apprend* et on *nous oblige* trop souvent, à détourner — *le cœur et les yeux* des afflictions des autres !...

Egoïstement, on nous pousse sur le chemin des *étroitesses,* et on nous force à devenir, — si nous ne le sommes par nous-mêmes et comme d'instinct, — aussi des *égoïstes,* froids comme des marbres, pour tout ce qui touche aux autres ; soit, des *indifférents* — à ce qui n'a pas spécialement rapport à nous.

Puis, dans notre jeunesse, on continue, en appuyant encore plus fortement sur cette voie, — qui nous maintient, toujours plus aussi dans l'*éloignement* de ce qui pourrait nous permettre d'être *fraternels,* en la plupart des choses, vis-à-vis de nos semblables !...

C'est un *mauvais principe,* qui guide ainsi les vues de ceux qui, au contraire, devraient nous enseigner, non l'égoïsme du « *chacun pour soi* », avec l'*indifférence,* en ce qui regarde *les autres ;* mais bien — l'*intérêt charitable, accueillant et plein de solidarité fraternelle ;* . . seul sentiment, multiple, complexe et digne, capable de remplir et d'entourer notre vie d'estime, d'égards, de bienveillance, de paix, de bonheur et d'amour véritables.

En toutes choses et partout,... « *le mal n'attire que le mal* »; absolument comme « *le bien n'engendre que le bien* ». On le voit clairement ici, l'*indifférence* est un mal autant que la fraternité est un bien. Nous devons donc faire, chaque jour, ce qui dépend de notre possible, — pour détruire la première en nous et l'empêcher chez les jeunes; en même temps que faire naître et régner durablement la seconde, — dans tous les cœurs qui se réclament de la grande famille humaine.....

Il me reste encore à parler de l'*indifférence* particulière à la vieillesse; la plus triste, peut-être, mais la plus facilement compréhensible et naturelle de toutes.

L'homme et la femme âgés, forcément fatigués — *d'à peu près tout ce qui concerne la vie,* — pour avoir expérimenté, ou combattu, durant le cours de leur longue existence, les choses qui en forment le mélange bizarre et mystérieux, sont d'autant plus excusables de ne plus se montrer, dans leurs vieux jours, *intéressés et jeunes,* à ce qui se répète ou se renouvelle sans cesse, — *autour d'eux surtout,* — qu'ils en sont, presque tous, plus ou moins incapables.

Si leur santé n'est pas particulièrement *délabrée et compromise,* par les fatigues d'un peu tous les genres, sinon par des excès spéciaux; en tous cas — leurs membres et organes, leurs muscles, leur sang et leurs facultés, sont considérablement *amoindris et affaissés;* relativement à ce qu'ils étaient dans leur âge le plus vigoureux.

Donc, si leurs forces ne sont plus suffisantes *à supporter* les chocs ébranlants des jeunes, ou moins âgés qu'eux, qui les entourent, quoi d'étonnant, à ce qu'ils *se retirent* presque toujours de leur commerce bruyant; et que, ne pouvant absolument pas y prendre une part *active,* — comme ils le voudraient, bien des fois, — leur manque forcé d'intérêt actif se transforme peu à peu en *indifférence?*..

Par elle-même, cette *indifférence-là* est déjà assez pénible, pour la pardonner avec toute notre indulgence équitable la plus délicate ;.. sachant, qu'un jour viendra, — s'il nous est accordé de vieillir à notre tour, — où nous nous trouverons aussi dans les mêmes conditions de *faiblesse et d'impuissance* relatives, obligées.

Mais, il est encore une *indifférence* plus amère à subir et à constater, — pour les vieillards surtout: Celle, faisant cruellement s'éloigner d'eux la plus grande partie de ceux — qui ne sont point encore atteints par le poids des fatigues, des déceptions, des chagrins, des deuils et des années ; — sous prétexte, que l'aspect et la société des vétérans de la vie, empêche en eux l'entraînement des passions, des plaisirs et des occupations terrestres...

Eh bien, cette façon de penser et d'agir, à l'égard de ceux qui ont accompli — *la presque totalité de leur mission sur cette Terre,* — est extrêmement loin d'être juste et humaine ; car elle n'exprime, en réalité, — qu'une *ignorance barbare et voulue,* doublée d'*ingratitude égoïste* envers la destinée, — qui leur accorde d'être jeunes, ou moins âgés, et leur permet de jouir, en même temps, des privilèges que leurs aînés n'ont, désormais,.. qu'en restes plus ou moins restreints et effacés.

Puis, d'un autre côté, si les vieillards sont parfois tristes, moroses, découragés et, en général, plutôt *indifférents,* il faut convenir, — que l'isolement *désobligeant* et même *dédaigneux,* avec lequel on les tient trop souvent aussi à distance, — les détache, *forcément,* des nombreuses petites humiliations qui les accueillent, la plupart du temps ; là où ils se risquent à se rappeler et rapprocher des actifs, jeunes, ou moins anciens, pour une raison ou une autre.

Enfin, pour terminer la série des *épines principales* les plus connues et répandues, qui ont été tour à tour ici examinées, je dirai, — qu'en voulant bien mettre à part, *nos froideurs égoïstes et indifférences les plus individuelles,* pour nous rapprocher, — par la conscience, l'esprit et le cœur, — de nos semblables, on fera faire encore un autre pas de géant à l'humanité !

Chapitre VIII.

LES ROSES.

I. — ROSE BLANCHE.

Ami lecteur, si tu as eu le courage et la patience de me suivre, à travers les particularités des vingt-cinq *épines principales* de ce livre, — au risque de te désanchanter, en refroidissant, peut-être, quelques-unes de tes illusions les plus douces, — il est juste que maintenant, tu jouisses, par les yeux de l'esprit, de la beauté terrestre sans égale, des *roses* qui les dominent incomparablement.

Non seulement, leur vue t'imprègnera, tout entier, des puissances du contentement et de l'espoir, contenus dans le bonheur de vivre ; mais l'influence magique de leurs parfums suaves, subtils, pénétrants et longtemps durables, te fera savourer, l'exquise délicatesse de leurs trésors divins les plus inépuisables.

Les *roses-mères* de notre existence, sont, toutes choses égales, beaucoup moins nombreuses que les déplorables *épines* dont j'ai tant parlé ; parce que, suivant mon humble avis, elles se réduisent à quatre seulement : la *rose Blanche*, la *rose Rose*, la *rose Rouge*, et la *rose Jaune*.

Mais, naturellement, chacune d'elles engendre et donne naissance à d'autres plus petites *roses*, que j'appelle *secondaires, ou même tertiaires;* suivant l'importance de leur épanouissement effectif, plus ou moins marqué, ou complet. Et le développement, toujours assez lent et irrégulièrement continu, de ces fleurs de la vie, forme, ce que nous appelons — le *bonheur*.

La première de toutes, la *rose Blanche*, ne descend pas sur la Terre toute développée ; tant s'en faut. Comme toutes les choses de ce monde, elle a aussi, d'abord, l'*invisibilité* de son point de départ initial ; puis, sa *visibilité* matérielle et intellectuelle ; ensuite, la longue et sage progression de ses prérogatives les plus fraîchement caractérisées.

Son commencement, à tous les points de vue, c'est le minuscule *germe caché,* bientôt suivi par la tige mince et flexible, d'un vert pâle et tiède des plus tendres ; avec, après, une *tête fine* arrondie, qui devient bien vite ovale aigu, par un travail mystérieux et graduel, des plus élégant et charmant, malgré l'égalité uniforme de sa couleur d'espoir confiant, naïf et candide...

Cette *tête élégante,* se découvre bientôt en minces raies blanches verticales, qui la divisent, de sa nuque à son sommet pointu ; jusqu'au moment, peu éloigné, où, cette légère et si harmonieuse armure s'écarte et se replie, pour laisser s'épanouir — une à une et lentement, les délicieuses petites feuilles blanches et nacrées, — qui émergeront, sans tarder beaucoup, en un dessin de ruche et de dentelles savamment combinées et enroulées...

Ce *bouton fleuri,* pour l'appeler par son nom, si riche de beautés et d'attraits suaves, dans sa faiblesse native, — *toute de simplicité, de délicatesse et de grâce,* — c'est le portrait *de notre enfance* des premiers mois; alors que les formes naissantes, mais fermes et rebondies, — des fraîcheurs primitives du sang et des chairs jeunes, — sont contenues dans la douce enveloppe de la peau, elle-même d'une pureté et d'une blancheur toutes virginales.

Alors, des charmes nouveaux commencent à embellir de plus en plus nos *petits êtres débutants;* à tel point,.. qu'ils paraissent posséder l'éclat magnifique et la puissance mystérieusement captivante des *chérubins célestes,* devant les regards, étonnés et pleins d'interrogations muettes rétrospectives, de ceux qui, — grandis et fortifiés par les années, mais redevenus petits et craintifs, par l'inconnu sans cesse renaissant des causes, dont nous leur sommes un exemple vivant, — les contemplent avec admiration et envie.

Et si nous troublons ainsi, tout en les charmant, les grands qui nous admirent, nous protègent, et facilitent avec amour les nombreux progrès que nous devons accomplir, dans le monde terrestre, pour y commencer les destinées, — *encore cachées par le brouillard des années à venir,* — auxquelles nous sommes tous plus ou moins appelés,.. c'est qu'il y a réellement de quoi!...

Nous arrivons, nous, semblables à de délicieux *petits anges* qui descendent sur la Terre, pareils *aux boutons fleuris de la rose Blanche immaculée,* faite de fraîcheur, de pureté et d'innocence, qui résument notre plus tendre enfance. Tandis qu'eux, nos aînés, souvent un nombre considérable de fois, ont, depuis longtemps déjà, perdu ces plus précieux des privilèges, sans espoir de retour ici-bas!...

D'un côté, *les faibles, mais puissantes créatures nouvelles du Ciel,* dans toutes les jeunes forces et les belles grâces divines, dont elles sont pétries et imprégnées. Puis, de l'autre, *les fortes individualités terrestres,* robutes de moyens charnels, de passions égoïstes et de désirs rusés;..

mais, réduites à la faiblesse de tous les maux, par la perte, obligée, quoique plus ou moins étendue et reconnaissable, *de leur pureté et de leur innocence natives!*.. Quel contraste éloquent et émotionnant!..

Oui, nous sommes beaux alors, et bienheureux, en le sentant, sans toutefois le pouvoir comprendre encore. Et le parfum de notre innocence, va remuer et troubler le secret intime des cœurs âgés les plus endurcis; tant il pénètre de sa puissance surhumaine les âmes meurtries, ou momentanément distraites, sinon égarées...

Et les *boutons fleuris* que nous sommes, vont, de mois en mois, puis d'année en année, se développant toujours plus, — jusqu'à ce que les *boules ondulées* de leurs soyeuses chevelures, l'*effluve magnétique* et enchanteresse de leurs grands yeux aux miroirs profondément scrutateurs, l'*élégance naturelle* de leurs formes souriantes, pleines de promesses vagues, et le *satin velouté* de leur peau fine et admirable, — gagnent intantanément ceux qui en sont les témoins joyeux, par leurs séductions les plus irrésistibles....

Deux et trois ans arrivent ainsi, remplis de nos émotions naïves, de nos joies exhubérantes et de nos charmes les plus délicieusement enfantins.

C'est l'épanouissement du *bouton de la rose Blanche,* dans toutes ses phases les plus divines et les plus terrestres, tout à la fois; parce qu'à la *magie* des formes humaines les plus exquisement initiales, il joint l'*enchantement* de la formation des idées, des gestes et des actes, qui nous intéressent vivement, nous d'abord, et ceux qui nous entourent, avec tant d'attente et d'intérêt triomphants.

Que nous sommes heureux, dans cet *âge d'or,* où tous les trésors de ce monde *semblent nous appartenir* docilement;.. où les soins minutieux et les caresses incessantes des auteurs charnels de nos jours terrestres, sont *à notre entière disposition*, de jour et de nuit ;.. et où, encore, sur le moindre désir que nous manifestons à peine, on s'empresse, de tous côtés, *de chercher à nous satisfaire* — dans la mesure immédiate du possible, quand ce n'est pas et souvent celle de l'impossible !...

Des *petites roses* mignonnes et de plusieurs genres, en somme, nous tendent les bras, et nous n'avons, pour ainsi dire, — *que la peine de les cueillir,* — à cette époque de notre première enfance.

Que de joies et de bonheurs, sans cesse renouvelés, nous trouvons, en ces toutes premières années *de féeries et d'enchantements,* presque continuels ; déjà dans la satisfaction de nos divers appétits matériels, alors qu'on nous offre, d'un jour à l'autre, la série des si bonnes choses, variées et abondantes, à manger et à boire, que nous aimons tant !..

Comme elles nous paraissent délicieuses, par ces années de plaisirs toujours nouveaux et d'insouciances constantes, *ces petites fleurs exquises et savoureuses* de la vie ; soit qu'elles nous apparaissent sous la forme de nos aliments quotidiens, de nos boissons journalières, où celles de nos gâteries de prédilection !..

Est-il besoin de rappeler, ici, les délices éprouvées dans la lente consommation à multiples, successives et lilliputiennes bouchées, ou gorgées,.. d'un morceau de *tarte aux pommes,* d'une *tranche de pouding,* d'une *jatte de lait sucré,* d'une portion de *crème à la vanille,* ou *au chocolat ;*.. d'un *biscuit,* d'un *beau raisin,* ou d'un bouquet de *cerises vermeilles,* par exemple ?

Ou bien, faut-il insister sur les qualités extraordinaires et toutes spéciales, que nous trouvons *aux autres fruits bien mûrs,* en général, qui nous sont parcimonieusement accordés ;.. aux délicatesses suprêmes, que nous goûtons au *beurre frais* et à toutes les *confitures,* d'habitude ; pour ne pas énumérer, en toutes lettres, celles que nos goûts les plus particuliers savent si bien distinguer, en les préférant, on ne peut plus délibérément, à l'occasion ?..

Puis, avec ces jouissances, *relativement très grandes et nombreuses,* si l'on veut bien penser au peu de peine qu'elles nous coûtent pour les obtenir,.. que d'autres satisfactions et jouissances, — *absolument inexprimables celles-là,* — nous sont procurées par les *soins* et les *caresses* innombrables que nous prodiguent, constamment, nos mamans et nos papas chéris !..

Avec quelles précautions, quelles tendresses, et quel *amour d'adoration et de dévouement,* ils s'occupent des mille petits riens, si importants, qui doivent nous faire participer efficacement au bonheur incomparable de vivre, et de vivre *aimés, choyés et gâtés* minutieusement, de tant de façons différentes !..

Que ne font-ils, pour chaque jour adoucir, ou embellir, le nid dans lequel ils nous voyent éclore de plus en plus; toujours nous admirant davantage !

Et que n'imaginent-ils, pour, sans cesse, veiller à notre plus grand et avantageux développement possible, dans les sphères de leur position sociale respective ; et même, et combien souvent encore, en dehors de ces limites, déjà si dispendieuses et pénibles ?..

Tous ces efforts constants, si affectueusement dévoués, ne sont-ils pas, en la faveur de nos plus tendres années d'alors, — autant de *roses secondaires,* ou *tertiaires,* qui marquent le bonheur de notre vie, — par la douce et riante intervention *de leurs apparitions,* pleines de parfums, de rayons ensoleillés et de garanties d'amour ?..

Et puis, plus tard,.. quand nous commençons les leçons si importantes de l'*a, b, c,* et, qu'à force de patience et d'ingéniosité, on arrive à nous faire posséder — les *premiers matériaux* qui composeront les *bases indispensables* de notre savoir futur, . . que de sensations émerveillées nous ressentons, à la vue et à l'ouïe de nos progrès dans cette science ; qui nous apparaît si compliquée de *mystères cabalistiques,* avant que son contact journalier ne soit longtemps venu nous familiariser avec elle ! . .

Que *d'étonnements et d'horizons lumineux* s'ouvrent, brillants des plus belles couleurs et des plus chaudes nuances, à l'avidité magique de nos intelligences naissantes et de nos imaginations, qui prennent leurs premiers vols, quand, peu à peu, on commence à nous initier — à la connaissance *des grandes œuvres de la Création,* au détail *de ses chefs-d'œuvres* partout répandus ; — et qu'on nous donne, ainsi, la clef des mystères qui nous entourent le plus immédiatement, de tous côtés ! . .

Dans ces heures, pleines d'intérêts variés, si captivantes pour nos petits esprits et cœurs enfantins, avec quelle sensibilité exquise, nous nous sentons grandir à nos propres yeux ; et devenir savants . . de la science universelle de la vie, qui s'offre à nous, en nous présentant, généreusement, les *roses* du dessus de son panier inépuisable et sans fond ! . .

Oh oui, il faut le dire bien haut, nous trouvons, dans la variété et la nature même de toutes ces émotions et jouissances nouvelles, enthousiasmantes, des *roses secondaires* et *tertiaires,* qui nous dédommagent, amplement, des peines nécessaires et des aridités voulues, plus ou moins imposées à tous sans exception .

Elles nous font oublier, ces fleurs aimées, fraîches et suaves, les *difficultés croissantes* qui, à chaque pas, viennent nous heurter de leurs obligations implacables, pour nous forcer à agir — selon les règles *principales* et *accessoires,* ou *minuscules,* de notre destinée à chacun .

Et nous les aimons, de toutes nos forces, par les moyens

en notre pouvoir; ce qui n'est que justice, puisqu'elles viennent, — *si puissamment alors,* — composer notre part respective de bonheur ici-bas !...

Malgré les tribulations, *même de nos premières années d'école,* jusqu'à sept ou huit ans, nous jouissons encore des mêmes *roses,* qui nous sourient toujours plus. Et nous les savourons chaque année mieux, par le fait, double et régulier, que nous devenons — *plus aptes à les comprendre* et qu'elles nous apparaissent, en même temps, plus développées et agrandies, plus pénétrantes et savoureuses.

Gamins et gamines *usent,* avec bonheur, des *prérogatives de leur jeune âge,* où presque toute circonstance nouvelle est, pour eux, une *mine de découvertes,* pleine du plus vif intérêt. Il n'est pas de chose qui n'ait, alors, des *révélations importantes* à leur faire, des *secrets* à leur communiquer; des *moyens* efficaces dans ceci ou cela, à leur enseigner d'une manière ou d'une autre...

C'est donc, dans toutes sortes de *mises en possessions heureuses, attrayantes et sans cesse renouvelées,* que nous passons, de semaine en semaine, les débuts des premières années de cette vie terrestre, — la seule que nous sommes capables de nous représenter; — et à laquelle nous goûtons, par tous les sens que nous possédons, avec un *appétit* et une *volupté,* qui n'ont d'égaux à les satisfaire,.. que notre *curiosité* et notre *empressement* natifs à nous en emparer.

L'*air* que nous respirons, le *soleil* qui nous rend joyeux, la *pluie* qui nous amuse, la *neige* et le *froid* qui nous divertissent; les *aliments* et les *boissons,* qui flattent notre palais; les *sensations agréables* des vêtements, qui nous recouvrent et nous protègent contre l'extérieur; les *caresses* et les *soins,* qu'on nous prodigue; comme aussi, les *divers progrès* que nous accomplissons et les *plaisirs variés* qu'on nous accorde sont, certainement, et en résumé — la gerbe riante des jeunes et toutes premières *roses secondaires* et *tertiaires* de notre plus tendre enfance....

Mais, nous montons en grade insensiblement, et, pour la plus grande partie, du moins, nous enrichissons *notre science naissante* des années d'école qui suivent; ou de celles qui débutent dans les apprentissages précoces auxquels on nous destine.

Et c'est de cette façon, naturellement progressante, que nous développons la *rose Blanche,* dont nous sommes aussi composés. Remplis de volonté et de plaisir de vivre, ne demandant qu'à aller de l'avant, — *sans trop savoir comment, ni pourquoi;* — mais enfin et malgré tous les frottements pénibles, ou empêchements, qui nous retiennent — loin des pentes faciles, où nous voudrions le plus souvent glisser, — joyeux et foncièrement heureux.. d'*être,* de *voir* et de *sentir;* .. toujours espérant mieux.

Oh les belles et délicieuses années.. que celles de notre enfance,.. toutes d'espoir, de surprises et d'enchantements nouveaux, presque à chaque pas, — *même en dépit des duretés du sort,* — souvent si cruelles à tant et tant de pauvres enfants qui, eux, n'ont guère à savourer que des tribulations de tous genres!...

Oui, je l'ai déjà dit autre part, et le répète ici, .. il y a des malheureux qui ne naissent que surtout pour souffrir. Eh bien, même pour ceux-là, qui jouent le rôle humiliant et amer des « *déshérités de la vie* », les années d'enfance rappellent encore, dans leur existence entière, *la meilleure part des jouissances, des plaisirs et des souvenirs vécus;* tant et si bien, que même, quelquefois, parvenus à de notables et plus ou moins importantes améliorations vitales et sociales, comme les autres, plus heureux, — ils regrettent le renouveau, sans cesse maintenu alors, de leurs premières impressions sensitives des années, toujours relativement béates et insouciantes, de la période enfantine.

C'est donc bien, réellement, un *talisman précieux* à chacun, que celui des années qui forment ce que nous pouvons appeler — la *perle immaculée,* ou *enchantée,* de notre passage matériel sur cette Terre ?...

En attendant, la *rose Blanche* s'accentue plus ou moins vigoureusement aussi, suivant les milieux dans lesquels elle est cultivée ; et ceci, un peu à tous les points de vue. Mais, en tous cas, elle avance — *pleine d'espoir et de désirs particuliers,* — dans cet éternel chemin de l'inconnu, qu'est l'*échelle* — *montante* ou *descendante,* — de notre vie terrestre commune à tous.

Et son tout, par l'enseignement progressif des différentes et fraîches parties de son être, atteint peu à peu le développement complet, ferme et voulu, — c'est-à-dire, *la base à réserves,* souvent énormes, — qui pourra servir à l'éclosion des *trois autres principales, et successives* nommées ;.. si, toutefois, la destinée a compris leur concours direct ou indirect, dans ses plans antérieurs, ou postérieurs.

Son point le plus culminant, à cette *rose-là,* son apogée la plus magnifique et la plus saillante, en tous sens, ce sont certainement — *ses seize ans de sensations initiales,* — aussi entièrement développés que les limites du possible et des libertés relatives l'auront permis.

Pourtant,.. dire encore qu'elle y parvient dans l'intacte pureté de ses débuts individuels et sociaux, toucherait presque à l'invraisemblable,.. à l'idéal, qui nous est impossible — *dans les liens perfides de la matière, pour cultivée et raffinée qu'elle soit;* — tant la perfection fuit nos moyens primitifs et s'éloigne de nos conceptions, toujours trop faibles et incomplètes;.. malgré les expériences et recherches plus ou moins sérieuses et prolongées, qui suivront après !

Non, mille fois non, hélas !.. Comme le plus beau fruit passager porte en *germe* son défaut, sa tache héréditaire, ou sa vermine, à venir, la plus belle d'entre les fleurs, la plus suave et la plus candide, la *rose Blanche,* aux transparences nacrées et aux opacités laiteuses, développe, ou laisse développer, en elle, — les *flétrissures menues,* qui la rendront moins admirable, aux yeux comme aux sens divers, de l'observateur qui l'analysera jour par jour ; — avec les *stigmates naissants,* qui seront, peut-être,. les *causes,* toujours mieux dessinées, de sa ruine probable, .. dans un avenir inconnu, que l'heure seule de la rupture terrestre marquera de sa terminaison appréciable et fatale, humainement parlant s'entend !

Ô, mon Dieu, pourquoi faut-il que les *petits anges charnels* que tu fais descendre, chaque jour, sur la Terre de nos manifestations actuelles, — dans les beautés admirables de toutes les *fraîcheurs intellectuelles et sanguines,* qui nous ravissent d'admirations incessantes et sincères, — soyent, eux-aussi, et sitôt déjà, plus ou moins ternis et même souvent, détruits, .. par les émanations *parasites et dangereuses,* des êtres et des choses de l'infini de notre monde spécial ; — voulu ! . . . .

« Mais quoi, enfant de la Terre, enclin à être triste et mécontent de ton sort, — *si beau soit-il,* — ne sais-tu jamais te rappeler, qu'il ne peut exister aucune chose matérielle qui n'ait, *forcément,* son *bon* et *mauvais,* quand ce ne sont pas ses *bons* et *mauvais* côtés ? »

« Pourquoi donc, si volontiers et d'une manière continuelle, cherches-tu à devancer les degrés scolaires, où, une Providence impeccable autant qu'incompréhensible à tes trop embryonnaires capacités, te place, pour ton développement présent et meilleur bien futur ? »

« Ne sens-tu pas que ton enfance terrestre, dans la mesure de ses seize ans, ces ans qui, à cette époque, te paraissent des siècles interminables, ne sont, — *dans l'immensité de l'être éternel que tu es,* — qu'un court moment à peine appréciable;.. quelque chose, pour tes sens obtus, comme le simple et rapide commencement d'une belle ou sombre journée, après la nuit qui l'a précédée, soit — un *réveil* nouveau, quelque part? »

« Ne cherche pas alors à penser si loin, si loin,.. que tes sens matériels et intellectuels ne puissent plus te suivre et t'abandonnent, — dès tes premiers essais de regards à trop longue distance, en disproportion forcée évidente avec les seuls moyens que, sagement et justement, crois-le,.. j'ai mis à ta disposition, — pour l'usage exclusif de l'unique école terrestre; car, *vouloir* sans *pouvoir,* ne produit rien d'avantageux, ni de satifaisant, en ces domaines ».

« Laisse-toi plutôt guider par ton Créateur, et tu seras mieux protégé, — *à la fois contre toi-même et les autres,* — que si tu essayes de trouver un gouvernail pour la barque de ta vie, *en ton orgueil; petit, aveugle et vain*. Crois-moi, enfant bien-aimé, à quelque race, sexe, ou croyance que tu appartiennes, cherche seulement à accomplir la tâche terrestre pour laquelle je t'ai fait naître et placé, — *d'un jour à l'autre, à dire beaucoup;* — car, si même la journée où tu vis ne t'appartiens pas, à combien plus forte raison, celle du lendemain est-elle encore moins soumise à ta possession, illusoire et toute éphémère?.... »

C'est ainsi, ami lecteur, qu'il semble que Dieu nous parlerait, s'il voulait répondre aux milliards innombrables de nos perpétuelles interrogations, muettes ou articulées. Et ces réponses sont si justes, dans les effets qu'elles produisent sur nos esprits, — *plus ou moins purs et loyaux,* — qu'en dépit des déceptions longues et humiliantes qu'elles nous imposent, malgré nous, si nous ne conservons aucun parti pris, — elles nous pénètrent irrésistiblement, — par la grandeur même de toutes leurs vérités journalières.

Laissons donc de côté ce terrain,.. qui n'est pas le nôtre, et rentrons encore, autant que nous le pourrons, dans cette enfance, bénie malgré tout, qui est, avec le sujet de la première partie de ce chapitre, aux senteurs délicatement parfumées, je le répète, presque toujours *le meilleur moment, le plus insouciant et gai,* en tous cas, de notre pélerinage en chair et en os.

Oui, notre enfance est belle, dans l'emblème et sous l'égide de la *rose Blanche,* qui la représente ici; et cela, non seulement dans ses réalités de tous genres, mais encore et surtout, peut-être, à cause de ses *enthousiasmes,* de ses *naïvetés;* en un mot, — de ses *illusions* les plus délicieusement simples et poétiques!...

Qui de nous, homme ou femme, en âge jeune, ou avancé, ne se rappelle avec émotion et attendrissement, les douces premières années de son enfance; les caresses *idolâtres et esclaves* de sa mère; celles,.. plus *parcimonieuses et fières,* mais non moins fortes, ni moins dévouées, de son père, — justement orgueilleux de son titre de chef de famille;.. ou de ceux qui ont dû les remplacer et leur en tenir lieu?...

Et le cortège, si long et si varié, des fraîcheurs prolongées *de nos premières sensations,* en tous les genres:.. La *série abracadabrante* de nos costumes, vêtements, coiffures et chaussures, les plus mignons;.. la *majesté, pleine de teintes sombres,* sous les voiles impénétrables desquelles se présentent les nuits;.. l'*éclat merveilleux et intraduisible* par lequel, richement, le soleil d'or éblouissant resplendit dans le ciel bleu, ou éclaire lumineusement les jours qui les suivent... Puis, les *cris enchanteurs,* les *appels* et les *chants* des oiseaux;.. *ceux,* pour nous alors si intéressants, des animaux domestiques;.. le *timbre,* si changeant, des voix qui nous entourent ;.. la *magie* des formes, des couleurs, des idées ;.. de ce *chaos* formé dans notre cerveau enfantin, par la confusion des pensées, des visions, des conceptions rudimentaires et simplistes ;.. des élans, des reculs, des instincts, qui s'essayent ; des désirs et des volontés, qui cherchent à dominer leurs freins les plus légitimes et les plus naturels ?...

Et puis encore, les états *de sainteté relative et ignorante,* dans lesquels s'écoulent ces premières années de *perle* et de *diamant;* si souvent aussi, pour ne pas dire presque toujours, — à l'abri de la rouille des vices, et de la gangrène des fruits de l'inconduite, de la dépravation et de la perversité personnelles ?..

Que de réminiscences, — inconscientes il est vrai, mais réelles et ineffablement pures, — des choses du ciel d'où nous venons de passer ;.. déjà *vécues,* laissées un temps, perdues un autre, puis — *retrouvées,* par échappées plus ou moins claires, visibles, lucides et durables ?..

Tout, alors, nous semble facile et à notre entière disposition, — par le seul prestige du *vouloir; le pouvoir,* ne nous paraissant plus qu'un auxilliaire soumis et dévoué sur tous les points, — aux ordres impérieux *de notre volonté intime,* quelle qu'elle soit.

Pour un rien, on se sent capable de devenir peu à peu un *ange réincarné,* un *saint,* un *martyr,* un *héros,* un *génie,*.. un *général victorieux,* un *marin intrépide,* ou un *roi bienfaisant,* assez puissamment inspiré pour rétablir sur Terre (à supposer qu'il y ait été déjà établi antérieurement), le règne de la Justice, de la Vérité, du Bien et du Bonheur, qui en découlent . . . .

Absolument comme quand, à cet âge toujours, nous voulons entrer de suite dans l'enceinte d'un théâtre, pour y satisfaire notre curiosité, ou notre intérêt, *excité au plus haut point,* et que les bagatelles de la porte ne nous retiennent pas longtemps en extase; nous nous lancerions aussi, — *et très volontiers corps et âme,* — dans un peu toutes les carrières qui nous fascinent par quelque attrait brillant, sonore, poétique, ou modeste au dernier des degrés. Tant il est vrai que nous possédons, en ces premières années, la *flexibilité* et le *ressort,* la *souplesse* et l'*impression vive ;* l'esprit rempli de toute la *fraîcheur* des pensées, des visions, des conceptions, avec les sens *impatients,* pleins de *désirs* et d'*ardeurs,* . . qui ne demandent qu'à s'essayer ! . .

Oui, nous nous élevons, simplement, vers les sommets inaccessibles de l'idéal, — presque en tout, — parce que — d'abord, nous en *ignorons* les difficultés et les luttes forcées, qui nous les rendent impossibles à atteindre; puis qu'après, nous nous *entêtons* dans celles de nos idées qui nous plaisent irrésistiblement ; et qu'avec toutes ces belles extravagances humaines et enfantines, nous possédons encore, la *foi aveugle* qui ne voit point d'obstacles et qui, ayant pour objectif donné le problème anti-naturel de soulever des montagnes, marche courageusement à l'assaut de ses chimères ! . .

Ô, *rose Blanche* de l'enfance, que tu es belle, sous l'imprévu des choses pénibles ou laides de la vie, qui commence en toi, mais qu'heureusement tu ignores . . . par le fait des pétales parfumés et éblouissants de blancheur, de pureté et d'innocence, — qui composent, à la fois, *la fleur admirable et mystérieusement céleste,* comme *la cuirasse délicate et puissante* de ton être, — pour en éloigner longtemps ainsi, victorieusement, . . . les premiers dangers du mal ! . .

Que ta vue charme nos regards, attendrit nos cœurs, en les faisant vibrer à l'unisson des beautés et grandeurs saintes de l'amour, qui régit le monde grandiose de l'Univers entier ; et que son influence agit profondément dans nos âmes, en les ramenant au Créateur sublime et inimitable de toutes choses !..

Rose Blanche, symbole des premières années de mon existence terrestre actuelle, après avoir premièrement, vécu et grandi dans le parfum suave de tes vertus protectrices, de tes beautés inoubliables et de tes promesses dorées, je ne puis que regretter, amèrement, les jours heureux que tu m'as procurés ;.. les joies et les émotions pleines de candeur par lesquelles, d'un jour à l'autre, tu m'as fait passer, presque sans m'en rendre compte....

Et puis, ton souvenir évoque, en même temps, d'une façon inséparable, celui des auteurs choisis de mes jours voulus,.. ce père et cette mère, qui ont été les premiers dieux de mes regards étonnés et craintifs, représentant, à mes faibles lueurs d'entendement, les seules puissances qui me semblaient exister — pour me soigner, m'encourager, me protéger ou me défendre, — contre les mille appréhensions de l'inconnu d'alors !..

Et enfin, comme tout ce qui n'est que prêté par le Ciel, pour un certain temps seulement, ma mémoire pourra encore t'admirer, sous certains côtés privilégiés, — en dépit des amertumes secrètes de l'être, ou des ombres pénibles du tableau, — que mon cœur ému et brisé te regrettera toujours !...

II. — ROSE ROSE.

Rose première de l'*innocence,* tu n'es plus !.. Tu as vécu, pour disparaître et laisser ta successsion à une sœur aînée, d'une délicatesse et d'une beauté uniques ; une de ces *charmeuses* qui fondent toutes les résistances, dans l'intimité de leurs regards pénétrants d'amour, et qui résolvent tous les problèmes, par la douceur chaudement exquise de leurs caresses...

Je te dis donc adieu, pour toujours, car, seul, désormais, le fantôme pur et troublant *de ton image pâle et joyeuse d'autrefois,* pourra réapparaître aux désirs de mon imagination et aux appels pressants de mon cœur, que tes formes palpables, avec les accents cristallins et perçants de ta voix argentée, seront, depuis longtemps déjà et à jamais, *évaporés et dispersés* dans l'infini des molécules de l'air !...

Mais, en saluant l'attrayante sœur aînée qui te succède, c'est avec enthousiasme, qu'en sa suprême beauté de *rose Rose,* je retrouve les traits principaux les plus aimés, qui te caractérisaient ingénument; et avec bonheur, qu'elle me prouve ainsi, sans le vouloir, que vous êtes bien, toutes deux, d'une *seule et même* famille !..

Idéale *rose Rose,...* tu es bien jeune encore, en ce moment où je te vois. Mais, je devine ton instinct spécial et je sens, à n'en pas douter, que ton âme est faite pour embrasser, à la fois, — *toutes les modesties et toutes les grandeurs de la Terre et du Ciel.* — Parce que, les mille nuances de la couleur rose, qui te classe partout, sont produites par l'essence éthérée du sang divin qui anime tes frais pétales veloutés ;.. et cela, surtout, pour répandre *le parfum créateur de l'amour,* créer les sentiments *les plus sublimes et les plus puissants,* comme pour procréer *les êtres et les choses* qui sont destinés à nous remplacer, ici-bas et ailleurs, d'une génération à l'autre...

Tu es la plus richement douée, des quatre sœurs qui composent la famille suave à laquelle tu appartiens, et dont tu es le but et l'orgueil, — *dans tous les degrés de l'ordre sentimental et vital* — de notre existence. Cela saute aux yeux, même aux yeux des plus aveugles, tant les effets voulus de ta mission élevée s'imposent à chacun.

Comme ta sœur *Blanche,* tu pars d'un point invisible et inappréciable, — à la lenteur d'investigation et à l'incapacité de nos sens terrestres . — Mais, outre que ta douceur particulière te fait très vite distinguer, depuis le fin bouton initial, dans l'enveloppe embaumée duquel tu débutes, tes propriétés individuelles de développement, d'extension et de rayonnement, sont d'une puissance si précoce, que bientôt tu es reine . La *reine de ton milieu,* après avoir été à peine princesse ;.. tout juste le temps matériel nécessaire, à rassembler et à mettre en ordre — *les attraits de la future et très prochaine royauté,* — avec toutes ses séductions les plus amoureusement impérieuses et royales .

Partout, tu tiens cette place de reine avec une influence *de grâce et d'affection majestueuse,* qui ravissent d'admiration et de bonheur, ceux qui subissent le charme de sa souveraineté enchanteresse et mystérieuse ; tant et si bien, que pas une seule voix ne s'est encore élevée, sous la voûte des Cieux qui nous dominent, pour contester son titre de noblesse et de générosité suprêmes . . . .

Ton titre,.. tu l'exprimes et l'incrustes, partout où tu daignes porter l'électricité vivifiante *de tes regards et de tes sourires subtilement pénétrants,* la magie de tes beaux yeux *ondoyants et tendres,* la chaleur *délicatement colorée et troublante* de tes pétales aux reflets captivants, comme dans l'invasion irrésistible *de tes parfums voluptueusement capiteux ;* et enfin, dans la variété si riche de toutes tes élégances les plus inimitables ! . . .

Ô *rose Rose,* incarnation vivante et constamment imaginative, des clefs précieuses des trésors de l'amour qui, partout, nous fait exister, nous permet de surmonter les maux si nombreux qui nous atteignent, tu es, à la fois, — le *soleil* et l'*étoile* les plus brillants — des jours qui nous éclairent et des nuits qui nous protègent ! .. Tu es, la *perle* incomparable de toutes les fleurs de la vie, le *diamant* insondable et constant de nos meilleures ambitions d'humains ; comme la *source* la plus abondante, la plus riche et la plus intarissable, des plus grandes fortunes de nos cœurs, de nos âmes et de nos esprits, sans cesse plus ou moins tourmentés !...

Ta place, *elle est partout en ce monde;* ... dans la chaumière, ou l'humble logis des pauvres, comme dans le palais, ou la demeure luxueuse des riches !.. Et partout aussi, elle y apporte *le feu resplendissant* de l'amour, qui lie, qui peuple et remplit l'espace ...

C'est toi encore, et toujours, qui occupe si brillamment la place d'honneur — dans la chevelure et au corsage des plus belles jeunes filles et femmes, — que tu symbolises ;.. à la boutonnière de l'habit des courageux et vainqueurs, d'un peu toutes les nobles causes de la vie terrestre ;.. comme dans les bouquets, qui sont les recueils des beautés communes, ou rares, de la flore, mais dont, sans exception d'aucune sorte, tu restes, invariablement, — l'incontestable première !.....

Et c'est toi, une fois de plus après tant d'autres,.. que je reconnais aussi, dans l'essence, les formes et les traits, pleins des séductions de toutes les promesses les plus aimables, des jeunes représentants de notre humble et glorieuse, petite et grande espèce humaine, dans ses deux sexes ;.. *moitiés* complémentaires d'un *tout,* faites pour s'assortir et s'aider réciproquement !..

Qu'es-tu, *gracieuse et déjà si attirante jeune fille de seize ans,* avec le charme exquis de tes pensées poétiques, affectueuses, tendrement disposées à tout voir en beau et aimer autour de toi, sinon la *rose Rose* de la vie, qui naît pour bientôt s'ouvrir à l'amour dont tu es, toi-même, l'émanation incarnée ?..

Et toi, *frais et robuste jeune garçon du même âge,* avec la ferme et ronde simplicité énergique de tes contours, plus volontairement solides, n'es-tu pas également, le fruit initial de la vie expansive qui commence à rayonner autour de lui, par les effluves — des forces nouvelles s'exalant de la *rose Rose* de ta vie masculine, et encore quelque peu féminine, — qui débute?..

Tous deux, je le répète, vous êtes un *tout,* sous deux aspects différents ; qui peuvent se traduire par la *grâce* et la *force*. — Caractères distinctifs, qui s'observent et s'admirent, dans le bouton de chacune des quatre *Roses* de la vie ; mais, plus spécialement dans celui de la *rose Rose,* dont vous formez le portrait frappant à tous les égards.

Te souvient-il, ami lecteur, des seize printemps qui ont fait naître en toi, le bouton de la *rose Rose* de ta vie ; .. cet heureux moment où, le *vieux fer* même, malgré sa rouille, ou peut-être à cause de sa rouille, se transforme si facilement, aux yeux enchantés et enchanteurs de l'imagination, qui n'a pas de limites connues, .. *en or* en barre?

De cette si longue et si courte période vécue de ta vie actuelle, où, tout naturellement et sans même le vouloir, *tu chantais le bonheur de vivre,* par tous les sons de ta voix sonore, infatigable durant le jour ;.. par l'exhubérance de tes mouvements souples, vifs et joyeux ; comme par la succession, phénoménale et obsédante, de tes pensées les plus gaies, les plus folles, les plus constamment remplies d'un espoir croissant et recroissant sans cesse ; — d'autant plus facilement, que l'on prenait peine à en tondre les pousses multiples, avec les ciseaux tranchants et bien affilés de la raison froide ; — froide, parce que d'un âge ayant déjà perdu une partie de sa chaleur intime et de ses convictions premières successives?..

De ces heures solitaires, *d'un charme particulier et délicieux,* où tu te sentais envahi par une mélancolie douce, un besoin de perfection et d'idéal ; pour t'aider à combler le vide que, malgré ton activité la plus débordante, un peu en tous les domaines de ton âge spécial, tu sentais, — *attristé, craintif et inquiet,* — commencer à se développer en toi, en en devinant la cause naturelle, sans pouvoir la connaître encore, ni même l'arrêter dans sa marche ?

De ces émotions, si faciles et variées, de ces pâleurs mystérieuses, de ces rougeurs fugitives, de ces palpitations, pour un rien; de ces tremblements, à l'idée seule de devoir prononcer quelques mots,.. aussi simples et courts, parfois, que peu importants ?... De ces tristesses vagues, de ces indécisions invincibles; puis, de ces décisions enflammées, à l'emporte-pièce,.. que, le plus petit bruit, la moindre circonstance,.. éteignaient, ou anéantissaient, comme un souffle sur une chandelle, une larme sur un rire, ou la seule esquisse d'un sourire ?...

De ces admirations contemplatives, de ces extases prolongées et de ces béatitudes immenses, où tu t'élevais, — *hypnotisé et séduit par quelque grande force,* — sans doute, vers les régions inaccessibles — *de tous les bonheurs de l'infini et des cieux,* — qui engendrent les vertus les plus grandes et les plus nombreuses, les bontés les plus douces, les beautés les plus parfaites, les élégances les plus diverses, et tous les raffinements les plus admirablement accomplis *dans le développement du bien,* sous toutes ses formes ?...

Eh bien, si oui, comme j'en suis presque sûr, c'étaient, précisément, les *plus heureuses* et *plus délicieuses* de tes années passées, qui commençaient à s'agiter et à prendre leur essor, — vers les *causes* de leurs désirs....

Oui, heureuses années, que celles qui, de seize à vingt-six ans environ, conduisent sur le chemin, tour à tour frais et merveilleux, radieux et brûlant, de la plus belle, de la plus noble et de la plus grande *des passions affectives et consolantes,* au suprême degré. Celle qui, je le répète, est capable de transformer notre monde égoïste, ingrat et indifférent, en *un monde d'amour universel* — pour Dieu, ses créations infinies et nos semblables, depuis les plus malheureux aux plus heureux; — en passant par la longue et interminable série de ses innombrables échelons intermédiaires!...

L'amour, dans toutes ses manifestations les plus légitimes, les plus belles et les plus saintes, tel est *le grand levier* secret qui soulève, qui remue profondément et tranforme, *du tout au tout,* les êtres et les choses de ce monde; et, comme il est facile d'en tirer à première vue la déduction obligée, — *ceux et celles des autres mondes,* — à nous actuellement invisibles.

Déjà sur notre Terre, nous le voyons *unir le jeune homme à la jeune fille,*.. par les liens les plus doux, les plus forts et les plus durables, quand ils sont sincères!....

> Lecteur, qui me lis en ce moment,
> Sais-tu bien ce que c'est que l'amour,
> Ce fluide, chauffant.. fortunément,
> A la fois — le cœur et l'alentour?
>
> Comme est mystérieux.. ce besoin,
> Car, enfin, c'en est un, des plus grands,
> Puisqu'il vient tout seul, sans aucun soin,
> Et qu'on le trouve dans tous les rangs?
>
> Il est dans les âges plus divers...
> Parcourant l'échelle de la vie,...
> Qu'ils se passent droits ou de travers,
> Et qu'à elle, oui ou non, l'on se fie.
>
> Eh bien, ami, je puis te le dire :..
> L'amour est notre plus grand aimant,
> Un trésor qu'on ne peut interdire, —
> Que l'on soit savant ou ignorant..

Car lui, auquel jamais on échappe,
Que l'on soit fort ou bien cuirassé,
Toujours il sait garder en sa trappe,
Quand il a l'être froid terrassé . .

Et suivant ce qui lui vient en tête,
Il nous fait vite heureux ou martyr;
Mettant tout en larmes ou en fête,
Selon qu'il fait jouir ou souffrir .

Vois donc l'amour, à couleur de rose,
Lorsqu'il enchaîne fort le jeune homme
A la chaste vierge à peine éclose ; . .
En en formant, à eux deux, la somme ?

Comme tous les deux sont animés
Par ce chaud sentiment des Hauts Cieux ;
Et combien leurs cœurs sont enflammés,
Déjà du feu doux de leurs beaux yeux ? . .

Ils sont vraiment — idéalisés, —
L'inspiration sort de leurs bouches ;
Et leurs cœurs si bien poétisés . .
Les rendent légers comme les mouches .

Pour eux, tout redevient très facile :
Et l'Adam aux formes vigoureuses,
Avec jeune Eve à taille gracile, . .
Laissent Terre et ses lois rigoureuses .

Ils planent entre elle et le bleu Ciel
Et vivent dans — la félicité ; . .
Tout leur paraît produire du miel
Et rester cause de volupté ! . . .

Le seul fluide divin les anime,..
En décuplant leurs plus vives forces;
Le trop gros pour eux se fait minime,
Et ils courrent, sans crainte d'entorses.

Aux vrais amants, la vie est si belle,
Et tous ses charmes si engageants,
Qu'ils jouissent d'union temporelle
En jurant de n'être pas changeants.

Oui, pour eux, c'est un vrai paradis :
Un mot, un bruit, un seul doux regard,
Et le plus noir chagrin de jadis..
Est oublié sous son œil hagard !..

Le bonheur déborde en tout leur être :
Ils se suffisent seuls à eux deux.
Ils ne connaissent que le bien-être
Et ne prononcent que tendres vœux.

Pourquoi cette transformation, —
Soit vie nouvelle et tant bénie ?..
Pourquoi donc cette animation, —
Jeu si glorieux d'âme ravie !...

Parce que Dieu est là, tout au fond,
Et qu'il remplit d'amour ses enfants :
Ils peuvent alors danser en rond, —
Ou le prier, tels que mendiants !..

Car il donne, — généreusement —
Ses faveurs à ceux qui vraiment l'aiment;
Comme un bon père, bien tendrement,
Il s'en émeut et dit haut : Ils s'aiment !

. . . .

C'est lui, aussi, qui donne l'*élan* et *arme* le vaillant soldat, quand il va, courageux et fort comme un lion, *défendre sa patrie contre les dangers qui la menacent,* au péril de sa vie !...

    Vois aussi . . . ce soldat martial,
    Partir en guerre sous son drapeau ;
    Mû par un sentiment génial, —
    Il ne craint pas même pour sa peau ?

    Pour lui sa patrie est en danger,
    Et il ne pense qu'à son secours ;
    A son appel il vient se ranger, . .
    En lui offrant son entier concours.

    Pour la sauver il n'hésite pas, . .
    Et, prêt à affronter la mitraille,
    Jamais pour elle il ne sera las,
    Faisant de son corps dure muraille.

    Toutes ses pensées sont tendues —
    Vers le seul but de leurs sacrifices,
    Il ne voit plus de tâches arducs —
    S'armant encor des prompts artifices.

    Or, ce si grand souffle d'héroïsme,
    C'est au plus noble amour qu'il le doit :
    « Amor Patria » — sans égoïsme ; —
    A elle tout son sang il redoit !..

. . . .

Lui, encore, qui embrase *d'une sainte flamme,* la vie de piété d'humilité et de dévouements de tous genres, de la jeune femme à l'uniforme de religieuse ; .. qui la soutient, au milieu des plus horribles maux, ou des horreurs de la guerre ; .. qui la dirige, quand elle va donner ses soins et ses consolations — aux désespérés des réduits de la misère et des hôpitaux, des asiles de la compassion humanitaire et des prisons ; les assistant, ainsi, et pour la Terre et pour les Cieux ! ...

C'est parmi toutes ces désolations, qu'elle exerce son influence la plus illimitée, — *par l'effet de l'amour le plus pur*, — et qu'elle devient réellement, peu à peu, « *fille de la Charité,* » cette autre fille du Dieu d'azur ; .. et cela, tellement, .. qu'on peut dire d'elle :

>L'abnégation sainte est sa vie,
>Et la prière sa nourriture ...
>Car son zèle jamais ne dévie,
>Mais il fait l'entier de sa nature.
>
>Elle est petite-fille de Dieu, ...
>Puisque la Charité est sa mère.
>Aux vains plaisirs elle a dit adieu,
>Pour mieux fuir du mal la source amère.

. . . .

Et chez tous ces serviteurs du Ciel, *vraiment inspirés de Dieu*, ces apôtres et ces missionnaires, anciens ou modernes, — *de la foi chrétienne, du devoir, de la vertu et du bien,* — sous leurs formes si multiples ; .. que d'exemples frappants de ce même *amour divin*, qui les remplit ! . . .

>Vois-tu, ce vieux prêtre à cheveux blancs,
>Dans tout son ensemble vénérable, ..
>Imposant à ses sermons si francs, —
>La vérité plus considérable ? ....

Sa parole, toujours onctueuse,..
Trouve vite le chemin des cœurs ;
Et sa vie austère et vertueuse..
Ne lui fait voir que frères et sœurs.

Avec bonté il parle aux méchants,
Et avec douceur aux affligés ;...
Pour eux tous ses accents sont touchants
Et ses devoirs — jamais négligés.

Pour lui, qui vit de l'amour de Dieu,
Dont le seul but est — de le servir ; —
Qui n'ambitionne que le Haut Lieu,
Il voit, joyeux, la mort le ravir !..

Dans la paix de l'âme il monte au Ciel,
Où sa bouche ne fait que bénir ;
Car jamais il ne goûte au noir fiel,
Pour ne point l'amour de Dieu ternir.

C'est encor le saint amour divin
Qui illumine cette existence ;..
Et son cœur n'ayant pas de ravin,
Ne peut craindre sa propre sentence.

. . . .

Toutes ces formes et applications de l'*amour*, prennent leur racine dans la jeunesse, après le développement du premier de tous, de l'*amour filial;* qui ne fait que commencer dans l'enfance. Parce que, la *rose Rose* est le point de départ, je le répète, de la plus forte et plus tenace des affections, — l'*amour;*.. qu'il se traduise par la pensée, le souvenir ou l'action ; l'*amitié*, qui est son commencement ou sa fin, ou encore, l'*attachement volontaire,* qui l'accompagne toujours avec fidélité.

Oui, idéale *rose Rose*, tu nous es merveilleusement précieuse encore, parce que tu nous rends, généralement et chaque fois, *meilleurs*, là où tu règnes à l'abri des atteintes du mal ; qui cherche et, malheureusement, réussit trop souvent, hélas, à t'étouffer dans ses serres de pieuvre, ou à t'empoisonner par ses venins subtils.

Et si, dans les grandes affections, que tu sais édifier dans les cœurs et les âmes, les premières viennent à crouler, — *sous le choc répété des assauts du doute, de l'envie, de la jalousie et de la haine,* — c'est qu'alors, le terrain où l'on croyait pouvoir te cultiver et te faire prospérer, était loin de subvenir, par lui-même, à ton alimentation ; ou n'était pas digne de toi !...

La vie, non seulement tu la reçois du Créateur, comme tout ce qui existe dans l'Univers ; mais, de par sa volonté, tu possèdes encore, le don grandiose de pouvoir la donner à ton tour, — *en la semant et en en faisant germer la semence ;* — puis, celui, beaucoup plus rare, *de savoir l'embellir et la poétiser,*... dans toutes ses péripéties plus ou moins mouvementées....

C'est, le plus souvent, vers la *vingtième année*, environ, que, chez le jeune homme et la jeune fille, le sentiment intime *le plus doux, le plus beau et le plus noble,* tend à se manifester avec décision ; soit, par une attraction individuelle isolée, soit, par une attirance simultanée et réciproque ;.. comme, par l'effet *d'un aimant invisible et caché,* mais réel ; .. d'autant plus irrésistible, que l'esprit, le cœur, et les faits et gestes de celui, ou celle, qui lui sert d'enveloppe charnelle, sont, véritablement, — à la hauteur pure et sublime de leur mission affective.

Les lois impénétrables, autant que constantes, du monde insaisissable et immatériel nous entourant, *qui nous régissent,* ont, en ces choses, des énigmes vivantes, que nous ne pouvons déchiffrer; mais, dont nous sommes constamment obligés de prendre connaissance journellement, — un peu à chaque point de vue.

Ainsi que j'en ai déjà fait mention au chapitre de la Jeunesse, les blonds sont de préférence attirés vers les brunes ou les noires, et celles-ci vers ceux-là; les petits vers les grandes et les grandes vers les petits; les énergiques vers les flegmatiques et les flegmatiques vers les énergiques; les gras vers les maigres et les maigres vers les grasses!.. Les yeux bleus cherchent les yeux bruns, ou noirs, et ces derniers les premiers, etc., etc.,.. tant ces contrastes semblent être et sont réellement — des *traits d'union,* dans tous les sens; — par la beaucoup plus grande sympathie qui se dégage *des effluves sentimentales et du besoin intérieur,* qui les agitent et les font se mouvoir, *instinctivement,* que dans celle, s'observant, ou se rencontrant, chez les individus des deux sexes, ou du même, — ayant la couleur des cheveux, des yeux, la constitution et le caractère, *presque identiques, ou à peu près semblables,* sous certains rapports.

A part quelques exceptions, aussi rares que malheureuses, du reste, ces faits, qui paraissent étranges, se voyent à chaque pas comme partout : — dans les familles et les réunions, surtout celles où les deux sexes ont facilement l'occasion de s'approcher et d'agir ensemble; et où, sans les connaître le moins du monde, ce qui est indifférent ici, on peut en juger par la simple observation des couples que l'on voit passer devant soi.

Je viens d'écrire plus haut, « *à part quelques exceptions, aussi rares que malheureuses* »; je tiens à m'expliquer, — au profit de ceux et celles qui me liront : Si je parle ainsi, aujourd'hui, c'est qu'après une longue série d'observations personnelles, — sur nombre de mes frères et sœurs terrestres, ignorant complètement l'importance de ces choses, et sur moi, — j'ai pu le constater, d'une façon qui exclut toute espèce de doute. D'où, à mon avis, la sagesse doit nous porter, les uns et les autres, plutôt à rechercher les *contrastes*, existants entre les constitutions, que les *similitudes*.

Ceci, admis en passant, — *comme bon à savoir et utile à reconnaître, en temps et lieu,* — force nous est de revenir.. aux bonheurs suprêmes qui nous sont procurés par les vertus magiques de la *rose Rose*, telles qu'elles se trouvent dans la période active des *recherches,* des *rapprochements* et des *mariages d'inclination,* dictés par elle.

Seulement par ce qui est déjà énoncé et établi, dans la deuxième partie de ce chapitre, il est facile de voir — que la *rose Rose* et l'*amour* sont deux merveilles exquises, n'en formant, à vrai dire, qu'une ; mais, si complète et délicieuse, — quand elle ne tourne pas à mal, s'entend, — qu'elle demeure infiniment supérieure à toutes les autres, parce qu'elle les surpasse en les dominant toutes, infiniment aussi ; et avec une *maestria* surprenante encore, absolument sans pareille.

Donc, de toutes les *Roses*, relativement assez rares, nous l'avons vu, que nous pouvons admirer, goûter et savourer, dans notre vie terrestre, c'est celle de l'*amour* qui donne le plus de bonheur et de félicité ; qui remplit le mieux l'existence, quand elle se laisse attendrir et séduire par ses charmes inexprimables ; et qui conduit le plus sûrement, au point de départ de tout ce qui vit ; qui en est *la source, l'aliment continuel et le but,.. à perpétuité ;* — selon tout ce que nous en pouvons comprendre.

C'est celle qui nous attire vers celui, ou celle, que nous aimons ; qui nous y attache et nous y lie, souvent jusqu'à la mort ; en remplissant l'intervalle plus ou moins long — *du seul vrai bonheur à deux,* — qu'en vain, nous essayerions peut-être de chercher autre part ici-bas.....

Il y a des mariages, qui s'opèrent à la façon des *spécula-*

tions commerciales, c'est-à-dire, qu'ils n'ont en vue que le seul *intérêt pécuniaire,* formant, pour eux, le véritable but cherché;.. d'autres, qui sont appelés de « *raison* », et servent à parer à des lacunes, ou à des infirmités;.. puis, d'autres encore, baptisés de « *convenance* », ce qui y ressemble beaucoup. Mais, ces mariages-là, s'ils peuvent arriver à se maintenir, c'est déjà énorme — *en tant qu'adresse et persévérance;* — car ils n'ont pas à leur actif, *l'attrait et le ciment, incomparables,* que possèdent ceux ayant, pour base et guide constant, *l'amour, dans la couleur rose et le parfum de sa fleur,* .. la reine des fleurs!..

Aussi,.. pour ceux qui se laissent guider par ce dernier, *l'amour pur et dévoué,* — qui est heureux par lui-même, d'une façon débordante, d'une façon qui embellit et rend meilleur tout ce qu'il approche, — c'est *la plus grande félicité,* avec *la plus souveraine consolation* pouvant se désirer sur Terre, par les mortels;.. qui ne font, en définitive, — qu'y passer quelques années.

Quoi de plus beau, de plus doux, de plus touchant et de plus enviable, que ce bonheur à deux, — qui réalise *le paradis terrestre* dans ce qu'il a de plus réconfortant et de meilleur, pour nos besoins d'affection, de société, de soins et d'intérêts divers, partagés;.. étant donné que, ni l'homme, ni la femme, ne sont complets par eux-mêmes, pris séparément, mais, que seulement à eux deux ils forment le *tout accompli* auquel ils aspirent déjà d'instinct; précisément par les attributs individuels qu'ils possèdent l'un et l'autre, en vue de l'union à laquelle, sous tous les rapports, ils sont normalement destinés?..

En effet, l'homme apporte la force, l'énergique volonté, le travail et la protection efficaces, qui tiennent tête, à la fois, aux difficultés, aux charges, aux besoins du dehors et à leurs échos du dedans. Tandis que la femme, y ajoutant la grâce, le dévouement et l'abnégation, s'occupe spécialement, de l'intérieur de sa maison, des soins dûs à son mari et à ses enfants, si elle en a ; leur rendant ainsi la vie de famille possible, affectueuse et pleine de charme.

Combien ces conditions de vitalité et de bonheur humains sont-elles encore mieux remplies, quand elles se développent — *sous les auspices constants de l'incomparable rose Rose,* — qui en est le point de départ exquis et la continuation la plus délicieuse qu'on puisse imaginer, au milieu des tribulations, si variées, qui nous attendent tous plus ou moins, ici; et qui que nous soyons ? . . .

Oui, idéale *rose Rose,* répétons-le bien, . . tu es ce que nous avons *de mieux et de plus suprêmement bon,* sur la Terre d'épreuves inévitables où nous sommes placés ; et c'est pourquoi, nous t'admirons et nous t'aimons tous, avec tant d'unanimité et de constance, partout où nous découvrons en nous, ou ailleurs, ta présence enviée et recherchée entre toutes ! . . Et c'est grâce à toi, que nous réalisons les plus arides et les plus difficiles de nos progrès à accomplir, dans le bien, notre vie durant; attendu, que tu personnifies et reste, immuablement — *la noblesse et la royauté mêmes, la bonté et la beauté suprêmes,* — à tous les égards ! . . .

Ô, sublime *rose Rose,* permet-nous, une fois de plus encore et en toute sincérité, de te dire, enthousiasmés, qu'enfin :

> Tes attraits, . . si mystérieux, . . .
> Sont pour nous tous si puissants,
> Qu'il faut que, de tes beaux grands yeux,
> Tu incrustes en nous, passants :
>
> L'étincelle du vrai bonheur, —
> Le goût parfait du paradis ; . .
> L'oubli du plus sombre malheur
> Et l'Eden perdu, de jadis ! . . .

Oui, parcelle de l'infini, —
Modèle des perfections, —
Tu retiens en toi, défini, . .
Le divin but des nations .

Tu viens, nous disant « aimez-moi,
Et cela, fort, de plus en plus ; . .
Puis, agissez tous, sans émoi, —
Le reste viendra en surplus » ! . .

III . — ROSE ROUGE .

Peu à peu, *tout se transforme, — en, sur* et *autour*, de nous . Et c'est pourquoi, après avoir analysé rapidement les choses particulières à l'enfance et à la jeunesse, symbolisées par la *rose Blanche* et la *rose Rose*, nous arrivons, tout naturellement, à devoir nous entretenir, dans l'avant-dernière partie de ce chapitre, de la *rose Rouge*, qui représente, ici, notre *âge mûr*, dans ses meilleurs côtés appréciables .

Mais si, forcément, nous devons perdre de vue la *rose Rose*, qui vient de disparaître de nos regards encore enchantés, c'est, pour la retrouver dans ce qu'elle a de plus solide et durable dans la vie : *L'expérience des choses, et le sérieux avec lequel elle les considère et les traite,* dans son état normal le plus désirable et le plus nécessaire .

A côté donc, des qualités primesautières et . . aimables d'une façon charmante, que nous revoyons encore, — comme appartenant, foncièrement, à la *rose Rose* de la jeunesse et de l'amour, le plus poétique qu'il soit pratiquement possible d'imaginer, — nous retrouvons, dès les débuts de la nouvelle apparue, la *rose Rouge*, — les dons spéciaux qui germent et se développent rapidement en elle, à savoir : — La *force sereine*, l'*élan tempéré*, la *prestance marquée*, plus imposante, la *plus grande régularité individuelle des habitudes prises*, un peu en tout, et *une somme de volonté disponible beaucoup plus étendue*.

C'est, d'abord, la femme, pour commencer par elle, toujours jeune, belle et séduisante; mais, cette fois, d'une façon *plus majestueuse et complète,* en tout ce qui la concerne; mariée ou non.

Elle est, peut-être, encore libre de disposer de son cœur, mais elle a perdu l'aspect enfantin de ses timidités excessives d'autrefois, avec une bonne partie de ses craintes les plus vagues, quant au moment actuel de son existence; par le fait — que la succession régulière des années écoulées, l'a déjà passablement rassurée sur la marche suivie et à suivre, désormais; — au moins, dans la plus constante majorité des cas à nous connus.

De toute manière, elle est *plus apte* à remplir convenablement ses devoirs, et à mieux tenir sa place véritable, dans les différents milieux au centre desquels elle peut se trouver placée, — par les événements prévus, ou imprévus, de sa destinée, quelle qu'elle soit; — car elle est *plus ferme* et *plus forte,* malgré ses faiblesses morales et constitutionnelles encore existantes, qu'à l'époque, passée, des premiers pas de sa jeunesse couleur *de rose,* avec ses nombreuses et inséparables inexpériences obligées.

Elle est donc mieux développée, dans son corps et l'esprit qui le fait agir, si, — comme il reste sous-entendu que je le suppose ici, et même que j'y compte, — elle a grandi, dans la véritable et saine grandeur de la *rose Rose,* qui est l'image pure — *de la vertu attachante,... de la simplicité dans l'élégance naturelle, et du parfum divin qui trouble,* — parce que tellement délicieux et unique que rien d'analogue ne peut lui être comparé, autour de nous.

C'est ainsi, qu'à l'ensemble des accentuations progressives et confirmées, nous voyons se dresser, devant nous, la beauté plus altière et solide de la *rose Rouge,* dans *le ferme et brillant éclat* marqué de ses nuances toujours fraîches, mais mieux trempées ; en tous cas, infiniment moins délicates que chez sa sœur précédente . . . .

Ou bien encore, la jeune femme est mariée, et, probablement, mère de famille. Et alors, c'est . . . le même beau sujet d'observation qui se présente à nos regards, sous le charme *des attraits nouveaux qui l'embellissent encore ;* à tous les points de vue.

Sous cette responsabilité-là, nous la voyons pleine de décision, remplie d'amour, de tendresse et de soins pour son mari et ses enfants, lesquels, forment en son cœur, — *toute la somme d'espoir, de bonheur et de joie,* — qu'elle peut le mieux goûter sur cette Terre. Puis, satisfaite dans ses goûts d'intérieur, d'ordre et d'économie affectueux, elle demeure — l'âme incarnée *la plus vigilante et la plus dévouée* de la famille entière.

Avec quel contentement intime, quel empressement, quelle patience et quelle persévérance, elle s'occupe de tout ce qui concerne les siens ; .. leur entretien le plus avantageux, avec celui de la maison qui abrite les trésors de son affection et de sa vie ; .. même s'il lui faut abuser de ses forces, sacrifier les meilleurs de ses jours et jusqu'à ses nuits, pourtant nécessaires à son repos ?

Oh, cette *Rose-là,* dans les deux situations que je viens d'esquisser, ses beautés ne le cèdent en rien à celles, plus fragiles, de sa sœur vécue. Elles sont seulement transformées, — parce qu'elles revêtent un autre caractère, — à la fois *plus calme et plus solidement étendu,* dans toute sa manière d'être ; — mais digne d'être chaudement apprécié, admiré, recherché et comme, seul, il faut l'envier, dans la reine et l'ange tutélaire d'un foyer ! . .

Oui, elle est radieusement belle, cette *rose Rouge,* qui nous donne tant de beautés véritables et d'attraits sérieux, chez la femme, dans son âge raisonnable, et pendant le cours des années où elle personnifie, si complètement et si bien — *la compagne de l'homme,* fidèle, dévouée et courageuse ; ainsi qu'également — *la mère incomparable* et providentielle même, de ses enfants, quand elle en a !...

Donc, absolument comme dans la succession des trois *Roses* que nous venons de voir, la vie quitte, ou mieux, est quittée, — *par certains charmes* qui, aux yeux non prévenus, en forment *le prestige d'ensemble ;* pour s'en munir *d'autres, non moins précieux,* tout au contraire ; — qui *la font progresser et l'enrichissent,* en perfectionnant sa marche vers l'avenir. Et cela, jour après jour, mois après mois, année après année ; il est juste d'en faire ici la remarque.

Or, ce que je viens de dire de la femme, encore célibataire, ou mariée, sortant du cadre,.. toujours un peu capricieux et bruyant d'exhubérance, de la jeunesse première, je puis et je dois en dire tout autant, de l'homme, qui se trouve placé dans les mêmes conditions.

Prenons-le, naturellement, dans la *république de son célibat provisoire,* afin de remonter, avec lui, le courant de sa mâle énergie, traçant *le sillon* de sa personnalité masculine, .. à travers le *champ d'activité* qui lui est octroyé par sa destinée la plus individuelle.

Est-il moins bon, moins beau, moins intéressant et moins intelligent, d'une façon générale, entre *vingt-six et trente-six, ou quarante ans,* dans les innombrables exemples illustrant sainement cette période, qu'en sa première jeunesse, celle pourtant si radieuse, *de seize à vingt-six ans ?*

Malgré les nombreux *pour* et *contre,* que la diversité des opinions personnelles ne manquera pas plus de faire entendre, au sujet de cette question complexe, qu'en ce qui se rapporte exclusivement, à la série « *des goûts et des couleurs* », tous existants et représentés, dans la Nature qui nous compose et nous environne ; .. pour ma part — je suis extrêmement loin de le penser.

Je crois, au contraire, que, semblable à ce qui concerne la succession d'âge de la femme — d'abord, *enfant*, puis, *jeune fille,* et après, *femme faite et développée,* — ne faisant que gagner constamment, des transformations progressives en sa faveur, et en celle de tous ses véritables amis ;.. l'homme, son frère naturel terrestre, suivant le même ordre de marche et d'étapes obligées, le fait, le subit, ou l'accomplit, *dans les identiques bonnes conditions,* — avantageuses pour son perfectionnement et développement journaliers, mensuels et annuels.

Au physique et au moral, il doit certainement avoir gagné d'année en année, *normalement parlant,* — par le progrès lent et continu des semaines et des mois qu'il a à son actif. — Et ses membres comme ses traits, plus marqués et plus virils, empreints de l'*allure mâle,* qui convient si bien aux représentants véritables du sexe appelé *fort,* sont là, pour en témoigner à première vue.

L'homme est beau, ainsi considéré, dans la plénitude suffisante des moyens voulus, que la Nature met à sa disposition, pour progresser en se manifestant ; et il est de toute évidence, qu'avec son irrésistible moitié, la femme, ils constituent le *chef-d'œuvre complexe des êtres animés,* qui peuplent la Terre de nos évolutions.

Oui il est beau, cet homme, avec les *admirables proportions* et les ressources *de forces vives,* qui le tiennent droit et le défendent intelligemment, contre les attaques quotidiennes et les dangers incessants des éléments gigantesques et des mille circonstances, bizarrement capricieuses, semble-t-il, où il se trouve plus ou moins engagé successivement, d'un moment à l'autre ;.. on peut le dire aussi — *du matin au soir et du soir au matin,* — sa vie durant.

Ses traits fermes, qui respirent l'énergie des conquérants, c'est-à-dire — *de ceux qui sont faits pour conquérir et deviennent conquérants,* — du moins au plus, selon les aptitudes variées, les désirs, les volontés et les situations, où les uns et les autres se trouvent placés ; — comme aussi, *la démarche indépendante et fière* qui le caractérise, relativement aux autres êtres de la Création ; toutes ces particularités, collectives et individuelles, nous le font *discerner, admirer et aimer;*.. et cela, d'autant plus — que nous nous reconnaissons en lui...

Maintenant, si nous l'observons comme homme marié et père de famille, à l'égal de la femme il gagne encore à être étudié et comparé, parce que, le sentiment de *son importance réelle, de ses responsabilités positives et obligations diverses,* que l'un ou l'autre, ou ces deux états réunis, lui imposent, ajoutent encore — à l'ensemble de sa si sympathique et réconfortante personnalité... La majesté du *roi* de la Création, qu'il est véritablement, dans le but même de la Nature ; la décision vibrante et l'énergie pratique du *chef,* qu'il représente également près des siens ; l'amour et le dévouement de l'*époux* et du *père,* avec la bonté et la patience affectueuses du *soutien* naturel et de l'*ami* au suprême degré, — s'intéressant au bonheur et à la meilleure prospérité possible de ceux qui lui sont si intimement confiés, et auxquels *il se donne, tout entier,* — dans la mesure de ses ressources et moyens personnels, — le démontrent.

Il est beau enfin, *dans son travail de tous les jours,* quand, — non seulement encouragé, mais soigné et secondé habilement, par la femme qui lui est chère à tant de titres, précieuse et incomparable dans sa vie entière, et même après sa mort anticipée,.. pour prendre soin de ses enfants, par exemple, — *il lutte courageusement, pour le présent et l'avenir de son esprit, de son corps charnel et de son âme,* visible et invisible, tout à la fois ; et *de ceux* qu'il est, de par le Ciel, chargé de protéger et de conduire à bon port — *sur l'océan de la vie d'ici-bas, qui conduit à celui de l'au-delà !*...

Toutes ces beautés, ces grandeurs et leurs détails menus, leurs utilités nécessaires et importances les plus grandioses, se trouvent dans la *rose Rouge de l'âge raisonnable et mûr, de la femme et de l'homme,* avec ses plaisirs et jouissances respectifs ; comme, du reste, toutes choses en ce monde gradué, à l'infini de nos connaissances humaines, étendues jusqu'à l'invraisemblable, malgré leurs impuissances naturelles.

Devant ces faits palpables, réguliers et constants, qui voudrait amoindrir la valeur si considérable de la *rose Rouge,* ce recueil des diamants de la vie, dans le brillant éclat de leurs feux, — *dû à l'expérience jointe à la plus grande vitalité,* — maximum de l'existence idéale et positive de l'être humain, homme, ou femme, ou les deux réunis ; soit, les moitiés distinctes associées et formant ce tout unique, que nous connaissons si bien les uns et les autres, quoique à des degrés qui varient forcément ?...

D'un autre côté, qui pourrait encore bien sérieusement regretter la *rose Blanche* de son enfance, la *rose Rose* de sa jeunesse ; ayant acquis, les fortes et suprêmes réalités plus sérieuses de la *rose Rouge,* dans les beautés de son épanouissement normal et la saveur triomphante indiscutable de ses jouissances légitimes ?...

Sans doute, l'homme et la femme sont égoïstes. C'est dans leur organisation, comme plus ou moins, dans celle de tous les êtres qui pensent et agissent sur notre Terre !... Par conséquent, chacun d'eux reporte toujours, instinctivement, la plus grande et meilleure part de ce qu'il sent, voit et entend, à son *moi* personnel. Ainsi, il voudrait vivement, parfois, je l'accorde volontiers, pouvoir *retrouver* et *recommencer* les sujets de ses joies et insouciances enfantines ;.. les bonheurs nouveaux, les plaisirs charmeurs, poétiques et exquis, de sa jeunesse... Mais, et c'est là qu'est l'impossible, — sans *se dépouiller* des nombreux avantages et satisfactions multiples, que l'expérience déployée, jusqu'au moment de l'âge mûr où il fait ces réflexions, *lui a acquis ;* — à la fois, par l'addition quotidienne de ses efforts à ce jour réalisés et la longueur interminable, à ses yeux d'autrefois, de son temps matériel déjà accompli ?

Sans doute encore; l'un et l'autre sont plus ou moins *envieux* des jouissances taries chez eux, — parce qu'*épuisées par exercice naturel,* auquel l'âge approprié s'*est joint* jusqu'à la limite imposée, — quand ils en voyent d'autres, plus jeunes, commençant, .. *ce que pour toujours ils ont terminé.* Cela est presque forcément naturel aussi, puisqu'ils sont nés et se sont développés .. au milieu des *convoitises* de leurs situations respectives et de l'*envie générale,* qui règne dans l'air que nous respirons, comme sur le sol massif que nous foulons aux pieds !..

Et puis, dans le spectacle des jeunes qui commencent à jouir, à leur tour, des beaux côtés et bienfaits de la vie, il naît, dans les plus âgés et les aînés, un sentiment de *mélancolique regret,* qui paralyse souvent un peu les élans généreux de leurs cœurs aimants, débonnaires et bien pensants. C'est — qu'ils sentent *la perte irréparable de ces longues années d'enfance,* et, peut-être aussi, *de jeunesse,* qui semblaient ne jamais devoir finir jadis ; et qui, actuellement, sont complètement effacées au matériel. Tandis qu'ils mesurent clairement, aujourd'hui, le *chemin parcouru,* et qu'ils tremblent toujours, en y pensant, *pour le peu relatif qui leur reste à parcourir,* avant d'atteindre l'heure, pour chacun fixée, du départ inévitable !...

En résumé, l'homme et la femme âgés désirent *ce qu'ils aiment* et, souvent, trop souvent même,.. *avec encore ce qu'ils ont aimé;*.. un peu à la manière de gourmands avides et intéressés vendant de la crême fouettée et vanillée, — *objet de leur désir et jouissance à deux faces;* — mais qui, tout en la vendant le plus cher possible, voudraient garder la crême et l'argent de la crême!.. Et peut-être, par-dessus le marché, avec la persuasion imaginaire que si ses amateurs l'aiment, eux l'apprécient et s'en régalent bien davantage!.. nul ne pouvant savourer, *pour eux,* de telles délices lactées et profitables, qu'*eux-mêmes* . . . . .

Mais, revenons-en à la *rose Rouge*. Des quatre membres de sa famille graduelle, distincte et variée, elle est *le faîte de la puissance humaine* dans ce qu'elle a de plus complet, fort et important, aux points de vue généraux sur lesquels nous nous complaisons ici-bas :

Tous, hommes et femmes encore à espérer, soit enfants, rêvent de figurer et d'agir, un jour, *dans son règne désiré et ardemment recherché;* parce que déjà, ils sentent, instinctivement, qu'il est *la suprématie impulsive et dirigeante du monde de nos exploits,* et cet instinct, foncièrement générique, ne les trompe pas.

Tout ce qui s'agite dans les écoles et institutions de tous genres, n'a lieu que pour former des *hommes* et des *femmes,* c'est-à-dire — des êtres *à l'apogée de leurs développements et moyens d'action respectifs;* — et ceci, sans aucune exception, bien que s'exerçant dans les différentes et très nombreuses spécialités, qui ont été et sont, il faut le croire, le lot des humains de tous les temps.

La *rose Rouge,* est donc bien, la maturité si ambitionnée *du perfectionnement individuel* possible; le degré qui a *le plus d'élévation réelle* dans l'échelle sociale des âges; le point culminant *de la puissance matérielle et intellectuelle,* généralement les plus nécessaires et efficaces, dans tous les domaines où leur initiation et leur action sont désirables ; soit, partout — directement, ou indirectement.

Du reste, il n'en peut être autrement, puisque notre enfance commençante, aux prises avec les devoirs et les difficultés de la vie, est beaucoup trop faible, *par défaut de force et ignorance ;* que notre jeunesse manque encore *de l'expérience voulue,* pour analyser et résoudre les questions qui s'imposent à elle ; et enfin, que notre vieillesse n'arrive à mériter son titre qu'après avoir, *autant volontairement qu'involontairement,* semé sur le long chemin qui y conduit — *le meilleur de ses ans, de ses forces, de ses capacités, de sa mémoire, avec une partie plus ou moins grande de son intelligence et de sa volonté.*

Aussi, je le répète, le plus succulent, le plus copieux et plus indépendant *des morceaux de notre gâteau vital,* est, entre les quatre, .. malgré les *noyaux* accessoires et imprévus, qui s'y trouvent plus ou moins forcément, — celui, incomparable, de la *rose Rouge* de notre âge mûr.

Chacun l'*invoque* et l'*appelle* de tous ses vœux, avant d'y arriver, nous l'avons vu ; puis, s'y *recueille,* une fois parvenu, et s'y *cramponne* de plus en plus, avec tourment vague et intime, au fur et à mesure que les années passent ; ayant alors, le sentiment légitime plutôt angoissant, que — *son être palpable et mystérieux descend une pente insensible mais continuelle, sans arrêt facultatif,* qu'il ne peut plus remonter ; — parce que *le sel de sa vie,* malgré les précautions et les soins les plus consciencieux dont il s'applique à l'entourer, va toujours ... se *dépensant,* se *diminuant,* s'*affaiblissant* et, hélas, s'*évaporant !* ...

Ah ! ... il est bien vrai que la vie et tous ses beaux côtés, — ceux, du moins, qui nous plaisent, dont nous sommes friands, et que nous recherchons avec avidité, — sont beaucoup plus des *prêts* que des dons ; des *passages* que des séjours ; des *sensations provisoires* que des faits durables ; parce que, véritablement,... tout passe, passe, passe,.. s'éloigne, s'éloigne, s'éloigne encore,.. puis disparaît, et, — soyons-en certains, — ne revient plus !...

« *Tout passe, tout casse, tout lasse* », dit un proverbe ; et il n'a pas tort. Seulement, ce qu'il est bon d'ajouter, afin de le rendre plus juste, — c'est qu'aussi, le détail et l'ensemble suivent leur programme sans nous demander, chaque fois, si nous sommes d'accord et y consentons.

Oui, *tout passe, tout casse et tout lasse*. Mais il est agréable, sain et utile, de savourer du mieux possible, en passant, les *Roses* de notre vie sur Terre, pour qu'elles nous consolent, surtout, et nous encouragent, en même temps ; si elles ne peuvent réussir à nous faire oublier, les *épines* les plus communes et les plus forcément obligées, dont nous avons presque tous tant et tant à souffrir, à commencer par les principales d'entre ces inévitables.

C'est pourquoi, nous qui ne savons jamais si nous arriverons à bien profiter des — *quelques jouissances relatives et permises, accordées à chacune de nos Roses,* — que quand celles-ci auront *passé*, et que les dernières de leurs feuilles exquisement parfumées auront *disparu,* nous devons, du moins, savoir les discerner et tâcher d'en profiter, aussi raisonnablement qu'avantageusement....

Que de fois, des frères et sœurs terrestres naissent au milieu de nous et ne vivent pas même leur *rose Blanche !*.. d'autres, qui commencent à peine leur *rose Rose !*.. d'autres encore, qui ne connaîtront que ces *deux premières* de l'existence !.. Puis, des quatrièmes, qui sont destinés à seulement, pour ainsi dire, effleurer leur *rose Rouge !*.. Ou encore, des cinquièmes, qui n'auront que ces *trois seules* à connaître et à méditer ; tous ne devant pas être appelés à entrer dans la philosophie, doucement mélancolique et reposante, de la *rose Jaune* de notre séjour possible sur Terre ?....

Ô vous, jeunes, qui pouvez lire ces lignes, ne vous attardez pas toujours dans *la paresse traître et mensongère de vos attentes trop prolongées,* partant vicieuses et maladives, des choses espérées de votre avenir futur sur Terre, c'est-à-dire — *de votre âge mûr probable ;* — parce que vous n'avez pas de temps à perdre, durant votre enfance et votre jeunesse, pour l'établir dans les meilleurs développements normaux, à votre avantage, suivant vos aptitudes et conditions essentielles respectives.

Apprenez, un peu plus que vous ne le faites, généralement, *à réfléchir aux devoirs graduels qui vous touchent de près,* — afin d'arriver, *sans trop de retard,* à les accomplir *en leurs temps favorables* plutôt qu'*en leurs temps forcés,* parce que déjà disparus ; — et vos progrès réalisés n'en seront que plus précoces, marqués et substantiels.

Songez bien, et le *gravez mieux encore,* dans votre mémoire et votre cœur, que c'est seulement par le *travail* uni à la *persévérance intelligente,* à la *grandeur d'âme* et à la *bonne conduite indispensable,* que vous pourrez arriver à occuper *efficacement, honorablement et heureusement,* quelle qu'elle soit, du reste, — en petit comme en grand, — *votre place* sur la Terre ; surtout dans la période la plus forte de sa durée complète, celle de la *rose Rouge* de son âge mûr.

Quand vous arriverez à comprendre ces vérités, aussi importantes que fondamentales, *dans toute existence terrestre,* alors vous serez bien près d'avancer résolument, — pour marcher à la rencontre des premiers et principaux perfectionnements, qui vous sont aussi nécessaires et demandés, par les milieux qui vous entourent, que voulus d'en Haut, pour les bonheurs à venir auxquels, sans exception, vous êtes destinés ; — et que, par vos âmes mêmes, toujours intimement assoiffées de justice, de bonté et d'idéal, non dans un seul, mais — *dans tous les domaines imaginables du bien, du bon et du beau véritables,* — vous recherchez, aussi constamment qu'instinctivement ! . . . .

Rose Rouge admirable, que tu es précieuse à analyser et à contempler, dans l'énergie, la vigueur et l'éclat enviables, de tes propriétés puissantes et de tes chaudes beautés nombreuses ! . . Qu'il fait beau vivre, *de ta vie forte, attrayante et sérieuse,* entre toutes, dans la saveur, aromatique et unique, des nombreuses satisfactions que tu procures à ceux que, sainement, tu adoptes pour tiens ! . .

Oui, vraiment, tu représentes bien, ici-bas, ce que nous devons être tous, dès le principe, des *hommes* et des *femmes ;* . . mais, par toi développés, *complets et réussis,* dans leurs moyens divers les plus naturels ; brillants *de l'ardeur forte des courageux, des purs et des vivants,* symbolisée par ta couleur éclatante avec ses nuances vertueuses et modestes, qui *en harmonisent la puissance en la tempérant,* au meilleur profit de l'ensemble.

Tu es aussi, et naturellement, je le répète, le but visible de l'existence terrestre actuelle, parce que tous ses efforts antérieurs sont pour préparer ta venue et te faire éclore, *à ton plus grand et réel avantage,* une fois dans la possibilité et la mise en demeure d'agir. Rien d'étonnant donc, à ce que les yeux clairvoyants et consciencieux, se tournent *de ton côté transcendant et se fixent sur toi ;* . . toi, la *suprématie voulue* de nos organisations provisoires . . . . .

C'est en toi, que je salue *la femme saine, douce, forte et impressionnante,* aux formes majestueusement attractives, au cœur large et bon, ouvert à tous les sentiments les plus beaux et les plus nobles . . . Celle, dont l'âme entière et l'esprit équilibré, sont accessibles *à l'amour le plus pur, à la charité la plus dévouée, aux soins les plus multiples,* et *aux attentions les plus délicates* d'entre les raffinées. Le tout, — au bénéfice de ceux et celles que la Providence place autour de toi, afin que tu soies, pour eux, l'*ange gardien*, le *bon génie*, le *soleil radieux*, avec la *boussole* de leur conduite et le *guide* de leur bonheur présent et futur.

En toi, que je contemple et que j'admire, toujours plus, la beauté séduisante, aux lignes les plus gracieusement harmonieuses qu'il soit possible à l'être humain, — *non d'imaginer, il ne le pourrait,* — mais.. de rêver; dans l'extase des mystères divins du sommeil délicieux qui nous endort,.. quand vient la nuit de nos sens matériels, les plus subtils d'entre les fragiles et éphémères....

Toi encore, que j'invoque dans la solitude de mon cœur;.. la réminiscence des caresses les plus sincères et les plus regrettées de mon enfance, déjà si lointaine, à cette heure.. *d'éloignement et d'avancement,* tout à la fois;.. dans le souvenir de mes jours de jeunesse les plus heureux, ceux où ton parfum, captivant et absolument sans égal, en ses privilèges terrestres, endormait ma volonté avec mes membres, enchaînés par une langueur d'amour, d'un bien-être si profond et si doux qu'il en était inouï....

Toi encore et aussi, que je voyais à mon chevet de malade, quand couché sur *un lit de doute et de désespérance,* tes traits fins se montraient remplis du rayonnement *de tes prières, de tes précautions méticuleuses et infinies;*.. de tes paroles perlées, égrenées, ou émises avec des nuances *de tendresse et de dévouement à toute épreuve,* d'une douceur d'âme à âme,.. dont les vibrations mélodiques formaient autant d'accords célestes, qui pénétraient mon cœur de leurs échos bénis et efficaces, pour éloigner le mal et en triompher plus vite et plus sûrement!...

Toi encore et toujours, que je vois, avec ravissement, — *dans l'épouse et la mère incomparables,* — lorsque, près de ton mari,.. lisant dans ses yeux, dans le son de sa voix et dans son cœur, en même temps,.. tu partages ses idées, ses devoirs, sa vie; et que, *l'attachant définitivement à lui,* tu le suis fidèlement partout, comme son ombre, — quand même et toujours heureuse de ton sort; — malgré les épreuves variées qui en sont forcément inséparables, dans sa bonne ou sa mauvaise fortune...

Puis enfin, quand, entourée de tes enfants bien-aimés, — *ces autres fruits divins de tes entrailles,* — tu les soignes, les élèves et veilles sur eux, avec cette patience, cette douceur et cette sollicitude maternelles, de tous les instants du jour et de la nuit, sans distinction d'aucune sorte, avant même que de songer à toi, pour compter tes forces, ou ménager ton repos et ta vie précieuse... Tu es si bien l'incarnation *de la Providence active et vigilante,* sous les traits touchants et les actes de ses bienfaits innombrables et impossibles à justement approfondir, le plus souvent,.. *tant le Ciel y a plus de part que la Terre,*.. que les visions continuellement évoquées, par tous, de tes perfections terrestres les plus sublimes, remplissent l'air entier des créatures les plus angéliques des paradis à venir.....

Et c'est de même, en toi, noble *rose Rouge,* diamant aux feux vifs, pourprés et resplendissants, des plus riches bijoux, groupes et couronnes d'ici-bas. que je salue *l'homme fait, dans la pureté et toute la plénitude de ses forces et splendeurs,* qui sont marquées virilement des reflets primitifs du Créateur suprême, — *pour l'étendue relative à nos sens et besoins actuels,* — de son intelligence, de sa volonté dominatrice et de sa puissance, sur les éléments au milieu desquels il est paternellement placé, dans la voie des perfectionnements infinis qui nous conduira tous un jour à l'idéal, *à travers les siècles à perpétuité,* dans les domaines bénis de l'activité universelle des Mondes invisibles....

En toi aussi, que j'admire *la structure élégante des formes caractéristiques, de la beauté des traits et des membres robustes du frère terrestre* de la femme ; de son protecteur et ami les plus naturels ; de son défenseur et soutien légitimes et voulus ; quand, s'inspirant de son origine royale, de beaucoup supérieure à celle des autres êtres animés de la Création qui l'environne, il cherche, par ses efforts de chaque jour, son esprit, son cœur et son âme, — tous dirigeant son corps, — *et sa conduite entière, les résumant,* — à se maintenir et à se développer, comme *homme,* puis comme *mari* et comme *père,* dans la route suprême du bien, du bon et du beau, qui lui est tracée par l'incomparable et éternel Monarque, .. de son commencement et de sa fin, pour obéir à l'ordre du Maître absolu et infini de tout ce qui existe, *de par sa seule volonté,* dans les immensités de l'Univers indescriptible . . . .

En toi, également, que je reconnais toujours plus, les attraits sans nombre, les ressources grandioses, les promesses incessantes, les vœux constants, les prières ardentes et si diverses, *les passions nobles et les luttes sublimes,* avec les productions quotidiennes de l'esprit humain, de la chair forte et active ; *des muscles de fer,* dirigés par ton cœur chaud et enthousiaste ; .. de ta volonté — *aux énergies accaparantes et assimilatrices,* — sur le sol qui porte tes pieds, la profondeur des eaux et la hauteur des airs, que tu sais assujettir à ta puissance, à tes désirs et à tes besoins, comme tu sais te faire *servir, aimer,* ou *redouter,* des animaux placés sous l'empire de tes soins, de tes ordres, de tes nécessités et de tes décisions à leur égard . . . .

Vous deux, enfin, *femme et homme faits réunis,* vous êtes la *rose Rouge* de la vie, .. dans ce qu'elle a de plus supérieurement établi et de meilleur ! .. A vous, d'en profiter sainement et utilement, pour le présent et pour l'avenir en éternel, dans toutes les faveurs, les grâces et les beaux dons qui vous y sont accordés; .. en regardant fermement et toujours — *en haut!* . . . .

IV. — ROSE JAUNE.

Ami lecteur, si tu m'as été fidèle jusqu'à cette quatrième et dernière *Rose* principale, de notre existence double, *spirituelle et matérielle,* d'ici-bas, j'ai des raisons de croire que tu seras encore à mes côtés, lorsque, chargé du langage notoire et réellement important des trois premières *Roses,* de compagnie effeuillées, nous parcourerons ensemble, et une à une, les étapes sensibles de leur aînée, — *de par son caractère grave et sérieux,* — au milieu des charmes spéciaux qui la caractérisent, .. quoique la nouvelle éclose de la resplendissante famille.

Aujourd'hui, la *blancheur* de l'innocence, le *rose* de l'amour et le *rouge* de la force, se sont en grande partie peu à peu effacés, dans le courant continuel et continué des ans disparus. Mais, leurs teintes fondamentales et primitives, quoique *plus ou moins forcément défraîchies,* subsistent encore. Elles se montrent, parfois, dans les exceptions qui honorent la règle, tout en la confirmant, presque au niveau imaginatif de leurs anciennes splendeurs de jadis ; — par l'effet du contraste présent, qui leur est désormais imposé, sous le soleil d'*or pâle* qui les éclaire d'un rayonnement *de dignité, d'expérience et de sublimité,* à nul autre pareil ; cela est encore facile à admettre, — relativement surtout.

Bons et mauvais, ont toujours envisagé l'apparition de la *rose Jaune* de leur vie terrestre, comme le premier pas de leur dernière marche vers l'inconnu de l'éternel. Et, si d'aucuns s'en sont intimement et sincèrement réjouis, — *comme d'une longue épreuve dont ils entamaient le chapitre final,* — d'autres, oubliant les coups de l'adversité et les douleurs de leurs destins individuels, n'y sont entrés — *qu'en regrettant plus ou moins amèrement, les satisfactions et les joies envolées;* — pour déplorer, en même temps, *l'impossibilité de pouvoir les faire recommencer, à loisir*... Tout cela aussi, se comprend aisément, pour les uns et les autres;.. et même, pour d'autres encore, dont je n'ai pas parlé, soit, — ceux *qui regrettent et se réjouissent,* — bien franchement et tout à la fois.

Oui, cela est admissible et très facile à comprendre, en chacune de ces situations; car, en effet, — comment ne pas regretter, en ce monde, *ce qu'on a tant aimé qu'on l'aime encore* et toujours;.. par le souvenir, à défaut de mieux,.. ou par l'envie légitime et naturelle?.. Puis, comment ne pas se réjouir d'un long chemin pénible parcouru, alors qu'il *commence à toucher à sa fin,* la plus probable sinon la plus certaine?.. Et enfin, comment pouvoir oublier, radicalement, les attachements divers et les fortes affections d'autrefois, sans les regretter *dans ce qu'ils avaient d'aimable et de bon,* pour nos cœurs, non faits pour l'isolement; tout en ne se réjouissant pas de savoir les plus terribles de nos épines vécues, considérablement *éloignées de nous, vaincues et brisées,* autant que *dissipées,* — avec *le temps,* qui a fui derrière nos pensées, nos projets et nos actes multiples?...

Digne et belle *rose Jaune,* toi, dont les reflets pâlis et dorés miroitent dans les transparences aux tons chauds, *tu le sais,* car *tu exprimes bien tout cela,* — par la distinction significative des charmes mystérieux de l'infini, qui sont ton essence;.. par les nuances douces de ton harmonie d'or, indiquant aussi, à sa manière, que tu es le trésor vrai de la vie: *l'expérience,* — bien qu'à des degrés plus ou moins faibles, ou élevés, regrettables, ou désirables, — à nos points de vue terrestres;.. et, en même temps, que « *les extrêmes se touchent* »,... étant le germe actuel d'une nouvelle organisation invisible, qui commencera son développement — au delà de notre Monde connu....

La vie, en général, qu'est-elle, sous l'aspect de sa durée, sinon *le passage lent et continu,* quoique court, ou prolongé, que nous connaissons, — *de ce Monde où nous respirons, en un autre Monde ;* — qu'en détail et avec précision nous ignorons complètement ?..

Et ce *passage graduel et continué,* n'est-il pas une suite de transformations visibles et invisibles, tout comme celles des *Roses principales* et *secondaires,* ou *accessoires,* de notre vie terrestre, tour à tour *blanches, roses, rouges* et puis *jaunes,* avec leurs parfums séduisants spéciaux,...et leurs épines les plus inséparables ?..

Si oui, comme chaque jour nous le démontre, la plus grande sagesse ne consiste-t-elle pas, — *à suivre docilement, ce courant éliminateur et transformateur de notre vie, à tous,* — au lieu de nous révolter et de chercher, inutilement et dangereusement, à le remonter *de quelques brasses, ou coudées perdues,* au milieu des agglomérations et individualités que nous représentons ; — comme trop souvent encore, nous pouvons en constater, *sur nous-mêmes ou sur d'autres,* les tristes et décevants effets ?...

Mais laissons là, pour le moment, ces réflexions, un peu en dehors des préliminaires voulus du thème présent; et occupons-nous, plus spécialement, des beautés de la *rose Jaune,* avec ses mérites personnels.

Quand l'âge des *jeux,* celui des *illusions* et celui des *passions fortes,* ont passé, est-il quelque chose de plus édifiant et reposant, que la vue de ceux qui, — *au milieu de leurs charmes individuels,* — représentent, si éloquemment, *les premières lueurs d'un beau crépuscule* se montrant tout-à-coup à nos yeux saisis et ravis ?..

Comme leur démarche régulière et posée sent l'assu-

rance, qu'une longue pratique des choses de ce monde peut seule donner !.. Combien leurs formes et leurs traits nous parlent *un langage bienveillant et débonnaire,* eux, depuis longtemps déjà, rompus aux contacts si divers des semblables !.. Et combien leurs regards dénotent *de profondeur, de tranquillité* et, généralement, forcément même, au moins d'une forte dose *de sagesse obligée, de pénétration et de clairvoyance* acquises ?..

Pour ces derniers, les grandes vivacités et violences des jours robustes de la vie, ne sont plus; car, outre qu'ils en ont reconnu le néant et les dangers, — *par expérience propre, ou d'emprunt,* — leurs forces actuelles, débarrassées des impatiences brutales des pensées, des désirs et du sang, ne sont plus faites pour les efforts soutenus, les combats acharnés, ou les luttes passionnelles; mais bien, — pour *la réflexion, le recueillement, l'harmonie, la paix et le repos,* un peu dans tous les domaines.

Il y a donc, réellement, dans les représentants des deux sexes, une transformation plus ou moins sensible, dans ses commencements, surtout, mais indéniablement certaine ; et qui ira toujours en s'accentuant davantage.

Rien n'est plus doux et consolant pour la race humaine, — *celle particulièrement faite, entre toutes, pour être aimée et pour aimer,* — que de voir et contempler, ceux de ses membres les plus honorables qui commencent à montrer, à leurs frères et sœurs terrestres, ces premiers degrés de l'épuration morale et physique, sous certains rapports qui restent encore — le *purgatoire,* ou l'*enfer véritable,* actuels, — de leurs contemporains plus jeunes et *moins expérimentés,* plus fougueux et *moins agréablement sociables,* plus irritables et *moins sûrs;* .. plus excités et .. *moins bons.*

Si l'amour *inflammable et communicatif* des sens, chez eux apaisé, dans ce qu'il a *d'ardeur passionnée et de trop plein* chez les jeunes, ne les torture plus en en faisant autant de « *feux consumants* », il leur en reste toujours assez, cependant, qui couve sous la cendre des temps passés ;.. alimenté, alors, par *l'affection,* plus profonde et plus complète, des choses qu'ils aiment toujours et recherchent encore, parfois, pour goûter — *en connaisseurs,* — les plaisirs *légitimes et permis* d'ici-bas ; sans que ceux-ci puissent leur être, facilement, une occasion probable de décadence, ou de ruine menaçante à brève échéance.

A mesure donc, que leur individualité *s'épure,* leur idéal *s'élève ;* et cela d'autant mieux et plus efficacement, que la purification graduelle *est plus générale et devient plus complète,* selon toutes les manières propres à y arriver naturellement ; — spirituellement et sainement.

En un mot, on sent, véritablement, que l'âme tend à redevenir plus indépendante et plus libre ;.. qu'elle secoue lentement et avec précaution, le joug imposé des années *de l'enfance, de la jeunesse et de la force vécues,* pour reprendre le milieu, instinctivement sympathique et tracé, qui lui est propre et qui, d'année en année, ira désormais se traduisant toujours un peu plus.

L'âme, donne encore et ainsi, une des innombrables preuves *de son immortalité,* puisque, nous ne la voyons jamais plus *jeune, vivante et belle,* qu'aux années qui marquent le crépuscule prolongé de notre vie palpable et visible, dans les commencements de ses aspirations à la liberté — *qui est sa nature accordée ;* — puis, dans les années plus ou moins nombreuses qui suivent ; et enfin, surtout dans les derniers moments de la matérialité de l'incarnation provisoire des os et des chairs périssables.

Il est toujours plus vrai, alors, principalement alors, de dire — « *le corps s'use, mais le cœur reste toujours jeune* » ; car, non seulement, le cœur prend ici la place de l'âme et de l'esprit, qui sont éternels, — d'après ce qui a été dit et enseigné, depuis les temps les plus reculés que nous connaissions, de l'histoire du Monde où nous sommes ; tout ce que nous pouvons savoir, voir et comprendre . — Mais, de plus, il faut encore bien se remémorer, pour saisir aisément la différence fondamentale qui existe entre l'âme et le corps,... que la première est un *don,* — un don complet, parfait, comme seul notre Créateur et Maître est capable d'en faire ; — tandis que le second n'est qu'un *prêt* temporaire, qui, une fois commencé doit relativement bientôt finir.

C'est dans ces conditions particulières et voulues, je le répète, que j'envisage les délicatesses suprêmes de la *rose Jaune,* — dès son début initial à sa terminaison la plus obligée, — parce qu'en elle aussi et bien davantage, la matérialité sanguine disparaît, pour captiver les regards et les pensées vers des beautés d'un autre ordre, *plus élevé, plus sérieux et plus important,* que ceux dont les niveaux ne sont accessibles et atteints que par ses sœurs antérieures et successives, dans la hiérarchie des temps de la vie,... sur le *Jardin fleuri,* mais, surtout — *rocailleux* et *épineux* — de notre Terre actuelle ...

Tout ce que je viens de dire à ce sujet, remarquons-le, en passant, s'accorde à signaler les premiers effets, assez souvent longtemps prolongés, il est vrai, des années plus ou moins nombreuses qui suivent la période de l'âge mûr, en faisant se développer, peu à peu, la floraison de la *rose Jaune* et de ses privilèges uniques.

Après, l'homme et la femme âgés, véritablement vieillis, quant au corps, par la longue fatigue accumulée des ans vécus, continuent *à se dématérialiser* graduellement ; et cela, au point de ne plus rechercher les plaisirs matériels, dont, — *sans en avoir conservé le besoin, ni l'envie pressée d'autrefois,* — ils redoutent les fatigues inséparables, qui en sont, je tiens à le redire, — un des principaux éléments d'attrait pour les jeunes...

Ces fatigues, ils les fuyent même, et souvent avec un soin méticuleux, qui paraît exagéré aux autres mortels moins anciens, par conséquent, — moins aptes à comprendre et à sentir des nécessités qu'ils n'ont point semblables; — mais auxquelles, eux aussi, payeront le tribut — si leur séjour sur Terre est destiné à atteindre ces degrés...

Puis, les feuilles de la dernière *Rose* commencent à perdre leur beau modelé, frais et ferme jusque-là... Plusieurs dépressions, insensibles d'abord, mais de loin en loin plus obstinément fixées, se dessinent *en zigzags capricieux* autant qu'inévitables, malgré tous les soins imaginés, et elles suivent lentement leur progrès d'affaissement....

Mais les vieillards, hommes et femmes, nettement caractérisés, offrent à leurs contemporains plus jeunes, *des beautés majestueuses,* faites *de sérieux, de calme, de douceur, d'indulgence et de dignité propres,* qui en imposent, instinctivement déjà, et sans même en analyser les causes spéciales, nombreuses au possible.

En les considérant seulement quelque peu, on sent parfaitement que l'*âme,* traduite, je le répète, par le cœur et l'esprit, *n'a point vieilli;* puis, par le raisonnement, qu'elle *ne peut vieillir* puisqu'elle est éternelle, c'est-à-dire — sans fin. Le *corps seul,* la machine matérielle, a fait le plus gros de son temps d'activité, et, de ce fait, le repos est devenu son *état normal obligé,* ce qui est juste et entièrement logique à tous les points de vue.

Au plastique même, précisément dans le *calme imposant* de ses mouvements ralentis par les ans, qui pourrait ne pas être subjugué, comme esthète, devant la noblesse, humainement divine, de ces beaux cheveux blancs, *neige étincelante de la vie en son hiver;* de ces traits, *sculpturalement fouillés*, par le *ciseau fiévreux* de l'existence prolongée ; de ces crânes, où la pensée, qui vient de loin, *se reflète* avec tant d'éloquence impressionnante ; .. de ces regards et de ces sourires, qui vont *droit au fond* de ceux auxquels ils s'adressent ; .. et jusque dans le *son troublant* de leurs voix fatiguées, qui rappellent des *échos anciens,* sans en oublier *certaines réminiscences* de l'au-delà ? . . Qui pourrait, dis-je, ne pas admirer avec émotion, les *beautés suprêmes* et les *finesses intraduisibles* du corps humain, dans ses membres et ses traits, surtout, *artistement ciselés, burinés et fatigués,* par l'addition absolument surprenante des expériences passées et acquises ? . . .

Non, Dieu seul, le Créateur de l'Univers entier, pouvait exclusivement concentrer et unir entre elles, — *avec autant d'harmonie et de variétés,* — les beautés individuelles, propres à chacune des quatre *Roses principales* de notre vie terrestre ! . . . . .

Après quelques années encore, raccourcies ou prolongées, non seulement les feuilles de la *rose Jaune* se fanent graduellement, mais, il n'est pas jusqu'à leurs teintes, si précieusement distinguées, — en leur gamme d'une simplicité *nacrée, dorée et pâlie,* tout à la fois, — qui se ternissent plus ou moins . Et ce spectacle, étrange et remuant, entre tant d'autres, transporte l'imagination et lui fait franchir souvent, d'un bon prodigieux de la pensée, les portes *closes, mystérieuses,* . . et surtout *fatales,* du sépulcre ; . . . entrevoyant alors, dans les tableaux enchanteurs qui retiennent ses regards extatiques, des merveilles de renouveau, de jeunesse et de vie épurée ! . . .

Il n'y a plus à s'y tromper longtemps, car, c'est bien — toutes les beautés de la vieillesse *des fleurs terrestres, végétales et humaines,* arrivées à leur période d'extrême maturité normale, puis, à leur déclin insensible mais continu, —

comme *la marche des ans;*... par le moyen *des jours et des nuits;* — qui éclairent et cachent, alternativement et indistinctement, les unes et les autres...

Oui, nous les voyons se flétrir et perdre de leur volume matériel, quant à leur aspect, leurs dimensions respectives et leur poids d'auparavant. Mais, à mesure que s'amoindrit doucement l'enveloppe physique provisoire, — c'est ici, que la transformation à venir commence déjà, parallèlement, à se dessiner, transparente... Le *parfum* des unes, l'*esprit* des autres — *l'être véritable* — *qui, toute la vie, a dirigé l'organisme palpable, avec sa pureté acquise ou les modifications y apportées,* — grandit, se développe de plus en plus et active, ainsi, la venue de son indépendance... Enfin, dans un dernier effort,.. il rompt définitivement le *fil mesquin* qui le retenait encore, ô combien peu !.. lié à la matérialité, que nous connaissons si bien,.. par ses enchaînements puissants, complexes, enchevêtrés, inexprimables et solidement noués...

Désormais, des formes *brisées et inertes* restent à la place occupée sur Terre par une fleur, qui n'a plus de visible.. que son vêtement *démodé et flétri;* mais dont le cachet personnel avec les apparences, démontrent, toujours, la beauté suprême des derniers vestiges de *son origine* et de *ses activités diverses*... Et il semble, en la considérant un peu plus longuement, que, parfois, elle va encore visiblement se ranimer et agir à nouveau !...

Hélas, tout est possible, ou impossible, suivant la volonté de Dieu; et des ressuscités ont revu le jour; cela est certain. Cependant, à part ces faits extraordinaires et incompris, ou miraculeux, si nous voyons dans la suite — *tomber et se perforer les feuilles, doucement, sans bruit et une à une;* — ou les mêmes phénomènes *déprimants et résolvants* suivre leur cours habituel, sur *celui,* ou *celle, des nôtres,* que nous contemplons, dans le doute, en attendant une certitude ; c'est qu'alors, nous ne conservions plus qu'un espoir fait d'illusion. Et il ne reste .. qu'à nous incliner pieusement, devant *l'impuissance irrémédiable* de nos tentatives, et la *majesté insondable et frappante* de ce destin particulier, désormais à tout jamais accompli ...

Notre erreur est pardonnable, parce que nous examinons les choses *matérielles* qui nous arrêtent, avec les yeux *matériels* qui nous éclairent !.. Tandis qu'en ces terminaisons physiques, ceux, seuls, de l'*âme* et du *cœur*, peuvent nous montrer, — *en les faisant revivre*, — les défunts qui, de nos premiers rayons visuels, ont disparu ! . . . .

Au dernier moment, à la seconde précise, *où l'esprit se dégage enfin*, libre de sa prison corporelle, ruinée jusque dans ses bases, *il s'élève et plane sur le décor, ou lieu, de sa séparation ;* — qu'il n'a pas, du reste, le loisir de récapituler bien longtemps ... Des parents, des amis, connus et inconnus, l'entourent *affectueusement et joyeusement,* de toutes parts, lui tendent les bras et l'embrassent, avec effusion, comme au sortir d'un long voyage ;.. puis, le dirigent, en le guidant et l'accompagnant, vers la contrée de l'Univers désignée — *par décret céleste,* — pour être sa *première nouvelle école* après celle qu'il vient d'achever. . . .

Les voiles épais, qui recouvraient autrefois ses yeux, *aveuglés et incapables de voir réellement,* sont, pour la plupart, enlevés et, prodige !.. il *découvre* tout un Monde nouveau qu'il ne connaissait pas ... Il *entend* des voix et des sons, des harmonies imprévues, dont il n'avait jamais pu supposer l'existence jusqu'à ce moment ; et son étonnement est plutôt *du ravissement et de la satisfaction,* poussés aux combles enchanteurs du possible, dans l'invisible des terrestres ... Peu à peu, il s'oriente et se reconnaît, au milieu d'éléments où, — *plus ou moins souvent et en d'au-*

tres Mondes un peu différents, — il a déjà vécu, les siècles passés .... Enfin, la longue chaîne de *ses existences primitives et récentes* lui apparaît, nette et précise, — comme le *déroulement d'un panorama continuel,* dont il est l'acteur principal, ou le héros, en bien comme en mal!....

A cette heure suprême *d'examen général,* il comprend et se rend compte, — avec une facilité lucide au delà de toute expression, — des *comment* et des *pourquoi?*.. Les *faits,* ses *actes, pensées, épreuves, fautes,* les *châtiments* et *conséquences* de ses anciennes vies, dans les mondes antérieurs qu'il a habités, y compris le dernier de la Terre, s'expliquent!... Alors,. seulement alors,.. il reconnaît aussi, avec *ses erreurs et ignorances passées,* — la prévoyance, la sagesse, la miséricorde, la bonté, l'immense générosité, et la grandiose autant qu'absolument incalculable et indescriptible Majesté de son Créateur et du Dieu unique de toutes choses!....

Dans son contentement, son bonheur extrême le pousse à oublier, mentalement, toute la longue série des épreuves et des peines subies, pour n'admirer — *que les magnificences de la grandeur divine, qui l'entoure de toutes parts, et dont il se sent un imperceptible fragment,* — protégé et béni, mille fois au delà, non seulement de ses mérites légitimes, mais encore de ses espérances possibles .

Et, dans le trop plein de sa joie exhubérante, il lance à Dieu, du plus profond de son âme, les sentiments de sa reconnaissance enthousiaste, par les élans extatiques de sa transfiguration récente l'illuminant :

« Que ta Majesté sainte est *grandiose et magnanime,* ô mon Dieu, et que les effets de ta Bonté surnaturelle sont puissants, pour me recueillir ainsi, moi, *misérable atome* d'un des innombrables Mondes perdus dans l'immensité de l'espace infini!... Et que je suis *peu de chose,* à mes propres yeux, malgré tous mes efforts passés!... »

« Ô mon Dieu, mon Père, mon Maître et mon Roi, en éternel,.. toi, *mon commencement et ma fin, parce que tu es mon tout,* depuis mes débuts insignifiants jusqu'aux plus vastes limites des esprits supérieurs qui t'entourent, en dirigeant, sous ta Volonté irrésistible, les légions des autres esprits élevés, placés sous leurs commandements, pour veiller à l'entretien constant et à la subsistance régulière des éléments — *qui forment, défendent, protègent et développent les Mondes, avec tous les êtres qui y naissent,* — dans les myriades de Planètes, qui brillent à l'ombre de la nuit comme au sein de l'azur éthéré et resplendissant;... sois béni, mille et mille fois, non seulement par *l'infime enfant* qui se prosterne aujourd'hui devant tes magnificences intraduisibles, mais aussi et en même temps, par la Création toute entière!.... »

« Ô mon Créateur, veuille encore me permettre, à mon tour, d'entrer, graduellement, dans les phalanges successives de tes enfants les plus épurés. — De ceux qui, au sortir de la Terre dont je viens, ont suivi — *en des Mondes meilleurs,* — les purs exemples de ton Christ idéal, *notre immuable guide de vérité infaillible et impeccable,* comme, en même temps et surtout, *notre meilleur frère, ami et sauveur glorieux,* pour l'Eternité illimitée, seule et unique dans son principe de vie incessante... toujours nouvelle!... »

« Pardonne, *à tout jamais,* ô Puissance insondable des Cieux, de la Terre et de tous les Mondes inférieurs et supérieurs réunis, aux fautes et jusqu'aux mauvaises pensées les plus minimes, de celui de tes innombrables fils repentants, qui t'adore et s'humilie sincèrement, à cette heure, devant les effets imprévus de ta Clémence imposante et divine, par la volonté royale et paternelle de ton amour de Père, de

Créateur et de Dieu, tenant en ses mains parfaites et protectrices, — *la vie, la mort et la transformation,* — par la renaissance successive et infinie, de tout ce qui existe et compose l'Univers!.... »

« Je vois, maintenant, *quel chemin immense j'ai encore à parcourir,* pour continuer et achever mon instruction, commencée avec le souffle et la vie même; cette instruction, dont la Terre et le séjour récent que je viens d'y accomplir, n'étaient — *qu'une école,* — et comme ambiant et comme programme à remplir!.... »

« Jamais je n'aurais pu croire, étant sur Terre, que *le mouvement perpétuel et l'éternité des choses,* étaient des expressions d'une portée aussi impossible à approfondir, aux habitants de celle des Planètes d'où je sors, encore sous la domination presque totale du mal, qui y règne en permanence;.. par le fait, des ignorances ténébreuses et des volontés irritées, qui y doivent séjourner un ou plusieurs temps, — *afin d'y apprendre ce qui leur est nécessaire,* — chacun, suivant sa, ou ses vices *antérieures;* ou, comme tu le veux aussi quelquefois, *supérieures,* pour y servir, alors, d'esprit dirigeant!.... »

« Mais, depuis que plusieurs *de mes voiles sont tombés,* par ton ordre, je vois, ô mon Dieu, que ta Justice et ta Sagesse parfaites, autant que ton Amour et ta Science, incomparables, — préparent une voie graduelle, sans limites appréciables, à travers la succession continuelle des existences en éternel, à toutes celles des créatures qui, de toi, reçoivent, précisément, le souffle et la vie; — et que tu ne permets pas, que des uns soyent enrichis d'immenses dons, tout d'un coup, ainsi qu'une récompense *disproportionnée* à une tâche de *peu de valeur* relative.... Mais bien, — que tous *passent par les mêmes chemins universels, équivalents et semblables sinon pareils,* — afin qu'ils y acquièrent *les mêmes leçons de la science unique qui vient de toi;* et dont chacun de nous *s'imprègne, forcément,* d'une façon plus ou moins lente ou rapide;.. suivant les *efforts positifs,* ou *négatifs,* de la bonne volonté individuelle du moi, en chacune des existences !.... »

« Tu ne veux pas, toi, Créateur et Bienfaiteur merveilleux, que l'être humain, *femme,* soit condamné à ce sexe pour l'éternité, ni que son frère, *homme,* reste constamment affranchi des charges et privilèges, dans les transformations à venir, qui incombent au premier, et *vice versa;* ce que croyent, généralement, mes anciens compagnons terrestres, quoique ayant cependant déjà compris — que l'un et l'autre, pris séparément, ne sont que *deux moitiés d'un tout,* devant former l'ensemble *d'une seule et même volonté,* doublement et complètement satisfaite ».

« Et pourtant, les légions des bienheureux, qui résident ordinairement dans les régions célestes qui t'environnent plus directement, sont des anges de beauté, de force, de grandeur, de science, de pureté, de bonté et d'amour, dont les formes, divinement idéalisées, ont *un sexe unique, avec des vertus et des qualités resplendissantes;* auprès desquelles, celles, — *si enviées,* — de la Terre et beaucoup d'autres Planètes,.. ne peuvent absolument pas être comparées, tant elles offrent de côtés défectueux et vulnérables au mal qui se multiplie.... »

« Et ces anges, qui forment encore des peuples extrêmement nombreux, sont des esprits purifiés de très longue date, graduellement parvenus aux degrés suprêmes de ta hiérarchie du bien !.... »

« Non, je le vois clairement, aujourd'hui, tu n'as créé *aucun* de nous pour le maudire fatalement, *en le vouant au mal;* mais, *pour le conduire au bien,* même contre son gré. Car, malgré nos si nombreuses et regrettables imperfections de tous genres, — *d'une existence à l'autre tu modifies nos caractères, nos constitutions et nos conditions sociales*, — ce qui brise forcément et arrête, les trop longues manifestations de nos fautes et vices invétérés ;.. autant pour nos semblables, si ce n'est plus, parfois, que pour nous-mêmes et les nôtres ! .... »

« Aussi, est-ce joyeux et plein d'un zèle frais et nouveau, que je vais au-devant de la nouvelle activité progressive à laquelle tu me destines, pour mon bien, dans l'incarnation spéciale où je devrai agir, par ton ordre sacré, — lui, qui est l'expression vivante de ma vie à peine commencée — jusqu'en éternel ;.. parce que je saisis, nettement, dans la vision des siècles à venir, qui m'attendent, — que nulle âme et nul esprit, ne restent endormis, inutilement, en quelque recoin inconnu ; — que tous, au contraire, *doivent contribuer effectivement au travail ininterrompu de leurs progrès divers, généraux et détaillés, par leur propre coopération*, et que tu répètes sans cesse, tout au fond de leur conscience, quand ils défaillent à tes si justes exigences: « *Aide-toi et le Ciel t'aidera !* ... »

« Béni sois-tu, mille et mille fois, ô Dieu incomparable, toi, qui es *si grandiosement charitable et tendrement paternel*, en prenant soin de *chacun* de tes enfants, de *chacune* de tes créatures, dans tous les Mondes de l'espace, à quelque règne qu'ils appartiennent !.. Et que tu es autrement bon, noble et indulgent, en disant aux tombés : « *A tout péché miséricorde, si vous vous en repentez sincèrement* » ;.. au lieu de te complaire dans des cruautés et des vengeances perpétuelles, comme le pensent encore tant d'humains, aveuglés par les traditions de l'ignorance, de la superstition, du mal qu'ils ont en eux et dont ils te chargent, sous l'apparence d'une prérogative céleste et divine ! . . . .
. . . . »

« Mais, voici que je sens s'approcher le moment attendu de mon association nouvelle, au *germe* d'un autre corps, — *par la renaissance imminente qui me vient chercher*, — suivant tes instructions précises à mon sujet . . . . . Bientôt, j'aurai pour *un autre temps, obligé et provisoire toujours,* oublié — mes incarnations antérieures, ma clairvoyance du présent et ma conception, à nu, *du plan général de mon avenir,* tracé à l'infini ! . . . . Je m'abandonne tout entier, dans les bras de ton amour de Père, ô mon Idéal et mon Tout, rempli de confiance, de reconnaissance et d'admiration sans bornes, pour ton génie infaillible, seul puissant, de Créateur, de tout ce qui existe ! . . . . »

« Ô mon Dieu, éclaire de tes flambeaux saints, jaillissant des vérités de ta Lumière transcendante et divine, les êtres des Mondes primitifs, — *encore plongés dans les erreurs et les puérilités de leurs enfances planétaires,* — afin de leur abréger, comme toi seul peux le faire, les épreuves pénibles et douloureuses, aux prises avec les maux les plus disparates, dont tant d'autres, — *avec mes frères terrestres,* — payent les tributs prolongés parce que mérités ! . . »

« Tu peux tout, puissant Seigneur et Maître de l'Univers entier, et aucune sorte de puissance ne peut lutter contre toi victorieusement, . . ni contre tes actes, ni contre tes volontés, une fois que tu as ordonné ! . . »

« Eh bien, exauce mes vœux les plus ardents avec la prière constante de mon cœur, . . tant de fois déchiré aussi, — *par les circonstances, les épreuves amères et mes propres faiblesses personnelles,* — d'une vie à l'autre ! . . malgré mes nombreux repentirs et efforts soutenus ; . . *nuls, sans l'efficace que, par* l'enseignement de *Jésus et ton Saint-Esprit, tu consens à y mettre* . . Et abrège-les, en les facilitant graduellement, *par tes voies douces les plus multiples,* pour moi et tous ceux de mes frères et sœurs terrestres, encore dans les angoissants stages primaires et successifs, par lesquel je viens de passer, .. avant d'en recommencer d'autres !... »

« Et donne-moi, en même temps qu'à eux, ô Seigneur notre Père, *de toujours mieux te comprendre, t'aimer, t'adorer et t'obéir,* en suivant avec une parfaite docilité et une confiance sans limites, .. le chemin que, chaque jour à nouveau, tu traces pour chacun de nous, dans le Monde où tu juges à propos de nous placer !.....

FIN

TABLE DES MATIÈRES.

                                                Pages.

INTRODUCTION 5- 7

LIVRE PREMIER. — LA VIE.

Congrès scientifique.	Chapitre	I.	11- 81
Hiérarchie obligée.	»	II.	81- 90
Lutte continuelle.	»	III.	91- 95
Espoir indestructible.	»	IV.	96-100
Amour précieux.	»	V.	100-102
Travail nécessaire.	»	VI.	102-105

LIVRE DEUXIÈME. — LE SOMMEIL.

Généralité et bienfaits.	Chapitre	I.	107-115
La Physiologie.	»	II.	116-122
Visions, rêves et mystères.	»	III.	122-128
Engourdissements voulus.	»	IV.	129-137

LIVRE TROISIÈME. — LA MORT.

Appréhensions.	Chapitre	I.	139-149
Putréfaction et renaissance.	»	II.	150-160
Les invisibles.	»	III.	161-168

LIVRE QUATRIÈME. — L'ÉTERNITÉ.

Pages :
Contradictions .	Chapitre	I .	169-178
Béatitude et tourment perpétuels .	»	II .	178-188
Perfectionnement incessant .	»	III .	188-197

LIVRE CINQUIÈME. — MES CONCLUSIONS.

Train universel .	Chapitre	I .	199-213
Les savants .	»	II .	213-228
L'Enfance .	»	III .	228-243
La Jeunesse .	»	IV .	243-257
L'Age mûr .	»	V .	258-272
La Vieillesse .	»	VI .	273-288
Les Epines .	»	VII .	288-444
Les Roses .	»	VIII .	444-508

TABLE DES ÉPINES.

Naissance .	I .	288-289
Maillot .	II .	289-290
Berceau .	III .	290-291
Alimentation .	IV .	291-293
Faiblesse .	V .	293-296
Obcession .	VI .	296-299
Cheveux .	VII .	299-304
Dents .	VIII .	304-311
Symétrie .	IX .	311-319
Nourriture .	X .	320-325
Education .	XI .	325-330
Instruction .	XII .	330-343
Ignorance .	XIII .	343-351
Religion .	XIV .	351-358
Mariage .	XV .	359-367

		Pages
Célibat.	XVI.	367-374
Paresse.	XVII.	375-382
Fébrilité.	XVIII.	382-390
Ambition.	XIX.	390-397
Volupté.	XX.	397-405
Militaire.	XXI.	405-412
Politique.	XXII.	412-420
Violence.	XXIII.	420-428
Avarice.	XXIV.	428-436
Indifférence.	XXV.	436-444

TABLE DES ROSES.

Rose Blanche.	I.	444-459
Rose Rose.	II.	459-476
Rose Rouge.	III.	476-492
Rose Jaune.	IV.	492-508

TABLE DES MATIÈRES 509-511

www.ingramcontent.com/pod-product-compliance
Lightning Source LLC
Chambersburg PA
CBHW071617230426
43669CB00012B/1970